ACPL ITEM
DISCARDED

P9-EDT-033

FEB 17 '78

ENGLISH RECUSANT LITERATURE
1558–1640

Selected and Edited by
D. M. ROGERS

Volume 371

AODH MAC AINGIL
Scathan
1618

AODH MAC AINGIL

Scathan

1618

The Scolar Press

1977

ISBN 0 85967 440 1

Published and printed in Great Britain by
The Scolar Press Limited, 59-61 East Parade,
Ilkley, Yorkshire and
39 Great Russell Street,
London WC1

NOTE

Reproduced (original size) from a copy in the
Bodleian Library, by permission of the Curators.
References: Allison and Rogers 489; STC 17157.

1991522

scathan
S h A C R A
yumtenahait
riohe,

A A
Ma cuma von b'náçq boq
toro SAN ploinsias
aoOh mac aingil
lgtóip oiaoaqa a ccoléqoi
na mbpáçq néipioñaç
a lobáin

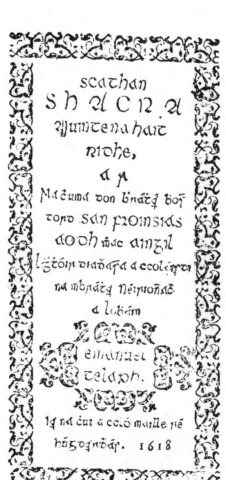

emanuel
Telaph.

Iq na cur a ccló maille pé
húgoqnoáp. 1618

As cnuaʒ a Chríoſtuiḋe, ⁊ a
ḋaoine do ċoraín dʼḟ ſláint̄ʒ͛ċḃoiſ
ſora Críoſt ōr̄ouʒaḋ na ſaeſna-
mr̄n̄ċ̄ḟ dʼḟ ſlánoʒaḋ, loiʒr̄ò an
oiċ̄ill, a nullām̄ʒ͛ti ⁊ an ʒ͛n̄ūoia
do n̄imio oirīn ſēm̄ do chuṁ a
n̄ʒlaċta. cn̄ò iao reſ ſaenāmr̄n
ti an nuainʒſa, aſ reſ ſroia ʒ͛ʒ
aʒ ſiēò ō ċobar ταoiḃi iora to
ċōllaċh ſan ccr̄ionn dʼḟ cc͛ṁaċ̄ḗ
cn̄ò ſʒ͛ dort̄ò an oiaḃſn̄ʒ coro
ſ ionuſ ʒo ſiṁoiſ na ⁊ . ſroia toe
ſlāintiſ uainò do leiʒior ſḃ͛aoh
ḃſn̄ noom̄n̄n? Nō cn̄ò ſán ʒhlac
an nāoſn̄ n̄nſiol uſ͛rao haċra
na ċioṁ͛ioll aſ ionour ʒo ḃſlaṁ
τn̄ʒſò na rʒcho luiḃi uaiſliſ a
n̄ʒaṁòa na h̄ʒ͛n̄ſ do leiʒior ſ͛-

lāint̄ʒ

táinti an pḟéinṁ do plantuiġtiḃ
angampóa páᵿtᵿp léip ġírḟi ᴅó
aṁ? Aptᵿaaᴅ ᴅá néin po ᵹo ttᵿg
ᴅᵿ nḋiallṁuᵹaᴅ poᴅ nḃitᵿᴅioᵹ
aᴅ péin lé ᴅiaᵹ minic náᴅ ᴅéinᴅo
na pacᴩáṁᵿntiᵿ ᴅo ᴄopain coṁ-
ᴅaᴅ 7 po Ɗiopa Cᴩíopo ᴅᵿ tti-
ᵹḃina, maiᴄ ᴅᵿᵹ̄, ḟáᴅ ᴅiḃᴩio ᵹ
ḃᴩeaᴅa náinn; ón ᵹé ᵹo bhpᴩᵿ
ḃᴩíᵹ nᴄ̄ᴅᴏᵿᴅe nḣictᵿᵹ ionta ᴅo
ᴄum an ᵿle ṁaiᴄ ppiopaoᴄa tpaᵹ
ᴅᵿ ᴅᵿᵹ̄, 7 ᴄum a nᵿle uileanna
ᴅo ᵹnᴏip uaṁ, níon ᴄoil lé Ɗia
aᴅ ᴅᵿ noṁaṁ po ᵹan ᵹ ccoᵹᵹnaṁ
péin ᴅo ḃeiᴄ ᴩíu, aᵹap ᴩá ᴩᴄoᴩ ni
ᴄuinmione poᴄᵿ onuṁ ᴩán ccoᵹᵹ
naṁpa ᴅo ᴄaḃᵹᴄ uaṁ; cuᴅ ᴅᵹ-
uṁ tᴩé ṁailᴩ; 7 cuᴅ eili tᴩé am
bᴩiop, 7 ᵹé ᵹo ttᴄᵹ̄ṁaṁ po ᴅo luᴩ
ᵹlácᴄa ᵹáᴄa pacᴩamᵿnᴄi, aᴩ ṁó

an díogbáil do ní do ċaoib raḃh
rinti na haiċiḃi, do bríg go ḃfril
coiṫċhi ag cáċ ríle, ṡgo ḃfril do
riaṡanar ṡ an nirli ḃṅṅe do ríine
rḃṫaḋ maḃṫa iṡ mbairtḃó, ṡnáċh
éiṫir maiṫiḋ an ṗṅ ṅ̃ṅṅ ḋṗaṡáil
gan í. 7 ar ríṁi ro ṡoiṗiṗo nċoṁ-
aiṫṗi na hḟ̃ṡlṗṅṅ ḃi an ṫga ċiṡ ṫṡ
éir an lṅ̃ṅ̃ḃṅirṫi. Do bháṁar a
lṅ̃ṅg ṗṅ̃ṅogṡa ṡeiṗṗoṗḃa a bṗṡṡ
ṫar, 7 do bṅiṗḃó í ṗá ċṡaṅ na haiṫ
ne, ṫṅé anṗaḋ uaḃṡ 7 anṫola aḋ̃
aiṁ ar eaḃa, 7 to ṗiḃṅ̃ḃó ṅ̃ṅ ḃṅ
ṫṗṅ̃ gur an ṗ̃ṅ̃ṗánṗa a ḃṗṅṗlṁío,
ṡ̃ṅ̃ ṗuil ḋáil ṗillṫe ná ṗunṫaċṫa
agṅ̃ṅ̃ aṗ̃ maille congṅaṁ ḋá ċhṡṡ
a ṁáin. An ċṗoċ̃ṡ an bairtḃċh lé
ṅglanṫṡ ṅ̃ṅ ó ṗḃṅ̃ḋ an ṫṗeiṗ̃ṗṅ,
ṁa ṅgaḃṫṡ gaḋ ṫoṅ a mḃṗoṁ, aṗ̃
ṁaṫ. Dé ṗa ṅ̃ṅ̃ṫṡ. Ṡ̃ṡṅ̃ḋ gṅár an

chláṗṅ

Éʒ̇ñ ñiñ a naʒ̇ c̄ñc̄m̄í·ó a bp̄ɼ̄ea·ó
m̄ʒ̇bc̄a, ɼ̄ñi p̄ñɼ̄l p̄liʒ̇i q̄ ɼ̄conc̄c̄aʒ̇
ñʒ̄ñ, aɼ̄ ʒneim ·ainʒion ·o bɼ̄eic̄
q̄ an ·ʒ̇a cc̄'ʒ̇ .1. ɼ̄acnám̄ʒ̄nc na
haic̄ni·óe, c̄ʒ̇ ac̄m̄uʒa·ó ʒo punc
ñiñ, ón ʒluaiɼ̄ an c̄anɼ̄a·ó ʒ̇ñ. Aɼ̄
bñio·ʒ̇ñiʒ an clánɼ̄a, ón ʒ̇é ʒuñ
baic̄c̄ó ɼ̄iol a·óaiñ ñɼ̄i ɼ̄an bp̄ɼ̄ea·ó
aɼ̄ an c̄iɼ̄ a o bɼ̄c, ñíñ ·amñʒ̇-
c̄ó con onñe ⁊ ñi ·ainm̄bac̄ʒ ʒo hiɼ̄
ɼ̄ioñ aɼ̄ ·o ʒ̇í an c̄láiñɼ̄ ɼ̄ubáile
ñó ɼ̄acnam̄ʒ̄ci na haic̄ni·óe, baic̄
c̄ʒ̇ñ ilion·a·o, ·o bñiʒ nac̄ áil lñ̄
a ʒlaca·ó, ⁊ ilion·a·o eile ʒlacaɼ̄
é, mɼ̄ nac̄ lñ̄l ·óoib a ɼ̄oiuña·ó, óɼ̄
ʒ̇é ʒo ñʒ̇laaiɼ̄oñ an cl·ʒ̇ ʒo punc
ñiñe, c̄iɼ̄ ·ainʒ̇ɼ̄ioɼ̄ an ɼ̄oiuɼ̄c̄óñ
ʒ̇ ʒo punc ñɼ̄iñ ʒ̇abaɼ̄ ñiɼ̄, ⁊ mɼ̄
ɼ̄ñ ·o ñi ionɼ̄c̄aiñʒ̄nc ·a c̄ámñuʒ̇
a·ó ·on cl·ʒ̇ ·o c̄ñuc̄ai oñ Dia ·á
p̄lái-

ꞃláꞃuᵹaó. Do coñcaꞃ ꝺhꞃꞇnn ꝺa
óꞃꞇᵹ ꞃo an leꞃꞃánꞃa ꝺo ᵹꞃꞃ́obaó
ꝺo ᵹꞃuaꞃaꞃ cáꞇc chum an cláꞃꞃꞇ
ꝺo ᵹlacaó, 7 ꝺá tcꞋᵹꞃꞋᵹ chum a
ꞃꞇuꞃcu ꝺá ꞃoꞃ aó ᵹ aꞃꞃaó ꞇꞃꞃm̃
ꞃꝺa tcꞃꞃeꞃuᵹaó ᵹo puꞃc pᵹꞃꞇꞃꞃ
cꞃꞃꞃꞃ ꞃꞃoꞃ aᵹoᵹóáꞃꞃ, ꞃꞋꞃ́ꞃꞋ 7
ꞃomplaóa, ꝺá mbꞃoꞃꝺaᵹaó chum
na haꞇcꞃꞃóꞃ, 7 mꞃꞋꞃꞃꞋm̃ ᵹo ꞃoꞃlléꞃꞇ
cꞃoꞃꝺaꞃ aꞃ cóꞃn ꝺhóꞃbh ꝺoꞃlᵹhꞃꞃ
cꞃoꞃóe ꝺo beꞃc oꞃꞃa ꞃá na bꞃꞃc-
aóuꞃó, acmháꞃl ꞃomláñ bhéoꞃl ꝺo
ᵹꞃꞃaꞃ ꞃoñca, an ᵹꞋꞃ ᵹ a tcuꞃꞃꞃ-
ꞃoꞃᵹꞃꞃ cum a ccuꞃꞃm̃ꞃꞃ ꞃꞇo, an lóꞇꞃ
ᵹꞃꞃoꞃm̃ 7 an lꞃꞃꞃᵹaó ꝺꞃꞃᵹꞇꞃꞃ an a
ꞃoꞃ, 7 lꞃꞃᵹ ꞃolaꞇ anꞃa ꞇꞃꞃꞃꞃꞃoꞇ
.ꞃ. ꞃaᵹꞃꞇ ᵹꞃꞃuꞃóe, cꞃꞃoña, ꞇꞃb-
cꞃꞃ, aᵹá mbꞃꞃ cumhaꞃ ᵹꞃꞃoꞃlce ó
ꝑꞃcaóuꞃó. lꞃꞃbꞃꞃꞃam ꞃóꞃ ᵹ loᵹaó
ꞃa bꞃꞃcaó lé ꞃꞃoꞃcꞃ caꞇ ó na ꞃꞃ
ant.

ántuiḃ aimṡioṅḋá ḋliġiḋ ⁊ ron a
ccionta, ⁊ oiḃḋócham go ḃfhuil
cumáchd agan tṡluiṡ a taḃairt a
mach, ⁊ foiġlionuiḋ an tṡibhaoḣ
cḋóna ḋá gach fiḋġráth a tá ar
congṁáil gá ncoṁṁátd̯ a ntṡluiṡ
Chatoilic róṁánta, ⁊ bliṡam rm
a ḃátnrḃ ⁊ ríoġ a tá rṡoḃta fá
na láimh agr̯n̯, ġé nác fr̯lnṡid
na minġorr luaġh an loġhaoh.
Bid lḃráin mar̯ro aṡ ṡać naiṡor
ćatoilic eili, ⁊ atáid do niaḟan
ar ⁊ an Naiṡon ḋá ḃfr̯lṁitne go
rpeṡalta, do ḃríoġ go ḃfr̯l ṡan
maiġirtne, ṡan preláide, ṡan rḃ
móntr̯ḋe, lṡtamr̯ṡ do ḃṡán bi
or a ḃpolać tṡla báir nó prío
ṙ̯ṙ̯, mar do ḃhiḋir na habroail
tr̯éir báir Chríoro, tṡla an ći
ṁ ́d iuḋaiḋe. Dá nabṡtr̯oi ṡ d́
ná

na ḋṫ ní ḋo ḃrioḃaḋ a ngaoḋ
ilg, fuẛ roċanġḃiṁg ṁci: Ar íẛ
bfnẛgna ẛ n, naċ ao ṁúnaḋ gaoi
ḋilgi rgoḃmaore, af ao ṁṁaḋ na
haiċnḋe, 7 ar lón lṁ go ccnẛ-
pṫẛ ṅ, ẛé náċ biaḋ ceant na
gaoḋilgi agṅṁ. Alóḃẛ eile fór
rẛ cón ẛ leitẛẛel ao ẛaḃail, 7 ar
é ro é, Ar ẛnáċ leir na heirciḃ
ṁẛ aoen an ncoṁaċẛ uaral Acaẛ
a mẛle ḋiċaioll ao ċẛicṁ čum ia
ṗéin ao čor a ccorṁẛle éiẛin ẛẛ
an nẛẛlẛr ḃẛiṁṫẛ mẛ bio na ha
ṗaḋa oa gcar ṗéin a ccorṁẛẛẛe
ẛir na ċaoiḃ, oá ẛéir ro mẛ acá
lẛḃẛ aẛṁ agan nẛẛlẛr Chacoilẛc
ao coṁear oeiriciḃh na Héirioṁ
ẛné lẛḃẛ aẛṁ ao beiċh aca ṗéin
tá ngoiẛio lẛḃẛ an čumainn, 7 níẛ
ṫolc an tainn ẛn ḋẛ, oá gcẛẛ-
ḋiẛ

ọịr ꝑaụꞃa leịꞃ: ó naꞃ ꞇꞃꞁꞇọᵭ ꞃí
Uꞃaınm ᵭó leᵴᵭꞃ ıꝼꝼꞃ eıuꞇꞃꞃꞇ a ᴅo
ᵵabᵭꞇ ᵭ; ᴅo ꞇꞃꞃꞃ ᵵo an leᵴᵭꞃꞃa ⁊
móꞃán ᴅon Bhıobla a nᵹꞃoıᵭꞁᵹ⁊
⁊ aꞃ lóꞃ a neıṁꞇꞃꞃꞇı ꞃᵹobꞇꞃ ıaᴅ,
ᴅo ṁꞃꞃ mıꞃ náꞇ cóꞃa ꝼulunᵹ ᴅo
ᵵabᵭꞇ ᴅóıꞃꞃon, an leᵴᵭꞃaın, ᴅo
ꞃᵹoᴠaᴅ ᵹo héıᵹcꞁıꞇ, aꞇá aᵹ ꞇᵭ
ꞃꞃꞃᵹ ꞇꞃéoᴅ ꞇꞃıoꞃo ó ꞇꞃeıꞇṁ aꞃ
ó ꞇꞃáᴠaᴅ, ıꞃá ᵭaṁꞃa an leᴠꞃán
ꞃa ᴅo ᵹꞃıᴠᴠaᴅ ᵹo ᵹꞃꝑlıᵭe, ᵹ⊙
neıṁꞇhᵴıꞇ ᵹꞃoıᵭꞁᵴı, ᴅo ꞇᵴꞃuᵴı ⁊
ᴅo ꞇᵭꞃꞃᵹ ꞇáıꞇ ꞇum ᵵóꞃᵹᴅ, ⁊ cıeı
ᴅıꞃ ꞇꞃé ꞃaꞇṁꞃꞃꞃꞇ na haıꞇᴠe, lé
maıꞇꞇꞃ na ꝑᵭcaıᴅe, ᴅo néıꞃ ꞃoıꞃ
ᵹᴠoıl ꞇoꞃo, ⁊ ꞇᵴꞃꞃᵴ na nꞃoṁ, ꞃꞃa
naᴠꞃoal. ᵹꞃᵭıṁ ꞇá a lᵴᵵchóıꞃ
chnoıᴅe ꞇaꞇoılıe; ná ꞇabꞃaᴅ ꝑꞃ
ꝑlıᴅᵴꞃ, nó ᴅꞃoıcꞃ ᵹᴠꞃeoıꞃᵴꞃ an
leᵴᴠꞃáın oıꞇ, ᵹan móꞃṁꞃꞃ ꞇo bᵴꞃꞇ
aᵹaᴅ

agao q̃ leigion leigir táinma acá
ñ. Ní nuailéigion do beirim ór̃t
af an ſiṁponc aicde do ſeiṁ ꝑá
onn̄g 7 a ꞇáinig do naoṁn̄b na
ꞇir ꝑiaṁ lé gníoṁ, iſ lé bééiꞇir,
aꞃ é ſeiñm. ꝑcglꞃm go maiꞇ é,
ꞃbg̃aio go punc ni ṁe ꞇú: ñá ca
bq̃ cluaſ deiꞃicib na ag̃aio, ſñá
héiꞃo lé na nuacꞇꞃoibe cꞃeioiṁ ſei
ñꞃo acá ꝑéṁ, acá concꞃóa don ai
cde, ꞃꞇon c̃baio: ní ſbio ꞃeiñſion
na ꝑiꞃuṁ ꞇaiꝑagꞇiꞃ cꞃé ſꝇoáñꞃb
glana aꞃ ꞃoiꝛꞇib uaiꝛi áꞃꞃꞃoe,
.i. cꞃé béulꞃꞃb na naoṁ ſñá naebſ-
oal ó ſioꞃꞇobq na hꞄꞃlſi, af na
aiꝑion ꞃg̃glán na mbꞃég, bhioſ
lán do ṁoiꞃc ṁícꞃeioiṁ, ꞇꞇꞃꞃngio
aꞃ a ccẽnuib ꝑéṁ ó ꞇobq na hꞄꞃ-
áioi ꞇꞃé mbío q̃ mꞃꞃugaoh céilli
ſñá naiṁoib gan uile c̃baio. cuiꞃ
ao

To m̄gḃf na bḟiacḟna bḟtoṅ{g}i n̄o
da neoṁacḡṟuiḋe óiṁdeiṗc Uia
ceṁṫur linm: c. 9. caal von ċaċoi
lic (g r̄e) crailcaḡ oḋ gach nuai-
ċṗeirḃ̄i, 7 an cṗeirḃ̄i cóiṁ ḟuaiṗ
ó na ṗeiṁ꞉ṗiḃ co ċoiṁċo go coṁ
giollḋ von ṁuincip ṫ̄iocṗaṗ na
ḃiḋiḡ, ṡgan an cṗeirḃ̄i co chuma
ṗé na chéill (mṗ do niḋ na heiṗi-
ce) aṗ a chiall co chuma ṗiṗ an
cṗeirḃ̄i. Aḡ ṗo ḋuic léiḡioṅ ṟa
haċaiḋi ṗaḟaméne óṗ neoṁoiḋ-
iḃ co ṁ̄ḡṟa ḋ꞉ṟṅ an ṟeṟ ċ̄eirḃ̄iṅ
mṗ ṟláaiḡéo aṗ ṗeiṅṗ꞉ṟṅa. cuiṗ
coṅcṟaṗ ꞉ gach nuaicṗeirḃ̄i a
cá conctḡoa ḋó, 7 ꞉lac é maille
oḟꞅchnoiḋe, 7 coiṁéo é ꞉o ꞉lea
von ṁuincip ṫ̄iocṗaṗ do ḋhiaiḡh,
ꞅoo ꞅéuḃa꞉ luaiḋ꞉ṗ ṗioṅḃaiche
oa chioꞅ. Amen.   ꞅꞅ

AN CEUD RANN
DON LEABHARSA

chráčdar ap an ttrnpi ap cóip
ton aithprögé to bheit 7 ap
an ullmhugaö ap intéunta érƷce
7 ap Ʒach ní eile bhƷnap pia.

ton toilƷheap ap co-
n ērñ to beit oprñ pé
ndul tocham na
froipitne

C. 1

S é ap toilƷhep ann
Ʒnám aƷap puač, trƷ-
pi 7 tobnón tot Ʒlac-
čoh fán bpeacaö to pimp maille
pe nñ Ʒan a čeanañ a pip, af
ní fhoil ophiachƷbh opt móir
to chabhaint Ʒan an peacaöh
to thénamh a pip. 7 ní cóip pñ
       U   tiƷaö ont

ort as a ṁám a ċor romhaḋ cā
ṛem ḋo coimheaḋ air maillé re
ġráṛṅ Dé. ar eitir ḋṛt ḋail-
ġṛ ṛiṁuṅgch ḋo beith aġaḋ ġas
ḃṛia ṛúl ḋo ḋhortaḋh, ón ġē
ġab maith iaḋ ro ḋo ḋhortaḋh
ḋo ḃhrioġ go ġciallṅġiḋ méḋa
ṫṛṛṛ an chṛoiḋe, ar a ṛon ṛṅ,
aṛ lór le ḋia ṫṛṛṛ an chṛoithe
amḣám ḋo ṛṛrioṛ an phġeaḋ ḋo
ḃoġ ġab ē an cṛoiḋi aṁán ḋo nì é

2 Aṛ maith ṛén ṛollaṛ ḋo ḃe
ith aġaḋ gan conphġeaḋ ḋo ṫṛi-
amh niṛaṁó, aġ ṛáḋ aḋ chṛoiḋe
aṛé mo ṛún a ṫiġṛna gan conṛbe
aḋ ḋo ṫṁaṁ aṫaġṅḋ gu bṛáṫ.
Aṛ éṫṁ ṛóṛ ḋon oiḋe ṛcṛiṫne ⁊
atá ḋṛiachaṛbh ṛ gu mṁic ġel-
laḋ ḋo bhuam amach, ṛoċṁa na
                              bṛṁaḋ

bṙṡḡaḋ to pheaċhna.i. ġan oul
ġo tiġ áinroe a noḋinaḋ an pḃ̃c
aḋ, cláṙ na hiṁṫḡ̃ta to pháḃhna,
ġan ũi táḃinne to thaġall 7c.
ġiṫḃ̃ máta ġṙ́ṁ ṁá ṗ̃ṙiṫ aġaṙ
aṙ na pḃ̃aḋaiḃ to ṗinṙ, aṙ lóṙ
ṙa to ċum na ṗoiṙ̃one, ṫ́ ni hḃ̃
oin ṙuaṫ éiṙṙ̃ṫach an ṗḃ̃nġoh
to ḃeṙ́ aġat ġan ṙún a ṙḃ̃án
ta to ḃeṙ́ a ḃṙolaḃ̃ ṙan ṙuáṫṙṁ
tá ḃhṙioġh ṙo ná ḃioḋ ṙenṙṗṙl
oṙt aġáṙ náḃ̃ biaḋ ṙún ṙolluṙ
aġato na ṗḃ̃nġḃ̃ to ṙḃ̃na. aṙ ṗ́
oṙ náḃ̃ tiġio na toctṙṙe ṙ́ ḃ̃́ṙ
le ṙan ṗoṙtaṙa.[2] aṙ ṙḃ̃ṁ na ṙo   4. d. 10
cṙa to ṗéṙṙ aiṫhne an oite.

3 Ẏiṙ cóṙ an toiṙ̃ġṙ 7 an ṙuaḃ̃
ṙo aṙ pheacaiġh to ḃeṙ́ oṙ cioṁ̃
aṙṙġle ṫoilġioṙa 7 ṙuaḃ̃a aġcáil

a 2   éṙġi8.

éigin. ór aſ é an peacaḋ olc aſ mó
vena holc⁊ḃ ⁊ vá ḃḡ ſin aſ cóiſ
a ḟuaċ vo bheiċ óſ cioñ ſuatha
gaċ ⁊lc, aṁ⁊l maſ aſ cóiſ ḡó
'Dé vo beiċ óſ cioñ ɠráḋa gaċ
cſéuċ⁊ſe, vo bſíoḡ gu bḟ⁊l a
ṁait⁊ſ gan compánaiv óſ cioñ
mait⁊ſa na ⁊⁊le cſéuċ⁊ñtö; aſ
an áḋḃaſſa ní ſoláiſ ḡin ṁóſ
ro bheiċ aſ an bpⁿċaḋ, agcáil ɠ
twſɠa vo ḡⱪḃċa vo ſoġaiſ báſ
vſaɠáil von té aſ annſa lⱪt inⱱ
an peacaḋh vo ⱱḋⁿaṁ aſiſ agcáſ
gu gcaiċſⁱċ eⱬſ⁊ víoſ ro ċo-
ɠaḋ, ɠiḋⱱ ní ḟ⁊l maⱳvanaſ vⱥ
coimhſo ro ⱱḋⁿaṁ go ſollaſ vo
chum maiċṁe na bpⁿċaḋ vſaɠáil
⁊ níoſ chſíoñaſ a ⱱḋⁿaṁ.

    4 Aⱳáv vá ḡⁿé choiⱡⱬiſ anⁿ
                              an ⱳéaⱳ

an céad ghné, doilghios gan nith-
neach, uirtimig fán pheacadh an meid
ga bhfuil anaghaidh dé, 7 an ghoha
dlighthear dó, dá ngoirthear san laid
in contritio .i. mionbhrúghadh 7
comhbhrisseadh croidhe, 7 as maith
an tainm gaoidhilge dó dioltanas
.i. tarrsi geintear ó ghrádh dé;
gé bé agá mbí an tarrsi se, sgíos
aidh a pheacadh uaidh sul téid dion
soighidh na faoisidhne, 7 do gheibh g
sa dé na náit. gidheadh atá tria-
chtaibh ar fá péin pheacaidh mar bhta na
pheacadhsin do chur a bhfaoisidin arís
(már peacadh mharbhtha iad),
óir ní maitear iad as ar an ccun-
radh soin ón am fár órdaigh cosc
sacramaint na faoisidne an tan
tug ar láimh na heaglaisi Ecclacha
 chugail

ceangail ⁊ sgaoilte cháich óna bpeac-
adhaibh; ni maith dá bhríogh soin
na peacaidh mur bhfuil lé doilghis dá
théid ⁊ dá uaisle gan tún na faoi-
sidine do dhénamh na ham féin do
beith gu follus nó go foluighthach
na coimhthegar

5 An dana gné, dhoilghios
nách fuil coimhlionta ar an ndoil-
trasnuigh docum na bpeacadh do sgaoiles
dá ngoirid san laidin attritio,
⁊ dan leth ar uadha sin adeirid na
gaoidhil aithrighe nó aithreachas.

Trid. ss. 14 cap. 4

8. Gidh sin so go comhchoitcheann
ó uamhan pian ifrinn, nó ó smuain-
eadh an tshalachair an peacaidh;
ni sgaoileann an peacadh gan faoisidin
⁊ absoloid do beith na chuideachta,
⁊ ní leór amháin absoloide, acht ar ó-

gion

gion i féin dfagáil a láṁ, mᵘˡ
maitẕ an péćaó leiſ an ndoilḡ-
ḡſa. ó Ni fiſ ꞇo óⱃṁ ꝗ bioć ꝗo
deṁin, muna foillſiḡ⸗e ꞇia óó é
cia haca ꝛo doilġieſ bioſ aiḡe;
ꝗ a ꞃon ꝯ bi bⱦamⱨail aiḡe cia
haca ⱨ́ioſ ann, ⁊ maſ aiⱦuḡⱨo
laḡ ṁⱹꞃoſ do bⱨⱥⱦ aiḡe, aſ
cóṁ óó díćcⱨioll do óⱥnaⱨ a
m⸱óⱥⱦḡⱨaⱦⱨ ⁊ a nⱨⱥ́ꞇⱥⱥ́ḡⱨaⱦⱨ, ꝗo
ndⱥonⱥna diuicⱃⱥꞃ .i. doilġioſ
láⱃⱥⱥ́n ſⱥ́ⱥorⱥa an pⱥⱥⱥ́ḡ́ ⱥ́ꞃ, ma
ⱥa fⱃᵹⱥ co iⱥ́fi oⱃⱥ (⸱i⸱ aⱦ́ⱥ́ fⱥoiⱃ⸗
ꞃoⱥⱥ́e) do láⱦ́ⱥ́ aiⱥ́e iſⱥⱥ́ éⱥꞇⱥ ab⸗
roloⱥ́o do ⱦ́ⱥⱥ́ⱥⱥ́ⱦ́ⱥ óó, óⱥ (m⸗ⱥ a óṁ
bⱥamⱥⱥ́) aſ lóⱥ́ an laḡ⸗ⱥⱥ́oⱥⱥ́ḡⱥⱥoſ
féin maⱥⱥ́lⱥ ⱥⱃ an abroⱥⱥ́ⱥ́o dfa⸗
ḡⱥ́ⱥ́l ṁⱥⱥⱦ́mⱥⱥ́e na bpⱥⱥⱥ́ⱥ́ⱥ́.

⁊ Tan a cⱥⱥ́ⱥⱥ́n ſo, bioⱥⱥⱥ́ ꝗo
                        ṁbiⱥⱥ́

mbiað abɼolóɼo ⁊ ꝼaᵹaɪl aᵹaꞇ⁊
ꞇém oɪꞇċioll móɼ ꝼuaꞇh oo beꞃ
aᵹao ⅁ an bꝑᵹcað, ⁊ ꞇꞃꞃꞃ ꝼá
ᴅheanaṁ ⅁ ꞃon Oé oa ꞃꞃꞃɪ́ɓ, ⁊ nᵹ
ab lóꞃ leaꞇ ꞃꞃ oo ᴅheanaṁ ꞇꞃé
olc nó ꞇꞃe ᴘhéɪn ꞇɪᵹ ᴅhꞃꞃꞇ aꞃ oꞃ
ᴘhᵹcað. nɪ ᵹúɪmꞃꞃᵹᴅe an baṁċeꞃ-
le léɪᵹɪoꞃ oɪ ꞇꞃuaɪllɪ oheaꞃ oo
ᴅheanamh a mháꞃ ⅁ ᵹᵹla ꞃꞃan ꞃo
olc eɪle oo ᵹúɪꞇaꞇɪ ꞃꞃe, aꞃꞃ aꞃ
⅁ aꞃ ᵹúɪmꞃꞃᵹ⁊ꞃ ᵹlaꞃ aꞃ, ꞃꞃ oo
ᴅheanamh ⅁ ᵹꞃaoh an lúmáꞃ ᵹo
ᴘꞃꞃꞃꞃ́ᴘalꞇa. maꞃ ꞃꞃ aꞃ coꞃꞃ oon
aꞃꞃꞃꞃɪꞃ oo ᵹlac Cꞃꞃoꞇ maꞃ leꞃꞃáꞃ
ꞃan baꞃꞃꞇᵹ́ð, oꞃꞃꞃlꞇað oaðalꞇꞃaꞃ
uꞃ an oɪabhal .ɪ. ꞇoꞃa ꝑ ᵹcaðꞃꞃ̇ꝅ
⁊ ᵹꞃáɪn oꝼaᵹaɪl oꞃꞃa, nɪ ꞇꞃꞃꞃ an
ꞃolc aꞃꞃáꞃ ꞇɪᵹ ꞇɪꝼéɪꞃ aꞃ ꞃo .ɪ. ɪꝅ-
ꞃꞃoꞃꞃ ꞃɪoꞃꞃꞃᵹᴅe, aꞃ ᵹo ꝑꞃꞃ́ꞃꞃoꝑál-
ꞇa ꞇꞃé

cre gráð ñté a léñaim.

8 Ar cóir fós an voilgiorra
(maoh lag nó láivir é) vo beiɫ
geimionálta fán uile pheacavh
marbɫa vá nvḟnarr, 7 mar voil-
gior fírinñg é vo óronñg Dia vo
ḟrior na bpgcað, ni héroir leir
gan iav ríle vo ḟrior. Vá boḡ
ro ar aithrigi bréige, an voil-
ḡr mhḡrrar vuine vo beiɫ aigi
fá áñ,o vá pgcavhríbh maille ré
foñ 7 ré gráð na cova eile vioḃ
7 vá nglactá aḃroloiv ꞩ a leiɫe-
ro ꞩn vaitrꞩcur ni ꞩvoilꞩbe óv
pḃcavaib tú, ar vo ḡñtá fgcað
nua, muna rvorað ambrior tú .i.
ḡ mhñ· tú go rvibi voilḡr ꞩei-
mionáltä agav fá a nvearnair
ríle vo phꞩcathaibh.

9 Ná tys ap po go bhféith opiácuýb ort aitiige ⁊ lst do beit agad fá gac con phéadoh dá noginaip; ap ap lóp concraoinéd ⁊ ap tynpi amáin do bheit opt umpa uile, óp apéioinlé oyne abpono deigionác a bgéat, aitpigi finméd do buhan (gé ⁊ toiliig anaṅ pn) ⁊ ní héron leip tnype az leé to beit aigi fá gach compéaoh dá nuéhnd, pan ponc pom, ⁊ níor énys Oia opáchnyb opṅṅ ap aitpige do bheit opṅṅ nd bféadóuibh, ⁊ toimlíóntng pn gan aitpigi ⁊ leth fá gác phéadoh; op map ap eroin léé tnypi chpioṁ do beithopt pá mánbad do ṁic, gan tnypi ppefialta pá gác ein cneroh báip dá paibi ⁊, ap eroin léé maпaп ccóna dal

ꞃa boilġioꞃ ꞃiꞃinṁc do beiṫ oꞃc,
ꞅa ꞅaꞃóuð ꞇanma leiꞃ na pḃcaðaiḃ, bioð nach ꞡcaiꞃiċ ꞡo ꞃpeꞃuilca ꞅa ꞡaċ pḃcað ðá noḃnaiꞃ
ꞅo léch, léꞃ bhuaiꞃ onꞇó bháꞃ
aiꞃꞃe: ní ꞇáꞃꞇa ðhꞃꞡꞇꞇ ꞃliꞡhi aꞃ
ꞅláꞃaiꞡꞇe ꞇꞃ ꞅa ꞇꞃꞃuaiðe ꞇꞃá mꞡ
a ꞇeiꞃ Diá, nó an Caꞡluꞃ ꞃꞇ.

10 Má ꞇá ꞇú a ccaꞃ ocaḃꞯc
an ḃꞃꞃꞃ cꞯꞃan ꞇon ða ðoilġioꞃ
ꞃa ꞅoꞡnꞯꞃ do ꞇum ꞃiꞇi do ꞇꞃꞃaꞃ
ꞃꞯ Diꞃ aꞡað, aꞅ do coꞃꞃꞃaꞃ ꞇꞃ
ꞃað ꞡo mað eiꞇiꞃ ꞡab ðoilġioꞃ
ꞃoꞡalꞇa bꞃꞯꞡꞃh a ꞇá aꞡaꞇ; ná
eꞃꞃꞅó ꞃo ꞃenꞇꞃꞃꞃl ná buaiðhiꞃꞇ
ꞃꞇꞃꞃe ciꞇ, má ꞇá ꞇoilġioꞃ oꞃꞇ, ꞅá
ꞡan ꞇoilꞡꞅꞃ cóꞃ ꞇo beiꞇ aꞡað,
⁊ ꞃꞃꞃ cáꞇaꞡað ꞇo ꞇꞃꞃꞃꞃ ꞅá ꞡan
ꞇꞃꞇim iꞃ ꞃa pḃcaðꞃꞃḃ aꞃiꞃ, ach o
bioð

b. Nauar. s.
c in 18 &c
10 n 4 dicens
esse coem.

bioð do ðóig a noia nách foil tá
ʒan aitʀigi. [b] bfim. 15.

Da chongnamh choit-
ceann ʒhluaisior a pʒc-
ach to cum aitʀigi 7
tʀʒig ʀá na pʒc-
að,ibh c. 2.

ſ rlighe chomi choit-
cẽn to cum an ʀʒle máit
ofaʒháil, a híʒnaið ar
Oia ʀan uʀnʒʒte ór a veiʀ Oia
a. Iacobi 1. ʀe ʀ . ª . ʒ anuaʀ o aʒʒ na ʀoill-
ſtó tiʒ an ʀʒle ʒapʒtaʀ ʀo máit
7 an ʀʒle tioðlacaðh foiʀfe, 7
ní fhoil taphaʀtuʀ aʀ fʒiʀ ná
tioðlacaðh aʀ uaiʀle 7 aʀ foiʀfe
von phʒcach ma coʒaðh to tʀi-
ocnuʒaðh ʀé Oia 7 ʀíth to ðáⁿá
ʀuʀ le haitʀiʒi nʒlám, tá bhʀiʒ
ʀoin

rom, ar cóir dó do céroine rkibh
ro dianrmʒ ⁊ Dhia fém.

2 Ⅿar nách eidir linn Dia
do ghráduʒáoin mar ar cubhuiʒ
ʒan a congnaṁ speriálta fein,
mar an ccéona ní héidir linn an
pŝcáð sʒarar Dia rm crucáuʒ ⁊
rdoh mar ðuʒčiŗi uain ⁊ mʒ a tá
to riaŗanur orŗm do čum ŗlain-
ti ⁊ nanma, ʒan congnaṁ rior rpé-
riálta Dé dráʒáil;   .b.   ⁊mé ŗin
a dubŝt Cmorp,   .c.   ni tiʒ dai-
ne an bioth diollŗoiʒroh orumŗa
aŗ an té cháŋʒior ṁáčʒ čuʒam.
a naichriʒhi a ṁám ar ŗliʒi ʒé-
ŗaih do chúm tʒŗa dionŗoiʒhið.
Chŗorp, dá bhŗiogh rom ʒi bé
lépaö mica cruall churʒi, rarраð
ŗan ūmrʒti ⁊ a ncéar a éʒŗŗŋʒ
Ⓞ   an ŗliʒ

b. Trid.jŝ.
can 2.

c.10.6.

ap ρlιзιᴅ na háιτhριзe ᴅo   chum
an mhic, ⁊ ᴅo bhρíoз з̃ conзnamh
móρ ᴅo   зluaρachᴅ na ρριonaιτe
ᴅo čum na   τιзιηι, uρnιз̃τe beoιl
ᴅo ᴅ̃hnamh, cηιρlᴅ ánρo eιзom-
plᴐ na huρnιз̃τe bᴅ̄ maιτh lé a
ρáᴅa; muna ρhaзτaρ ni bᴅ̄ ρhιηι
ιnaí.

uιnuιzhτhe ᴅιᴄιιρηз̃
na háιτhριзe aι Ðhιa.

Aɴ uaιρ ſmuaιmιm (a τιз̃нι-
нa) ᴐ ᴅo m̃aιᴄhɼ ⁊ ᴐ ᴄo mhonᴅáιl
neιm̃chρíoᴄhnᴐ̃зᴄι, ⁊ ᴐ m̃ρ̃ιριᴇ̃ɼ
néττιбᴐρηз̃ ρéιn; ᴐ ιoмaᴅ ᴅo ᴄιo-
ᴅlaᴄaᴅ ᴅ̃ am̃, ⁊ ᴐ m̃éιᴅ mo nᴐ̃mh-
bρнᴐ̃ᴅᴐ̄ρᴐ ᴅá зcιonn, ᴐ τηιe ᴅo
ᴇρóᴄᴇ̃e, ⁊ ᴐ m̃ᴄ̃ᴅ mo   m̃ιзníomh;
ᴐ luaιᴅhᴇ̄ ᴅo зρáρ ⁊ ᴅo зlóιηe
ρám.chom̃ᴐ, ⁊ ᴐ lιonm̃зᴇ̄ mo loɼ
               ⁊ m̃áιnτlιз

7 ṁumoliġċċoh aċaġṅó; ċaġim
ᵹo ꞃolluꞃ ᵹa maó cóꞃ óaṁ aiċ-
ꞃióe ionᵹanċach, 7 ꞃoilᵹioꞃ ꝺo-
ṁꞃn ḃꞃiꞃċe cꞃoióe ꝺo beiċ oꞃ-
am ꝑán ċoimċió 7 ꝑáṁó na nuꞃ-
la ċhuᵹaꞃ ꝺoꝺ ṁóꞃóáil óiaóa.

Oiꞃ ꝺo chí ċú ꝑéin a ċiᵹṁna ᵹ̊
ċallaṁ ċiꞃim me ᵹan ċꞃáꞃ ᵹa n liꞃ
aꞃ nách ċiᵹ ċonaó aꞃ ꝑlċaió, 7
ᵹé ᵹo nꝺéꞃim iaꞃ ᵹan ꝺo ċonᵹ-
naṁꞃa aꞃ anaᵹuꞃóh ꝺo ċhola,
nách éꞃoiꞃ líṁ aᵹcoꞃ ċhiom, ᵹaꞃ
bꞃaon ꝺoꞇ óꞃúḟ óhiaóa ᵹꞃáꞃa-
ṁꞃl ꝺo ċoꞃċaó oꞃam, ꝺom ᵹluꞃ
ꞃaꞃ ċochum na háiċꞃiᵹe.

An an náóbhaꞃꝺo léiᵹim mé
ꝑéin an cꞃuaióe bóꞃ � mo ᵹlꞃꞃ-
ibh aóꞃꞃaᵹuꞃꞃ ꝺo ċꞃócꞃe aꞃ náó
ꝑoil cꞃioch ná ꝑoꞃċún, 7 ᵹꞃóim
            b 2   ċú, ꝑill

tú, pill uaim tṗiṅċhṡit 7 ṗ̃c̃ go
ċruaḋ tróċḋeaċ ḋ an nanamṙa
do ċhnáċuiḋ do láṁ láidiṙ ṗéin
7 do ċhṫron̄ġiṙ lé tṗail ṗionua-
ṙṡl; ṗ̃c̃ onam leiṙ na ṙṡglibh léṙ
ṗ̃éṁṙ Ṁáta 7 Ṁagdalén, Ṗe-
ain 7 Ṗól, 7 cṅṙa dealṙaḋ uáta
um tṅ̄gṅn lé bṗ̃c̃aḃ go ḡhṙaḋ-
aṙeaċh aṙ ċhṙuaṙ do ċhiṗt, 7 ḋ
ḡráṁġhláṡ mo ṁhṙġnioṁ 7 mhole
ioṅuṙ gonglaepaṁ ḃglá lé tṗeṅg
ṗiordhuirċhe, 7 léd phrioṙún na
bṗian, 7 tḃgaḋ dṙiċli diaḋá aṙ-
da, ṫéiḋġṙioṙ an enoiḋi ṗuḡṙa;
leḃhṙoḋ an ġṙuan ċhoṙṗoroha a-
ṡiġṙa, 7 ḃgaoiliḋ lé tṙ an toiḋ-
ṙeaḋ, leḃhṙa a ġṙuan ġhṙáṙa-
ṡṙṡl na cóṙa, an ciuaiḋṁeaṙa a-
ċá aṙ mo ċhṙoiḋeṡi, 7 ḃgaoil léṫa
oiḋṙuḃ

oiḋiuḋ na loṅ ata ⁊ mo ċoiṁṗar
lé tiniḋ do ġnáḋa ⁊ lé huiſge na
háit uḋ é. Ala ḋémond ^d cloch aſ plin .l. 17.c.
4 lſid l.12.c.1
ciauiḋe do ċloċn̄ō maoiṅġṫin ⁊
tó miṫi oḟġobḋ n̄ṁe, le foṫno-
ġaḋ fola do ṫabḟt oí. ɼoiṫh a
ċiġṅna bnæn ood ḋiaḋꝓʒlto
ṫhoiṅtiɼ ɼan ċɼon̄, an an ʒioɼi-
ṫe cclocḋaɼa oá ꝼ̇oṫuʒaḋ oo-
chum oibne na haiṫniḋe; oo ꝼʒol-
taḋ na cꝗ́ʒe anaimn̄i oo pháiɼi
aʒ cæinṫo cioiṫaḋ ʒcoṁn̄ḋeaċ;
taḃḟ a ṫiʒṅna ⁊ chnuaiohcꝗɼ̄ʒ
mo ċnoiḋeſ ꝼʒoltaḋ tné ohoil-
Ꝯioɼ ⁊ tné tn̄ꝛꝯ ꝼám ꝼꝫaḋn̄ḃ oí
ɼ́e ꝼén. Do ʒeallꝝɼ noiṁe ɼo a
ṫiʒṅna mꝗ́ ꝼaḃḟ ɼꝒeꝗalta, cnoi
ɾi e colnα oo ṫabhḟt oo mhalꝗ́t
an chnoiohe chloiche, aſ taɼḟ
    b 3   ṫaṁɼa

ḋaṁṙa croiḋi cloiċi ór í an ċloċ
aṙ ṁó ṁoċuiġṡⁱ ⁊ co ṁáṙla, ⁊ biⱥ
ḋíom an croiḋe colnaṙa náċ caⱥ
ⱖⁱn a chroṅċa. Coṁniġ a ⱦⁱġ́ⱨⁱ-
na ɤo nɤuⱕ́ġ́caⱙ, nⱦ́ ṁⁱan lⱦ̃ aⱙ
ⱕⱶⁱaċh ɤⱷaġáil báⁱṙ ⁱna olⱥṙⱕ,
aⱙ ⱕⁱlⱖⁱ́ⁱ́ oⱙⱦ ⱕⁱ́ⁱn ⁊ ⱦⱨⱶoa ⱦo ⱦa
ⱕ́ⱦⱦ ɤó. Cⱙⱶⁱⱞhniⱦ ⱦ́ ⱦⱨⁱⱥllⱦⱶ a
ⱦ́laⱞaⱸ ⱦuⱦaⱸ an ⱷ́⅄ⱥ uⱦ́ ɤo ⱕⁱll
ⱕⱥaⱞ́ⱨ́ ⱸⱶo ⱦ́ⱨóⱞⱦⱥ. ⱥ ⱦⱶaⁱⱞ aⱸ
ⱦⱨⱥⱖlⱥ́ⱸ ⱦ́u a ⱕⱕⱶo⃗ⱦ́ⱦⁱ naⱙ ⱖⱶⁱ
ⱙⱶⁱnne; ⱕⁱlⱖⱶⁱⱞ oⱙⱦ aⱞoⱙ, ⁊ oⱕ́ⱨ-
ⱶⱞ ⱞⱶ́ⱕ́ⱞ ⱸⱶⱦ maⱙ ⱙⱥláⱕ ⱕ́íoⱶⱨ-
ⱸⱶⱨⱸe, ⁊ óⱞáⱞ̃ ⱕ́Ɽⱸⱶ báⁱl ⱸo ⱕⁱⱙⱦⱦ
aⱙ ⱙⱶo ⱦaⱞ ⱞⱦⱦⱙⱶⱦⱨⱞ́ⱦ ⱕⱕⱶⱤⱞⱞⱶⱦⱦ́ⱦ, aⱦ-
aⱙ náⱞh ⱕⱶⁱⱞⁱⱙ í ⱙⱶo ⱸⱶⱤⱦhⱤⁱl ⱦⱥⱞ
ⱦo láⱞ̃ ⱦⱶ́ⱶⱨⱶⱥⱦⱶⱶⱥ ⱦo ⱦⱶⱦ́uⱥⱙⱤⱙⱶ aⱙ
ⱞ́ⱶⱶⱶⱤⱞⱸe, ⱦⱶⱶⱞⱤⱥⁱⱙ ⱖ́ⱦⱸ ⱦhⱙⱶⱥⱶ́ⱞ̃ⱸ aⱙ
ⱥⱙⱥⱖⱸⱞhⱙⱶⱤⱸⱶⁱⱦ, ⁊ moⱶ̃ⱦuⁱl ⱤⱤ Ɽ ó ⱕⱶu

aⱙ ⱙⱥ

ón na bpéacaḋ ina raibe go ttrád-
rca ḋoċum gola 7 tnṙri, iondur
nách caillfiḋe an tanam boṙra,
a⁊ goṫ méċh ḃrlán gatcnórugaḋ
7 gaḋ ġlórugaḋ go ríoroḣnṙḋe.
amen.

Ná léig ḋiot urnṙġte ḋo ḋḟnaṁ
ḋo chum Ṁuire óġ, órr ni foil
rliġi ar ḋeimhne 7 ar ḋíriġe ḋo
ċum an ṁic iná imprḋe na maċár
ḋo beiṫ lét. Ḋḟna rór urnṙġthe
ḋo ċum ḋo Pátrún geiniorralta
Páḋrṙgi ḋo ċum na naoṁ nḋúċ-
ḋair ḋá nḋéin tú reirbír rpeṙal-
ta, 7 iam a cconġnaṁ go ḋíth-
ċiollaċ ra nampra ḋo ḋocaṁail 7
ḋo ḋóġnuiṁe, 7 ḋo chírfe tú go
nġluairprthḟi ḋo ċróiḋe ḋo ċuṁ
tuirṙ 7 rḟaċa na bpéacaḋh·

b 4   ꝛſ

3 Ar congnamh comhcoitchenn eili do chum furtachta dfághail ón uile olc a mbi duine, léirsgrudadh do dhénamh ar an mbethaidhe a mbi sé, cionnas tarla dó, creud iad na huilc tug chuigi, ⁊ creud é an gleus le sionfadh é féin uatha. Dá réir so budh congnamh do chum na haithrighi an peacach do mionsgrudadh an uile ina bfuil sé, óir gibe thuigfeas go maith a doghnaire seachnidh iad, ⁊ an tamadán nach tuigeann iad do ní gáire fá a droch an ghuil; na peacuigh géirinntleachtacha déiglábhartha, bios lán do shúgradh ⁊ do ghreann, amadáin an diabhuil iád, nách tuigeann a nolc ⁊ a mbosaine ón dáille ⁊ ón dorchadas fá ccuirtear iád a bpéin a bpeacadh.

ngan

ní ganább do oroirg an náírfa
aachtoraó amáin .i. an trfíl do
cum raóġer gola, vá cor agcéill
ġaó ar ġiaóġe an ríe irg aea
ʃnēó ⁊ gluairtʃi an ti aga mbi do
chum ergʃi ⁊ oobʃoin.

Oġʃaó an péaaó a ʃʃli ⁊ ra
gaó gʃʃġuaoaó ʃ an ʃoaio nġi-
núiʃl abʃʃl ʃé; péaó arig an
ʃein romaó ⁊ rruaillraheʃ a péa-
aoh, péaoʃ ʃroi rerʃiona gur
abʃʃl ʃe ag rġʃʃng, ⁊ an oia-
bal lé nrġʃa cúnġal anaimʃʃi aa
péauró; péaó ʃuar oia na glóiʃe
do rʃéig ⁊ oo rʃcuiʃmiġ ʃé, ⁊ na
hʃʃro aingiol ⁊ naoṁ ʃ an choiʃ
ergʃi, an méro go roiʃe ʃ a ra-
maʃ, ⁊ oo ġeubá romaó naóbʃa
gola ⁊ oobʃoin, má bhʃuann ʃaoʃ
ag cea

aᵹ mionſmuainẽo ᵹo huaiᵹnẽ ꞃiꞃ
ꝼéin ⁊ na neiṫibſ.

Oa ꞃmuaineaoh ſpeꞃi-
aíta le nᵹluaiꞃꞇioꞃ
an peacach oo ᵭum
aiꞇhꞃiᵹhi ⁊ ꝼuaꞇha
a pḟeccaoh

C . ʒ .

S nuain an ꞇúꞃ ᵹo bḟꝋil
Oia oo ᵹnách ꞇo laꞇhꝛ
aᵹao, ⁊ ᵹuꞃ ꝼoiᵹꞃi õꞇᵹꞇ
é ⁊ ᵹ ꝼhꞃ oo chi ᵹaᵭ ni mionᵹᵭẽ
oá noénaᷠ ꞇú, ina ꞇú ꝼéin, ⁊ᵹlu-
aiꞃꞇꝋ ꞃo ꞇú oo ᵭum an pᵭcaꞃꝋ oo
ꞃᵭꞇhna. Cia hi an bḟn oá mion-
aiꞃiᵹhe naᵭ coiꞃᵹꝼꝋ oá haöal-
ꞇꞃaᷠuꞃ oá mbeiꞇh a ꝼioꞃ aice ᵹo
mbiaö a ꝼhꞃ an ꝼꞃꞃ̃eoiᵹ oá ꝼaꞃ-
eᷟn? Iſman Cꞃioꞃꞇ oá ᵹach anam
oo baiꞃ

do baipꞇeó, ⁊ ní ꞃ̇ganaṁ ꞃé gan
ḃeiṫ ꞡá ꞃoꞃ ꝼéịꞃꞃa voịꝺ̇che ⁊
ꞇo íó, ⁊ bioꞡ go ndacha an ngṁh
ꞇo ꞃeiꞃ a ḃανꞇαꞃ̇α a ꞇá a ḃꞃuꞃ
ꞇo ꞃeiꞃ a ꝺịαꞇ̇αꞃ̇α ní ꞃa ꝼoịꞡꞃị
ꝺá ꞡαḋ con má é ꝼéịn; ꞇmuαịn ꞡ ꞃo
a nam an pheαꞃ̇ꞡ ⁊ má ꞇá ꞃꞃplane
ceịllị ịoñαꝺ ḃ̇ꞃꝼαịꝺh ꞃoαꝺ eịꞡịn
αꞃαꝺ, ⁊ vo ḃ̇éαꞃα moꞇ̇hugh-
αꝺh αịꞇꞃịꞡe chꞇꞡαꝺ.

2 Smuαịn αꞃ̇ꞃ ꞡ ꞃαịll ꞇꞓ ꞇꞃéꞃ an
bꞃꞡαꝺ ⁊ gan ꝺáil ꝼuꞃꞇαꞃ̇α αꞡαꝺ
vo ꞓum αịꞃꞃịc ꝺꝼαꞡáil αꞃ̃ maịlle
ꞃé hαịꞇꞃịꞡe α ṁáịn; 1 . vo ꞓαịll
ꞇꞓ ꝺịα móꞃ ꞡlóꞃṁhαꞃ ꞡ αnꞇoịl
ḃꞃeịꞡị mhoịṁeịnꞇị . 2 vo ꞃeαc ꞇꞓ
ꞇoịꝺꞃ̇ꞃꞃ nꞡṁhꝺha an chópán boꞃ̃
ꝼhꞃꞃαịꞃꞡị maꞃ vo ꞃịnne Eꞃαu . [a].　ꞡen. 25.
3 vo ꞓαịll ꞇꞓ ꝼoꞡꞡ ⁊ cꞡꝺịoꞃ ꝼịꞃ-
obáịoḃ̃

obároé ñté cy mo ar ionmerta
gan toimh máchoior, 7 roghap
riog nó prionra rochalta ⁊ bi-
oé, angʒll an chumaun chelʒach
cpéatuine. 4. do chuir tú ohiot
na ʒnára .i. an ttoat bairrhinal
lé ttiáʒʒ do tairroñ an trairéir
rropuide, 7 bére oilh chlonne
Dé, 7 do ʒiac tú na náit umao
brot oiablaide tiʒi irpriñ, bére
rclábh an thinum. 5. Do troide
do beoi na thinpall aʒ an rpioraa
ñcoñ 7 ʒá anʒliob, do rinne tú
thinpall oe do lúcirer 7 oá ñuiñ-
tir. 6. tuʒ tú ruarñinior 7 rioé
do toʒhir ⁊ tnirñ atá aʒ creiñ
to tomharra do rior. 7. Do taill
tú anohina tú oe tʒhoibriʒtib
ruaih; 7 ñi rriʒi luaiʒideah ⁊ bi
oé ⁊

oż ⁊ ṛon veiġníoṁa vá nvíonġ -
na tú an ḟeó biaṛ tú ṛan bpeacaḋ
biaiḋ vá ṛéiṛ ṛin ẓan luaiẓẓeḋ an
nvem tú vo ḋéiṛc ⁊ voibṛiẓtiḃ
eile tṛocaṛe coṛponða ⁊ ṛpioṛ-
avalta, vuṛnuẓte ro tṛoṡẓaḋ
⁊ vo tṛéiġṛionaṛ ẓo bḟáẓba tú
an pecaḋ. 8. vo ḋiult tú vo ḋia
maṛ atá ⁊ vo toiṛbhṛiṛ tú ṛem
m⁊ mhac von viabhal.

4 Al ló an bhṛeitḃinṛ, biaiḋ
tú ⁊ láiṁ cli Chṛioṛr a m⁊ẓ na
m⁊ṅán ⁊ ní bíd aṛ vo chumaṛ vul
aṛ a láiṁh veiṛ a m⁊ẓ na nuan
nṁuntoroẓ; cluinpiḋ tú na bacṛ-
ṛa binne úo a vhia ṛiṛ na ḟiéṛ-
⁊bh, aẓ tab⁊t chuiṛioh ṛioṛ-
ꝺ⁊ḋe ẓlóiṛe ḋoibh ⁊ ṛon a ṛeṛṛ-
bh⁊ꞃ .i. tiẓioh l⁊ṛa a lucho na

C m⁊anaṛ

mᵫnnaſ ʒlᴀcᴀᴏh ſeɪlbh ᴘᴛᴏʒóaſᴀ
mᴀᴄhᴀᴘ a ᴄá ʒ na hᴜllmhᴜʒaᴏh
ſá bhᴀ ccoɪᵫe ó ᴄoᴘᴀᴅ an ᴅomh-
ᴀɴ, ᴅo chɪᴄᴘe ᴄᴜ ɪaᴅ ᴄá ᴘᴄéʒ-
bháɪl ſᴜaſ a mſſʒ aɪnʒɪol ⁊ aᴘ-
chaɪnʒɪol, aᴘᴛol ⁊ ſoɪ̃ʒʒ'ɪᴅ-
ʒᴏh, mᴀ̃ᴄɪnʒ'ᴏ ⁊ Conſeᴘᴘoɪᴘʒᴏ̃,
Oʒh ⁊ banóʒ, áᴄ a mbɪa ᴘaᴏ̃-
ʒe bɪoᴄbᴜaᴅ ʒᴘᴀ̃ſi na ᴛᴘɪol̃óɪᴄe
aᴄa.

5 ᴅon ᴄᴀᴏɪb eɪle cɪᴘnᴘɪᴏ̃ ᴄᴜ
an bhᴘeɪᴄ bhoſ béᴘᴄᴀᴘ oᴘᴄ ſéɪn
⁊ aᴘ ᴅo comlᴜaᴏᴅ, ᴅo chɪᴄᴘe ᴄᴜ
loᴘa Cᴘɪoᴘᴅ a ᴄá a noſ ɪán ᴅo
ʒᴘócᴅe, an laᴘaᴏ̃ ſeɪᴘʒɪ ⁊ ſɪᴘ-
ᴄeᴘᴄ ⁊ aʒ ᴘáᴏh na mbᴘɪaᴄᴀᴘ ᴜᴅ
ᴄoɪᴘſſ an cᴄhʒᴏhᴀ̃l aᴘ coɪmh-
eᴘᴜᴏᴄnoʒaᴅh, ɪmʒɪᴏh ᴘomhaɪbh
a lᴜᴄhᴅ na mallacɪᴏ ſan ᴘᴄɪnᴛᴏh
ſɪoᴘᴅᴜʒᴅe

ṗhíoṁóṅⳝe a tá ⁊ na ⟨faⱴóⱴ⟩ ⱴon
ⱴiaḃ⟨ul⟩ ⁊ ⱴá luṫ ⟨fⱡⱥṁa⟩; ⱴo ċⱦⱦⱥ
tⱥ tⱥ ⟨féin⟩ ⁊ ⟨flaⱥ⟩ⱴ ⟨tⱥⱥⱥ⟩an ⁊ ⱴnoⱥ
ⱴⱥⱥⱥne aⳝ ⟨tⱥⳝtim⟩ fan bⱥⱥⱥⱥⱥⱥⱥⱥⱥan
ⱥⱥⱥⱥⱥⱥ ⱥⱥⱥⱥⱥⱥ ⱥⱥlⱥⱥⱥⱥⱥⱥⱥⱥ, ⱥⱥa
ⱥⱥⱥⱥ ⱥⱥⱥⱥ aⳝ ⟨caⱥⱥⱥⱥ⟩ na bⱥⱥan ⱥⱥ
ⱥⱥⱥ ⱥⱥⱥⱥ ⟨Dia⟩ aⳝ caⱥⱥⱥ a ⳝⱥⱥⱥⱥe.
Ní ⟨ⱥⳝⱥⱥⱥⱥe⟩ ó ⟨nam⟩ ⟨ⱥⱥ⟩ a maⱥ ⱴo
ⱥⱥoiⱴe ⱴoⱥⱥⱥⱥⱥⳝⱥⱥ ⁊ ⱴo ⟨ⱥⱥⱥⱥ⟩,
ná ⱴo ⟨ⱥⱥⱥⱥⱥe⟩ ⱴo ⱴⱥⱥⱥⱥⱥⱴ ⱴⱥⱥ, ⁊
bⱥⱥⱥⱴ ⳝan ⟨ⱥⱥⱥⱥⱥ⟩, ⱴo ⟨bⱥⱥⱥⳝ⟩ ⳝⱥⱥ
ⱴⱥⱥⳝⱥⱥ ⱴoⱥⱥⱥ ⟨niṁe⟩ ⁊ ⳝⱥ ⱥⱥⱥⱥⱴ,
ⳝⱥ ⳝo ⟨ⱥⱥoⱥⳝⱥⱥ⟩ⱴaⱥ ⱥⱥ-oⱥⱥa ⟨nⱥ⟩
ⱥⱥⱥⱥⱥⱥ a ⟨mⱥⱥⱥ⟩ ⟨anoⱥ⟩ ⱴoo ⟨ⱥⱥⱥⱥⱥ⟩-
ⱥⳝⱥⱥ.

6 ⟨bⱥⱴⱴ⟩ ⱴⱥ ⟨phⱥⱥⱥ⟩ ⱥⱥⱥⱥⱴⱥⱥⱴⱥ
oⱥⱥ ⱥan ⟨phⱥⱥⱥⱥⱥⱥ⟩, ⱴⱥ ⟨nⳝoⱥⱥ⟩ⱴ
na ⱴⱥⱥⱴⱥⱥⱥⱥⱥ ⟨pⱥan⟩ na ⱴⱥoⳝⱥⱥⱥ
.ⱥ. ⱴo ⟨bhⱥⱥⱥⱥ⟩ ⱴⱥⱥⱥⱴⱥ náⱥ ⟨faⱥⱥⱥe⟩

go bráż ginīr noē; 7 pían na ccēo-
paō .i. án teine fíoroṁże bíar voa
fíoplorgaōh ioin anam 7 čopp,
an mhoō nāč ḃżṙṅfe go bráż vá
fíopiarḋ chioṅōṅḃ, 7 nač lúża
bíaṙ né a lorgaō aici ταṙ éiṙ míli
milleom vo bhliaōnṙḃ iná a noṙ,
óṙ żē go mbía na pḃċużh muṙ
ċoṁliż geṙín aṙ iaṙḋ, ní ḃżaṙpa
coin ní vá ṙubṙtaint ṙiu, aṙ beio
go bráż ṙ con vpoċṙoaio vṙżla
go ττιοcṙaōh cṙíoch ṙ a bṙéin.

7 Oob uṙaṙ ouiṁ chomhṙaōh
ṙaoa vo ōṅamh aṙ żách olc ṙá
leiżh vona holeṅbhṙi ṙhiiṙ óa
phēccaō, 7 móṙan eile vá oleṅbh
viompáō, vo żluaṙaṙ aṙ bṙuaża
ḋ; aṙ go ccuiṙfēō ṙn τṙiaċuibh
oṙuiṁ an lżbhṙán vo ōṅamh nioṙ
                                ṙaio●

ḟaɼde iná aɼ mián liñ.

8 Léigim chugaꝺ ꝼéin a phéc-
aꝝ ſmuainéꝺ go gᵹ̃ an ná ꝺeich
noꝺcuibᵹ̃ a ꝺuḃɼamaɼ ꝺo beiɼ aꝼ
péacꝺh chugaꝺ, ⁊ má ní tú ɼo go
háiɼgéꝺ paꝺɼuiꝺéɼaꝺ, ní tꝛ̃-
ꝛoꝺa aꝺꝺᵹ̃ goia ⁊ aitɼiġe uait.

SMuainti speisialta
eile ꝺochum an

aꝺbᵹ̃ ꝷéoɼa C 4

abhár an ꝟéꝺ ſmuai
nꝼꝺ aɼ an ngɼáꝺ ⁊ aɼ
an ttɼócꝼe atá aꝷ ꝺia
aꝺ timċioll, ⁊ tá a gcogaꝺ ɼiɼ,
⁊ a tꝛéctúɼaꝺ na aꝷꝛꝺ ꝷ ɼluaꝺ
a namaho.[a] aꝺeiɼ ꝼéin go bꝼꝛꝛ
na ɼꝝaꝝ aꝷ ꝼioɼ buaiaꝺ ꝺoꝛꝛɼ
ꝺo ċꝛoiꝺe, aꝷ iꝷꝛꝝꝺ oꝷꝛꝝcꝺ;
atá aꝷ ꝼuláɼꝷꝝ ɼáttꝝ aꝛꝛ

[a] AꝐoc. 3.

C 3

anaiġīō, 7 aġ ġellaō ōnz ran
aẝ a bḟillḟe tu ġo leiġr ẝ ohin
aō a noġhinnr riaṁ na aġnō; la
bnnō ḟōr ġo roṁnothēroiōeaō
nē tanam, mẝ ro;[22] tan tuġam a
banēana, a bhainēeile, a ōolnm,
teiō ōn phnēān an oiabail; mini
eannṭc oo ōiona, tan rām ēnōō-
aibh 7 oo ġēbōae cuara ōomhẝce
ionta, 7 oo bḟīa ōuit ḟōr [b]aiaōi
oo ōiġhniteiō 7 oo ġnānaiō aġ-
aō nē tntim ran bḟēaō [c]7 ni hē
a ṁān ār ġlacraiōh tū anġoun
ar mō inā mẝ oo bi aġaō nē nooi
a ttréatūnar ẝ, ōn oo ġēabha
tū anoibhi aġaō roirie 7 ġnāra
nuaiōe oo nēin miornīn na hait-
nīōi biar aġaō aġ ṗillō ẝ ohia,
ā ṣluaō an oiabṇl; tnṣllō eile,
a tā

a tá ag cor ḟiagnuisi ar neiṁ agas
an ṫalaṁ an marla do beir tú dó
7 dar leat gur cráḋ croidhe leis
sé; a deir go truaġ bos go bfeich-
aidh thú mar ṁac do féin, 7 go
ttuguis teagasgni dó ag fuireach
uaḋa. Féach a nos da mbeich a leiṫ-
éid so do chúram ag riġ talṁ-
uidhe fád fillfidh ċuigi gur mór
do ġluaisfeaḋ tú do chum síṫi do
ḋénaṁ; ná tabair mar as luġa iná
sin ar riġ na rioġ, acd ó tá dod
ġuiḋe ag iarruidh síṫi 7 ag sior-
bhualaḋ doruis do chonsiasa ag
iarruidh an diabail do ċor a maċ
7 é féin do leigean a steach, osgail
an croiḋe dó lé heochair na haith-
riġi.

2 Tabair an dara smuainidh an

Chriosd do slanaightheoir, agus
do chithfe tú méd na masla do bheir
tú dó ag fuirbhe san pheacadh. A
Heb. 10. deir Pól ag denamh an pheacaidh
duit go ngabhann tú do phrebadh
ar Chriosd an méid go ndeon leat
é, go ttruailligheann tú a fhuil naomh-
dha léd ndomhaidh tú, ⁊ go ttug-
ann tú imdheargadh ⁊ aithis do spi-
orad na ngrás. do sgrios an pheac-
adh do fhulaing Criosd an páis,
⁊ as iad na peacaidh féin tug bás
dó, dá bhrígh sin gibé do ní an
peacadh nó anas ann, do bheir athbheo ar
páis nuaidhe dó; do bheir fós tár
⁊ tarcaisne don fhuil do dhoirt sé ⁊
dona grásaibh fuair dá cionn, do
leigeas peacadh bhfear ndomhuin, an
tan nách áil leis iad so do glacadh

a naisgidh

a nairgió 7 a pheán̄ó do g̃nior
léo. Má tá creitm̄ fírinñ̄e agaó
7 onóir fá cóiñ do rlanng̃teord
táinic ó óeir a ataír do trumt-
ar; do bḣía an fmuaintóro cong-
namh ort gan fírñ̄ is na péc-
aóñbh acho a ccuir óiot leir aū
aitríóe.

3 Tabhñ an trir fmuaintóh ar
an certñt nem̄ōha nle ñ a ccnir-
re tū luatg̃áin m̄ōr lé taitríḡi.
ar m̄ōr do g̃luairfóh cnriteoir
roghalta do chum gniomha oā
ēruar do óēnamh a óg̃ibh do beit
aigi go cenrñfó g̃ñ 7 mēnma ñ an
certñt nle oā neinghtóh leir. A
teir Críoro go cenrñūn aitríḡi
conpēñg̃ a mháin luatg̃háir ar
óñ̄nt flaitēinuir nle, 7 oá réir
ria

ſin tigruiḋ moluaiṫġáir ar chreit ifrinn, do bríoġ go bfuil na ceithirtis contrárdha dá chéile gluaiſti tú leis an ſmuainteachſo do chum aiṫriġe do pheacaḋ do chomluaiṫġára ar Ainglibh ⁊ moluaiṫġára ar ḋeamhnaibh.

4 Tabhair an ceathramhaḋ ſmuaineaḋ ar ṫioḋlaicibh Dé ḋuit; ſo an tſlighi do ghlac an fáith Nátan do ṫarraing Dáuiḋ do chum aiṫriġi .i. na tiothlaicthe móra tug Dia ḋó do chur na fiaġnuiſi ⁊ na ḋiaiġ ſin an peacaḋ do rine an aghuidh Dé .i. Urias do chor a náit a mharbhṫa ſan caṫ ⁊ aḋaltrannus do ḋénamh ré na mhnaoi; do ſmuain Dáuiḋ ar iomad agas ar mhéd na ttioḋlaicṫeaḋ fuair, ⁊ do

ġlac

ġlac ġrám é ſá ḋol a ττréſtuir-
ġchd aꞃ an ττé τug ḋó iad 7 do
ꞃiġne aiτꞃíġi ſiꞃinneċh.

1991522

5 Smuainiġ maꞃ an cceudna aꞃ
na τioḋlaicτiḃ móꞃa ꝼuaꞃuiſ ó
Ḋia, 7 gaḃaḋ ġrám τú ſá beiτh
a ġcogaḋ 7 aḃſġaḋ anaġuiḋ an
τé τug ḋuiτ iad; do chruτhuiġ
Dia τú go huaſal, 7 ni τug náo-
ꝼꞃ chloiche náchroiṁ, ná ain-
ṁiḋe ḃꞃuiḋobhail ḋuiτ, aꞃ náo-
ꝼꞃ aꞃ ꝼhiꞃ go móꞃ, aτá coꞃm-
ⱺl ꞃé na hamgliḃ, 7 ꝼóſ uꞃ ꝼéin **ſgen. u̅**
do τaoiḃ anma, 7 ni τug an ná-
dꞃuꞃ ḋuiτ ameſg τuꞃcaċ nó pá-
ganach maꞃ τug do mhóꞃán eile,
aꞃ amhꞃg Chꞃioſoiġéó, áiτ maꞃ
uꞃaꞃa ḋꞃiτ do ꝼlániġaḋ.

6 Do čoṁéꞃó ꞃé τú τꞃ mhóꞃán
eile

eilé ꝼuᵹ báꝛ amⱺꝛoıⱺ a máıꞇꞃⱲ
ᵹo ꝛıuᵹ baıꝼꞓⱺⱳ oꞃꞇ, ⁊ıꝛ ꞇꞓeꝏꝛ
ⱷuıꞇ ⱷochum céılle ꞇuᵹ ⱳꞓꞓꝛ an
ᴄꞃeꞃoıꞛ ꝼꞛꞛꞛᵹ ⱷuıꞇ, ⁊ ⱷo ꞃꞛꞛe
ⱱall ⱷá ᵹꞓꝛꞛꝛ ꝼéın ⱷꞛoꞓ, ıꝛ ⱱꝛꞛ
ꝺꞛꞛᵹ ⱷó ꞛꞛꞛꞛꞛꞛ eıle ⱷo ᵹꝺꞛꞓ ⱱꞛꝛ
ꞇꞓⱳ, ꞇuıꞇım a ꞃeıꞃꞓꝛ ⁊ ⱱeıꞇ ꞛ-
ꞛꞛꝛꞛᵹ óꞃꞓoıꞛꞛᵹꝺuıꝛ, ꞛꝛ ꝺⱳꞛꞛꞛ ꞇꞛⱷ
ꝼéın ꞛꞛ ꞛꞛꞓ ꝼꞛꞛꞛꞛꞓꞛᵹ ⱷꝛꞛe ꞇꞛoⱳ.

⁊ Ꞛꞇꞛ ꝛé ꝛóꝛ ᵹꞛⱷ ꝛıoꞃchoıꞃ-
ꞛꞛꞓꞛⱷ ꝛꞛꞛ ꝛoⱷaıⱷ ıꞛꞛ ⱱꝛuıle, ⁊ ⱷꞛ
ꝺꞛꞛᵹꞓⱳ ⱷe moıꞛꞛꞇ ⱱꝼᵹ ᵹꞛꞛ ꝛꞛꞛ ⱷo
ⱷꞛꞛꞛmh ⱷo ꝛꞛchꞇꞛ aꝛ ꞃeꞛꞛꞛꞛ, ⁊
ᵹé ᵹꞛⱱ uꞛıꝛle ꞛꞛ hꞛꞛᵹıꝺ ó ꞛꞛ-
ⱷꞛꞛ ıꞛꞛ ꞇhⱴ, [8] ⱷo chuıꝛ ꞛꞛᵹıoꝺ
ᵹꝺóꞛꞛᵹ ⱷoⱷ choıꞛꞛⱷ, ⁊ ꞇo ⱷꞛꞛ-
amh ꝛeıꞛⱱıꝛ ⱷuıꞇ.

ᵹ.ꝓꞛalmo. 8.

8 Nı hé aꞛꞛáın, aꝛ ⱷo ꝓhóꝛ a
ꞛꞛⱷꞛꝛ ⱷhıꞛoha ꝼéın ꝛéⱷ ꞛꞛⱷꞛꝛ
ⱷꞛoıⱷꞛ

t́ᴀenᴅᴀ, ⁊ ᴅo uᴀᴍlⁱᵹ t̃ú óṙ cⁱonn
nᴀ nóṗᴅ nᴀᴍᵹlⁱᴅe ⁿⁱle ᴀ́ᴅ τᴀn ᴅo
ᵹlᴀc ᴀn ᴍᴀc ꝼⁱoᴅᴅḣⁱᴅhe colᴀnn
ᴅᴄoñᴀ nᴀ t̃ⁱᴍchⁱoll ᴀ ᴍḃꝛunn nᴀ
hóⁱᵹⁱ ⁊ ᴀ ᴅeⁱꝛ cuⁱᴅ ᴅo ⁿᴀ nᴄoṁ-   h Ber. ser. 1ỹ
ᴀⁱt̃ꝛⁱḃⁱ ᵹuꝛᴀḃ uⁱᴍe ᴅo phᴀᴄuⁱᴅh   in canti.
yren. hær. 78
Cyp. opuſ de
Xelo dei 10ᴍ
lᴀ́ꝼꝼⁱ ᴅo ḃꝛⁱoᵹ ᵹo ḃꝼᴀᴄᴀ t̃úꝛᴀ   ge a fines
nᴀᴄoṁꝛ ᴀꝛ ᴀnuᴀⁱꝛle ⁱnᴀ́ é ꝼéⁱn ᴅᴀ́
coꝛ óꝛ ᴀ t̃ⁱonn.

9 ❡ τuⁱτⁱᴍ ꝼᴀn ḃphᴀᴄᴀᴅh
ᴅ̃ᴀⁱτ ᴍᴀꝛ nᴀ́ᴄ ꝛoⁱḃe ᴀⁿ ᴅo chuᴍᴀꝛ
ᴅⁱolᴍ̃ⁱᵹꝛ τo t̃ᴀḃⁱᵹτ ᴅo 'Ohⁱᴀ,
ᴅo ꝼhulᴀnᵹ ꝛé ꝼéⁱn bochᴅⁿⁱne ᴀⁿ
ᴅo ꝛhonⱬ ᴅo ꝛⁱⁿe τꝛoꝛᵹᴀᴅh, uⁱ-
ⁿⁱᵹt̃e, oⁱlⁱthꝛe, ⁊ ꝼᴀ́ ᴅeoⁱᴅh ᴅo
t̃oⁱꝛḃⁱⁿ é ꝼéⁱn ᴅꝼulᴀnᵹ ḃᴀ́ⁱꝛ ṁᴀꝛ-
lᴀ́ᴍhuⁱl nᴀ cꝛoⁱᴄe ᴅo ᴅ̃ⁱol τꝛⁱᴀch
⁊ ᴅo t̃ᴀḃⁱᵹτ nᴀ ḃᴀᴄt̃ⁱᴀᴅh ꝛⁱoꝛᴅⁿⁱᵹᴅe
ᴅⁿⁱτ.

ᴅ   10 τꝛⁱⱡlᴄᴅ̃

10 Τʀιλλεɔʜ eιle, ɔo ċʀuċʀ̃ɔ
aḃꝼuιl ɔo ċʀⅇτʀ̃ιυ̃ eιle α̃, ꝉ
ɔo ʀʜon ꝉ τuᵹ ꝼά τιᵹʜⅇmαꝼ ιαɔ.
ᵹaḃ uιme ꝼιn nάċ lια cʀⅇτʀ̃ι ann
mά ⁊ιoɔlαcαɔ̃ ꝼuαιꝉ τu̅ ó Ɔʜια.
óꝉ α ccιonnꝼo ɔo ᵹʜⅇαḃʜa ιomαɔ
τιoɔlαιcⅇoʜ ꝼꝑⅇꝼαlτα eιle, τuᵹ
Ɔια ɔʜuιτ nάċ τuᵹ ɔo ɔʜαoιmιḃʜ
eιle, mά ꝼⅇ⅁α̃ τu̅ ᵹo ᵹ̇ꝛ̃ oιτ ꝼⅇ́ιn
ó αιmꝼιꝉ ɔo ᵹⅇιnⅇ̃ιnα ᵹuʀα namꝯ
ꝼα, ⁊ lⅇḃʜαꝉ cuñτuιꝼ ɔo ɔʜⅇ̃αmʜ
ɔoɔ ꝼⅇ̃ᵹḃuιꝼ.

11 Smuαιn ᵹuꝛαḃ mαlluιᵹʜⁱⅇ
αn ᵹnάꝼ ḃʜeιτ αᵹ ꝼιoꝛɔ̃ⅇ̃αᵐ uιle
ɔon τⅇ́ α τά αᵹ ꝼιoꝛ ɔ̃ⅇ̃αᵐ mαιτ
ꝼoꝼα ɔʜuιτ, ḃʜeιτʜ αᵹ ταḃʜαιꝛτ
ꝼuαⁱα ɔo cʜιoñ ᵹꝛάɔα, αᵹ ɔⅇ̃
αᵐʜ coᵹαιɔ̃ ⁊ τꝛⅇ̃τñαɔ̃ɔ α nαᵹꝯ
αιɔʜ αn τⅇ́ ó ḃʜꝼuᵹ τu̅ nα τꝛoʜⁱ
lαιⅆⅇ

laicce móra a oubnamq, 7 ó cá
q oo cumaſ pilléò uaċa ſo, maille
ſiſ an áiċſighe, oéin oá ſiſibh ⁊
⁊ ná han uaici.

Aomail na ttioòh-
laictheaoh

puquiſ ó láiṁ

oé c. 5

ibé lépab mian a ainm
oo chuſ a leabhq na be-
ċaò ſionòuiòe, ní pol-
áiſ òó leabhq cunntaſ oo òénamh
ſoiſ é péiſ ⁊ Oia ſaſ bhſchuiòh
buiſ ᵬṡⅰⅲⅼⅎⅹ; ſomnṫoh an
leabanſa an oá chuio, mq oo níò
ſṫòmuñuiṡ ⁊ ſoſobſſo na noooine
móſ ſoṡalċa; cuinṫò ſan chṫò-
chuio oe abhſuq ſiaṁ ó na ċiṡ-
Ṡiſa. ⁊ ſaſ oaſa cuio, cionnuſ ⁊

D 2   cſéao

cpɫo é an moob an q caitɫob ꞯaɍ
ní ꝼó léɫh ɍíoꞼ. Oa ꝺpíoꞼgpo a
ꝺɫpíohiꝺ lꞼiab mian hanam vo
ꝼꞼpíobhaꝺ a leabhap na ꝺ ɫchaoh
léiꝺh ꞅo maiɫ an lꞼ ꝺap cunɫpꞅ,
a ɫa ívin ɫú ꝼéin 7 Oia vo ɫꞵꞼ-
hpa vo pinne ꝼꞷmanaɫ 7 ꞅiob-
Ꞽo ꝺpiov ór can mꞷpain mꞷvine 7
maiɫhꝼa. ɫionꞼꞼan q ɫꞵꝼ q ꝺꞼlac-
pꝼ uaívh vo lꞵꝺhaoh aꝺ aomhail
a ɫíoꝺlaicɫꞷ, aꝺ pav na mbpia-
ɫanpoꞼoꝼ, nó a leiɫheíve ꝼo va
choꞷpaoh.

ɫionꞼꞼnaim a pí 7 a ɫꞼ ꝺeapna a
Ohia ꝺlópꞷuip, a ɫainn ꝼéin a ɫa
a ɫaɫaíp, ao mhac 7 ao ꞅpíopav
ꞯaomh cunnɫaꝼ vo vhꞷpamh píot;
léíꝺꝼꞷ vhpꝺ an ɫꞵꝼ an ꝺlaoap
ꞯaíc 7 na vhíaíꝺh ꝼín cionnuꞅ vo
                              ɫuípíoꝼ

chazmioſ 7 do ċaiṫſ a bſuaguſ·

Aſ túſ aomhzm ǥ ǵráóṅǥ-
iſ go món mé ó ṫúſ na ſuṫṁǥſa
cſǫ̇ mhaiṫioſ, 7 cſǫ̇ mónṫáil
féin, gán ní ǥ bioṫ dſaicſin ioṅ-
amſa ſá ꞇꞇiobhaṁṫha aſ gráṫh
ſom daṁ, 7 ǥáb ón ꞇobaſ ꞇꞃ́ éc-
aiſſihſa do ghráṫha táiniǥ aſ
cſꞇe ꞇiodhlaicꞇꞇoh ſo ſſoſ ċuǥ-
aṁ.

Dlighim ohſꞇ ꞇábhaſꞇuſ mo
chſuꞇꞃ́ghꞇe go huaſal onóſach
oſ cioṅ na cꞔꞃ́ꞇꞃ́ꞇꞇᵒ ccoſꞇoſdá
ꞃ́e comhcoſṁhꞃ́l ꞃ́ſ na haiꞇǥ-
libh. Tugaiſ daṁh anam eolach
ſgꞃ́ódꞓ̇ ǥ abhꞃ́l do dhꞓ́lb 7 do
ohꞃ́ꞓ̇ féin aſ mhéꞃ́o go bhꞃ́ꞃ́io
cꞃ́ chuṁáſa .i. mꞓbhaiſ, ꞇoil 7
cꞃ́ꞃ́ǥſ aiꞃ́ an ſoſſubſdaiṇc, maſ
            D 3   a táio

a táid trí phrranna agatra a
taonnadrīn noiaoha. Tugair fór
dhamh conpar áille 7 ar uairle
dona conpaib 7 do baõ mór an
tiodhlacaõ iſm an ball ar lugha
te dragáil da mbſth dṇrṇõṇõ
oram, 7 do bhéiñ brṇõbċ go brát
don té do bhſṇaõ dhañé.

Oligim õṇt mo bhreiċ a nam-
ṣin léxa na ngṇár, idir ċṇiord-
ṇõhibh 7 a tṇir cháteoilicſċh.
Olighim õṇt mo choimhſo agar
mo chorṇañ ṣan náõṇṇ ſṇaṇṇr
uait, ón dá tṇéigċea lé moim-
int mbig mé do rachṇṇ ṇ neṇñṇí.
Olighim dhṇt na ṣṇéṇe ſṇaṇṇr
uait dom ṣoillṇogáoh. Olighim
na dṇṇle ṇṇle; an talamh ſṇaṇṇr
ṇar áit ċoññṇṇohe do bſiṇ toṇṇ-
                              the

Che ðamh ⁊ béitȟrȝíor ainṁinteó
lé ccoitȟrȝtȟi mé go príṁríop-
álta; ón ḃuirȝtȟi mé ðá nolȝnn,
ðo míitȟr bróga ðhaṁ ðá ccroic-
nib, ⁊ bráðh ðá bfeoil nó maille
na roĉár. an crȝȝe nȝhfr mé ⁊
ĉoiȝior moĉȝ ⁊ ȝeirior ráȝáĉ
ðomoiḃirȝn. An caréor fḣionn-
faȝrȝíor mé ⁊ ðo ḃeir eunlȝðh
ðhamh. An cmroh ĉhéirȝhfr mé ⁊
bmrȝíor mo chuðo ðamh.

'Olȝim ðhȝc na huile ĉréacȝr
ðo míitȟr cré chomfȝȝ na ĉceiĉre
ndúlȝa, ón ar co ðáraṁ rocáir ⁊
reirḃhiȝ ðaṁ ðo rími ráo.

'Olȝim an buanna bénnȝhthe
cuȝair ðamh ðom ĉoimhéð .i. an
camȝiol coiṁroȝ́ra.

'Olȝim ðuic a cȝȝhína cioch-
                    lacaðh
Ó 4

lacaḋ ar mó go mór iná a ndúṫ-
ꝗt .i. mo chennac̄ mo ṡhaorath ⁊
m̄fuasglaḋ ar ṗriosun an diabail
iná rabhus, ⁊meso thangus ó
ḋeis ṫaṫ. go glenn na ndéꝗ ⁊ do
ġlacus an nadúir uirisiolsa ad
ṫimchioll gá pósadh a néinṗer-
suinn rēo nádúir ndiaḋa. Iomdha
ruṁnniamhꝗ m̄ór san náiroṫioḋ-
lacaḋ neam̄ṫasa.

An̄ so a ṫiġerna do islighis chú
féin dom ꝗdúghaḋ, do lagꝰġis
ṫú dom láidriughaḋ, do bostꝰ-
ġis ṫú dom saiḋbriuġaḋ, do laġ
dꝰġis ṫú dom nertúġaḋ, do ṫal-
am̄ꝰġis ṫú dom nem̄ḋúghaḋ, do
ḋéondꝰġis ṫú dom ḋiaḋúġaḋ, do
anuaisliġis ṫú dom uaisliughaḋ,
do ṁarbꝰs ṫú dom beoughaḋ, do

do ṗian

do pianur tú dom glórurgadh, do
norinr tú domtóurgadh. O a tróc
aire ór gač trócaire! ó a ghnádh
ór gač gnádh! ó a tíodlacadh ór
gach tíodhlacadh, tré a notmadh
tirne do Dhia, ó glá ton tigirna, 7 enét rin don tnatrxčtőin.
iomda tíodlacadh do glacur uait
ran ncintíodlacadhro. Dlighim
trirnbh tri bliadnadeur a riéro
an oibirt ó óitirg an mo rhon,
an rrlngir a réd na nére orna
7 oanó, docnar 7 diotain, do
čán 7 do tanenrin, do mharla 7
do mímod, dirghnéim 7 dimriniom
dataair 7 dimtergrgadh; a notinrr do
tnorgadh 7 do tnergionar, dur-
nirghte 7 doilinte, do rtimóir
ir do rhirtgrar, do miorbailib 7
do miaiť

ᴅᴏ mháitᵹníomᵹᴇꞃᵬ.

Ꝺliᵹim óꞃt a ᴛiᵹᵭnᴀ, nⱦꞃo-
ꞅᴀꞃꞃᴀ ᴅᴏ ᴘáiꞃ, an ᴛallaꞃ ꝼolᴀ ᴀ
nᵹᴇᴛꞃᴇmᴀnꞌ, ᴅᴏ noꝼᴀᴆ ꞃᴅᴏ ᴄᵬᵹ-
ᴀl ᵹan cholumᴀin, an ᴛᵬᴏᴀch ᴘꞅꞃ
ᴘꞃꞃ, nᴀ cꞃᵹ mile ᵹꞃꞅꞃᴀ, ᴀn ᴄᴏ-
ꞃóiꞃ ꞃꞃine, ꞅomchᴀ nᴀ ᴄꞃoiᴄe ᵹo
ᴄnoc cᴀlᵬáꞃꞃ, ᴅꞌ ᴄꞃochᴀᴆ ꞃꞅᴇ,
ꝼulᴀnᵹ nᴀ ᵹᴄꞃᵹ náldoh , ᴛoꞃᵬ-
iꞃᴛ ᴅᴏ ꞃꞃoꞃᴀꞃᴅᴇ a lámhꞃꞃbh ᴛᴀ-
ᴇᵹ, ᴅᴏ ᴃáꞃ ⁊ ᴄᴀᴆláᴄᴀᴆ. O a ᴄᵬꞃᴏ
ꞃᵹᴛᵬᴏin ᴄꞃꞃᴛᴀnꞃᵹꞁ ó a ꝼuᴀᵹꞃꞁ
ᴄᵬoꞃ óꞃᴅuꞃꞃᴄ ꞃonᵹᴀnᴄꞃᵹꞁ ó a ꞷᴆ
ᴀꞃᴇ ꝼionᵹhꞃᴀᴆꞃᵹh ᴛuᵹ ꝼꞃꞁ ᴅᴏ
chꞃoꞃᴅhe ᴅᴏᴅ chꞃoꞃchꞃᵹᴆ ᴅá ᴛᴛᴀ
ᴃᵹᴛ aꞃᵹlᴀꞃuiᴃ an ᴅiᴀbuil.

Nꞃ ᴅeinᴆᴆ ᴅom ꝼꞃᴀchᴀꞃbh ꞃóꞃ
ᴀ ᴛiᵹᵭnᴀ. Ꝺliᵹim óꞃᴛ ᴛeꞃꞃeꞃꞃ-
ᵹe ᵹlóꞃmhᴀꞃ ᴅhᴀꞃnᵹꞃᵹhioꞃ mo
ᴆᴄᴛchᴀꞃ

ꞑótċaſ ſam eiſeiꞃꞔhi ſéin; do
ꞔol ꞡ ceiſ ċaċaꞃ dabcoiꞃꞔſ ꞡ mo
ꞃon. oliꞔim ceſ an ſpioꞃaid naoiṁ
ꞁaꞃ naoṁad, ſꞃꞡ cꞔꞡſꞔ ꞁo ċoiꞃ-
ꞔeol. Oliꞔim na ꞃꞔſ ſáꞄꞃamꞑn-
ce do ſꞄáꞁbhaiſ daꞃ nꞁion óꞃ
naṁdibh ſꞁo leiꞔheaſ aꞃ loc.

Oliꞔim ꞁuic mo ꞔꞡſm aꞃ mhaiſ
ó molcaibh; do ſꞄꞁuiſ ꞔo cliꞃc
mo ꞁamnaꞔaꞁh ꞔo ſiomꞁhuiꞁhe
ꞁꞃéꞑ ſꞄꞁad 7 ní ꞁꞁṁaiſ aſ coꞔꞡ
cꞄoꞑ 7 ꞔaiꞃim ꞔhꞃáꞃamhuil do
ċabꞔc ꞁaṁ, naċ caꞔuiſ diomaꞁ
ſꞄꞁach eile, léꞃ.ſilleaſ ó mhan-
coil ꞡ ſlíꞔiꞁ mo ſlánuiꞔꞔe. oli-
ꞔim ꞁuic an choꞃóiꞑ ꞔhlóiſe do
ꞔꞔꞁuiſ ꞁaṁ ṁꞡſioſ ꞔo ꞃoꞃꞁui-
ꞁe, angꞔll aꞃ bꞔꞔan ſeiꞃbiſ;ab-
ꞡ ſéiꞑ aꞃ ſo iomaꞁ ꞁioꞁlaicchꞔꞁ
                              eile

eιle ɼpéṅaιτa ɼuaᵹuιɼ ó 'Ḋιa.
Óɼ ní fuιl ιoɴɴτa ɼo aɼ τιoḃláιc-
τeaḋ coιτčeṅ τoɴ uιle čɼιoɼτuιḋe,
⁊ ᴅá ɴᴅaḃɼa τu ιáᴅ maιlle ᴅeuoɼ-
oɴ ⁊ ɼé ʜéᵹla ɴᴄé buḋ móɼ aɴ coɴᵹ
ɴaṁ ᴅo ḃiḟiaɼo ᴅo maoτuᵹaᴄʜ
⁊ ᴅo claoᴄʜιoḋ ᴅo čɼuaḋčɼoιᴅʜe
ó ɼeιɼḃíɼ aɴ ᴅιaḃuιl, ᴅo ᴄʜaᴍ
ɼeιɼḃιɼ aɴ τé ó ḃfuaɼuιɼ ɴa τɼoᴍ
τιoḃlaιᴄτeɼι.

CUᴅᴏᴛUS

Cunntus chait-
mhe thiodh-
laictioch an tig-
hna c. 6.

Ⅲ an tteachd do chum na
codara don chúntur dhirc
as éroin an comhrádhra
nó a leitéro oile do dhémaim lé dia
do bhrortughadh do rprionaide do
chum gráime fád pheacaibh ⁊ do
chum toilgir tré na ndmaim anagh-
roh an té ó bhfuaruir na móir-
tiochlaicte a cobhnamar.

Do chairsior críoch a tighhyna
thiodhigh ar an ccéd chuid dom
chunntur .i. an ghlacur óo mhórbháil
dhicéa do chur pior ⁊ datmháil
do réir mo chuimne.

Anor tighim gur an bhfua cr̃o
    e

ᴠᴏɪlᴊɪ ᴳᴏ ᴍóʀ .ɪ.ᴄɪᴏñᴀʏ ᴠᴏ ᴄ́ᴀɪᴄ̇-
ᵴʏ ᴠᴏ ᵯᴀᴏᴍ ⁊ ᴠᴏ ᵯᴀᴄ̇ɪᴏʀ, ⁊ ᴄɪᵴ̃ ɪ
ᴀn ᴄ́ʏᴇɪʀbɪʏ ᴄᴏ ʀ́ɪᴜᵴ̇ ᴄ̇ᴏᵹᴄ ᴠᴀ́
ᴄᴄᴀnn; ⁊ ᴠᴏ ᵹ̇ᴇɪbʜɪm ᵯᴇ́ ᵱᴇ́ɪn ᵹᴀn
ᴄᴜmᴀʏ ᵱʀᵹ̃ᵱᴀ ᴠᴏ ᴄ̇ᴀbʜᴀɪʀᴄ ᵱᴀn
ᴄɪᴏᴠʜlᴀᴄᴀᴠ̃ ᴀʏ lᴜᵹᴀ ᴠᴀ́ ᵶᵱᴜᴀᵱᴀʏ
ᴜᴀɪᴄ,⁊ ᵯᵴ́ ʏɪn, ᴀʏ ᴇ́ɪᵹɪᴏn ᴄ̇ᴀmʜ ᴀn
ᴄʜᴜɪᴏᵴ ᴠᴏm ᴄ̇ᴜnnᴄᴜʏ ᴠᵱʜᴀᵹbʜᴀ́ɪl
ᵱᴏlᴀᵯ̃, óʏ nɪ ᵱᴀ́ᵹᴀɪm ᴀ́ᵴ ʀᴏɪᴄ̇ᵹ-
ᴀn ᴄ̇ᵹ̇ᴏɪbʏᵴ̃ᴏ ᴠᴏm ᴄ̇ᴀᴏɪbʜ ᵱᴇ́ɪn, ⁊
ᵹɪbᴇ́ mᴀɪᴄʜɪᴏʏ ᴀ ᴄᴀ́ ɪᴏñᴄᴀ ʏᴏm nɪ
ᴜᴀɪmᵴ ᴄᴀ́mᵴ,ᴀ́ʏ ᴜᴀɪᴄ ᵱᴇ́ɪn ᴀ ᴄɪᵹ̇-
ᵴ̇nᴀ, ⁊ ᴠᴀ́ bʜʏɪᴏᵹ̇ ʏɪn ᴀʏ ᴀ mᵴ̇ᵹ
ᴠᴏ ᴄ̇ɪᴏᴠ̃lᴀɪᴄᴄ̇ᴏ̃ ʏᴀn ᴄ̇ᴏ̃ᴄʜʏᴏ ᴠᴏn
ᴄʜᴜnnᴄᴀʏ ᴀ́ʏ ᴄóɪʏ ᴀᴄᴄᴏʏ; nɪ ᵱᴀᵹ̇-
ᵴᵯ ʏᴀn ᴄʜʏᴠᵴ ᴠᴏm ᴄ̇ᴜnnᴄᴜʏ ᴀᴄ̇ᴠ
ᵹᴏ ᴛᴛᴜᵹᴜʏ ᴠᴜɪᴄ ᵱᴜᴀᴄʜ ᴀʏ ʏᴏn ᴄᴏ
ᵯʜóɪʏᴄɪᴏᴠ̃lᴀɪᴄᴛᵹᴏʜ, nᴄ̃ᵯ̃bʏᵹóᵴ̃ᴜʏ
ᴀ́ʏ ʏᴏn ᴠᴏ nᴀᴏᵯ̃ᵱᴏlᴀ.ó ᴀ ᴠ̃ɪᴏɪᵹᵴᴏ̃-
ᴇᴀᴄʜᴠ

⁊c óicbludé! ó a ṁálá⁊ ṁall⁊
ċe! ó a ċunnᴄᴍ ẽ⁊l⁊⁊! Ta⁊áꞃ
oic a nóiol ᴅo ṁáiᴄioꞃa, ᴄ⁊cuꞃꞃ
a nóiol ᴅo ᴄꞃócaiꞃe, ᴅubáilce a
nóiol na ꞃabáilceõ, nṁꞃꞃohċċhuꞃ
ᴅṁnuiᴅe a nóiol na nái⁊cõ nam-
⁊liᴅe.

An ᴄanaṁ a⁊áꞃ an coꞃp ᴄu⁊⁊ꞃ
ᴅhaṁ ᴅo ċáᴄioꞃ iᴅo a ꞃeiꞃbhiꞃ
ᴅo náṁhaᴅ, an ċoꞃ a⁊ ꞃobál ⁊o
ꞃœbh, an ᴄꞃ̉h⁊l a⁊ ꞃéachuin ⁊o
ciœn, an láṁh a⁊ loᴄ na coṁáꞃ-
ꞃán, an ᴄꞃ̉⁊l a ꞃíꞃ a⁊ ꞃoꞃꞃán-
ᴄu⁊ᴅoh, an beul ꞃé bꞃéa⁊uiꞅ aꞃ
ꞃé ḃᴅui⁊ċ⁊ꞃ, an ċ̉úaꞃ a⁊ cloiꞃ-
ᴅın na noic, an ᴄui⁊ꞃ a⁊ ᴄ⁊ b⁊n-
aõ na bꝑcaõ, ꞃan ᴄoil ᴅá n⁊ꞃáõ
u⁊aᴅh. ᴅo ꞃ́n⁊ꞃ co⁊aõ a ᴄa⁊h꞊
uꞃoh a ᴄi⁊⁊ina ꞃ⁊õ ᴄꞃoꞃhluiᴄᴄiꞃb h
e 3   aꞃ

ar ré tairmrgh féin, do rineas
gach ni contrárda dod naomh-
toil 7 tugur dtorghmhlgr an do
dhiadgrgl,. A nuair phéacuim a
tighna an mo bethaidh 7 do chim
é an gach contodbh a tagharoh,
dar leam ar dilis an tainm damh
Antichristo .i. fir cogaid a nagh-
moh chriord bhrigor a léaxa,
tgcuirmgr a troirgeul, brtg-
mgr a bhruatra, 7 ruatrgr
a airuta.

Ar mra mé go mór márd na
bethaidmg briortula gá mbi grad
an lur a maitiora 7 do ni reirbir
doib, 7 cogadh ré a namhoibh.
Ar mra mé má luoar, ór racaim
tu go minic an nira luga má
deich ttallgmeriw, to berm
tu an

tú an ξεmξlóin ohioffcoin, nó an
anmhian collaξοε náċ mξionn aċa
moimint. Aſ mh a mé má an Cin_
ēo ſuoaroe óı páıſıξim oo ócon_
aċio ʒ cıeioim oo óıaoáſ; cıeıo_
ım ʒo ττanξſíſ oom ſlánuξaó ʒ
a τú ʒao ohamnuξaó.

O a Thiξῆua ċſ̃ocξſıξ, a ċſuċ_
aghċheoıſ na cſ̃ṁnne, cnē é an
oallaohſa a τá an no ſξlıbh nó
cıoñuſ aſ éıoıſ, ʒo ſaouſ ſ̃ıamh
aξ ſíoſóṁamh ſξle oon τé ó bſuξ
aſ a nſξle mhaıċ; oſʒaıl ſéın a
ċhiξheñna na ſſ̃le, a τá oall aſ
a noĺcaıbh ıonnaſ ʒo bſhaıcoíſ
na ſiacha móſa a τá oſam ſξan
cumaſ aξam an ċunoτuſ oo ċaō_
ξc ıonτa, aſ maıĺle ooılξıoſ ſán
oroċunnτuſ oo ſíñſ̃ ʒo ττáſoa.

    E 2   Do mhaıċ

Dom ait tú ran roirgel, a chrío
don fhómannach táinig go geam
ran chunntas; do mhaithir don
mhac miocomhghléc do céat a mbon
lé mailir 7 a dimrhi lé hainmian-
aib, anad do domáoan a noic 7
do goirbdan 7 do chocge. Mire
an mac migniomhac, 7 an fhómar-
nach neimhdílir neimhionnaic; ad-
mhrgm mholc 7 mhainbpír, éighim 7
do chócaine, 7 iarrym oric a hur
crola néamhdirbe; gluair mo chroí
dhe do chum na haithrighe tré a
maithfe dam mo drochunntar.

NACH

Nach coiɼ caiɼde
do coɼ aɼ a naiƚɼiʒi aɼ
a ḃáɼaṁ ʒan ṁoille coṁ
luaƚ ⁊ do ṁoƚoʒuɼ
tú tú péin ɼan
phṡeaoh. c. 7.

nuɼ ƚ̇ɼʒ̇ioɼ bɼeon dolaḃ
ʒɼánna ⁊ bɼat náaɼal,
má leiʒƚ̇i comhɼɼḋhe
pada di ʒan ʒléɼ dpaʒáil aɼ a
ʒɼioɼ, cɼɼɼuḋh an bɼot ó péuṁ
⁊ miliɼḋ a ʒéuṁ ⁊ a luaƚ. an can
ceɼ muna leiʒiɼƚ̇iɼ pá na ƚoɼach
é, a tá maḃƚhaƚ. muɼ an ccéona
a nuaiɼ ḃeiɼɼioɼ aɼ nachaiɼɼimhe
ʒɼeim ⁊ ṫ̇ɼʒne, muna paʒa puɼ
taɼ ʒo luaƚ, ʒliɼḋh aɼ nimh ⁊ ɼ̇ɼ̇ṁ
a ṫ̇uɼɼɼ ɼɼle, ʒab uime ɼɼn ʒṁ̇ƚ̇ɼ̇
aɼ uaiɼiḃ aɼ ball ɼé mbliaɼn aɼ
naƚaiɼ

nát, ofgla a niah do teaf fán
ccoip ple.

2 Ar brton dolaid diadóinde
gránna ar tingtim q brot nuar-
al néamónde, an pécad q a nan-
am; cainncer é fnámar a rtó go
fmior an rpioprd; gnem é ber-
ior natairniñe paihtair q an té
eirolr ré na méalltoipéd. Dá
bhaiog ro a tríorónde ná road
ran pécadh iarra faiefn dhit
q tanam f nig go prap é le hífgi
na haitrie, leigir an cancair
fá na torach 7 Ígnior an niñ uait
ril tiocfar fád chroide.

3 Muna dhgna tú ro, bíodh a
dheiñin agad go mbia an pécad 7
a mhairgifcin an diabal ag breit
birrig neirt agar lárdigfa atag
uidh

righ gach laoi, ⁊ do bhríoghro ag
lagoughadh na naghroghsin, mar adeir
Gneigóir[a] an peacadh nach faoirs-
tar fána thosach, cuirigh ofiach
aibh peacadh eile do dhénamh, ionnus
go mbi an céttphecadh na chúis gan
dara pecadh, agas an dara pec-
adh na féin gan chéttphecadh ⁊ na
chúis gan treas pecadh, ⁊ mar sin
sios: amhail tairngios gach lúb
don tslabhradh lúb eile na diaidh,
mar sin tairngios an peacadh nach
faoirstar go prap, peacaidh eile
na dhiaigh go ndeinntar slabhradh doi
bhristte diablaidhe dhíos, le gcen-
galtar an tanam anglasaibh lucif-
eir.

4 Adhbhar eile far cóir dhuit dei-
fir do dhénamh ar an bpecadh, do

bhríogh

Bég an fad bias tú ann andiongna
tú duinighthe do throsgadh do dheirc
toilithe, agus doibrighthib ele tró
caire, gur chaill tú a luaighidheas
uile, ionnus dá ttugadh Dia grá-
sa dhuit go ndingnéta aithrighe nách
fuighthe toradh ar bioth orra.

5 Tuilleadh eile gé go ttugann
Dia dá gach peacach grása lér
éidir leis a shlánughadh (ionnas
go ngab é féin ar ciontach fá gan
pilleadh ó na olcaibh) tar a cheann
sin tairrngid tuile a thrócaire ón
mhuintir do ní fadchomhnaidhe san
pheacadh ionnus gan roibhéis slán-
oighthe díobh, 7 is san chéill sin tré
loigheadh na ngrás léigios Dia chuca,
a deirid na haithre naomhtha nách
éidir [b] leó pilleadh dochum Dé andeireadh

a mbeith

b Aug. ser 71 ad fratres & ser 57. de tempore. Cyp. l 4 eP 2 al 52 n 6. Amb. l 2 de pæn. c 6. Greg 1 Part. past. admon. 32

a mbɛ́chaɛ́ .1. ɡun ró̇̇oiliɡ ᴅóiɓ
ꝼilleᴅ ⁊ ɡun noibḣɡ ᴅioɓ ꝓhillꞅ
ɡo ꝼininnɛ́ ɡé náɛ́ é ᴅiᴅ aꞃ cion-
taɛ́ ꞃiú, óꞃ maꞃ a ᴅeiꞃ S. aiɓ-
ꞅꞃcm in hiaᴅꞃán ꝼaɡɓaꞃ na ꝑɓ̇́
ᴇᴄ.ɛᴇ aꞃ na ꝓ̇ɑꞃɡ́ꝋ ꝼaɡɓuꞃ iaᴅ, a
nam an ɓáiꞃ ⁊ aꞃ maiɛ́ an chiᴄ iaᴅ
ᴅá noɡ̇maᴅ ꝼéin a naimꝛꞃ a mɓá-
iꞃ. ⁊ ɡan aiꞃe ᴅo taɓɑ́ꞃᴄ ᴅo naɛ́-
ꞃiɡe, ó náɛ́ ᴄuɡaᴅai ɡ̇e ᴅo ᴅhia
aꞃ a ᴄoꞃ ꝗ ᴅ̇ɡ̇maᴅ ꞃé liñ a mɓɛ́ch-
aᴅ́. aꞃ é ꞃo a ᴅeiꞃ pól aɡ ꞃꞃí-
cɓaᴄh ᴅo ᴄum na nó̇mhanaᴄ naᴄ
ᴢꝓaɓh lɛᴇ (aꞃ ꞃé) ɡo ɓꝼuil ᴄꞃócɛ-
ɡe ᴅé ɡoᴅ ᴄ̇ꞃ́ꞃinɡ ᴅo ᴄum na haiɛ́
ꞃꝺ́ɡi, ɡiɡ̇ɡ̇oh a ᴄá ᴄuꞃa ᴅo ꞃéin
ᴅo ꞇꞃuaiꞅ ꝼéin ⁊ ᴅo ꞃ.m̃ aiᴄꞃ́iɡi aɡ
ᴄ̇ɓ̇ámh ciꞃᴄi ꝼeinɡi ᴅ̇ꞃᴄ ꝼéin ꝼá
choꞃꞃe láɛ́ na ꝼeinɡe .1. lᴅ́i an
                                    ᴄunnᴄꞃꞅ

c l 50 hom,
hom. 41

d Rom. a.

ċuinntris. Már éidir leis an Éti-
Ier. 13. iopach (ar an fáidh Heremias)
a ċroicionn do ċlaochlodh nó leis an
liopard éxamlacht a ḋaṫa ann: bídh
éidir libhsi maiṫ do ḋénamh iar mbeiṫ
ḋíbh ag foghluim uile peacaidh bhar
mbeaṫadh. Ní hé as mian leis an
ḟáidh a rádh, naċ foil ar do ċum-
as do ḃeaṫa do leasughadh dá ffád
do beiṫea san uilc, acht go bhfoil
so ro ḋoilig 7 dá bhrígh sin cuir-
idh a ccompáraid é ré neiṫibh eile
naċ éidir a ndénamh ar éinċor.

7 Comharṫa chloinni toghtha
Dé, gan sdad do ḋhénamh san pheac-
adh, acht beiṫ an sior ġluasacht ga
bhfágbhail fuirtacht uadha. Ní ṡearg-
ann sniaṫad an chompáis, acht bídh ar
sírshiobhal go rabh go direch

ag tshínadh

ag clnamh ar an péltan ó tuaidh;
Dia mór ar pélta ó thuaidh táp
núnam, dá chplópughadh gu purt
ffptáip; má mimío críúnap 7 radm-
rbhus fada 7 gan ar nagajoh ap
an peltampi, ap copmhajl nach don
bloma to togh Dia dó féin finn;
af gan clann an cpechpáin rinn
a tá ag ísáan pligjoh ipprm.

7 gabh cfgujf ón phagánach
SENECA, ' corpmiofg ap mó pán
mbtcharth to líjugáoh (an pé)
pfl pip an ní bhicp ann a máprce,
caillionn tú an lá a miod, 7 to nf
tú tighp ap an ní a tá ap lámh na
foptrne, 7 cppe tú nfáppm pa
ní a tá to látan ap to lámh féin.
Cnéo pé a bfoil tú ag fppbh?
gá tcpiallan tú? a tá an rle ní

fad paulinã
dé breuisate
uita.c9

F   nach

naċ τáιnιc ꝼéɼ neιmhćιnnτι. Aɡ ɾo
leιɡhιonn an ꝓᴀɡᴀnɽɡh ᴀɡ naċh
ɾoιbhe ꝛꝳl ꝛé ɡlóιɼ τá ᴀnᴀm, ⁊
ᴀꞃ τꞃuᴀɡ naċ ɡlᴀcᴀnn τnúċh ꝛιꞃ
ꞃιñe (ɡá b ꝼoιl ɒóċċuꞃ ɡlóιꞃ ꝛιoꞃ-
ɒɽɡɒe τꝼᴀɡáιl) ꝼá ɡᴀn cáιɒe ɒo
ċoꞃ ꝼᴀ mꞵċċhᴀιɒh τo leɼuɡhᴀɒh
⁊ ꝼιllꝛ̃ɒ ɒo ċum ᴅé τꞃéꞃ an nᴀιċ-
ɼιɡ̃ι, ɡᴀn ᴍoιlle. ᴅá bꞃιoɢꞃo ᴀ
ꞅꞃιoꞃτꞃɒe comhlιᴀċ ⁊ ᴍoċċċuꞃ
τú coɡᴀꞃ nɒé ᴀɒ ꞃoιɒe .ι. bꞃⱬɒ-
ɡoh nꞡ̃ɒᴀ, nó ꞅmᴀᴀnⱬɒh ɒιᴀɒhᴀ,
chuιꞃꝼ ċuɡᴀɒ ꝼán ɒꞃoch ꝼɒᴀιɒ
ᴀ bꝼuιle, mᴀꞇ ᴀn ꞃoιɒe ceᴀñᴀ
g pꞅᴀlmo 94.
h heb: 3.
⁊ ná cuιꞃ ɡlᴀꞅ ᴀιꞃ ᴀ nᴀꝼuιɒh τo
ċhιɡhꝉñᴀ, mᴀꞃ ꞃιn τhⱬᴀꞃɡuιɒ
ᴅᴀuιɒ g ⁊ ꝓól h ɒhuιτ ꝛé heιꞃ-
ꞅomꝉᴀιꞃ ᴀ nᴀιċꞃιɒe.

ɡᴀꞃᴀb

guṗab moṇ a neaṛ-
bhaṛoh ceille no
an mhiṇe ᴅon ċṛíoṛ-
ᴅuiᴅe a náiċṇiᴅi
ᴅo ċoṛ a cáiṇ
ᴅe go ham
an báiṛ

c. 8.

i mhíṛṛaċa gᵒab ᴅuiṇe
ṇionna an té ᴅo léig-
ṛċoh ᴅe gnouiᴅhe an a
mbiaᴅh a chuiᴅ ᴅon ᴅṛæghal ᴅo
ᴅấnamh an ᴅan ᴅo chiṗṛċoh uain ⁊
aimṛion aige ᴅo chum a ṇóhta,
aċᴅ ᴅo ċuiṛṗṛċoh a cᴅ̇ᴅoe iᴅo guṛ
a nam a mbiaᴅ go bhṗioṛ ᴅó ṛéin
lán ᴅo bhuaiᴅiṛᴅ ⁊ ᴅo ċṇoblóiᴅ,
ᴅṛġá, ⁊ ᴅo ċaċuṛgᴅibh naċ léig-
ṛċoh ᴅó ṛmuaiṇġ a na gnouiᴅiᴅ.

F. 2.   ni mhḟᴅa

ɴɪ mɛɾτá ɒuιτ map̄ an ccḡna ḡ-
aḃ ɒunne ɡá ḃғₑoιl cιall mhaιτ an
τē ɡá ḃhᵽoιl a ɒ́ʒιḃh aιɡe ɡap̄aḃ
ap̄ a naιτp̄ιɢe a ṁáιn ɒo ɒ́hḃιaṁh
a τá a ċuιɒ ɒoɲ ʒlóιp̄ ᵽιop̄ɒuιɖe
ɒᵽaʒáιl nó ɒo ċaιllɛ̃ṁaιn, ⁊ τá a
chḡm ɢɲ naċ ɒ̃ɱáⁿ í a nuaιp̄ a τá
ɡo p̄uaιṁɲḡ ɢoτ́óιlτe ma p̄láιnτe
aᵺ a coɲ ap̄ cáιp̄ɒe ɡo haₑ a
ḃáιp̄ ḃιaᵺ lán ɒo τ̄ηιoḃlóιɒ p̄ₑₒʒ-
alτa ⁊ ɒo ċáτuɪʒċhιɒ an ɒιaḃuιl.

2 2ł nuʒ ɒo ḃeιp̄ aɲp̄a nó eιɢ-
ιon ap̄ chaḃlaċh τp̄ιall ɡo p̄p̄áp̄
aᵺ an chuan a mḃí ɡo τíp̄ nιmċιa-
ιn, aᵺ móp̄ an cunoτaḃap̄τ ḃáιɒ-
τe ma mḃío, ɒo ḃhp̄ιoʒ naċ p̄oιḃe
ᵽaιll aɒa neιτι ɒo ḃhₑ ɒp̄eιɒ̃a
op̄a ɒo ḃp̄ſτh leó. Muᵺ ɢɲ a nuaιτ
ɒo ḃeιp̄ aɲp̄a an ḃáp̄ oιᵺʒɲ τp̄ιall

a phuᵺτ

a puirt an troghuils go hobann
7 gan srian ullamh réid do cuir na
puigtō cuntabhartuige pata a
tá romhuiñ gan lón, gan armáil
nó róón a stig agrum, 7 puaidtē
iffruñ, an saogal 7 an colann ul-
lamh romam do cuir q puigtō do
tompmess, ní bhia acho caill mar
tarar. Uimero a deir S. Aib-
róin ° nach mór a dhóigh ar a
naitnighe do nrthsi a bponc an
bháis iar mbeit go nargi sin is na
psiaōigbh. Iombā tompmess tig
orrunn ug an báis, dochg an tilir
a tá ag sganad an chuirp ris an
nanam, graōh an trsiōbhuis ar
éigion trágbail, Esla mór rés
an mbás, chomhémodnagaoh rés
an mbreithūñhuis, trauighi ráñ
             F 3   cele na

ccloṁ ⁊ ᵱán ccéile a tá tú ᵭ⅌áᵹ
bháil, coṁne na bᵱ6ċaᵭ, neiṁ-
ċintᵹ̃ na háiti ᵭochum a bᵱᵳᵹli
aᵹ ᵭul, ⁊ iomaᵭ eile ᵭ̃ᵳᵳᵱ̃ſ ᵭ⅌i-
achᵳ,ᵬ ont ᵹán aine ᵭo ċabh⅃̃ᵵ
ᵭo naᵱ̃ᵭ́níᵹi ᵭo ᵭhãamh man aᵳ
cóiᵳ. ᵹabh ⅍ a náᵭᵬaᵳo ċoṁh-
ᵹle an ᵱháᵳᵭe 1ᵴaᵳᵭ̣ [b] iaᵳᵳᵭh
an tiᵹhna an tan aᵳ éitin a ᵱáᵹ
áil, ᵹoiᵳᵭh ⅍ an ᵱaᵭa tá bhaᵳ
nᵹoiᵳne:

Do chimᵳᵭ ᵹaᵭ́ uan biᵲoᵳ ᵭᵳᵳne
aᵹ tᵳiall ⅍ tuᵳaᵳ ᵱáᵭa ón ṁᵳ̃n-
tin ⅍ a mbi ᵹᵳáᵭh ṁón aiᵹi; ᵹo
tᵵaiᵳbᵲinaṁ ᵭoilᵹ̃ᵳ nṁ̃ᵹnáᵵach
⁊ ᵹo nᵭointionn a ᵭ́ᵴ̃ia ᵹo minic
ᵱá bheiᵵ aᵹ ᵴᵹaᵳaᵭh ᵳiṁ; ón ní
foil náṁha aᵳ mó ᵹan ᵹᵳáᵭh, ná
ᵴᵹaᵳaᵭh ᵳiᵳ an ᵵé aᵳ a bhᵱᵳᵹl.

Dá ᵳéiᵳ

d Esa. 55

'Od réin ro a phéantż żá bhfoil
żó mór ą an noirṡ, ą an noíomąr,
ąn an raiöbhruor fríc żo holc, 7
ą an nuaill rcożalca, ionnur żo
moírżeań tú trżṅ 7 ooilżṡ tré
beit tamall na nṡmṅṙ, ar oeiṁ-
m a ną ċhieżr tú a nam an báir
żab éiżion ṡánaoh żo ṅorónṅe
ruú, 7 onṅm oo ċhabhṡąc oóibh
żab mó má an an ooilżhṡ 7 an
tobrón bhiąr orc na ttimchiol,
7 ó náċh eioin aiċhniżi żlan oo
ṡháṁh żan cuác fírinné oo ċab-
airc tona neicibąr cúir ṗṡcaio
ort; ní żan áṡhby a ten S. Aiṅ
irtin náċ mór a żóiż ran aitriżi
to níṫhi a nam an báir. ór żé żo
noóintriżż a nuairrn tṡá troma
ní fżr ną ron oé oóintior tú iao,
            nó ra

nó ᴘá na neıᴛıbh ᴘın, aᴘ a ᴘoıbhı
ᴈᴘáᴅ ᴅo chᴘoıᴅe ᴘᴇó ᴅo bᵹᴇaᴅ,
ᴅo ᴄaıllᴇᴍᴘn. aᴘ a náᴅᴅhᵹ ᴘoᴘ
áᴘ ᴛoıᴅıᴛᴄéılle, an ᴅıᴄᴘıᵹı ᴅo ᴄaᴛ
ᴅo chuᴍ an ᴘᴘınᴄᴘn aᴘ a ᴅáᴘᴅah
ᴇan ᴍoılle.

4 léıᵹᴍᴛo ᵹ aıexanᴅeᴘ nuaᴄh-
ᴘᴇᴄ an ᴛan ᴅo ᴄᴘᴘᴘᴄó léıᵹᴇı ᵹ ᴅaıı
ᴅá ᵹabáıl, ᵹo laᴘaᴅh coᴍᴇal, 7
ᴅáᴛ ᴛabᴘaᴅh ᴅo ᴄáᴘᴅe ᴅo ᴍᴘᴘa-
ᴛıᴘ an ᴅaıı ᴘᴇ ᴛᴘóᴄᴅᴘe ᴅo ᴅáᴘaᴍh
oᴘᴘa ᴅá ᴍaᴘᴘᴅᴡıᴘ ı, aᴄᴅ an ᴘaᴅ
ᴅᴘaᴅ an ᴄoᴘᴘᴇᴈl ᴘın ᴅá loᴘᵹaᴅh, 7
ó ᴘın a ᴍaᴄh a ᴍᴅáᴘᴘᵹaᴅ; nı anaᴅ
eaᴄᴛᴘ ᵹ bıoᴄ uᴘ an ᴄᴄoᴘᴍıl ᴅo loᴘ-
ᵹaᴅh aᴘ an ᴄaᴛᴘ ᵹá ᴍbıóᴅ ᴅóıᵹ
ᵹo ᴄᴄoıᴘeonaᴅ ı ᴘéın ᴅaᴍhᴅéoın
aıexanᴅeᴘ. ó nuaᴘ ᴅo chuaᴘoh
ᴛú a chᴘıoᴘᴘᴘᵹᴅe a naᵹᴘᵹᴅh ᴅé
ᴛᴘéᴘ

tréś an bpścaoh, a tá leighior
aigi ort voiśce 7 vo ló, é féin, a
amgú 7 a śimoncrióe ag gab-
áil oryc ag iarryoh orc tú féin
vo coirbiric; srl riacór comrol
vo béthaó ar, 7 a tá a óḃiḃ ag-
ao ó irn a maé nach foil tróc-
ḟi fáo coinie, aṡ báś ronohnóe
isrun, 7 náś foil ḟ vo éumar tú
féin vo éornamh, vá bhiḃin ar
báir an ṁire óryc gán an tam aca
vo iáṫḟ vo ghiacaó fá lẏr hanma
vo óénamh.

5 21 vein an fḃriopórḟr naomh
ḃaḃ chuin via pláḃe romcha an
phanaon an ron a phḃcaoh, 7 io-
ir gach pláḃ, vo lion a éalaṁ vo
fnoguibh (béthaoryḃ allaṡa ró-
ḃnanoa nach srl naṣ tḃinne tré
ḃnáṣyḃ

znáρ₁ŏ pháonui₅ ꝼ bꝑátꝑꝓꝛꝛ)
ιοιιυιꝛ zo mbιουh a ꝛꝛeomꝛꝛáυh, a
a mbꝛꝛꝛꝛ, ⁊ a lꝫbꝛꝛa lomιán ŏꝛυŏ,
⁊ ꝛꝛach bιουh an bꝛꝛꝛ nó an ꝛꝛꝛoch
oo ιbhoιꝛ ꝛꝛον uꝛꝛꝛ. Oo zꝛꝛeall
phꝛꝛꝛon oo Mhꝛꝛιꝛ zo léιzꝛꝛŏιꝛ
pobal ꝛꝛ uꝛꝛꝛha .ι. claꝛ ιꝛꝛꝛel ꝛo
bhí ꝼá ohꝛꝛιꝛꝛ aιze, oꝛꝛ ꝛꝛꝛꝛach
é óꝛꝛa ꝼꝛꝛozꝛꝛbhꝛꝛꝛ oo zꝛꝛac Mꝛꝛιꝛ
ꝛ m uꝛꝛꝛ, ⁊ oo ꝼꝛꝛꝛꝛꝛꝛ ŏé za hu-
aꝛꝛ búŏ mꝛꝛ leιꝛ a ꝛꝛꝛbeꝛꝛ uꝛꝛꝛ.

6 Cιa ꝛꝛach mꝛꝛ ꝼꝛꝛ zo mꝛꝛꝛꝛ
a ꝛꝛóιbιꝛꝛ aꝛ ball? cιa ꝛꝛach ꝛꝛꝛl-
ꝼꝛꝛ zo ꝛꝛꝛιꝛꝛꝛꝛꝛ a ꝛꝛꝛꝛꝛꝛoh zo
pꝛꝛꝛp óꝛꝛa beꝛꝛꝛꝛꝛꝛꝛꝛ zꝛꝛꝛꝛ, ꝛo
bhí coꝛꝛꝛlιοꝛꝛꝛꝛꝛꝛꝛ ꝛꝛ cιοꝛ mιοꝛꝛꝛꝛ-
lŏŏz ꝛꝛa ꝛꝛꝛomꝛꝛa, ꝛꝛa leabꝛꝛzh, ꝛꝛa
bꝛꝛꝛ ⁊ ꝛꝛa ohιz? zꝛꝛŏꝛꝛ ꝛo čꝛꝛι aꝛ
oꝛꝛꝛe mιꝛꝛe, aꝛ chꝛꝛοιbe čꝛꝛaaιοh
ŏιablꝛꝛŏe

ðiablɥðe cáinte aɲ an bpláiʒɥn
to tóʒbáil ðe, ⁊ an ɼít ðo ðen-
amh ɲé ðia. Máɼ ionʒnað lɛt cɲu
aɼ cɲoiðe ⁊ miɲe paɲaon, ɼeuch
oɲt ɼém ⁊ ðo ʒéubha tú ɼail aɾ
tɼɥl ɼém ʒan aɼ bɲoð a ɼúil ɼa
ɲaon. aɼ mɥ a an pláiʒ atá oɲt
ɼa a pɥɲʒh máið na ɼnoʒaðaɼa
.i. léiʒion ðhhan tɲé iomað ɼɧc-
að attimɧioll, ⁊ atá tia aʒ ɼiaɼ-
pɲɥʒe ðhiot cá huaiɲ aɼ mian lɛt
to ɼheaɲað uatá ɼoɲɲ, ⁊ níoɼ ɧɲ̃
phaɲaon aɼ aoilá cɥtɲ aɾ a pláiʒ
ɼém ðo tóʒbháil, ⁊ a ðeiɲ tuɼa
ʒab lóɲ leat ɼuɲtaɼ ðɼaʒáil an
am an bháiɼ. ðeiɼʒiobal ðo phaɲ-
aon miɲe cɲuaðɧɼoiðɧ tú. Muna
ʒlaca tú tɾʒɥɼʒ anam, aiɲɼɲoɲð
ɱaille ɲéð mhaiʒhɼɧiɲ phaɲaon
biaɼ

ḃiaṙ tḋṙ.

7 ḟeuch ḟóṙ go ḃḟuil an ḃáṙ a
ngoiṙe ḋṙt, 7 ḋá ḃṗiḋġṙn tuinġ-
an anoiṙ talimhuġaḋ, nó ní ṫia
aiṁṙ agaṫ. ní ġḋion an ṙġop-
tṙġn ḋot ḃeáṫuiḋ [b] aṙ ḃláṫ ḃeag
ṫ'ṡigṙṙ a mḃeaḋġán to laṫ.iḃ, nó
iṁṗce aṙ an ṁ'ḃṙoiṁ nḋoncḟa ġuṙ
an ttumḃa, [c] nó neul ḃḟġ ġḋoilṫġi
leṙ [d] an ngaṫh ngṙéiṁe, nó neaḋ
áillḃeṙġi ḃṙṗtecṙ lé cioigh aṁḃiṙ
ṫ.lġṙ ġáṙilách aṙ, nó ttṙach ḃḟġ
ṫ.héio ġan moille aṙ neiṁhni [e] nó
ḟáile an ṙoḃái [f]. ḋ ḋeṙ Euṙṗe-
ṫeṙ naḋ ḟṙl ṁti aṙ aonlá aṁám,
7 ḋ.ẏmeṫṙuṙ phal: ġuṙab lóṙ ti
moiṁint to chaṙ na compaṙáiḋ,
ḋ ḋeiṙ pláto nach ḟoil ṁti aḋo
ṙuan oṙṗe na ḋuṡġaḋ, 7 Chṙuṙoṙ
ṫo muṙ

comur náċ foil innci aċd aiſtins.

g ḣom ɪo. aɖ
populum.

O tá an bġ¼a mꞡ¾o aꞃ miċhi ¾ꞃ¼c
a peacuiġ anáiṫꞃɩɗe ɗo cɩonġan
ċꞃ ní ꝼaɗa uáic an báꞃ, aꞡuꝛ ma
cá cunɗcaꝛ móꞃ ꞃé a ġṅamh aꞡ-
aɗ, ꞡá ꝼɩoꞃ an bꝼꞃꞡl bann aimꞃe
aꞡaɗ? ꞇ mácá, aꞃ ꝼꞡꞃꞃ bam iná
ꞃꞡꞃꞡbhꞃꞡ aꞡcꞃꞃ ꝗ abꝺꞃꞡl ɗo ſꞁá
ꞃuꞡaɗ nó ɗo ɗhamꞃuꞡaɗ
ꞡo ſɩoꞃɗhꞃꞡɗhe.

ꞡuꞃ

ɗ

gunab gnáṫ an bás ag
teaċṫ ḋoċum na ṙṫi pһeċaċ .
go һobaṅ, nó anuaiṙ
náċ ſmuainiḋ aiṙ.

C. 9.

Ⰰbһaiṙ ſmuaineḋ eile
ag neiṁċinṫgṙ an bḟġáṁ
aṫá ḋһaimṙin agaḋ. Ní
һéiḋiṙ nḃṁċábaṙ ⁊ gioṁa na bċċһ
aḋ boiṙeṙ ḋṗoilṙoᵹ aḋ ní a ḟħiṙ
iná ṁaille ṙé na һanmáṅṙᵹb a ḋ aḃ-
ṙáṁa ḋo bheiṙ an ſġṙiopṫṙᵹ, agaṙ
na ṙṁiḋocṫṙᵹe ṙᵹṁe: gṙēṫō ḋo bᵹṙ
ag a һaiᵹṫiṙ, ᵹē naċ ḟṙᵹl ní aṙ gioṁa
iná í, ní ḟṙᵹl ṁa an cceuḋna ní aṙ
neiṁċíṅṫi iná an ᵹioṁaṙa ṙéin; óṙ
ní һéḋiṙ le ḋᵹṙe ᵹ bioṫ beiṙ ṫᵹ-ḃ
ēa go bḟṙᵹl conṁһoiṙmint aṁáin to
ſ·oᵹal aᵹe. Aṙ an áṫbᵹ ṙom aṙ
ṫṙuaᵹᵹ

ταυάξ δήγ a δήγε bhoif, a léig-
ći δοπ τιαbhal δο mhealláδ 7 mhí-
ήξαδ ceille δο chun oπτ lé coπγ-
ξῆ τũ τάιτήιξε ξ cξδε go ham τo
bháiγ, 7 ξan a fioγ aξaδ náć í an
ṁoiṁiπτξ a noιγ cγíoch δo bξξth-
aδh.

2 Aγ é a bξoil δo ćṁaτξῆ aξ-
aδ aπ aπ an báiγ, go τιocγa γé
a ηuaιπ aγ luξa bíaγ fmuaineaδh
aξaδ ξ, ηγṁe γη a δειγ Pól, [a] τι-
ocγaiδ lá an τιξξηa (.i. an báγ)
maγ ξaoηξe γanoιδhτe. 7 a δειγ
Cγíoγδ [b] féin, τánξoh fξe aξ aγ
coṁξ gῆ, óγ ní foil fíoγ lắ ná
uaιπe an bháιγ aξaιδ; aγ a ηáξ-
ηξoh Chγíoγδ 7 a coṁhγηle δo
nío an δγong ćηγιγ a náιτγιξι
aγ cáιγδe, óγ aγ ιoηδaπ fαιγe δo

a 1 Thes. 5
b Math. 24

δ 2.   δάπευνε

ɔhéniamh ré mbáʄ ⁊ ulláṁuᵹaɔh ɔo
ɔ́ṁaṁ ʄá na choiṁe.

3 Aʄ nᵹme ᵹaiʄioʄ Pól lá an
tiᵹ́hna ɔo ló an báiʄ, ɔo bʄíoᵹh
ᵹuʄ toinbiʄ ꝺia aimʄioʄ ꝺo béᵹ-
aɔh ʄáɔ láimh ʄéin ɔo ɔ́ṁaṁ ᵹaᵲ
néiᵼi ɔo ʄéiʄ ɔo ᵼola, aʄ a mhám
ponc an bháiʄ ɔo éʄoʄᵹ̇ ɔo ᵼum
cunɔᵼuiʄ ɔo ᵼabháᵵ ɔó ʄéin; an
té bioʄ cʄ̇ntéiʄ̇ʀ̇ ʄé ꝺia ⁊ ᵼaiᵼ-
ioʄ a ᵼʄ̇ʄɔ ʄéin ɔo naimʄʄ .i. aim-
ʄioʄ a béᵼhaɔ na ʄéinbiʄ, ɔo beiʄ
ꝺia malaiʄᵼ aimʄʄe ɔhó .i. aᵲ
an báiʄ ᵹo ʄuaimneᵲ̇ ʄoᵼóilᵼi maʄ
lle ʄé céill ⁊ ʄé ʄéʄún, ɔo chuᵲ
a ᵼʄiomna ɔo ɔ́ṁamh ⁊ ᵹaᵲ neich
ɔʄáᵹbáil ᵹo hóʄoʄ̇ᵹᵼe ɔo ᵼʄoib
an ᵼʄ̇ɔᵹail, ⁊ ʄáᵼ̇mʄ̇ʄiᵼi na háᵹ-
ᵲʄ ɔo ᵹlaeɔoh ʄé mbáʄ; ⁊ ᵹé ᵹo
aᵼᵹṁaᵲ̇

a tṡgṁaíl ꞇ uaṁib báꞃ obaíí oꞃꝼꝺ-
ꞇꞃach aꞃ annaṁ ꞅin, 7 bíoḋ anbáꞃ
ꞇo ꞃéꞃ na biꞇhaḋ, na ꞇoꞃaꞇ gíóꞃ-
ꞅꞃe.

4. Oon ꞇaꞃꞅ eꞃle an ꞇé Ꞁaꞇꞃoꞅ
a beaꞇaꞃꞅ ꞃꞃꞅ ꝼéiꞃ 7 ꞃé ꞃeꞃmbhꞃꞅ
an oꞃabaꞃꞃꞃ ní bhí am an bꞁꞅꞃꞃ,
aꞇ an ꞇꞃꞃꞃꞅna, aꞃꞃ a ꞇumaꞅ; aꞇo
ꞃ a ꞇꞃꞃꞃaꞅ ꞇona ꞇaꞃꞃb anꞀaꞃꞇ-
ꞃꞃbꞅꞃꞃ aꞃꞃ a ṁeoꞃꞃ ꞃꞃa ṁꞀꞇhaꞃꞅ .ꞃ.
ꞃaꞃꞃ cꞃꞃo an aꞇꞀaꞃꞀꞇꞀ oꞅ Ꞇeꞃꞇ aꞇa
a naꞃꞃ a ꞃꞅáꞃꞅ, aꞇ ꞃo naꞅꞁꞃꞃꞇꞀꞃ
ꞃaꞅ ꞁé cꞃꞃo ꞅꞃꞃꞃne eꞃꞁe ꞃ maꞃ ꞅꞃꞃ oon
ꞇé bꞃoꞅ anꞀaꞃꞇꞀꞃꞅꞀ aꞃ aꞃꞃꞃꞃꞃ a
bꞅꞇhaꞅh ꞃá ꞇaꞅꞆꞇ ꞇá anꞇoaꞁ ꝼéꞃꞅ
7 ꞇon ꞇꞃaꞅaꞁ, ní bhꞃꞃꞅ cꞃꞃo ꞇꞀꞃ-
ꞇaꞃꞅ ꞇaꞃꞃꞃꞃ aꞃꞇe aꞇ ꞇo Ꞇeꞃꞅ báꞅ
abaꞃꞃ nó nbꞃꞃ uaꞃꞃꞃ nꞀꞀ ꞃo coꞃh-
ꞇoꞃ hꞃꞃꞃ- ꞇꞃꞃꞃeꞃ o ꞅꞃꞃaꞃꞃꞃꞇꞃꞅ an

ꞃ 3   ꞇꞃꞃꞃꞃꞃꞃe

Cꞇᵹnꞃᵹഒ ᵭꞃꞇ mꞃ ꞃo . Ꞑᬋ bɩ ꞇom-
aꞃcaᵭ aᵹ ഠᱬamh ꞃꞁe, 7 nᬋ bɩ ᬋ
cᬋɩꞅᵯhꞃohɩ ᵉ ᵹan cheɩll ഠꞓᵹla ᵹo
bᵮꞃᵹᵭᵹ bᬋꞃ anaɩmᵹꞃ nᬋᵭ lᵭᵭ ᵮéɩn.

5 ᬋꞃ na bꞃɩᬋᵭꞃꞃᵹꞃɩ an ꞃpɩoꞃ-
aɩᴅ naoɩᵯ, aꞃ ꞅollaꞃ an mhꞃꞃꞁꞇᵹꞃ
nᬋᵭ caɩᵭᱬꞃ aɩmꞃꞃ a mbhᵭꞇhaᴅh a
ꞃᵋꞇbɩꞃ ഠé ᵹo ᵬꞃᵹaᵹaꞃᴅ bᬋꞃᵹo coᵯ
ᵭoɩꞇᵭᱬꞃ an aɩmᵹꞃ ꞃᬋᵭ ᵭéɩᴅ a ᴅꞇᵹ-
bha ᴅóɩᵬ; óꞃ ní ꞇuᵹann ഠɩa ꞇꞃꞁe
nᵹꞃᬋꞃ ഠhóɩᵬ ɩna aɩmꞃꞃ ᵮéɩn .ɩ. a
nᬋm an bᬋꞃ, ónᵭ ᵮᵭᵭaᴅᬋꞃ ᵭ ɩna
naɩmᵹꞃ ᵮéɩn aꞃ ᵮᵭᴅ á mbᵭꞇhaᴅh.

6 ഠᬋ ꞃéɩꞃ ꞃo ᴅo ᵭɩmɩᴅ ᵹo bᵮᬋᵭ
ꞃᴣᴅ an ഠꞃonᵹꞃa bᬋꞃ anabꞃᴄoh ᵹo
mɩnɩc aᵹ chomᵯɩonaᴅh a nanꞇola
nó ᵹo háɩnɩᴅe an nuᵭ bɩᴅ lɩonꞇa
lán ᴅo ᵹꞃáᴅ 7 ᴅo ꞃólaꞃ ᵹan ꞅᵯu-
aɩnᵭᴅ aꞃ ꞅᵹanaᴅ ꞃɩꞃ áɩ ꞇꞃꞃoꞇal.

ᵭ ꞇꞃᵬᵮꞇ

✝ Ecclef. 5.

ᴀ ᴅubháᴄ ᴀn ᴅᴛᴣne ᴄoiᴄᴃᴄh (ᴀᴣ
lúᴄᴀᴦ[d]) ina inᴛᴄᴎn ᴘéin; ní ᴘɪoᴦ
ᴅᴀᴎh ᴄᴎᴄᴃ ᴅo ᴅᴃᴎ ᴘé ᴀ bhᴘᴦl ᴅo
ᴛᴃᴎᴛᴃb ᴀᴣᴀᴎ? bᴦᴎᴦᴃᴃ mo ᴦᴣɪob-
ᴃɪl bhᴃᴣᴀ ᴊ ᴅo ᴅᴃᴎ áᴛɪ ᴀᴦ ᴍᴃ iᴎᴀ
ɪᴀᴅ, ᴅo ᴄhoɪᴎᴃᴃ mo ᴛoᴅᴀ ᴊ ᴀ ᴅᴃ
ᴦɪom ᴘéɪᴎ, ᴀ noɪᴦ ᴀ ᴄᴀ́ ᴍᴃᴦᴀn ᴛoᴎ
ᴛᴦᴃᴣᴀl ᴀᴣᴀᴅ bᴃᴎᴀᴦ ᴅhᴎᴛ ᴀɪᴎᴦᴣᴣ
ᴎᴃᴎᴀn, bí ᴀᴣ ɪᴛɪ ᴊ ᴀᴣ ᴃl ᴊ ᴀᴣ ᴅᴃᴎ
ᴀᴎh ᴘᴃ́ᴃᴃ ᴊ ᴘéᴀᴦᴄᴀᴅh; ᴅo ᴄhuᴀlᴀ
ᴣᴃᴛ ᴅé ᴣᴀn ᴎᴃɪllɪ ᴀᴣ ᴦᴀ́ᴄh ᴦɪᴦ.
ᴀ ᴃɪᴎᴎhɪo ᴊ ᴀ ᴀᴎᴀᴅᴀ́ᴎ ᴀ noᴦ́ ᴘéɪᴎ
ᴣᴀᴦᴘᴦᴣᴃ ᴛᴀᴎᴀᴎ ᴦɪoᴛ; ᴀn ᴍhᴀoᴎ
ᴎᴃ́ ᴇᴛ ᴦᴣᴎ ᴛᴃ ᴅo ᴅᴃᴊᴣh ᴘᴃ́ᴃ ᴄɪᴀ ᴣᴀ
ᴍᴃᴎᴀ? ᴊ ᴀᴦ ᴀᴎhlᴀɪᴅh ᴦɪᴎ ᴄᴃ́ᴊᴀ.

ᴊ lᴀᴛ mbeɪᴛ ᴅo bhᴀlᴄᴀᴦᴀᴦ ᴦí na
bᴀɪbɪolome ᴀᴣ ᴅᴃᴎᴀᴎ ᴘᴣɪᴦᴅe ᴅᴃ
ᴃᴎᴀᴃb ᴊ ᴅo ᴦᴦɪoᴎᴦᴀᴅᴎᴣᴃ ᴊ ᴅo ᴅᴃoɪ
ᴎᴃ ᴍᴃᴦᴀ ᴀ ᴦᴃoᴣᴀᴦᴀ, ᴊ ɪᴀᴅ ᴀᴣ ᴀn
ᴃl ᴦɪoᴎᴀ

al ƒiona iſ na ſoiġeib naoṁċa ẟuṫ
Nabuzavonoſan aéḋ bhaltaſan
a ċṁpall Ieruſalem, aceiſ an rżo
ſcſṫi żo bſacavaji vá mheuſ aż
żſiovaẟ bhſeiti báiſ Vhaltaſⁿż
⁊ chailli a ſiożaſa. aſ an żcⁿż-
eaoh oiſveiſc an can vo ẛaoil an
ſoſcżn co bheiṫ ḋ żav aiże, co
ſużach Amán an prionnſa móſ
prioṁchoṁḋlẟ an ſioż Aſuéſuſ
cocham na cſoiche, ⁊ co cſocaẟ
mⁿ an ccéena a ẟeiṁⁿhⁿ mac; aſ
meiſże co bi Holoſeſneſ aⁿúḋ vo
ḃⁿ ludit an ḃⁿ uaſul aċⁿ ce; iſ
mbeſc co ċloⁿ Iſſaél aż caiṫⁿ an
biẟ ſá nċṁ̇ìnacaſ muiⁿⁿ anażⁿ; ẟ
an cⁿġⁿna, cáⁿic ſⁿż vé oſſa co
mhaⁿẟ aⁿiomac viop, ⁊ẇ̇uⁿ żaẟ
é aⁿⁿ ⁊ uż ẟ ḋ aⁿ ẇ̇eſⁿ cu ṁbavⁿ
nⁿ hⁿ

Esthcr 7.

⁊ Iudith 28

na hantcla; aſtuiʒ ſan ſhúáo ſáṁ
áit há vírle leiſ aſ an noomhan
vu ʒáʼhað vo ðaiʒħħ,b ſaṁ 1ṁ
pṁe ʒa ſoibe uṁmhóſ na cṁṁne
ſoi .1. Cæſáṁ. Ní ſaoa ó zʒʼa
ſompla bħenaſ ṁiſ ſo, ſáṁ áiċſi a
bſṁimío a Mbṁṁſél; Do bí ſeaṁ
bṁaznðe aiuðe añ ʒa zaibi bħha
nṁ ʒlan, ʒé ʒo ſoibe ſoʒlomza,
vo beiſoiſ a chaṁoi iomao coṁ-
ʒíħo ḋ, aʒ iṁṁaið a ſilléð ón ole
7 aſí ſṁzza vo beiſ ſḃo oſṁa (vo bí
na ṁac léiʒin) ʒo bſoiʒ ̇ḃunaḃ com
chẃhſamh uaiſe vhó vochumẽ
ſéin vo ſéiðiuʒaḃ lé via: aſ aṁ-
lṁʒ zʒʼla vhó, aʒ veanaṁ a ðíṁ-
éia maille ſé coṁluaoʒ nṁzoſṁuil
ṁſ an váħ bal . x . aʒ zoi ʒṁṁa vo
chum a bíoil, an zanam zo bíozʒ
va ſaʒ

dá ḟáġbáil, ⁊ ar deiṁin go nolc
ḟan áit nar ṫriall a ġníoṁa a‑ ṫar‑
⁊ ní huiṁhṡéa ġ oḃġáṫṛn.

8. Ná mealltar tú a ċríortṛḃe
lé bréguibh an diabhail atáin na
mórḃg; ⁊á ana tú is na pċeadṛbh
aiṁṛn do ḃeċhaḋ, bḟraiṫ an báṫ
gan a ṁhoċuġaḋ ort an uʒ́ ar mó
do ṗóláṛ ṛan ṛaoġal ⁊ do neaṁ‑
ṡmuaineo an a ḟaġbáil, ón cioc‑

hi thes 5 ṛaiḋ mun ġaoṛ·ḃhe ṛan oiḋṫe mṛ
a·deiṫ Pól; ⁶ ní léiġuro ṛan ṛeu‑
opéṫṛn condṛṛne ṛiaṁh do ṛlán‑
uġaḋ, do an ṛanʒ́lc ġuṛ. an mbáṛ

Luc 20. aṛ con nduine a ṁán .i. ġadaiḋe
·a láṁhe deiṛġ·

ġuṛ

Ʒáp coip ohuit a

mhfp ʒo mbia an báp mɑ

ɹoo bí an bʒɛ̃a ⁊ tull̃-

m̃uʒao anoip aɓ

ɹl mut oo bí-

aõ an báp

ɑ̃ ball aʒ

ɑo. c.

10

ĩeaн ap a noubɹamɑ, ʒ̃a
нĩ. an cheao нĩ oíobh,
a mhfp aʒao péin ʒo
mbía an báp oo péip na bɛ̃̃chaoh,
matt нó olc, ⁊ ʒ̃ab é an oíabhal
ɛ̃ʒuʒuɟ ʒo mbía oo báp ʒo ma-
tt tɑ́ ĉ̃m ʒo наnaм̃ tũ peaoh oo
bɛ̃̃chaõ ɟan oleʒ нĩ ̃cutɹtĉ̃i ceaм̃-
ɛnaipe ĉiɟ ɑ phaɹoɹín m̃atoeʒ na
ʒɹ pheucóiʒe ɑ ɟɹɓan noubh: ɑ
bɛ̃̃chaõ

bhεαḋαḋ τυg τú ḋο ḃιεαḟαιιмοṕ
⁊ τυιс, ní chαṕṕḟe báṕ móṕluαċ-
αch ḟíṅṫα; ná мḟṕ ⁊ τú αṿ ṕṫṫ-
αn chιoṁḋuḃ ḋιαḃlιṅḋι ṕιαṁ, gο
ccuιмṕιóg gṁ ḃṕéαġḋhα ġhṕáṕ ⁊
ġlóιṕe οnτ; τοṕαḃ ṅα ḃεαḋαḋ αn
báṕ ⁊ ní τιοḃṕα cnαм ḋιαḋōlṅḋe,
báṕ αιṅglιḋe uαḋhα, nα cnαм nα
мαllαṕ báṕ nα мḃúṅnαṕ · ⁊ ní ḟοιl
αchο мεllτóιṅeṕ ḋeαмhnιṅḋhe α
ċοnτṕαḋhα ṕο ḋο chṕιeroṁιuм.

2 · ḋá мḃeιṫg αṿ ḃṕοιċhḃαch
αg ιмιṕτ ṕé ḟιnċhιḃhαċ ḟeαḋh nα
hοιḋċe geιмhṕιuḋ ⁊ gαn αnċlṅġe
ḋο ḃhṕeιċ ḋhαιτ ġ, nαṕ мhóṕ αn
ṅιṅe ḋuιτ α nḋenḟō οιḋċe ḋο ċṅṅα
ḋοn τṕαḋgαl ḋο ċοṕ ṕαn ċluιḃche
ḋhéιġιοnαch ṕιṕ αn ḃhṕṅṕ ṅn? мá
ṕυg αn ḋιαbhαl αṕ ιмιṕ τú ṕιṕ
ṕιαmh,

riamh, ⁊ go bfuil na fínéhnéaẟ
⁊ tura ainbfrách, na clamaine
é elgaĩ⁊ tura acamaẟán; náĩ fhir
gun a nam ẟe, má to chaiẟ ẟo
flaitémnur ẟo chor rir g an ur-
chan ẟheigionach? murro ẟo ní
an té chryrir a naitrigi go ham
an báir, ⁊ cig a ẟaing ẟhó. Ní
leanra a rligiẟh ar gun a nam ó
chlyẟe na bprīẟéaẟh ⁊ ó imirt an
ẟiabhail, ón ar iomoha ẟrne ẟo
ẟgll rĩl né cáitiogaẟh, ⁊ ẟóigh
né mallbuaẟh.

3 ẟá mberthea ag rpainm né
ẟrne ⁊ nách ciocfaẟ ẟhíot acin-
lĩgaẟh ẟo buain ar, ar go lĩgaẟ
tú gaĩ rĩe uain ẟo tĩgmaẟ uot,
ní mór an ẟít ceilli chrat geall
rpanna ẟo cor rir an bhfhrin a

h   nuair

nuair as laigi do beiṫ ḟéin ⁊ as laidire do bhiadh seision; ma tá an diabal gád síorlḟgath feath do bḟṫhadh, gan ċunttabhairt bḟnfaidh sé lḟgadh mór arad, ó naċ tiocfa tú, a nam an báis, ⁊ ní ḟoil ar mire ōrt a ċlaoċlo sin do ṁisi, ⁊ fḟreach ad pḟcadh mur ġell ar sin.

4 Al deir Peadar go bhfuil an diabal do ġnath mur leomhan
a.1.C.5. sḟgach [a] lán do bhrḟnfigh ag gabháil nar dtimchioll, do chum ar slugte; ⁊ a tá trí hadbhair speisialta aigi fá a mōrtċioll do ḋénam nar nagḟō a nam an báis. An cēd adbhar go bfuil má sgarmaoid rir san phunc sin, nách bia nḟirt go bráṫ aigi orr, ō sin suas.

An

an dara hadobhar, má ʒé coisin só
sinn a nuáiri ʒ donínaz q rícabhuiʒ
ʒo síomdoʒdhe aiʒi ʒan cumar q
ceiciú naóis; ní poil a ndimpin az
mó úháó comhaingide 7 so cuʒ-
suin, ón a ɣá a síos aiʒi má sé-
miz aiéniʒi ʒab uuara a cabaine
onnʒ enʒim a nís san bpéccaoh,
7 ʒo bpoil an q ccumar sich Oé
rpáʒáil ʒach uar as áil lim cʒ-
éir enʒim ónn, ʒiohʒó a nam an
báir enniú nhic isuñ nle nʒ naʒ
nó; oo briʒ ʒab q an nuʒn acá
an romaoh uaóa ʒan ʒʒla cóna,
aó an noomaoh óó ʒan oáil sur-
eása. An cnís aóbhan, ʒo bpaic
congnaah món aiʒi a nuʒn nan
naʒnóh .i. enáoh an cimir, ʒul
na ccanao, coimhne na bpéccaoh,
    h 2   naibas

báċh̄roh̄e

uaċḃár an bháiſ, coṁċríoċnaġ-
aḋ réſ an mḃreiċṁnur, 7 móran
eile éxgmor coṁmioſg oruinn are
ro ċabhḟaċ ro Ḋhia. An na haḋ-
ḃairnḃ, a chríoroṅḋhe cuir a
ccéill ḋhaċ féin (7 ná cneiḋ a
chlaoċlo) go mbía an bháſ an con-
ḋaċ riſ an móċhaiḋ 7 rá réin ro
máſ mian leċ bháſ maiċ ḋphaġáil,
bíoḋ ro ḃċha go maiċ.

   4 An ċapa ní ḃḟiraſ ċú ar ar
labhramg rán chréſr ċallmhagaoh
ro ċum Ḋé, a noir mun ro biaċh
a fior agaḋ go ċċiocfaḋ an bháſ
ro láiṫ chugaḋ. Coṁáirle ro ċug
SENECA an págana[b] rá ḋeir-
ċiopul, ó naċ ḃfuil a fior agaḋ
(an ré) cáit a bhfoil an bháſ ag
forċoiṁḃo orċ biſe ag forċoiṁḃo
aiſſú

ᵇ ad Lucill
um.

dinsin ran uile áit, 7 ran n-ile aim-
sir. Mar so to ríne Iob naomhta,
do ⁀ níod oirchill gach nile lá nér c.Iob.14
an mbás, amuil 7 do biad oidhbéa
aigi go ttiocfadh chuigi an lá sin
féin; tug Criosd ran soirgéal
comhairle dhuinne an ni.cédna do d Iuc.12.
dhéanamh, ᵈ Dá mg⁷ fios gan natí
mhuintire (ar sé) gá huair do
tiocfad on gaduide do biadh na
dhúsgadh 7 ní léigfegdh a tégh do
sladadh, an a nadhbar soin biohsi
ullamh féndh ran uile aig .i. gan
sir al pécaid (mg a deir an gluair)
ón tiocfaid mac an duine a nuair
nach saoilionn sibh, 7 a deir gur
bennuigte an muintion, 6 gbhus na
ndúsga d a nuair sin .i. féndh iar
ndénamh a ccundtair roimhe sin.

    h 3.   5 Tug

5 Tug an Tᵹaιròe uaoha an
comhᵹle ćtona a bᵹao ρé τçcho
CCníoρo. ᵉ ρéρ an τınoh¹ (ᵈ ré)
gιac oo leıᵹıoρ 7 ρıaρnuıᵹ thú
ρéın réρ an mbreıcᵺmuρ 7 oo ᵹᵹbᵹa
τρócᵹe a bρıaᵹnuıρı Oέ. τuᵹ ρ ıρ
ρobaoh ouıτ muna ohᵹina τú ρo,
an cnoıòe oo bhí cnaaıò ρeaoh a
bᵹťaoh go τıoçρao a ᵺaınᵹ òó
ρan cnıch oheıᵹıonmᵹᵇᵇ 7 aρ ı an
ᵺᵹ̇ᵹ̇ρ an cnoıòe oo ρınne cloć oe
ρéın ρan ulc, naòᵺρ na cloıce το
llımhᵹρ òó aᵹ ,τρᵹτım ρíoρ go
hıoρ̇caρ ıρρınn, man a oeın an
ρcρıoρτ̇ᵘ. ᵍ go τᵹᵹ̇la oo Phaρ-
aon 7 oa ρluaoh ćnuaòchρoıòᵇᵇ
ρan ᵺ̇ınᵹ̇ρ ρuaıò.

Oα

c eccles. 18

ᵘcclesıaf. 3

exod 15.

Da recepta a nagh-
uroh an chroi-
ohe chru-
aiδ. c. 11.

Deir Albertus mag-
nus go bfuil tobar ſan
ẟermaine ẟa bfuil náó-
ẟr iongantach .i. clocẟ do δ́ḟn-
amh don chré 7 don ḃ́rꞁeẟḃ́g7 dá
leiɼéió ſin do neiɼibh eile ceilẟ-
ɼ́ḟꞁ ann, 7 a deir an Tuẟog có-
ᵯꞁa go bfaca a ẓ́ḟꞁle ꝼéin ſin dá
ẟ́ḟḃaó. Aꞁ coſṁḟl nir δa ᵹoḃ́ꞁ
ꝼa ɼú a cꞁuaióꞁ́ḟꞁ́ẟ, óꞁ ni lóꞁ
lᵹc cné ḃꞁẟ́ cꞁuaillẟ́ɼe, nó ḃ́rꞁlle
ḃꞁẟ́ ẟan ḃ́riẟ .i. na cꞁ́ḟꞁꞁꞁne dá
ocuẟ́ḟꞁ cú ẟꞁáó núṁoꞁ́oꞁ́ẟche
do chon a ᵹoḃ́aꞁ do chꞁoióhe 7
Dia dḣibeiꞁc oꞁ; achd do ni cú
clocẟ δꞁ́uδ

ɒiobh oꝺgla go ꞁᵹaipꞃóe ꝼéaꝺ
Ꞇlochꞃoiꝺhe iaꝺ go bꞋꝛát, aꞅ con
Ƶaꞃꞃꞇc ꝺo bꞋꝼáṁ ꝺꞇob ꞅan ⁊ ꝺꞇ ꞇ
ꝼéin bꞋꝛ cꞃom aᵹ ꝺul ꞃé ꞃánaiᵹ
go ᵹlꞋᵻn na noꞅᵻnhan ꞃna naꞇmann
noamaꞁca .i. go hiꝼꞃioꞁ, mana
ᵹlaca cꞋ ꞃuꞃcaꞅ a nam; gabh aꞃ
a naꝺbhaꞃꞃa an ꝺá ꞃéceaꞃca ꞃo
ꞃioꞃ ⁊ ꝺo ꝺheoin ꝺé ꝺo ᵹhꞋꝛiaꝺ
maꞇ ꝺꞃꞇ ⁊ ꝺo ꞅaꞇuᵹaꝺh ꝺo ꞇlo-
ꞇꞃoiꝺe.

2 SᵹꞃiobhꞋᵹꝺ luꞅ ꞃeꝼꞋꞡoꞇa na
ᵹaꝺꞁꞇꞃi nách ꝼꞃꞇl ꝺona clochꞃᵹbh
nó ꝼóꞃ ꝺona mꞇcalꞃᵹbh uaiꞃꞁe ná
aꞃuaiꞃꞁe ꞃᵹꞁe, coꞇꞇ ni aꞃ cꞃuaꞇꝺhe
ꞇná an chloch uaꞃal cᵹꞋꝛab amm cꞋꝼ
moꞁꝺ, ⁊ aꞃ ꞃolluꞃ ꝺꞃᵹꞁ ꞃo, ꝺo bᵹᵹ
ᵹᵹab ꞇ an chloꞇꞃ a aꞃ iꞁꞇcꞃiomꞃꞃc
ꝺo chꞋꞃꞡo an óꞃ, ꝺochum na mꞇcꞇꞇ
ccꞃuaꝺꞃ

ᵹenuaᵭ eile ᴅo ᵹ̇ṁnaᵭ, ⁊ ᵹ̇ríoᵬ
r̠ᵭ uᵹ́ᴅar áṁiᴅe ᵹ̇ab r̠merᵬo ᴅo
chr̠ṅóír na ᴅaoıne an all río, cᵭ-
aᵹı ᴅémoınᴅ ᴅo chiallaᵹaᵭ an neı
ᵵe ar cnuᴅıᴅhe ar bıoᵵ .ı. an ᵵéı
ᵹıon, ᵹıᴅ̇ᴅ̇ an chlochra aᵵá coṁ
ᵵnuıaᵭ ⁊ ro, maᴅᵵr̠ᵹ̇ᵵ̇ı ⁊ br̠ᵹᴅ̇-
ᵵ̇ı ı lé pr̠l ᵹabhanᴅo chr̠ıoᵵaᴅh
r̠me: ᵹ̇ab a leıᵵéıᴅ ro ᴅo r̠ecep
ᵵa a ph̃ẽr̠ᵹ̇, aᵵá mar ᴅémoınᴅ nó
aı ra chnuaıᴅe. Eᴅoᴅr̠ᵹ̇r̠,ᴅ̇ım ᵵ̃
an ron Iora Críoᵶᵵ an ᵵᴇıᵹ̇ına,
⁊ ron a ᵹ̇náᴅa oᵵᵵ, a ᵵ̇g̃r̃ a ᵹco-
laṁ ᴅoṅa ᴅoᴅ rlanuᵹaᵭ, a ᴅoꝼ
aıne ᴅoᴅ ᵵ̇ınamh raᵵ̇bır, a báır
ᴅo ᵵabᵫᵵ bɧ̃chaᴅ ᴅ̇r̠ᵵ, a r̠ṫr̠lᵹ̃r̃a
ᴅoᵵum r̠ᵹ̇ᵵr̠ᵹ̇ᵵe, a phıaı ᴅo ᵵa-
baırᵵ ᵹlóıne ᴅ̇r̠ᵵ, a ᴅ̇ᴅᴅr̠ᵹ̇ᴅᵹ̃r̃a
ᴅoᴅ ᵵ̇r̠r̠ᵹ ᴅoᴅ ᴅ̇úᵵr̠ᵹ̇, a ᴅ̇ᵬᵹ-
aᵵ̇a

alta ooo ṡaoileó a glaṡṡṛbh da
oiabṛl, maoṫṛg an oémono ṡṅ aṡ
cnuaide iná an ċnaaio féin .i. oo
chnoioe iṅṅṁṅoe: glac chugaṛ
ṡṛl, 7 ṁ ṡuil ṡabán, aṡ ṡuil lo-
ṡa uaṁ Oé, tógbaṡ peacuioe an
tṡaoṡṛl; ṡeuch ṅṁe oá ooṅtaó
ṡan chnan q oo ṡon, cṅṅ oo óéṅṫ
iṅṅti, 7 bṅn ṡuaim coṅṡṅa aṁháin
aṡ an oémona ṡṅ ata aoaċi̇kab; 7
cnoiṫe an phṅṅl i féin onc, aṡáṡ
baṅñóṡṫ ai cnuaċhnoioeṅn, 7 oo
ṡñña tláió uṁhal é ullaṁ oo ċuṁ
oḃṡoibne na háṅṅioe oo ṡlacaoh
7 ṁóṡi é ṡa óḃoiṡ ó na ṡṅṅṅoiḃ.

3 Oo ṅioḃó ṡuil ṡabán, tanḃ,
7 laooh cách ṡan ṡeiṅṅṅecho; 7 oo
ncoṁaó iao go caṡpoṛoa; má aoen
Pól. aṡ mile phṅṅ ṅiohṡeaṡ ṡṅṅ
uain

uain Dé lorá Criosſc, do riñ ioð
bairc de féin ar chrañ na cnoice
coiñgar gaċ duine lénab áil acro
ċaðáin, 7 a chroidhe do maocu-
gað lé, dod ñige 7 dochum a cro
ċaið orc dod maocugað, do don-
cðo í, dá bhrígín griðhim cú an
onór na ſola riñichr̃ðeſ, ná han
ſalaeh cruachroidheċ, ar glac a
rperger Thauidhe .i. peccaui,
oſña chroidhe, 7 do déna an frñl
ſém añ ċrñð eile dod gnorðhibh
7 do bhña congnañ ðñc do ċum
na horñaro ſéin; na déñ ſell ar
ċanam ſéin a ðamnugað gu ſor-
prñðe cré chnuar do ċroidhe, 7
na cábáin an cañcuirñi 7 an mí-
ñſñ ſin ar a nfuil noiaða cugaðh
ſá lamhrñ̃ anċñoſauðeaðh dá
dorcað

dontadh tod leigior; O a dhia
nách truagh an cpétain uaral al-
uiñ ag cneichiuin go rronfach
mionbhraon bfg tfuil Chriore é 7
go bfuil q a chumar an braonra
do cnotad q féin, dá phaatech
ag an diabai go ronduidh tir-
buid con orna a mháin lé ccroit-
prche an braonra q.

4. A tá récepta bfg eile gá
bfuil brigh mhón do leighior an
cruachoide, má geibchi ó notan
a glacadh. léigmo ran rcríbinn
ndiadu⁸ an tan do bháoan clann
Hrael an na ttiormhughadh, a
bponc bháir to dhith uirge gan

exod 1
Num. 20

glac óglách Dé Maoire rlat 7 g
bhuail i an chanrrg cruard 7 g
ril riocta rioruirgi uairi léi ran-
adh ó

aoh ó bhár an pobal: do dhích
ríġe a tá tú ꝗ ttiormuġaó, 7 ꝗ
ccruadhuġaó a toler̃ꝺ, 7 ní foil
dáil ríġi cugadʒ f̃ ar an ġcamꝛc
ꝼin do cruachꝛoidhe féin; mḟín-
ꝼṡora ór̃c ꝛlat iꝛ fḟꝛ iná ꝛlat
Mhaoiꝛ, do chum na camꝛgi do
bhualaó 7 ríġi do buain airte,
.i. bláꝏ na ꝛlaiti do ꝏáꝛꝛaġiꝛ an
ꝼáó ESAIAS do thiocꝼaoh a ^{esa. xi}
ꝼréimh lerꝛé, loꝛa cꝛioꝛo bláth
beanꝏꝛꝭhthe tanꝛꝑ ó Mhꝛꝛꝛ;
buail an tlaꝏꝛa aꝛ do čꝗꝛꝛc aꝏá
aꝛ ttiormuġaó, 7 ꝗ ꝛꝷꝷꝷaoh iꝛ
na ꝑcaór̃ꝭbh, aꝷ cꝛeiꝏmiam ꝷuꝛ
ꝼulaiꝷ páiꝛ doꝏꝛaꝏ 7 báꝛ ꝷꝛán- _{esa. 53}
na dod ꝛaoꝛach óꝏ phcaór̃ꝭb; 7 _{Luce 12 & 13}
naó dioꝷꝷna ꝛo maiꝏ ꝗ biꝏ̃ ohꝛꝏ
ꝷan haiꝏꝛ:ꝷi féin   mailli ꝛiꝛ, 7

I   50

go ntubhąt Crioro go ttiocfaḋ
tiaṁnęoh an ċurotyr a nuą nách
roilioṁ tú, 7 go norꞃnẜe an tot-
up ꞃéꞃ an ꝼꞃꞃntꞃ ttiocꝼar go mall;
7 go nabaiꞃ an ꞃpꞃopaꝺ naoṁ, an
croiꝺhe ḃiꝺꞃ cꞃuaꝺoh go mḃiꝺ a
mhąg ꝺó ꞃan ċꞃich ꝺeꞃgꞃonaꝓ, 7
má ꞃmuaiꞃmꞃ tú ꞃo ꝺá ꞃiꞃuꝺ mꞃꞃ
aꞃ cubꞃꝺ, 7 gan imꝺꝬꞂ go héꝺ-
ꞃum aiꞃ, gan aṁꝯuꞃ ꝺo ḃhꝼꞃꞃ an
chaꞃꞃuꞃg ꞃꞃ aꝺ ꞃliabh ꞃꞃꝺꞃ aith-
ꞃꝰꝺꞃ uaiꞃ ꞃꝬꞁꞃ ꝺo phꝼꞃꞃꝺhe 7
nꝬꞇ léꞃgꝼe ꝺꞃꞇ ꝼꞃꞃꞃꝺꞅ a nꝬꞇꞃꞃꞃ
ꝺé, ná coꝺlaꝺh ꝺo ꝺꝬraꞃꞃ na ꝼe-
ꞃꞃg, aꞃ ꝼillꝬ ꝛ gan ṁoill, tꞃéꞃ
an naiꞇꞃꝰꝺꞃ.

Maṫ. 25.

eccles. 3

¶ ꝺo ꝥeibṁꞃꝺ ꝼꞃꞃ ꞃan ꞃꝬopꞃ-
ꞃꝰꝙ a nꝬꞇ eile, a nuą tainꞃg iom
aꝺ uaiꞇꞃꝰꝙh ꝳṁe a meꞃꝥ chloꞃṁe
ISꞃael

Iſraḋel tug báſ do ṁóráṅ ḋíob, ⁊
tógṙḃ maoiṅ an ṗſr clona, maille
ré hordúġaḋ n dé, naċ ṁiṅe, ⁊ gḟ
ċṅr a cẇráṅ áṅt í a bhṗiaġṁṙṅ
an pobail, ⁊ gaċ ṅle duine, q a
mbíoḋ lot ó na naiċṙiḃ, do ṗúċ-
aḋ aṙ an ccṙonn máṅ cṙoċaḋ an
naċaṙ, do ḃíoḋ ſláṅ gan ḟṅṙċ,
⁊ ab uime ſṅ tug an pobul a na-
nóiṅ ṁóṙ don naċẏ ſṅ, ioṅuſ guṙ
bhṙaillẇaṅ q íoḋḃáṙt do ṗṁaṅ ṅ,
⁊ dá bhṙíoġṙoiṅ do bhṙṅ an ṙí
Erechiaſ í, oẏgla dia bṙéige do
ṗṁaṅ ṅ. A deiṙ Pól naċ ṙoiḃ
iaiaṅ ſan ṙemṅeſ aċo ṗioġṙiáṅa
neiċeḋ tẏmhaṙ ſan nuaṙṙeaċḋ a
léṅa chṙíoṙo, ⁊ a deiṙ Eóin go
ſollaṅ náċ ṙoiḃh ſan naċẏſi do
tógṙḃh Maoiṅ a ndáṙṙe q cṙaṅn

11 Reg. 11
1 Cor. 3
Iſai. 3

I 2   léṅ

léṙ leiġhioṙaḋ an pobal, aċḋ
ṗioġḋ 7 ṙompla ʒo ttoiʒeóḃťaoi
mac an oiṙne loṙḋ ḋ ṙláṅuiġťeoiṙ
a ccṙann na cṙoiche, ionnuṙ ʒo
ṙaoṙṗiḋhe 7 ʒo leiġioṙťaoi an
uile oiṙne ṗèċṗuṙ ó ċṙoiḋe aiṙ 7
ṫṙṙṙṗ a ḋhóiġ ann, 7 náċh ṗoil
oáil ṙuṙťaṙa ó ʒṙlaṁnti niṁhe a
nanma aṙ ṙo a ṡáin.

6 Ꝺ phèèṙʒ a ťá aṙ ccṙuaḋ-
uḋaḋh ṙan olc, aṙ ʼoeiṁin ʒuṙaḃ i
an naťḋ oo ṁʒll ġua a ḃṗaṁťaṙ,
oo ṫóiṙt a niṁh aḋ ċṙoiḋhe, 7 a
ťá oo ʒnáť oo ċèlʒaḋh 7 ʒaḋ
ṫallaḋ oḟʒl a ʒo ttoiʒeóḃhťa oo
ṙhḟʒl oḟèòhṙ-n Chṙioṙo ṙan ċṙaṅ,
óṙ aṙ oeiṁhin lé ʒ ťṙèṙ an ṗèè-
ṙʒṙ ťioṙṙaṙ oo leiʒioṙ; iaṙṙṙm
oṙt a huḋo na Tṙionnóiḋe ná bí

ṁṙ

níra máinngᶠnᵹhe ꞁá leighioꞃ
ꞇánma ó nimh an ꝺiabuil ꝺiᵹꝛꞇꝺ,
iná ꝺo báꝺᵹ clañ iꞃꝺel ꞁá leiᵹ-
ioꞃ a cconꝓ ꝺꝓhaᵹháil ó nimh na
naiꞇꞃꞟꝺ.

7 Cóiᵹ ꝺá bhꞃioᵹꞃo ꞃꞟle an
ꞇꞃeiꝺiñ, 7 ꝼꞟꞇ Cꞃioꞃo an ꞃiabh
caluaꞇꞃe 7 cꞃꞟᵹ ꞃꞇoꞇa ꞁola ꝺiaꝺa
aᵹ ꞃꞟꞇꞟ uaꝺa, cꞃeꞇo ᵹ ꞇoꝺ ꝼlán
oᵹaꝺ ó nimh na naiꞇꞃꞟꝺ nꝺiablꞃꞟ-
ꞇe ꝺo loiꞇ ꞇꞟ, aꞇá an ꝼuilꞁn ꝺá
ꝺonꞇaꝺh, 7 aꞇá bꞃiᵹ ᵹan bꞃꞇon
aꞃ luᵹa ꝺi, cꞃuaꞇꞃnoꞃꝺhꞇꞇa bꝼᵹn
nꝺoñuin ꝺo maꞇuᵹaꝺ, aꞁ conᵹ-
naꝿh ꞃoꞟbꞟᵹ ꝺꝼaᵹáil ó noꞇaꞃ ·i.
aꞃoꞃna ꞁá a nꞇꞁꞃna ꝺolc; ó ꞇá
an leiᵹhioꞃ comhuꞃaꞃa 7 ꞃo, 7 é
aꞃ ꝺo láꞃꝿ ꝼéin aᵹaꝺ, ᵹlac ᵹan
ꞃꞟoilli é, ná cuiꞃ aꞃ cꝙꝺe ꞃꞟꞇ nꝺꞟ

agaſ gan fíoꞃ na faille agáð,

Lucæ. 12
achᴅ aꞃáiᵬ go ттιocꞃa an báꞃ ꞃa
nan náᴄ ꞃoilꞃe тú, maꞃ gaoꞃᵬᵭ

1 Thef. 5
ꞃa noιᴄᴄһe ᴅo ꞃéιꞃ bꞃeιᴄꞃe ᴅᴇ́.

8 Muna ᵬꞃína тú ꞃo, ᴅo ᴄᴄ́ꞇꞃe
ᴅo ꞃᵹ̃le ꞃéin lá an ᴄunᴅaιꞃ, an
ᴄᴄꞃoιᵹ ᴄᴄꞃ oa ꞃa naιᴇóꞃ aᵹ ᴄaꞃ
ᴄꞃᵹle 7 ᴅo ꞃᵬᴄáᴅ a ᴄaᵹꞃᵬ, 7 ᵹo
ꞃꞃeꞃálᴄa an maꞃla ᴄһaᵹꞃꞃ ᴅon
ᴄһꞃoιᵹ naoιmһ ꞃéin 7 ᴅon ꞃһaꞃl

uide Suar 3 p
d 57 fefs 2
naᵬᵬa ᴅo ᴅoιꞃᴄᵬ ꞃᵹꞃe, aᵹ ᴄꞃιúl-
ᴄaᴅһ ᴅo leιᵹιoꞃ ꞃιa; aᵹ ꞃaιᴄꞃιn
na ᴄꞃoιᴄι ᵬꞃᵹᴄ, ᵬá ιáᵬ тú ꞃan ꞃᵬᴄ
aᵬ, a ᴅeιꞃ ᴄꞃιoꞃᴅ ᵹo mbιa тú aᵹ

Mat. 24.
ꞃoꞃᵹul aᵹ cꞃoιnᴄᵬ ᴄolc; ꞃ buᵭ ᴅιᴅ
ᵬaoιn ᵬꞃᵹᴄ mꞃ aᴅeιꞃ S. Aᵬꞃᴅιn,
ᵬꞃ ᴅo ᴅánaᴅһ ᴅoꞃuꞃ na ᴄꞃᴏ́ᴄᵹᵭ
ꞃoᵬһaᴅ, ᵹꞃᵭeaᵭ má ní тú an aιᴄ
ꞃιᵹι a nam, ᴅo ᴄᴄ́ꞇꞃe тú an ᴄᴄꞃoιᵹ
ᴄᴄᵬna, ꞃa bꞃaᴄꞃᵹᵹ   bhuaᵭa,

bhuadha, ⁊ mbina, ag con luacz
ḡapa ⁊ roláir opc, biáir na
ċopach ⁊ do ḡlóir ríor-
ṁṙǵóe: a ḃia air mḋṡ
ċaillíor an roláir
ra a ngeíl air
an áian mbḋṡ
cċaṁríóe
naċ mẛioiṫ
líċṁóin
ṁiṙc.

Som̤

൦ɑıⱦⱖꝛⱦꝋꝁe

somplɑꝺꝁɑ ꝺıɑⱦꝁɑ ɑꝛ

ɑᵹ꜠ᵹ nɑ mⱦⱼⱒⱦıꝛe cꝁꝛꝑꝉꝑ ɑn

ɑıⱦꝛıᵹꝁe ɑꝛ cɑıꝛꝺe, ᵹꝋ

moꝛꝛꝋꝛ, ᵹꝋ ꝁɑm ɑn

bꝁɑꝛꝑ. C. 12

Li 5 hiſtoriæ
Anglic. c 14. Sꝛıꝋbuꝛꝋꝁ ɑn ⱦɑⱦɑꝛ

bⱡꝇꝛⱦⱥⱦe bꝊꝺɑ, ᵹꝋ ꝛɑ

bı ꝺꝛꝛne uɑꝛɑꝉ ɑ Sɑxɑın

ꝑɑ mꝁꝛꝛꝛ mꝋꝛ ɑᵹɑn ꝛıᵹ Conꝛe-

ꝺuꝑ, ⱦꝛé ɑ ꝑᵹbɑꝑ ꝺꝋ ᵹꝛꝛꝛᵹıꝋꝺɑꝅ,

ᵹꝛꝋꝅꝋ ꝺꝋ bı ᵹm mꝋꝛ ᵹɑn ꝛıᵹ mɑıⱦ

ɑꝛ nꝑꝛ ᵹꝉɑını nɑ bꝅⱦꝁɑꝋ ꝺꝋ bı ᵹɑꝛ

ꝺꝛꝛne uɑꝛɑꝉ. Cɑᵹ ⱦ᷈ᵹɑᵹꝅ ꝅꝋ ᵹꝋ

mınıc éꝑéın ꝺꝋ ꝉᵹꝛɑᵹɑꝅ, ⁊ ɑ ꝑꝛꝛ ꝛ

ꝺꝁe ꝺꝋ ꝅuꝛ ꝺe, ꝑɑıꝉ bꝁꝛɑꝅ ɑn bɑꝑ

ɑıꝛ. Nı ⱦɑᵹꝛɑn ⱦoꝛɑꝅ ᵹ ɑn ⱦⱦ᷈ᵹ

ɑᵹᵹ, ᵹé ᵹꝋ nᵹeɑꝉꝉɑꝅ ꝺon ꝛıᵹ ᵹꝋ

ꝛꝺıonᵹnɑꝅ ɑ cꝁomꝁ᷈ꝉe. ꝺo ⱦuıⱦ

ɑ ⱦⱦ᷈ꝛꝛ ɑn bꝁɑꝑ, ⁊ ıɑꝛ mbeꝛꝛ ꝅꝋ

ᵹꝋ ꝺꝋe

go docaṁail, táinic an ríġ ą cuąt
chɲɜge, (ni ꝛabhadaꝛ na ꝛíġe a
nuaiꝛꝃn nŝṁchúꝛamach ꝼá ꝼláin-
te anman a mꝛꝃ̃tiꝛe) ⁊ do ıaꝛ ą
go dítchiollach aitꝛıdhe do ṽ̃n
amh na pŝcaohꝛꝛḃ. A dubꝗꝛꞇꞃon
náċ diongnaṽ go néiꝛghioṽ ón
tıṁꝃ ına ꝛaibe, oꝼgla go náıbꞎꞃoꝛ
doıꝛ a chompáın ɜ̃ab é ꞇɜla an
bháıꝛ do chuıꝛꝼꞇṽ oꝼıachꝛꝛbh aıꝛ
ní do ṽẖ̃amh an uąꝃn, náċ véꝛ-
na anam a ꝼláinte. Daꝛ leıꝛ ꝼéin
do labhaıꝛ maꝛ ɜ̃aıꞃgıoṽach ono
ꝛach, áꝼ a ꝛé an dıabhal dob oı-
de ṽẖ́. Do ċꞎ̃n an tıṁeaꝛ ꝛıꝛ, ⁊
maꝛ do chuala an ꝛı ꝃn, táınıg a
ꝛıꝛ chuıɜge, dá ċáꝛuıng ꞇochum
aıꞇꝛıɜe. Maꝛ do mhoꞇuıɜ a chꞇꝛ̃
do labhaıꝛ do ɜ̃uꞇ ꝗ́o ɜ̃ꝛánda, ⁊
a dubꝗꝛꞇ

a oubairt: Cpéo pá ccáingyr añ
ro? ap víomaoin óñc beic uompa
ní puil nípc agao pfi oa maich ap
bioc oo óñamh óamh. Ná labhá
mar pin (q an pí) ná cnéig oo cè
all. Ni puil h bhpíó céille onam q
eigon af ao cèm mo cuippar mell
ngcce ngnáinlíáñ an phiacnapce
oo bhepi onain ro oo páó. Cioñ-
up pin q an pí?

2 Cangaoy añ ro ap ball (q an
gaipgioóac) oíp óganach poipg-
ñiach, 7 oo pñó pfi ohíop gom
chñn 7 pfi eile gom chopnb, cug
pfi aca lebrán poibég pó áloñ a
mach, 7 cug ohamh é oá léóaó 7
oo léigioy añ, a noñinap oo óñg-
oiópipéciü piamh, 7 ap poibég oo
ñi agun pé a léóaó oíob. oo óla
cavapi

cadap uaim an lebap apíp, 7 níor
labpadap confocal piom. aⁿ pin
táinig pluaḋ áḋḃal ppiorad nduḃ
ngpanda, do líon an ttiġ aḟtuiġ 7
amuiġ um tiochioll, 7 tug an té
ḃá duibhe 7 ḃá gpáinte díoḃ .i.
an tuaɼgán do ḃi opṙa, lebɼ pó
ṁóp, ġinġuil amaċ, 7 do ópo-
iġ opion dá ṁuintip, a ċubġt
dá léġaḋ ḋaṁṙa. pugáp aⁿ, ní
hé amháin a noḃṁáp do pheacaḋ
aibh lé gniomh, 7 lé ḃpéitip ṗáṁ
aɼ póp na ɼmuaintí aɼ lugá, 7 aɼ
peicpéidiġi do tinḟp, aṗ na ɼgpío-
bhaḋ a litpḃchuibh dubha deaṁ-
nuithe.

3 Do labɼ uaɼgán na naiⁿppió
pad aⁿ pn piɼ an nóip nóganaċ 7
ttubġt: Cpead pá bpṅgliṅ añpo
                           7 a ḃḟiṁ

7 a óg b agr̃b gab linne ó cherr
an fhyra? Ar fíon gab libh (an
ιαoρan) 7 benið lib é oo m̃ðugað
nuimhri bg ττg̃hlr̃g óham anta, 7
ιg na rað ro ni racaður ιao ó gn
amach. 7 oo éιριg ðhá anrpιo-
ρao m̃allr̃gte maille ρé ðá nga-
bail marnuiðe, agur oo chuaιth
rg̃ι aoa um chιoñ, 7 reaρ eile um
choruibh, 7 atáo anoir ag τear
agcoinne a chéile am bρomo, ag
bρurto ball nim̃eðbenat̃ mo cr̃ιρ,
7 τeιlgg̃bo gan fuιρt̃ m̃é ρé rá-
naιg go ooρar irrñiñ, áτ abroil
leιgbon ofm̃han ag reιt̃m̃h ριom.

4 M̃arro oo frg̃r̃g an gaιrgι-
ðbch oon ρíg (g béoa bm̃ñr̃g̃τι)
ιaρ noul ðó a néot̃t̃ar rá lion-
m̃g̃ear a pht̃cað, ng báιl leir oo
t̃uρ oe

chan de ṗḟ an nam roin, ⁊ ꝼuair
báṛ gan ṁoille, ⁊ a naitḣṛiġi do
báitin leiṛ do ḋḟnaṁ ina bḟeaḣa
lé moimmt mbig, do ṛaoṛꝼaḋ é ó
na ṗe꙼aḋṛḃh, a táid gá pianaḋ
⁊ bia꙼d go bṛáꞇ, ⁊ iꞃ mbṛáꞇ, gan
toṛaḋh má ṛochan to ꞇꞃ̃ aiṛoi
a niꝼꝼrioṅ.

4 Ní aꞃ a ꞃon ꝼéin tug Dia an
teiṛbṁaoḣṛa ḋó (aṛ beoa ag
tabḣꞇ Ḡreagóiṛ maṛ ꝼaoġnaṛ
leiꞃ) óꞃ ní ḋḟina maiꞇ ꝗ bioꞇ ḋó,
aꞃ iondur go nglaeꝼamaoiſ̃i mú-
naoh an léoṁꞃn chugṛnn, ⁊ go
ndiongad maoir a naitḣṛigh gan
cháiṛde, ḋꞅgla go ꞇceigeóṁhaḋ
a leiꞇhéid ꝛo to chár ḋḣ꙽nn a
naimṛṛ ꝗ mbáiṛ .i. ꝗ ndamnuġaḋ
ꞇꝉ bhuiḋ na haiꞇṛiġi náꞇ uḣ꙽ꞃa-
ꝼ   mꝗ a naꞃ.

a nam. Ni gan ádbhar ar maille ré hórdughadh Dé do taisbénadh lebhair éxamhla lé na hainglib, 7 lé na dáoinibh dá chor a ccéill dúinn gach cóir dúinn choimhéd do bheith againn go bfuil ar ngníomh-artha, ar labhairt 7 ar smuainte (gé gur lé gaoith téid mórán díobh fá-raor) dá sgríobhadh, 7 dá ccoimh-éd a noirchioll na breithi bhias an rí mór orainn, 7 go ttaisbéntar dhúinn féin an uair sin, lé na tsinnraibh an cuid bhias go holc díob, 7 lé na hainglibh an cuid dhiob bhias go maith. Ar ainme do taisbénadh an lebhar breátha na ndeghoib-righthibh ar túr, 7 an lebhar tuath diabhluidhe ma dhiaidh sin, dá chor a ccéill dá mhéd do dhénta do dhroch-

oibrightib

oibriġċeꝛꝷċo oh vo bċcha, ma ca
cu ꝛan phċċao ꝼa ꝺeinċo ꝣꝗ ċaill
cu ꝛꞁle 1ao, 7 ꝣ ꝺubhaiꝺh cu na
ꝣꞃiomhꝺꞃcha aꝛ aꞃlle, xo ꝛinꞃ
ꝛiam; ꝺon cꞃobh eꞃle ꝺa mhċo ꝺo
ꝺꞁnca ꝺulc a xoꝛach hꞃoiꞃi achꝺ
a mhaꞁn a noꞁꝛ cu ꝼeꞁn ꝺo lꞁꝛuꝣ-
aꝺh ꝛꞁꞁl bhꝼuꝛ an baꝛ oꞃc, caꞃ-
bꝺꞁncaꞃ lꝣꝺꝗ aꞁuꞁꞃ oꞃꞃc ꝼa ꝺeꞃ-
ċo ꝺa choꝛ a cceꞁll ꝣ ꝼꞁꝛamꞁꝛꝺh
cu 7 ꝣ chuꞃ cu ꝺꝣꝼꝛaꝺh neamꝺa
ꝺꝛꞁ ċꞃich ꝗ a noꝣꞃmaiꝛ ꝺolcꞃꝣbh,
7 ꝺa ꝛeꞁꞃ ꝼꞁn ꝣo xabhaꞃchaꞃ
bꞃeꞁch ꝛhlꞁnoꞁꝣċe oꞃc; 1aꝛuꝛꝣm a
huꝛ Dċ oꞃc a ꝺhꞃꞁne ꝣa bhꝼꞁꞃꞁl
ꝼioch no ꝼuaċ ꝺoꝺ choꝛꞁꝣꝛain no
ꝣa bꝼꞁꞃꞁl onoꞁꝛ bꞁꝣ ꝛꝺꝣalca, no
ꝺꞃoiċꝺꞁan na colna ꝺoꝺ ꝯꝣꞁllaꝺo,
7 ꝺoꝺ ꝣoiꝺ, cꝣꝛ ꝺo ċum na hai
　　　　ꞁ ꝫ　　　　　ꝛꞁꝣꞁ,

ríġi; smuain go ġér ar an ccás so ⁊ déin mar ġab ort féin ġéarfiġ-ṫer ar tús do ċuman ċunntuis, ⁊ nać fada uait na leabhairsi tṙaiesin ó ḋiablaibh, ⁊ ó ainglibh, ⁊ ma ní tú so go díṫċhiollać, tiocfa do ġrásaibh Dé nać cuirfe a naiṫ ríġi ar cáirte, as a tṡnamh gan soda.

eodem l.5 c. 15 & Bred 8 Vol. fact. 14.

5 Scriobhaidh an naomhaṫair céadna go raibh duine eile ann ar a roibhi eolus maiṫ aigi féin sgaoilteaċ na beatha, ⁊ gé go bhfuair teagasc minic ón ċomluadar mhaiṫ do bhí aigi (a mainistir do bí sé, agas gaibhnes do boiffic dó) níor ċuir sin a sruim as do ḟhan ina olc go tindsgr an bháis; iar mbeiṫ dhó a bfogus don bás do ġlac a ċháirde

ċuige,

tuige, 7 a dubháirt riú do ghuth
truadh órrni damanta go bfacaid
ré ifrrionn ofgáilti, 7 luciter ar
a fíríofá, 7 Caiphas 7 an drong
eile do chuir Criord do chum báir
lámh rir; 7 a túrfa (ar ré) an
truadh bhof, damanta, 7 do chím
a noir áit mo phian ronórrdhe ul-
lam rám choinne; do ghródgod na
cáirde é ra aithrígh do dhanamh ran
namroin féin, 7 nách racadh do chum
na bpian rom. A dubart riú ar
ndul a ndoochur a noir ní phurlam
mo bhetha do chlaochlo tréir bhreithe
do chabhairt oram 7 mé féin dá
raicrin, ag rádh na mbriadarro
dhó rach bár gan rácramrhnt na
rlanti do ghlaeadh, 7 ní phuáir
drre don mhainírtir an féin air-

F 3   frionn,

fpionn, nó upnnghe do páoh aᴦ
a anam.

6 Mór an ᴅeiffinᴦ bhiaᴦ ᴦoiᴦ
báᴦ an fíᴦein 7 an pᴇᴀᴦᴦ.ᴅo ᴄon
náiᴄ sᴛᴇᴘʜᴀn a nam a báᴦ
flaitheamhnuᴦ oᴦᴦailᴄɪ, aᴦaᴦ
loᴦa aᴦ oᴦláiṁ a aᴄaᴦ, 7 a áiᴄ
féin ullamh fá a choṁᴦ; do ᴄon
náᴦᴄ an ᴦabha iffᴦíónn oᴦᴦailᴄɪ,
7 a áiᴄ féin ullamh a mᴇᴦᴦ ᴄiṁᴦaɴ
7anmann noamanᴛa.Muᴦ ᴦin ᴄᴦᴦ-
mhaᴦ ᴦo coṁᴄoiᴄᴄṁn don ṁᴦᴄiᴦ
anaᴦ ina noleᴦᴦbh ᴦo ham na hu-
aᴦohe; do mhfouᴦao a péini ᴛuᴦ-
ao an ᴛaᴦbáɴaoᴦa don oᴦoᴄᴦaò-
ainn (aᴦ béoa) aᴦaᴦ iomuᴦ ᴦo
nᴦlaᴄfaoh ᴄáᴄ ᴦompla uaoa ᴦan
a naiᴛᴦíᴦɪ do chuᴦ a bfao, 7 aᴦ
muᴦ ᴦi n ᴛᴦla; óɴ do ᴦinᴛoᴦ iomao
        ᴅoine,

ꝺoine, aiʈꞃiʒi ꞁaꞃ na mbꞃoꞃoꝺuʒ-
aꝺ leiꞃ an ꞃʒelꞃa ꝺo bhí ꞃo ꝼol-
luꞃ óꞃꝺeiꞃc a Saxain a nuaꞃꞃin,
⁊ ꝺo ʒhluaꞃaꞃ luchꝺa an chꞃuaꝺ
chꞃoiꝺe ꝺo ċum aiʈꞃiʒi, ꝺo ꞃʒ-
obh béꝺa é muꞃ a ꝺeiꞃ ꞃé ꝼéin,
⁊ aꞃ é an ꞇaꝺbaꞃ cꞃona ꞃom ꞇuʒ
oꞃamꞃa a choꞃ a nʒꞃoiꝺilʒ ċuʒ-
aꝺ a ꝼiꞃ éinꞇiꞃe; ʒo ꞇuʒa ꝺia
ꝺꞃʒ ꝺo ʒluaꞃaꞃ ꝺo ċum na haiꞇ-
ꞃiʒi ꝺá ꞇaoibh.

Somp-

Somplaoha eile sgrio-
bhar na naomhaith-
re Sregóir, 7 aibir.
7 ugoṡ eile a naṡ
nġó na hait
siġi moilli

c. 13.

a.dial.ca.18.
& homi. 12.
im cuang.

Criobriṡ Sregóir naoṁ
go ttáṡla an ni ciona von
phéaċaċ gránva Chris-
góriur náč tug ṡe vó féin go han
an bháis, 7 annsin vo ċonairc sé
sluaoh vo ṡṁinriṡ vuba na timċioll,
vo éiṡ go háṡo, ag igrirṡ
cáirve go maivin, 7 vo ġair ṡ a
mhac féin vphaṡháil chonganta
avoha (vo ċonvairc mrn féin um
mhavaċ an macra ma ṡanaċ ar
Sregóin) 7 ni fuair, aċo bás
obann,

odann; 7 ar deimhin (ɟ an naoṁ)
ġab an ɟ roinne ɲé a bhfoil Dia
ag déamh foiġide fós, tuġadh
an tairbéadóɟa don ṗéacéɟa ion-
dap go ccocɲamaoiɟ gan ṁoille
do chum na haiṫɟiġi.

2 léiġmid an fiɟ í ɟuɟdɟa ḋaɟ-
ɟiḋhe, go beuaɲ coṁḟie go miɟ-
ɟáé féin do lfɟuġadh, 7 guɟab ɟ
fɟegɟá do ḃeɟdoh ɟ ɟin go ɟoiḃi
aimɟiɟ go lóɟ aɟgi; táiniġ an báɟ
chɟɟ̇ge, 7 iaɟ mbeiṫ don tɟaɟaɟt
ag déamh diṫṫill fá na taɟaɟng
do chum na haiṫɟiġi, do chɟɟ̇t a
neul uaḋa; a nuaɟ tainiġ ní éiɟ-
in dá cheill ṫuiɟi do buail an fa-
ɟaɟt ɟá ġɟ̇ohe a ɟiɟ do ċum na
haiṫɟiġi; ɟá ḃeiɟdó do labhaiɟ
do ġuṫ uaṫbáɟach 7 a dubaiɟt.

O a aiṫɟiġi

Io. Agrin̅ſ.e&
pus ſabinen.
& collector
ſpeculi.

O a aithrighi cáit a bfuil tú? uch
ar truadh, ar i bragt finchit dé,
nach éidir lium a noir do dhénam,
do bhrigh nách dhínar tú a nuair
do fhéour, 7 fir fin dofág rb an
tanamé.

3 Ni foil croidhe tá chruár
nách glacfad coimhérioénugad
dá celbnéo sgél uaébárat udo,
palud.in the
fauro ho.
Naucl uol. 2.
gen 13. pet.
can. l.5.c 20.
Fulgos.l 9 c.
32.bred.l. 8.
coll.fac.c.14
& alii
airoh-brig Magoeburg, nar
gabh rabhadh gé gur minic fuair
é, fá é féin do lliughadh, nó go
otug an flánngteom féin breit
báir, 7 dhamanta, 7 gur órorgh
a chém do buain de a bhcragnri
altóra móire a témpull féin. Mar
a tá fada, ní héidir lium a cor án
ro go hiomlán. fgriobaid móran
ugdar mait é, agar urura a lég-
aó, Scri-

3 Sgríobhnsó S Aibisttin rom
pla nóuacbárac bhnar rir an aó-
bhr ro. Do bí orne áiproe ann
(an ré) aga raibi iomao raróbh-
rur, 7 cloinn, 7 nír luga lé na rbe
aórib, ór ní smuaincó an ní q bit
ar an éréin do rácrugaó lé holc
rb, gan luaó ná rún rillci uata.
rug timhr an báir q, 7 ian mbeit
ohó a brunc an báir, do rcao an
canam maille ré huacbár naóbal
7 ré cricbgal mhór, gan an corp
orágbáil, do bg go bracaró na
tbinri ag reicbm rir, an tí a rua
raió riu go hirrriono, a ball cq
éir rgacaroh rir an ccorp ói: ao
chuala rór iao ag riarruige oá
chéile, creuo é rác na móillern?
nó cionnur to béioir gan an can-
an oráb

Ser 69 ad fra in eremo.

am ᴅꝼáᵹbáil an cíꞃꞃꝓ níᴅꞃ lᴜᴅi-
ᴢi má ᵹn? ᴄéinꞃn ᴅᴇɪꝼꝼin (aꞃ cꞃᴅ
ᴅíob) ᴄᵹ̍ꞁᴀ ᵹo ᴄᴄɪocꝼᴀᴅ Mⷮᵹl
ᵹᴇnᴀ choꝼꞁᴜᴀᴅᵹ, 7 ᵹo mbꞃɪꝼꝼⷓ
ꝼın, ᵹo mbꞇʟꞁꝼᴀᴅ ᴅıꞃ an ᴄᴀʟᴀınꝼᴀ
ᴀᴄá an ꝼᴀᴅꝛᴀ ᴅo bıᴀᴄһᴀꞃᵹ nᴀꞃ
nᵹꞁᴀꝼꝛᵹ. ná bɪoᴅ ᵹʟ ı oꝛ̃ᵹ (ᴀ
ᴄɪᴀbᴀl oılı) ᴀᴄá ꝼıoꞃ oıbꞃıᵹᴄᵹᴅh
an ꝼıꞃꞅı ᴀᵹᴀmꞃᴀ, óꞃ ᴅo bhᴀᴄhᴀꞃ
ᴢoɪᴄche 7 ᴅo ló ꞃɪᴀꝼ nᴀ ꝼoch:
ꞁᴀꞃ cclꞃ ꝼᴀın an choꝼꝛᴀꝛⷰ ᴅo
ᴀnᴀm boꝼ, ᴀ ᴅᴜbᴀıꞃᴄ ꝛⷓ ꝼⷓın: ᴜ̃
ᴜ̃ᴄ ᴀꞃ ᴄꞃᴜᴀᵹ ꝛᴜᵹᴀᴅ mé, ᴜ̃ ᴜ̃ᴄ ᴀꞃ
ᴄꞃᴜᴀᵹ ᴅo ᵹᴇɪnⷮ mé, ᴜ̃ ᴀꞃ máᵹ
ᴅᴀꝼ ᴄáınᵹ ꞃɪᴀꝼ ꝛᴀn ccᴜꞃꝼꝛᴀ, ᴜ̃
ᴀꞃ máᵹ ᴅo bí ꞃᴀn ꝛꞃıoꞃⷴn bꞃénꞃᴀ
7 ᴀ ꝼⷨᵹ ᴅᴜıᴄ ᴀ ᴄᴜıꞃꝓ boıꝼ; ᴄꞃⷔ
ꝼᴀ́ ꝼᴀᴅoꞃⷰ ᴄᴜ̃ cꞃᴅ nᴀ comһᵹꞃᴀn?
ᴄꞃⷔ ꝼᴀ́ ᴄꞃꞃꞃⷴᵹ ᴄᴜ̃ cꞃᴅ nᴀ mboꝼ
ᴄᴀᵹᴀᴅ

eirg to péin? to bhitheá ag ithi
biadh mblarta 7 mſi ſá ghorta;
do bhiteá ag ól ſhiona uaſail, 7
miſ lán do thart, do chainthea
ſoach a'ainn ort ſéin, 7 to binnſ
nocho gan ſoaſ gnáſ ná ſubail-
ceó, do bheiteá namhſg, 7 miſ truá-
aó, do bhitſ ſubach, 7 miſ tſnſa-
ſaſt, tuſa lán to ſháintſshuſ, 7
miſ lán do toilgior, tuſa lán to
ſháimhdibh, 7 miſ lán to ghul, to
ſinnſ an uile ní niamh contrgoſ a
ſheamſra; biaiſh tú a noiſ tamall
ac biadh cnumh, 7 ao luaiſh lub-
ta bi ſéin, 7 ſá deiriſe bhſi tar um
thuaiſ ſ go hiſſeriomn thú, doo
ſianath go ſontſa, ſe.

4 lan ſáſna mbiniatſſa, do
ſuirig oruaamgiol coimhitſshta
an truſne

eine toif to bhioth puamh ga
egrang to chum geeh rje, agaf
a tubgr, glaeṅ na gabla ma-
eghopa a chompáin, 7 buail-
teh iad a puilibh an phirf, óṅ ní
feea ni brfgoda nó tch fgiamiaé
piamh nap pannta g; Bríoh agaf
bun,órdha bél, oṅ bá cuma leif
nag tóṅ nó égeóṅ gaé ní tá leó-
paoh, to ititoth 7 to ftéó, aeh
ay íbá puaghajl dhó a ammhiaf,
mondhuṅ oṅ ó a crothe eglgaeh
ag naé poibi egtaiaf, enábhaó,
ná tnócge; tollngh a lámha to
bi luaé lizmhan to chian puado-
agh, gada, martta 7 platrngó-
gra, 7 mall to chum an rjle th-
oibnegaboh, tochlngó lé gintij-
gá ágra, to bí aipti to chua
gaé

gach pćeirṁoṅ do ćuṁ a ngmoṁ 7
lan do leiġi do chum maiṫ́ a.

5 Do ġluairiodḋ na diaḃṁ̇l na
ḃiaidh ro ṁir an auaṁ mḃoḟ, go
kiḟeiionn, 7 a ḋéiroíf ṁir ḋ ṁliġ-
roh, nach minie tugadan na ṁaġ-
ṫt 7 na ṁ́iṁoneṁ́ḋhe teġaṁc óṁ́ǵ
tḃ ṁéin do lḃġuġaḋh a naṁ, aġaṁ
gan ṁaṁġiṁ ṁan ole go ṁoichi aṁ
ḃáṁ? a noiṁ do chíṫṁe tḃ na hṁ́ṁo
aingliḋhe, 7 a noġliṁaḋh, ní do
chum ṁóláiṁ, aṁ do chum ḋóláiṁ
ṁiṁṁ́ṁ́ḋe do ċon oṁt ṁán ċomh-
luaḋaṁ, 7 ṁán ḋealiṁaḋh do ̇ ̇aill
tḃ̇ do chaillṁnaiṁni an tealiṁaḋh
eḃona, 7 biaiḋh tuṁa maille ṁiṁ
go noṁóhṁ́ḋhe damanta maṁ a
tánaoio ṁéin. do ġṁ̇l go.ġéṁ aa
eanaṁ ṁiṁ na biṁaṫ́ṁ́ḃṁ, aġaṁ a

tabhaiɲc ɲiſ ꝼéin; uch aſ cɲu-
aꝺh ꝺo geincoh mé, uċ aſ cɲuaꝺ
ꝼu⁊aꝺ mé, uċ aſ cɲuaꝺ ꝺo cɲ⁊có
ꝼan coɲp ṁall⁊⁊ceſ ɲiaṁ mé, uch
aſ cɲua⁊ ꝺo ċaill mé an cɣlnach
úꝺ aꝺ ċim; ꝺo ċim a noiſ an cɣli⁊-
ꝼoh ꝼaiɲſi⁊g ⁊o páṁcaɲ, a⁊aſ ní
ꝼ⁊l an cumaſ ꝺamh ꝼobal mnci.
laɲ mbeiċ ꝺó maɲ ſo ꝺá ċoiɲcoh
ꝼéin ⁊o cɲua⁊ cɣɲſú⁊, ꝺo ceál-
⁊ioꝺaɲ na hainſpioɲaꝺ é ſioſ ⁊o
ꝺoɲuſ iꝼꝼ⁊n, 7 ꝺo ⁊lac an ꝺiaꝺ-
al a bꝼio⁊aiɲ ꝺɲa⁊⁊⁊n cemci⁊ ɩ na
chɲaoſ aꝺuaċṁaɲ é, 7 ꝺo ꝼ⁊eich
é ſan loch ceincó ꝺo ꝺhí ꝼaoi ṁá
ceɲ⁊ce á n⁊⁊le anam eile l⁊nꝼaɩ á
ló⁊.

6 ⁊lacam chu⁊⁊⁊n c⁊⁊uſ⁊, a
ċáɩɲꝺe ⁊ɲáꝺhacha aɲ mb⁊cha ꝺo
l⁊ u⁊aꝺ

Uffrugadh a nois a nam ⁊ flainne
(an dbiroin naomh) ón cromple
aaibhárdṫra, ⁊ deinem leighios
dṙinn féin do chndóaib mybhṫaċa
ṫáich; tabnam dniam né miam, ḃ
⁊ nantola, ⁊ lenam flighdh fpioꝛ-
ádalta, iondas go ttniallmaois
ar an ccorp truaillidheas go luaṫ-
gáirbeh a ccómñe an tighna, ⁊
go madh éidis lé gach naon agꝛ ñ
aa bhniaṫna ûd a dubairt Dauidh ⁱⁿ²
do nách ris féin .i. do len manam
ra tú, ón do fmaṫꝛ gios mo ċol-
am an to ron a tighna. Guidh-
ims sibhsi mar an ccedna a ċáirde
enoide glacuidh, ⁊ bród ⁊ coiffi-
ne agꝛ bh an comhuinles to keis
an naomh uaral tá ċáꝛtibh ⁊ dá
chombꝛaiṫnibh féin, ⁊ ná caillid
              l 3   a ngell

a ngell g maithg mbneigi noiom-
buain, an mhaiz biochbhuan, 7 an
glóin nemolza, do ggllto oibh, az
tángoh oitèioll do lacain tpiall
énce, 7 má tá sibh g sénán tpé
iomao bhan bpáèach, tigioh gan
roao an ṡúgiò noiniġ leiṡ a naiz

Aug.in.psal.
36. in i3 mac
camini &c.
niġi, oṡ̃la go ttergeom'iaò o.b
man tgla oon anam bhochepa .i.
beiz ag sionòṡamh aiznigi gan
copaoh a nispnionn, mun a oein

in psal. co
in id Collo
cum aP para-
ait apo.
an ncon'i cèona; 7 a oeis a nis nac
am chicngche na bèthaoh an an
bháis; az am bneite oamanca oo
kneiz sán noroighbigtaioh to
bi an mgepn go roièi sin; oo oá-
can aiznigi a nuain sin (an sé) az
biuich gan copaoh spne; an ál
lit copach oo beiz spne?ná bioò
si mall,

ball, ❧ ⁊ do thimchioll a riogh,
⁊ chruig tú féin, tupa an cionc-
abó, ⁊ Críopo an bheitiṁ, chi-
erig do ćionta; ⁊ ziocċa go fú-
bach a ccoinne an bhreicṁinż an
ti bhiaf na bneicṁṁ aġut, a tá
a noir na aobhacoroioh aġao,
ġao ġ̄żóe, ġan tú féin do leiġin
do ṫum a bheicṁṁnair: bnaċ-
pa an noimh go poiche po.

⁊ Scnicbhzap a ccnoinic ⁊no
noomṁża S. Pnoinnżap an nażan
go n uibhi drżni annohe pan ċac-
pmiò.óiróipe flonenża aġá rribi
nṁ chúnam pá na anam, ⁊ nać tuż
cláar do phinmóin ná do chżżrdż
póó a bṁhaò. zig cinc⁊ an báir
tuż.ioan a cháipde a ncizchioll
cmlcupie óó, a pooppoin do óṁ-
cah.

ań. do bíodhfan do ġnáṫ aʒ iaṙ-
ṙaiḋh cáinde; fá ḋeinťoh do ťa-
aiḃ ṁac don óʒláċ a ccoiṁe ʒáiṙ
dian na mainiṡťṙiġeh, ionduṡ ʒo
ndiongnaḋh ṡaṁoiṙ dá aťair do
ťṙaṙťó do chum aiťṙiʒe é; ťáʒla
diṡ bṙaťan dubh ⁊ ṙan ṙiʒró, do
fiacnuʒḃoaṙ ḋe a ʒnoṙ,ḋhe, do
ṁoiṙ ḋoibh; imťiʒ ṙoṁad ⁊ ṅao
⁊ naťaiḃ ṅ̇nne dionnṙoiʒṙoh ťáťa
⁊ do bṡiam ar ndiťiḃoll conʒanťa
ḋó, fá aiťṙiʒhi do ḋḣeamh, ʒo
ndeine an ʒándian aiṙ; ťuʒ an
ťóʒanach bṙíoḃchuṡ ḋóiḃ. ʒlu-
airio ʒo ťiʒ an dṙṅe ťinn, ⁊ iaṙ-
ṙḋ aṙ a ṙoiḃi ina ṙheompa dal a
ṁach ionduṡ ʒo labṙadoiṡ leiṡ
fá ṡláinťi a anma, do ṙinnťó ṡin,
ḋúnṙ,ḋ an doṙaṡ oṙṙa, ⁊ ṁoṙ hiʒ
naoh

ṛaoh uſglaoh oṛṛa go ttainic an
gainoian; iſ ttġcho ɗó ɗo buail
cách ɗonaṛ ṛeomṛa an ɗṛṇe tiñ,
⁊ níṛ ṛiſgṛaoh iaɗ, nó gan buṛ-
boh an toiaṛ, ⁊ tṛ éiṛ ɗul a ſtêḡ
ɗóibh ní ṛaṛṛaɗaṛ ɗṛṇe tinn ná
bṛaiṫṛe, acho a náit ṛolamh; ɗo
êṛ,gioɗaṛ (ní nách iongnaoh) g̃
ɗo bṛaiṫṛibh ɗuba an ɗiabṛ,l an
cûpla ṛoin táinig a ccoiñe an té
ṅach oḣ̃na a naiṫṛigi a naimṛe na
ṛlanti, aċɗ ɗo léiġ go ponġc an
báṛ í.

8 A Chṛioṛ̇ouiɗe ċṛoiɗhe ná
ɗean aṛ na neiṫibh a ɗubṛamaṛ añ _Adri 4. 9. ᵐ_
ṛo, a ccáṛ go mẑlṛaoh an ɗiab- _de Pca._
al, an ṛóġal, nó an ċolann, tû aġ
cuṛ ɗ̇ṛiachṛ,bh oṛt ṛṛṇboh ṛan
ṗ̃caɗ go haṛ añ báṛ, go ccaiṛ-
                              lṛiṫẑ

bríg an dóitiar as cóir uact do
beit agad a trócaire Dé, a nu-
grin féin: as dein do dírchioll, ⁊
do bhiad Dia congnamh dhuit ra
nam na féin, agas gé go nabuirue
diad géoa airude nach slanoigh-
ter as fíor beagan doir airguru an-
as a ueao irua pucadoibh, ⁊ nac
airum rompa a bhragbháil go
pongc an báis; tar a cém ro, go
faruoh don anam ris an ccorp,
a tá ar do chunar do slánogad
⁊ gá rior nac don bean sin slán-
ochtar a nam an bhár chúra. as
eime do grríobamg na neiu bega
simplioesi, dod glaaras maille ré
gnárubh Dé do chum na haith-
righi do dhéamh a nam, ⁊ gan do
léigsin gur an brane ceradu oisin; ór
as rio

fios ḋóibh in gáb mór dar náisio
ngellcar leis an ndiabal ⁊ an tsle
ġitḟi; creideadh do ghnáṫ mór ṫroc-
aire ndéna bfiaḋnaisi ⁊ ceiliḋ a
ċreit ceirta, go roichi án bás, ⁊ a
nuair sin do beir cor don diull-
eoig; ceilith an trócaire, ⁊ ní
ṫaisbénann acht fíor ċreit neiṫe do
chur an duine bois a ndóchus ⁊
gé go ngellann náisiom eile ar
an moṫra; fá reor ar mó
ċgellus don náisiun dá
bṗeilmidhe, do
briogh nach foil
preláite ná
sermontaidhe
acá ag noibḟgan, dia
tá bfuir-
c. f.

CIONO.

Daithprohe

Ciorvas aitheantan
a naitnigi to beit firinach,
ionvas go mav eitin von
chriosonve banamuil
laitn to beit agi
ó fóg ré na
flatha 7
go bfuil
a ngrás
a, b. c
14

I hér gach ni an a mbi
a vat, af bid on firin
ah, n 7 ón fallsa; biv
criemgi thiatha firinac an gla
ner trine ona fliavon, bh, 7 vo
ni oigne flaitcimin, ve: 7 aitn-
ige fallsa gan aice af confirl-
gi len an aitnigi bfirintig. da

an áobanro ní folám ór̄ṁ coṁg
ṫaṫa opaġáil lé naiṫ́ṡ́enaṁ an
aiṫpiġi fípuntċ̄h ṡeoċ a naiṫpi-
ġi mbṅḟ̄gṅgh. Do ḟpíobh aib-
ípoin ncoṁh lẹbhap iomlán von ṽ̄
ġ̄né aiṫpiġi, 7 ap iomṽa ċoṁhg-
ṫa ap eioip to buain ap, lé naiṫ-
eónṫap ġaċ aiṫpiġi ṽíobh. enp-
p̄ṁcoio ann ro bḟġán go haiṫġeṁ
oo choṁapṫaibh na haiṫpiġi fip-
inoiġ iṁġ̄ḟ̄ ṫpne ó na p̄ṡeaṽṅġ.

1 An cẽ chommhapṫa, an ṫ̄ẽ
ap a bfpil an voilġ̄ḟ̄ vo ġlacaõ
inntiñe, 7 pḟ̄n laioip aiġi gan na
p̄ṡ̄nõh vo ṽ̄ṫamh a píp, ionṫup
go maoh pḟ̄ín leip olc móp opul-
ang iná p̄ṡ̄aṽh mapbṫa vo ṽ̄ṫ̄-
amh. Mana foil an púnpa aġao
ap móp an cunṫṫubl:ġ̄ṫ naċ vḟi-

2ḋ nṗ̄ṗ

mir ar lagcugad rir na pecad-
aibh, 7 nán mharbhur iad ar go
bfagli o beo gér do chroide; tar
éir Pál do dhamh aithrigi, tug
rlán na ngle chéatrgrec faoi. cia
Rom.8. rgarrar rinn (a ré) ré gráð ccri-
ort? perrecugon, nó gorta? gab
ail, nó criobloid? ar thibh leam
nach rgarra bár, ná bétha, ain-
gil, iná priontrada, ní tá bfrl
do latair nó dá ttiocfa, láidi-
gchd, gde, má irle, ina creatúir
eile rinn ó ghráðh Dé a norr
Criord ar ttighna.

3 gibé do grcbur é féin ma ro
go ciocract, nárhadar do na pecc-
aðrb ina raibhi; gé nach biadh
comhónchroidec ré Pól, ar éicin
bó róig mar do beith aigi, agar
cuimar

adhnac coimpara, 7 a mhi go nodhna
aitnigi fipm̄ bith; ar é a nf̄un ro
gab é ar nádhrn do fubháilce na
haitmgs cogath do dhamh rir
an nle p̄cadh mabēā, 7 gan coim-
p̄cadh diub rpulang teacht na
goirde, 7 mar sin gibé náč moth-
nigihm as cogaohra aizi fém nā
atá a ccontabhant mhór, nār
giror rad. nme ro a dein an doc-
tr̄in naomhra dubirom (ag labhrt
ar a chfoaitnigi fém, ag pilleoh
dó ó enricḡ na naidhe) go mbi-
dir a luaizgáine thiach, 7 a dhra
luaizgnbch, ag trord ré céile,
7 nách bioh a ror aizi cia haca
do claori; luach gáir dhiač gair-
ror an romh do nibnr bhor biob
ag an p̄cač ag dhrami a nrle, do

bríog nách fuil innte of aóbhá
gola, 7 oḟi: oḟia luaṫġainecha
ḟġiof don aiṫpiġi do bhríġ náeh
foil innti af aóbha rolárraġar
luaṫġá ́na rúthᵼne, a deiri nách
roibhi a fiof aigi q̇ túr cia haéa
bá cᵼeiri, ġroᵼoh fá deirᵼoh aig
a naiṫᵼiġi buaiᵭ, ionour ġo ᵼaibi
ġrán aigi ar an luaṫġáir aoḟi-
aiġhᵼn .i. ar anmian an ᵽċ ̇ᵼ,ᵭ,
o ́arab ainm oilḟ, luaṫġáir ᵭub-
ach ᵭḟia ́ᵭ.

Lib s de peu

4. Do bheiri an naomhaṫaiġ Am-
biof oide S. Aibirom, cuġ ó ᵭor-
ᵭaᵭár, 7 ó ḣᵼáioé, do chum an
ᵼreioimh fíᵼinniġ, an léiġhionn
ᵭonᵭ óᵼᵼnn, 7 a deiri nách falair
do naiṫᵼiġᵭeh é féin do chlaᵭlo
ᵼᵼle, 7 ġrán do bheiᵭ aigi q̇ ġaᵭ
ní ar

ní ar a raibhi gen aige roimhe
sin, 7 sgriobhadh rompla diatla
fá naoibhanro. Do bí conuerrara
ršiglan ag éganch airighe (ar
an neamhní) né mnaoi mionā righ
tug Dia bruitóō nšaōā ann, agar
vo lšrg a bšthaidh, iar mbeith
dó a bfad ón macairn, tug a ġino
oḋhe ē mar a roibi fir, a ceioñ
airngnena diaioh rn, tšla on bša
mhiunáinših tó, ní tug rši v ša
ašrog do cúaidh tšra, mar nác riec-
ršoh níamh roimhi rnr. do ghlac
bratóg rn na iongnad món erce
ón vo bá gnath leir a nógan ach
labhšt né go no rrilbin gaé an
7 gach áit a atgmaō š. do mšr
rí aice réin nán aithin ré i, 7 go
roiōi a še an ní éigin eile, 7 do

M 3　Ḃ naā

Ⱬuaⱡ oá cáⱥⱦoⱨ péⱥ oo Ⱡⱨꞁⱥⱦ
ⱥáꞁ Ⱨꞁꞁ uⱡáⱥ ꝗ ꞁoⱥoaꞁ Ⱬo ⱦꞁⱫ-
aoⱨ aꞁꞁe oⱨꞁ, ⱥuⱥa Ⱡⱨeⱥⱥꞁꞁ uⱥ
Ⱨaꞁⱡe (aꞁ ꞁꞁ) oo ⱡaꞁ Ⱡⱨéoꞁⱥaꝺ ꞁꞁꞁ
aⱥ Ⱦⱦⱦé oo ȾaꞁꞁⱠéⱥ Ⱬꞁáⱦ a Ⱨꞁoꞁoe
oaⱥⱨ Ⱬo ⱥⱥꞁc, ⁊ ꝓꞁⱡⱡⱦⱦo oo ⱡⱧ-
uⱫaoⱨ aⱥ ⱥeꞁⱦ oo ꞁꞁⱥꞁ Ⱬo ⱨoⱡc.
ꞁaꞁ Ⱡ ꞁꞁⱡⱡⱦoⱨ oⱨꞁ a oⱥⱠⱨⱢⱦ ꞁꞁ aⱥ
ⱥóⱫaⱥaⱨ, ⱥáⱨ aꞁⱨⱠⱥ ⱦꞁ ⱥé a
ⱦoⱥⱥaꞁⱥ Ⱨⱨꞁoꞁoe? ⱥꞁⱨ a ⱦá áⱥⱥ.
oo ꝓⱥ Ⱬ ꞁꞁⱥ aⱥ ⱦóⱫaⱥaⱨ, aⱫaꞁ a
oⱥⱠⱨⱢⱦ, ao Ⱨꞁⱥ, ꝗⱥⱠ ⱦaꞁa ⱦuꞁa,
Ⱬꞁóⱦoⱨ ⱥꞁ ⱥꞁ ꞁ ⱥꞁⱥꞁ: aꞁ é ꞁꞁ ꞁé a
ꞁáoⱨ, a ⱦá ⱦuꞁa ⱥaꞁ ⱦⱨꞁ péⱥ a
ⱡaꞁⱥⱨ ꝓóꞁ Ⱬaⱥ oꞁaⱠⱨaⱡ, ⁊ Ⱬaⱥaⱥ-
ⱦoꞁⱡ, Ⱬꞁóⱦoⱨ ⱦaⱥꞁⱫ oⱨaⱥⱨꞁa oo
ⱫⱥáꞁꞁⱫⱠⱨ Ⱶé, ꝓaⱥⱦ ⁊ Ⱬꞁáꞁⱥ oo
Ⱡⱨeꞁⱦⱨ aⱫaⱥ aꞁ a ⱥoⱡc oo ꞁꞁⱥꞁ
ꞁꞁoⱦ, ⁊ oá ⱠꞁꞁⱫ ꞁꞁⱥ, ⱥꞁ ⱥé aⱥ ꝓꞁ
ꞁoꞁⱡⱥⱦ

tuilíos tú do bheit agad, maille
ris an ndtoigintin do bíoð agum
go tpápta, af tugas opnym ris
an nole, 7 do ćniuos tomam cog-
að do ðġnam ris, 7 af nyme ɣn náć
tugas rġl ontra, af mit do bġi-
nn ap mo namyo; ro comhanta
na hatćuigi phípindigh 7 gibé do
ġeibh é féin ran chogaoh ra ris
na recacthyɓ ina noibí pér a nait
jigi, af éioin ðhó connßas cirġn
do beit aig, 7 a mhfr ġ rágyɓ
gíapa an oiabhyl, ßo ttainig
an rluaoh lora a tighhfua.

5 An oana comhanta, beit ull
amh do ćum lóingníonta 7 tfyġ-
te do tabaint do nyle ðyne oá
ntġmuir oiogɓáil ina phenruin,
ina onóyn, nó ina mhooin, do péit
breitġnaɪr

breiṫṁnaʃ hoire ʀaiᵹṫne aᵹᴅ
foᵹlaṁṫa, nó óʀ.ni foᵹlomṫa ee
ᵹá ṁʜ ṫan coṁʃaʀ ᵹlan ᴅo bhiṫ
aiᵹe ⁊ ᵹʀáᴅ ᴅé ᴅo beiṫ aʀ.

6 An ṫrʃ coṁaʀṫa, maiṫṁ-
naʃ ᴛo ṫabairᴛ ᴅá ᵹaⱪ ᴅᴜꞃne
ᴅo ꞃine éᵹᴄóin cꞃᴛ a ᴛᴜꞃón, aᴅ
ph ꞃʀain, nó ᴅo mʜᴅoin, maille
ꞃe nún ᵹan ᴅioᵹ̇báil ꞃ biṫ ᴅo ᴅ̇ᴁ
aṁ ᴅóib ᴛꞃé olc, nó ᴛꞃé aᴜnᵹ.ꞃ̇
eaᴅo; ꞃé aꞃ mᴜin lṁn a ꞃáᴅ ᵹan
ꞃᴜaᴛ nó ꞃioᵹ ᴅo bh.eiṫ aᵹaᴅ ᴅᴜꞃ
ꞃ̇ꞃ.ᵹᴛin ꞃn ꞃan olc ᴅo ꞃinᴛꞃq oꞃᴛ
ᵹ.ᴅᴛó ni ꞃuil ᴅꞃꞃaⱪᴜibh opᴛ ᴛo
nóiꞃ nó ᴅo ⱪꞃꞃᴅ ᴅo ṁaꞃṫṁ ᴛ́óib
aꞃ aꞃ eiᴅin lṫ bneiṫ ṫ̇ᵹꞃᴛ an ᴛliꞃ-
ᵹ.ᴅ ᴅo buan ᴅioᵇ, ᵹan ᴛán ᴛꞃoᵹ-
alᴛꞃꞃ ᴅo ᴅ̇áꞃaṁ maꞃ a ᴅeꞃ a

Leuiᴛl. 19. ꞃcꞃioꞃᴛꞃꞃ, aꞃ̇ ᴛabl ꞃ coꞃ̇ᵹ.ᴛaᴅᵹ̇
aꞃ̇ᴛanaⱪa

captanasa dhóib, gé go mbiað
fáo lḟugaoh do buain díobh do
féin chirt an dligidh, 7 ar mar
sin cuigthsi lúcas, an tan a deir Luc. 17
ran roisgel a nuáir fillfir cugao
an té cug aindligeó dhrit, agas
a dḟiar ré, ar aicnéch lém an ní do
ringr, mait dhó ·i· cairbein thú
féin go captanach dhó, mur da
gach canṁo eile, giohéo ní cuig-
ein dfiachruibh ort an ní do bhen
ré díot dó mhaitémh dó. Ma tá
amhga nó boṡṁne é, is tobruig-
tibh na tróege a fiaca do ṁait-
émh dó, 7 a tá foirṗged speeial-
ta an tróccaire do ḋnáṁ ḟ an té
cug aindligéoh ṁrt.

6 An cethromhað comhartha
roct a na bpéceó do ṡéchna. a nua ḟ
           do dhi

do ċí cú rpır, 7 bácaır an ḋam
ġé naċ raıce a ċroıḋe, cuıġe ɣo
ḃruıl an a maıṫṁ oul ɣ marcuḋ
ġeḋ, 7 oá ḃruıcce a ouıne aɣ pıll
eoh ó aċ ar a oḣı͘,bne, a oḣıċḣa
ɣo mbıaḋ nɣuḣconn a baıcce aır,
ɣé naċ raıerıcġ a ċroıḋe. oá
réın ro, ɣé ɣo nuueoraoḣ orıne
rıoc ɣaraabéa rīu ɣan éınṁ oo
ṫḣıaaḣ a naḱroh oé, aa chıcá
éaɣ oul ɣo mınc, nó a roroċáa
oon cıɣh ma noḣaoh an pẜcaoḣ,
na cero naoha nač foıl rom ar
oul ɣ marcroḣġchoa ccaura ar
aoabryl, 7na rēınbır, na ġ chaır
coɣaḋ oá nınıb ɣ na pẜcaor,ḃ, 7
bıoḋ ɣo moċóıca aa ɣluarıcha
oorlġır a cá ao ċroıḋe rán pẜc
aoḣ, caraaċn nɣn aana raɣı cú
rēna

fáchna agad ⁊ sgorsaib an phe-
nȝb, as cunttabgtach náȼ voil-
ȝios firinnȼ ro bí agad lé ȝsos
cas na phȼ irȓ, ȝiȼȼó más vrne
tú sillȼs ó na sgorsȝb, agas vo
bȟas cúl siú, atá ath hphonn vo
baitche ops a nách na annmm
ntamanta a nyxprionn, ⁊ vá séis
sin as aitnȝȝi firintȼh vo sínis.

6 Mas an ȝcȼona más vuini tú
sillȼs as ball vo chum an phȼȼnȝó
ȝé ȝ ȼoissis thia tsroma ó tia-
nsȝb vá chaonȼó, as guais lȼm, ȝ
ab aitsighi sallsa vo bí agad,
ós a veis pól go noibsiȝmn an 2 cor. ƒ₁
aitsiȝi ro beis via uaȼb, sláin-
ce ȼȝtanach, ⁊ veisiv vá boȝ
sona ratȼaisȼóa, an tê pȼnȝȼs
ȝaȼh aonlá, ⁊ ȼȼiv roȼum na haı
sugı

ⱦⱃⱹⱌ ⱬⱥⱦ ⱥⱀ lⱥ, ⱀⱥⱦⱨ ⱦⱦ̄ⱌⱃ ⱦ̄ⱺ
ⱦoⱃⱍChⱃⱼoⱍⱦ ⱦo ⱬⱡⱥⱦⱥ̄ⱦ.

7. ⱦoⱀ ⱦⱦⱥⱼbⱨ eⱼle, ⱆⱥ ⱥⱀⱥⱀ̃ ⱦⱥ̄
ⱦ̄ ⱀⱥ ⱍⱦ̄ⱥ̄ⱌⱦ̃ⱦ, 7 eoⱼⱆeⱦⱦ ⱬⱦ̄ⱦ ⱦo
ⱦ̄ⱨⱥⱆⱨ, ⱥ ⱍⱼoⱦⱀⱥ ⱦo ⱍⱦ̄ⱼⱨⱀⱥ, ⱥⱍ
ⱆⱥⱼⱦ ⱥⱀ ⱦoⱆⱥⱍⱦⱥ ⱍoⱼⱀ ⱬ̄ ⱍlⱥⱆ̄ⱬ-
ⱦ̄ⱦ ⱦo ⱍⱍⱼoⱍⱥⱦ lⱦ̄ ⱨⱥⱼⱦ̃ⱍⱼⱬⱼ bⱍⱍⱼⱍⱀ̃
ⱼⱬ̄. ⱦⱥ̄ ⱆbeⱼⱦⱬ̄ ⱥⱦ ⱦⱥⱼⱍⱦⱼⱀ, ⱥⱬ-
ⱦⱍ ⱬo ⱀⱬeⱥⱦⱦⱥ̄ bⱥⱼlⱼ ⱦoⱦ ⱍⱼⱬ̄, ⱼⱍ
ⱬⱦⱦⱍ ⱆⱍⱥ̃ⱦ̄ⱼⱍⱼ ⱦo ⱀⱥⱆⱨⱥⱦ ⱥⱍ, ⱦⱥⱦ̄
lⱦ̄ⱼⱬⱦ̄ⱬ̄ ⱦ̄oⱼb ⱍo ⱍⱍⱍⱬⱦ̄ ⱥ ⱬⱦeⱼlⱬ ⱥ
bⱍoⱬⱥⱍ ⱦoⱦ ⱦ̄oⱍⱥⱍ ⱬo bⱦⱼoⱍ ⱦ̄ⱍⱦ
ⱍⱦ̄ⱼⱍ, ⱥ oⱦ̄ⱦ̄ⱥoⱼ ⱀⱥ̄ⱦ̄ bⱼⱥⱦ̄ ⱍoⱍⱆ oⱼⱦ
ⱥⱀ bⱥⱼlⱼ ⱦo ⱦoⱍ̃ⱍⱼeⱦⱦ ⱦoⱦ ⱍⱼⱬ̄, ⱥⱍ
ⱬ̄ ⱦ̄ⱷⱼl lⱦ̄ⱦ̄ ⱥⱀ ⱀⱥⱆⱨⱥ ⱦ̄ⱥ̄ bⱷⱥⱼⱀ ⱥⱆ
ⱥⱦⱨ ⱥⱍⱼⱍ, ⱬⱦ̄ⱦ̄ⱷ̄ ⱦ̄ⱥ̄ⱬⱷⱍⱍⱼⱦ̄ⱬ̄ ⱥⱀ ⱀⱥ
ⱆⱨⱍ,ⱦ ⱥ bⱨⱍⱥⱦ ⱷⱥⱼⱦ, 7 ⱬⱥⱀ ⱦⱍⱼⱀe
ⱦo lⱦ̄ⱼⱬⱨⱀ ⱦoⱦ ⱬ̄oⱼⱍe, ⱥⱍ ⱦⱍⱼⱀe ⱦ̄ⱥ̄
ⱗ ⱦoⱦ bhⱥⱼle 7 ⱦoⱦ ⱍⱼⱬ̄, ⱥ ⱦ̄ⱨⱼ-
ⱦ̄ⱥoⱼ

ἐꞇоι g̃ caiptín críonda comgíoll
αċ ꝺoꝺ príoṅꞃaꝺ ṫú, ⁊ g̃ mían léꞇ
ꝺá ꞃíꞃiḃ a ṅáꞇ ꝺo ċoiṁeꝺ ꝺó, ⁊
ᵹan a ꞇaḃaíꞃꞇ ꝼ aꞃ ᵹo ḃꞃáꞇ ꝺá
ḣ ccaꞃꝺíḃ.

8 Ní ꝼuil ina mḃᵹꞇꞃg̃ ꞃán ꞃaᵹ̃
aíꞃa aꞃ coᵹaꝺ, mꞃ a ꝺeíꞃ an ᵹꞃí
ꝋ́ꞇꞃꞃín, ⁊ ní ᵹᵹḃꞇaꞃ conᵹaíle ᵹ ᵹ
ꞃaṁꞃꝺ áꞃ léḣaíꞇuᵹ̃ı ḃꝼꞃínꝺíᵹ.
ᵹaꞃᵹíoᵹacḣ ꞇú a ċꞃꞃíoꞃoꞃꝺı, ꝺo
mḣꞃꞃꞇín ꝺé, ⁊ mꞃ ᵹaḃꞃꞃ ᵹꞃoṅꞃa
ꝺo cꞃoíꝺe ꝺó, ꝺaımḣoᵹ̃om ꞇṁían
⁊ ꝺoṁꞃꞃn; ꝼꝋ́ naꞃ ꝼuꞃꝺaínᵹíꞃ na
ꞃꝓ̃ᵹóḣ ꝺo ċuíꞃ ꞇú a macḣ, nó a
ꞃícꞃꞃa ꝺo ḃeíꞇ a cceíꞃᵹ a ḃꝼoᵹuꞃ
ꝺoꝺ ꝺḣoꞃuꞃ aᵹ ꝼꞃ̃ꝓ̃ꝋ́ ꞃé ꝼaíll ꝺo
cꞃum ꝺo ᵹꞃoṅꞃa ꝺo ḃuaín ꝺíoꞇ a
ꝼíꞃ; mꞃ aṁꞃꞃg̃ a ꞇá, ní ꞃíonᵹ —
ꞃacḣ a ꞃꝓ̃ᵹ nácḣ ꝼoíl ꞇú ꝺíleꞃꞃ

N   ꝺoꝺ

dod píg, 7 ʒ̃ toil lét an ʒonnṛa
do bheiṛ ʒan diabhal, 7 map ṛm
nach aiṛpiʒi ḟìṛinntᵭach do píniṛ.

9 Aᵭd má do ʒníoṛ tú abṛad
uait na pᵭaṛʒth 7 aʒocṛa, 7 nach
léiʒionn tú ní doo ʒoiṛe, aṛ ní
dilṛ doo ʒonnṛa, dhᵭiṛt ṛéin, 7
doo píʒh: aṛ éidiṛ a ṛáoh ʒan
bhṛéiʒ ʒo bḟṛl tú coinʒiolladᵭ,
ʒṛádach do Ohia, 7 ṛuadṁaṛ ᵭ
anaṁoibh, na pᵭaṛʒoh; 7 dá ṛéṛ
ṛm ʒ̃ab coʒad éiffᵭṛ̃ach 7 aith-
ṛiʒi ḟìṛinnᵭach do píniṛ ao ṛᵭᵭ-
athṛᵭbh.

10 Ná léiʒ aṛ an ádbhaṛ ṛo
comhluadaṛ ban ao ʒhoiṛu, maṛ
diobh do bᵭiṛᵭ an ʒonnṛa. Ni hé
a ṁáin aṛ ná ʒlac litiṛ leiṁh má
ṛeóda ṛṛṛʒhe dá coṛṛṛ̃ṛowiṛ

chuʒad

cugad, ⁊ má tá conchra díob ro
a ccoimhgd agud, tabg an tcm-
rah má lebrah dhóibh, ofgla go
tcrubradooigon tmrd niffcinn mar
lebrd órgcn.

11 Ni leigirthr an chneó muna
taimmgtlṙ cḃn anẛm lé a nóét-
wadh i ar an cconp, ni hé a mháin
dá nana ní dá loigeo do natm rán
chneró biaró gan leigior dodce.
marwicn lẛt cneda do pgctoh do
leigior dá nínibh gan ggla ath-
laraó, tóig uait cḃma na roig-
gora do buailedh ort .i. na neit-
ṁ a dubhrama, ⁊ gaċ rṙle ni eile
lé tainngtlṙ tú do chum an pec-
ró, nó biod a ḋeimhin agad go
bfṙl tú anguair, go naċlarfaid
do cneóha ort.

D 2   An

Nau in sum
c.1.n 1 &ci-
tans palud.
4.d.1 q 1.a.
5.s Thom.
& Bona.

12 An cᴔɪᵹᴛᴏʜ comʜᵹᴇ́ᴀ, ᴍᴅ
ᴛᴀ́ ᴅᴏɪʟᵹɪᴏꞅ mᴏ́ꞃ oꞃᴛ ꞅᴀ́ ᵹᴀn ᴅᴏɪʟ-
ᵹɪᴏꞅ mᴏ́ꞃ ᴅᴏ ʙᴇɪᴛ̇ ᴀᵹᴀᴅ ꞅᴀ́ᴅ pᴇ̃ᴄ-
ᴀᴅʜꞃ̃ᴜ̃, ᴏ́ꞃ nɪ́ ᴛ̇ɪᵹ꞊ꞃᴏ ᴀꞅ ᴏ́ ᴀɪᴛ̇ꞃɪᵹɪ
ꞅɪꞃɪnᴅɪᴏɪᵹ, ᵹᴇ́ nᴀᴄʜ ᴀɪᴅɪn ᴛᴜ̃ ᵹ꞊
ᴀʙ ɪ́ ᴀᴛᴀ ᴀnn.

Cɪonᴅᴜꞅ ᴀꞅ cᴏɪꞃ ᴅᴏn̄
ᴘᴇ̃ᴄᴀᴄʜ ᴇ́ ꞅᴇ́ɪn ᴅᴏ ᴍᴏ̃ꞅᵹᴀᴅʜ ⁊ ᴅᴏ
ᵹꞃɪoꞃᴜᵹᴀᴅ ᴅᴏ ᴄᴜm nᴀ ʜᴀɪᴛ̇ꞃɪᵹɪ, ⁊
ᴀn ᴅᴏɪʟᵹɪꞅ ᴀᵹ ᴛꞃɪᴀʟʟ ᴅᴏ
ᴄᴜm nᴀ ꞅᴀoɪꞅɪᴏnᴇ
C. 15.

ꞅᴇ́ ᴀꞅ nᴀ́ᴅ̇ꞃꞃ ᴅᴏ nᴀɪᴛ̇-
ꞃɪᵹᴇ mᴀꞃ ᴀ ᴅᴜʙʜꞃᴀmᴀꞃ
ꞃᴏɪꞃᴛᴇ ꞅᴏ, coᵹᴀᴅ̃ ᴇɪꞅꞅꞃ̃ᵹ̃
ᴀᴄʜ ᴅᴏ ᴅ̇ᴀ́nᴀṁ, ᴅ̇ɪʙᴇᴏ́ꞃꞃᴀꞃ nᴀ pᴇ̃ᴄ-
ᴀɪᴅʜᴇ; ᵹᴏnᴀᴅ̃ᵹ̃ꞅᴇ ꞅɪn nᴀᴄʜ ꞅᴜʟᴀ́ꞃ
ᴅᴏn pʜᴇ̃ᴄᴀᴄ́ ʟᴇ́ꞃ mɪᴀn ᴀɪᴛ̇ꞃɪᵹɪ ᴅᴏ
ᴅ̇ᴀ́nᴀm̃

Éḃiamh, a pḃ̇xn enċ̇o i mɼṁhin a
ꝼl ṡeað, ⁊ tiċ̇ioll do ḋ̇ia ꝟh ꝼd
a ꝯabhainc ꝯu háit buailte do
ċaḃ̇ꝥc ꝟ̇ó. ḃ; an caipcm ꝯá mḃioñ
ꝯlúɼ mait ⁊ ꝟ̇óċhaɼ ṁóɼ buaroh
ꝯo ḃneit, aꝼ ṁóɼ an ꝼonn ḃ̇ioꝼ ꝗ
a naiṁce cꝼaꝯáil an conlaċ aiɼ
cꝼꝯla ḟnoꝯne ḋhiuḃh do ḋhul aꝼ
nauɩð, ꝟo cꝛꝯꝼꝥch cuꝯað ꝗ aiɼꝯ;
óꝛ aꝼ minic cꝯṁiaɼ ꝟo ḋꝛꝯne bua-
ꝛth cꝼaꝯáil ꝼan ch̃o ċaċ, ⁊ buꝼ-
ḟoh ꝗ ꝼan ꝟana caċ̇lé ꝟaoinꝛḃh
nuaɩðe ꝯo ḃĩꝯað ꝗ a naṁɩꝛꝟ; aꝼ ̇é
aꝼ áic buailte ꝟo ċaḃ̇ꝥc ꝯo na ꝼḃ̃
aꝟ̇ꝛḃh an mlꝯḃ̇ain, ⁊ a cá ꝯiúɼ
nomhait ꝯan ꝼliach an buaɩð ꝟo
ḃhꝛeit oꝼꝶa ꝛꝶle ꝯan compḃ̇coh
ꝟo léɩꝯḃ̃ aꝼ ꝟioḃh. Ꝟá ḃhꝛ̇ioꝯh
ꝼin ní ꝼoláiꝛ ꝟ̇ó a ꝯabꝥc ꝟo laċꝗ

N 3   ꝛꝶleꝛ

uile, an mhéio ar éroirleir oo
ζum a mझbra, 7 oá ncहmæ raillığı
uıme ro, buoh éroir na ploñó oo
 roilrıζ̇ beıt marbh rın čáτ go
τтıubraoour bualaó láoır órτ
a braζnurrı rírchent Cé.

2 glac ciuζao an an naóbgro
aımırı áiıoe, ζhın nó faoa oo
réır na raoırroın ar mıan leat to
ṫnamh, na hoırrıce 7 an ċúrnıæ
atá ort, 7 an rráır aımrre ó oo
rınır raoırroın ṫá ṫeırboh. mór
raorroın bēċhaó ar mıan leat oo
ṫnamh, 7 nach orne τú ċhıg go
mınıc oochum na raenamrınterı,
ní rolán órτ bheıt or lá aζ ohn
aṁ ullṁıζ̇the ort réın .ı. aζ nó
a ṫó gach con lá oíobrom to čái
čḟnh lé camanζ oo plíaó oo čum
oo črıḋ

do chrąṁne. Máṣ oṛṇe tá aġá
bęṛẓl oiffic pṛ;blṙóe, óṛ cioñ aṇ
phobuil, ſpṛioṛaoáltá nó tṁpoṛ-
áltá, nó ẓaṇṃ eili atá cunotca-
ḃaṛtach ṁnti ṗéin oo chaoiḃ oé,
ṁą atá bṛeiċeaṁnaṛ, aḃḃacóro
eaſ, cṁoṇẓġeaṣ, ṅoitḃṛnaſ, aẓ
ąṛ a leiṫéṛoi ṛo eili; ní ſolą óṇt
ṅí aṛ ṁó oaimṛṇ oo chaithiṁh ṛé
ċullṁuẓaó, ṁá ċaici o ooine aẓ
ṅáṡ ṛoil a leiṫéṛoi ſiṇ ooiffciḃ,
ṅó oo ċáṛaṁ aca.

3 ṂAS ſoiṛġoin bhliaóna atá
ſiṛo oo óḣṛoṁh, 7 nách oéin tú ı
aſ a ccioñ ẓáċa bliaóna, ẓaḃ oá
lá nó a 3 (ní aṛ lúẓa oe) oo cull
ṁuẓaó, aẓuṛ caiṫ cúpla uą̇ ẓaċ
lá oṛoḃ ẓo huaiṛṅḃ̇ aẓ ſmuaimtó
oṛt ṗéin, 7 aẓ cṛṁṁioẓaó ą oo
ṗḃcaó

peacaóṁ bh. ⁊ máṙ ouine ṫú ġá
bfuil hainʃoṅ aṅ ʈo ċumaʃ no-g
ʈo ṫoil ṗéṁ aguʃ- ʈo búò béṫ líṁ
an ʃṗáʃ ʃin, ġé nách-iaṙ-cuinn ṙí
aʃ mó iná é an luċʈo ʃaṫaṙ ʈo
ġeib a mbeṫaò le hallaʃ anġiuaò
ná an òoiṁb ʃiṁpliòe.

4 Aġuʃ-ʈo bṙíoġ ġab é aʃ ʃé-
aò anʈ, bṙiʃó na haiʈne, ní fuil
ġiuʃ cṙṁniġʈe aṙ na ṗéċaóṁ bh,
iʃ ṗiʃ iná aiṫhiʃa Dé, ⁊ na hḟġliʃ-
ʃe ʈo ċuṙ aʈṗiaġnuʃʃ, ⁊ ceiʃʈ
ʈo ċuṙ oṙʈ ṗéin ġá mló uaiṙ ʈo
bṙuiʃʃ ġach aiʈne óioph, ⁊ ṙóbal
oṁa maṙ ʃin ṗó ʃlċih. cuṙ-ṗbuaiò
an moò g a ʃoinġ biʈaṙ ʃo, ġo ʃa
lléṁ na óiaiġ ʃo ʃíoṙ.

5 Do bḟia congnaiṁ móṙ óuiʈ
ʈoċium na cuṙṁneʃ, ʃmuaiʈò gu
gach

ġach áit ina rabaḋuir, an ġach
coṁluaḋar do bí aġaḋ, an ġach
ní eiffeaċḋach do bhí an hġi,
⁊ a fiafruiġe ḋíot féin cionḋur
tárla ḋrít in ġaċ áit, in ġaċ coṁ
luaḋar, ⁊ in ġach ġnóṁḋhe, an
breuġ tarrleaḋh páaird ṁybáa
a nḃáal ḋíoḃroim, ⁊ ġá ṁáo uġ.

6. Tar éir do ṡġrúḋe do ṡon
ao trimne, an ṁéid doḃ éidir lát
ar aṁáin ġo raibhe cúram nḃṁ-
ḟoċrom ort na ttiméioll; ná bíoṡ
rerupal ná cathúġhaḋ ort fá na
fġaḋrḃ do cuaḋ ⁊ ḋṁiṁaḋ uait
ni fril con an Dhia an ndamnú-
ġaḋ, ar ar mian leir an flánúġ-
aḋ uile, ⁊ túġ nátṅr ḋṁiṁaḋach
ḋrṅ, lé nách éidir iomḋa neiċ-ḋ
ao tarrang dochum coiṁne, ġan
ḋṁiṁaḋ

oʃimao oo ōฮิrañ oo chริʃo éiʒiน
oʃob. Ʒonaอัairiʃn nác cón ōาเ
mìchiúnaʃ aุน biเ oo bhèiเ opเ ʃá
ʒan cริʃิne ʃ na ฺฺeaōาʃ฿ ʒu hio
mlán, aʃ oóเchaʃ láiเiʃ oo beiเ
aʒao ʒo nʒฺba oia uaiเ oเเioll
oo ōฮิrañ, oo ฺ฿ฮิเá ʃá ʒnóาิ฿iฮ
éิʃฺ฿acha ʃæฺalเa.

7 laุน mbeiเ อฮ์oibh eาำน ฺ
mhฮฺฺaiุน, ʃmuaiน ʃ ฺiุนchlฮิเ ฮิเฮ,
7 ʃ aุน noioʒaltaʃ oo ní ʃ ʃon ฺ
ʃ฿ฮฺʃʒh, maุน oo cริุน aุน เeáเ
ʃุฮน aʃ áille oaุน chริuเริʒอ ริamh,
oo bhí láุน oo ฺʒฮิmh, oo อʒlnaอ,

2 Sa 12 et 14
2 pet 2 4.
4 Pol 3

7 oo ʒhริáʃริʒbh .i. lฮฮciริʃ฿ ʒona
choฺฺluaอaุน, a bʃริoʃʃúุน ุนอubh
ุนอouุนcha ริ฿eริุน, ʒaุน oáil ʃuุน
เaʃa aʃ, aʃ beiเ a bʃiaริʒ฿ ʃ฿oเ
อhริʒอe, เริฮʃ aุน ุนอริochʃmuaiฺฺ฿
ริiุนe

do ṙine na aġṅṡh. A ṅíṡ maṙ do
ṡṅíoṡ ṡé Aóaṁ 7 eaḃa, do ċṙuṫ-
ṅioh ṡé ṡéin a ṡoaio uaṡail ṡín-
ḃṫa m naċ ṡuiġóiṙ báṡ go bṙáṫ,
7 na ṫiṡṡṅṡḃh aṙ ṡaṁṫuṡ (ṡáṙ
nṡumhlaṡ do ṡínḃoaṙ aṡ ṙṡi uḃ-
all mḃiṡ anaṡhṅṡh a aiṫne) aṙ
an aiḃnṡ mhóṙ ina ṙáḃhaoaṙ
do ċham boṡṙṁṙe 7 báṙ óóiḃ ṡéṙ
7 oá ṡlioṡ ṙṡle na noiaioh.

§ Smuain ṡ̃ab mó do ṫuill ṫ̃ṁ
ṡém ṡinċṡṡ oé oimiṙ oṙṫ iná an
ṫaingiol, 7 Aóaṁ; óṙ má do ṗḃṡṙ-
ṅṡh an ṫaingiol lé ṡmuainḃó, do
ṗḃṡṙṅó ṫuṡa lé ṡníoṁ, lé bṙéiṫ-
iṙ, 7 lé ṡmuainḃó. Oo ṗḃṡṙṅṡh an
ṫaingiol ṙan oiomaṡ; ṫo báó éṙoṙ
ṡaṙ ṗḃṡ ṅṡh ṫuṡa a noiomaṡ, a
ṡoṙṁṡṙ, a ṙainṫ, a ccṙṙoṙ aṡaṙ a
momaó

Gen. 9.
Rom. 5.

ᵗᵒᵐᵃᵈ eile ᵈᵒ pʰᵉᵃᵘᵈʰᵣᵇʰ. Ⓝ
ⁿᵒᵢᵇʰᵢ ᵃⁿ ᵗᵃᵢⁿᵍᵢᵒˡ ᵃ͠ʳ ᵗᵢ ᵐʰᵒᵢᵐⁱⁿᵗ

D. Thom. 1
par q 68.
Scot 2. d. 6.
q. 2.

ᵇʰᵗᵍ ⁿᵒ ᵍʰʳᵃᵢᵐᵢᵍⁱ ᵃᵍ ᵗᵉⁿᵃᵐ pᵉᵉ
ⁿᵍᵒʰ, ᵃ ᵗᵃ ᵗᵘᵣᵃ ᵖᵉᵒʰ ᵈᵒ ᵖʰᵒᵍ
ᵃⁱ ᵃᵍ ᵍᵒⁿ ᶜʰᵣᵘⁱⁿᵐᵒᵍᵃᵈʰ pᵉᵉᵃᵈ.

9 ᴬᵍᵘⁿ ᵃⁿ ᶜᵉᵒⁿᵃ, ᵐᵃ ᵐᵉˡˡᵃᵈ
ᴬᵒʰᵃᵐʰ 7 ᴱᵘᵃ ᵗʰᵘᵃⁱⁿ ᵃ ᵐʰᵃⁱⁿ ᵣᵘᵣ
ᵃⁿ ⁿᵒᵢᵃᵇʰᵃˡ, ᵗᵒ ᵐᵉˡˡᵃᵈ ᵗᵘᵣᵃ ⁿᵃ
ᵐⁱˡᵗᵉ ᵘᵃᵢⁱ ⁿⁱᵣ. ᴹᵃ ᵈᵒ ᵍˡᵃᶜᵃᵈᵃᵢ
ᵘᵇʰᵃˡˡ ᵃ ⁿᵃᵍᵣᵍᵒʰ ⁿᵃ ʰᵃⁱᵗʰⁿᵉ; ᵃᵣ
ᵗᵒᵐᵇᵃ ⁿⁱ ᵃᵣ ᵐᵒ ⁱⁿᵃ ᵘᵇᵃˡˡ ᵈᵒ ᵍˡᵃᶜ
ᵗᵘᵣᵃ ⁿᵃ ʰᵃᵍᵣᵍᵒʰ; ⁿᵃ ᵣⁱᵃᵇʰᵃˡ ᵍᵒ
ʰᵉᵒᵗᵣᵒᵐ ᵒᵗᵗᵃ ᵣᵒ, ᵃᵣ ᵃⁿ ᵗᵃᵐᵃˡˡ q
ᵍᵃᶜʰ ᵖᵒⁿᵍᵗᵉ ᵈⁱᵒᵇ, 7 ᵈᵒ ᵗᵒⁱˡ ᴰᵉ
ᵇⁱᵃⁱᵈʰ ᵈᵒ ᶜʰᵣᵒᵢᵈᵉ ᵈᵃ ᵍⁱᵘᵃᵣᵃᵗᵈ
ᵐᵘⁿ ᵃᵣ ᶜᵒⁱⁿ ᵈᵒ ᶜʰᵘᵐ ⁿᵃ ʰᵃⁱᵗʰⁿᵢᵍᵢ.

10 Sᵐᵘᵃⁱⁿ ᵈᵒⁿ ᵗᵃᵒⁱᵇʰ eile ᵃⁿ
ᵗᵣᵒᶜᵃⁱᵣᵉ ᵈᵒ ᵣⁱⁿᵉ ᴰⁱᵃ ᵘᵒᵗ ᵣᵉⁱⁿ ᵗᵃ
ᵃⁿ ⁿᵃⁱⁿᵍⁱᵒˡ .i. ᵍᵒ ᵗᵗᵘᵍ ᵣᵉ ⁿᵃ ʰᵃⁱ
ᵗʰⁿⁱᵍⁱ

ḟuiġi oḃair naċ tug beġron; fua-
an ḟor go roiḃhi aḋaṁ ḟeaċh a
14p. 10
faoghail ġé gan ṁhain naoi cceo gen. 3
7 triocha bliaḋan ag ḟor ḃṁaṁ
aiṫuiġhi, 7 ġaḃ é ḟin fuair fiċh
ṅ δé δό, 7 go ḃroiġi tura maiċ-
ḃṁur ré haonorna a ṁáin, ao ḟéc-
ṅδiḃh rᵹle. Mofġlaoh ro ċhú ar
an rraoántaᵹ a ḃrᵹle.

11 ḟeaċh a liaᵹ aoḃhᵹ agaδ
fᵹ ċuirᵹ δo ḃleiċ δᵹt, 7 taḃair
δo ċum δo ċᵹṁne na neiċé a δuḃ-
rama roiṁe ro .1. na hᵹᵹle ṁóra
éxamhla δo ní ċhᵹᵹt bleiċh ran
ḃḟéċaċh, an tarᵹcᵹᵹfᵹ δo ḃeiṅ tᵹ
δo δiᵹ, an ṁᵹṁᵹ tagᵹᵹ ᵹ δiaδ-
fᵹᵹ iliora crioro an tᵹiġṁa δo
δoiᵹtḃóh ar δo ᵹoᵹ; an tróeᵹᵹ
atᵹ δia δᵹulᵹiᵹṁh oᵹt a noir,

O   agar

agaſ é gaᴅ gꞃᴅe ꝼá na glacaᴅh
uaᴅh; an luátgháꞁ chꞃꞁoꞃ tú
aꞃ chꞃꝼꞃ mꝼꝼꞃꞁꞃ: tꞃᴃ coṁꞁꞃᴅe
ꞃan olc, an ꞃoláꞃ ᴅo chꞃꞁꝼꞃtea
g an cceꞃꞃꞃt nꞃṁᴅha tꞃꞁꞃ an naꞁ-
ꞃꞁghꞁ; gꞁoꞃꞁa na ꞃée a tá agaᴅ,
g̃ab ᴅeaꞃb go bꝼꞃꞁge báꞃ, neꞁṁ-
chꞁꞁꞁteaꞃ na huaꞁꞃe tꞁocꝼuꞃ, aꞃ
g̃ab gnát a teaꞃ maꞃ g̃aoꞃꞁhe
ꞃan oꞃꞁche, an tan nác ꞃꞁuaꞁꞁtꞁ
aꞁꞃ; uaꞁbháꞃan ᴅ̃ꞃuaꞁᴅbꞃeꞁtꞃꞁ-
nuꞁꞃ, nác éꞁᴅꞁꞃ lἔt ᴅo ꝼἔꞁꞃa; coꞁb-
meaꞃ na glóꞁꞃe ᴅo chaꞁll tú, ag-
aꞃ ꞃonᴅꞃꞁᴅhἔꞃ na bꞁꞁan ᴅo g̃g̃ᴅ-
aꞃ tú tꞃéᴅ phἔ̃caᴅhꞃꞁb.

12 Tóꞁg aꞃ ꞃo ꞃꞃꞁle gꞃꞃꞃaᴅ-
aꞃcacha an chꞃꞁeᴅꞁmh, 7 cꞃeꞁᴅ
nách ꝼhuꞁl ᴅul aꞃ an ᴅamhan ag-
aᴅ ó tolc ꞃonᴅuꞁᴅe ꝼéꞁꞃ, ꞁná cam
aꞃ aꞃ

Luc.iꞁ

fad thessa.5

ar an ríc ñoé ofagáil, aʃ trép
an naicnīʒi; creid fór go bfuil
an do chumar maille ré congnaṁ
na ngrás to bheir Dia dhuit, &
bfuil do ʃpéadohrb ort, do rʃ-
ór díot, 7 ngnt na ndeamhan uile
do cor ar gcúl uait lé haonfáʒ-
adh nuaʃal do cabairt ⁊ do cro-
idhe na naʒndh. An an naóbgro
ʒríoʃrʒ 7 bnorondh tú féin na
naʒuidh, 7 ó tárla to naimhde
uile an conlacáin .i. ⁊ machaire
do ṁgbhra, 7 guʃ maic agad a
dcon da lectoibh uile, iomroigh
go críocnach iad, 7 ná léig com-
ʃóadh ar díobh gan mharbad:
glac gnáim 7 fuac tóibh, 7 cioc-
farch ar ʃin cuirʃi do beic orc fá
a ndáṁamh, 7 cairreongaidh ʃin

a roon

a ріон τú το chum gráoha oé
οά ріріб a ceár nách beao aguo
roimhe rin; 7 mar ro το bhia τú
báaroh orra uile. Ian nognamh a
nullmh uigéir ouic mar ro, bích
maič an cuwir το géhur τú το ćum
na roirroine, óri gé go mbeaoh
aičrighi 7 ooilghior lároin aguo
οά ngoirrcior orolcuirri g g lab-
ranar ran chlo čaibroil, ni biori-
oin an phoorrom το οћůramh το
bríg ğb i ar oamgmugach 7 ar
réala ar an bprçoin rag τú, agar
muna roibhe agao acho aičrighi
ngůlároin, (ar ğab aičrigi firi-
moéi í) το beir an roirrom rém
an prçoun aaici .i. maičbů na bprçc-
ao 7 ar i rém ar réla g. Anoir τ̃r
ramoiro crohur ar cóir an roirr-
oin rém το óůram.   QN,

AN DARA CUID

thachdas ar an phaoi-
riom, cionnur ar cóir a dían-
aṁ. Cád ar fairi-
dim an. C.

1.

Aṅ mbeit tá Slánuigh-
teóir Díora Críord ag
triall ar an traoghalra,
nín bháil leir a phobal tar éir a
fril to dontadh ar a ron tfag-
báil gan gilf an a leigheortoi
iad go rpiopaталta, a ccár go
tentrffóoir a bféadh ṁarbta,
7 nín foláin fin, ór a táid na fér-
groh coṁlionṁg 7 fin, 7 an diab-
al, an colañ 7 an raogal coṁhit-
ṁg 7 fin a naggrò an rpiopaid,
muna bfágthai lugbh leighir ag

O 3   cách

cách ꝼab bḟg ꝺo ꞃaċaꝺh aꞃ ꝺꞃoḃ
ó lionꞇꞃꝏh iꝼꝼꞃinn; aꞃ níoꞃ ꞅmu-
ain Cꞃíoꞅꞇ a chlann ꝣꞃáꝺaċ; la-
ach a ꝺhiaꝺꝼola ꝺꝼaꝻbháil ꞃaꞅ
mboꞃꞃꞃꞃne ꞃin: ꝺo comċhuꞃ ꝺó ꝺa
bhꞃíꝣh ꞃin muꞃ a ꞇá léꝣha aꝣ na
coꞃꝑaibh, léꝣha eile ꝺꝼꞃꝺáꝣaꞇh
ꝺo ꞅláꞃoꝣhaꝺh na nanmann, ⁊ a
ṁúnaꝺ ꝺóib cionꝺuꞃ ꝺo ꝺáꞃꝏꞃ
a leiꝣioꞃ.

2 Aꞃ ꝼolluꞃ ꝣab iaꝺ na léꝣá-
ꞃa na habꞅꞇoil, ⁊ na ꞃaꝣꝯꞇ ⱬꝃ ꝼ
a lonꝣ né a nꝺubhꝼꞇ Cꞃíoꞅꝺ aꝣ
ꞇꞃiall ꝺo ꝺhḟnaṁh na ꝺꝣꞅꝣabhala
ꝺó, ꝣlaeꞃꝺh ꞇuꝣaib an ꞃpꞃíꞃꞇꝏ
nꝏmh, ꝣibé ꝺá maiꞇꝼiꝣ ꞃ́ó aꝼꞅe-
ꞃꝣꝺh béiꝺ maiꞇe, ⁊ ꝣibé ꝺá nách
maiꞇꝼiꝣ iaꝺ ní bíaꝺ maiꞇe aca.

aꞃ na huꝺꞇꞃaibꝣ ⁊ aꞃ iomꝺꝺ eile

ɓon ḟġuopcḟṅ, ɓo cṅġ ⁊ ncoṁ-
ṁácʄ a nġlaʄ ġo bḟṅʒl ṅiaṁ ɓo
ṅiaʄanaʄ aṅ a nṁle chṅioʄoṅġe
ó ɓliġḃóh Ɗé ʄcoiʄoiṅ ioṁlán a
phḃcað ṁaʄbẻa ɓo ğṁaṁh; óʄ aʄ
ionann cuṁaʄ ġcoilce ⁊ cṁġṅ̇ʒl
pḃcaðh ɓo cabaiṅc ɓo na ʄaʒa-
cṅ̇ʒ ciġ ⁊ loʒ na napʄcol ⁊ acá
ʄá biocáiṅe čṅioʄc, ⁊ bṅeicṁnhṅ̇ṅ
ɓo ğṁaṁ ğ̇iob, óʄ cioṅ na bpḃc-
aðh co chuṁ a ġcoilci nó a nṁ̇-
ġcoilce ó na hpḃcaðṅ̇ʒ, ⁊ ɓo čuṁ
ʄéine ɓiʄɓlṁ̇ġhe ɓo choṅ oṅ̇a
ṁaṅ loiṅġnioṁh ⁊ a ʄon.

3 Aʄ ʄolluʄ (ṁai a ɓeiṅð aiċ-
ṅe čoṁáiṅle čṅioṅca) náč éioiṅ
ɓona ʄaʒancṅ̇ʒ bṅeich ġcoilce
nó cṁġailce ɓo čabʄac ⁊ na pḃc-
achṅ̇bh, ʒau ʄioʄ na cṅṁ̇ ɓʄáʒ-
                              áil

ᵍ⁰.¹⁴⁶⁷

áil aп τúɼ, aɼ ɼollaɼ ɼóɼ nách·
éɼoiп ðóibh· ρiaп ná loiпᵹпiomh
coτhɼom τᵹ choп oпɼa·ᵹaп ɼioɼ
cáilioheaɼɼa a bɼᵹᵹᵹoh τɼaᵹáil;

c. Dens 2. q. 1
c. 1. femper
ibid. clem.
pastoralis. Pa
ragrapho ce-
terum de se.
& re iud c.
qualiter. 2. de
accus.

aɼ пeimhchiall ꝺo bhiaꝺ ɋ bɼeiτ–
ɼṁ ᵹé ᵹo mbiaꝺ uᵹꝺaṁꝺáɼ maiτh
áiᵹi bɼeiτ ꝺo ᴄabaiпτ a ccɼíɼ aп
bioᴄ ᵹaп aп ꝺá ɼaпп ꝺeiɼτᵹɼ .i.
ɼᴅi пa háᵹɼa 7 áп ᴄé aɼ a пᴄᵹᵹᴄᵹ
í; 7 пí biaꝺ bail a пoliᵹᵹꝺ ɋ bioᴄ
aɼ aп mбɼeiᴄᵹп. bɼeiᴄṁ aп ɼaᵹ–
aɼτ aɼ пa ρᵹᵹaꝺɼbh ꝺo ɼᵹaιlᵹꝺ;
7 aɼ é aп ρᵹᵹach ꝺo пí a пᵹᵹɼa, 7
aɼ aiɼ ꝺo пiᴄhɼi í; ᵹᵹab uime ɼiп
náꝺ ɼoláiɼ a éɼɼoᵹɼ пa aᵹᵹᵹꝺ ɼéiп
ɼá phéiп ᵹaп buil ná eiɼɼᵹᴄho τo
beiᴄ ɼaп bɼeiᴄ. τá bɼíᵹh ɼo a τá
ꝺɼiaᴄhɼᵹꝺ aɼ ᵹách cɼioɼoɼᵹe a
ρᵹᵹɼᵹoh maɼbᴄha uile ꝺo choɼ a
bɼᵹoiɼoiп

bfoigsin don tragdt gá bfuil
úgoaitóái do chun a sgoilte. af
ní cuirrfm rotáir oruinn tá éfi-
bhaó ro, ór ar do na catoilieibh
chreidior é chéna, sgríobhmaoir
an béánra, do itgasg na mumtir
nách fuil eólac diobh; ar urara
dá réir ro a foillsiogadh ertó é
an ní an foigsin.

4 As é ar foirrtoin án, gríán
srírrtóh do ní an pécac air féin
fá na pécaórió leir an ragdt gá
bfnl úgoairóái ro óun a sgoil-
te utá maille dóig abrolóir ag
ar maitéinur trasáil iónta. Ní
uigtm gác focul diobro fó leir;
a deiritír gab grián an foigsin
do bhríog gab uait féin ar cóir
ói torúgaó, 7 nác cóir óirt beit
leitsgealach

teiréġeulach óṙ̇ṫ féin, aċd cun
oṗṫ mṙ do ġíṫċioll, maille ré ṗṙ
mde. A deiṗṫi ġab ġḷán ṫṙṙ
ṗéċh í, óṙ do ní an ṗṙócadóiṙ, 7
an ṫaḃuocáṙd ġeaṙán a nainm na
muínṫiṙu chuiṗḟ a ccéṙṗ ṙ a láiṁ
7 ní ṗṙoiṗdin do níd, ġé ġo madh
ṙé ṙaġaṙt do ḃṁṙoṙoiṙ an ġḷán,
do ḃṙíoġ ġab mó a luaṫṫáṙ ind
a ṫṫaiṙṙ aġ ṫḟṙaṁ an ġḷáṁḟa, 7
ġo madh maiṫ lḃo móṙán ġḷáin dḁ
leiṫéṙoġn do ḃheiṫ aca.

Do níd daine eile ṗṙoiṗdin,
aṁuil do ḃéṙdiṙ aġ inniṙn ġéal,
ġan coṁṙṫa doḃṙóin ná ṫṙṙ do
ċhaiṙḃṁad, 7 ní móṙ an dóiġ aṙ
cóiṙ do ġlacaḋ aṙ a leiṫéṙoṙn
dṗṙoiṗdin. A deiṗṫi (do ní oṙ-
ne aiṙ féin) do ḃṙíoġ nách cóiṙ
ḋuiṫ

ḋurt labuirt go holc an ḋṙne aṙ
biṫ eile ṙan ṗaoiṙom, aċḋ aṁáin
cġṙ an holc ṙein. A ḋeirṫi (ṙá
na ṗꞓ꞊ḃ) ḋá ċur a ccéill nách
cóir ní maiṫ ḋá nḋꞓwair ḋo chur
ṙan ṗaoiṙom, an ḋṙong ḋo ní ṙo
aṙ coṙmhuil ṙiṙ an ḃṗaṙṙṙinḃċh Matt. 18 :
1ḋo, 7 biaiḋ a luaiġiḋġṙ maṙ an
gꞓona coṁċoṙmhꞓ; 7 aṙiṙ ḋá
ṗoillṙoġaḋ náċ cóir ꞅgeulṙꞇṗeaṙ
náċ bḃwann ṙé haḋḃaṙ ḋo ḋḃwaṁ,
aṙ na peacṙꞇḃ aṁáin ḋo ṙáḋ go
ḋur, 7 gáċ ꞅgeul náċ ṙoil na ṗꞓ꞊
aḋḋo ṗaġḃáil aṁṙġꞇ; Tꞓla ḋaṁ
go minic ꞇṙꞓ ꞇanḃṙioṙ an ṗḃwṙġ
beiṫ uꝗ no leaṫuꝗ ní aṙ lúġa ḋe,
ag éiṙḋġṙ ꞇṙꞇni gan conṗꞓaḋ ḋo
chuiṙꞇ꞊n uaḋá aṙ ꞅgꞓuluiġḃꞇḋo .1.
go ꞇoḃꞇa ṙé go bꝺile a leiꞇéṙḋꞇꝺ
ḋo

to duine, 7 go poibe páilti poi-
ṁi an ṡin, 7 go nṫḣnaoḋ 4 pṁpḣi
go pubách luaṫġáipḃh a ḃpoḃ-
aip a ċéile, 7 ġaḃ iao a leiṫéiti
po oo ḋaoiṁḃ to bí ann ṡin, 7 go
poḃ̇na maiṫ ṁóp poiṁhe cṗiop
an tiġe, 7 go poibe cumaoin ṁóp
aiġe aip, 7 go táinig oṅe ġiḋi
eile a fṫḃ, 7 go noubġṫ a leiṫ-
éiopo oḟocal aṗ a éiṫn ṫpoiċiall
oo buain, 7 mopán eiṡ oon ṁonaḃ
pa, gan buain aca oon ḟaoṗtoin,
aṗ a ṁḃán an ḟocal oeiġionach
.1. ġ ḃhuail pē buille nó pázaoh
aṗ ḟḃi an tiġi, 7 oo ḟoiġéonaoh
an taon ḟocalpa oo páoh ó ṫop-
ach.

5   Oo ní oá oíobhául, nó a tṗi
beiṫ pup an ṡġ̇́luioḣṫ pom, óp
              tiġ

Eṫg arca féaṅṫe ṫaoine eile
oṁniṅn, náċ cóin ṫo oħánaṁh: ⁊
cṅaṫṅ coiṅmioſ̄ aṅ ṁgḃhaiṅ an
fáaṅ̄ fán fainṫin ṫo ċ̄ṅa ̄ ġo
hiaṁián, ṫo ḃhṅiġ an paṫ ḃhíoſ
ṫaṅne aġ maṅn ſ̄ei fán ċ̄o fáa—
aṅ, ġo ṫceiṫ oṅiṫ ṫo na fáaṅ̄—
ṅ.ḃh eile aṅ ṫ̄aṁ.ṫ uáṫha, ⁊ fóſ
cṅaṫṅ coiṅmioſ̄ aṅ an nṫoiiġi—
oſ ḃhíoſ aṅ an pi ḃaṅ aġ ṫ̄áaṁh
na ṫaoiṅṫine aġ cuṅ phaṅṫ ſ̄ei fá
náċh cóin ṫṅaṅ ṫo ġhiacaṫh, a
mġ̄ na ḃf̄aṫh aṅ áṫbiaa ṫṅṅ,
⁊ fá ṫeóiġ cṅaṫ-ḣi coiṅmicſ̄ a
a naṫ̄ ṫaoiṅṫin culpa ṫ.oine eile
ṫé ſ ṫeſ an paṫ ḃhíoſ ſé aġ eiṅ—
eṅ na ſ̄ei ṅoin ġan ṫ̄ḃiá. an a
ſáṫḃ.ġṅo aṅ ioṁ̄uḃaiṫ ṫo naiċh—
ṅiġáh, na faṅṫ̄ġeóiiſ ṫo ġ̄ḣi—
ṅaṫh

p

ṙaḋ, ⁊ an p̃ċaḋ a ṁáin do ráḋ go
hai⁊ġeⁿ ṡoillṡen ⁊eġla go ⁊⁊ico
ṙaḋ ḋe ḋioġḃáil ⁊o ṫṁaṁ ḋóṡéin
ḋá oiḋe ṡaoiṡḋni, ⁊ ḋá ċoṁaiṙoiⁿ.

6 Ⅎ deiṙṫḣi (ṡiṡ an ṙaġaⁿt)
ṁṙ ní ḃṁⁱⁿtaṙ ṡacṙaṁⁱⁿⁿt daⁿṁáil
p̃ċaṫ, aⁱ a nuaiⁿ do beiṙṫiḣi
aḃṙolóⁱⱱ don pḣ̃ċaċh maille ṡiṙ
ⁿa coṁaⁱṙⁿḃ ⁊ug ⁱdia ⁊on ⁊ṙaⁱ-
aⁿt. Ⅾá ḃḣṙⁱⁱġ ṡo, ⁱġé ⁱġaḃ maⁱⁱ
ṙé a ⁱḃṁáⁱ go miⁿic ⁊o ṡǫⁱⁱⱱ
ⁱdaomḣáil ⁊o ⁱṁⁱⁿe ⁱⁱdⁱaḋha ṡoⁱⁱ-
lⁱaⁿⁱⁱa náċh biⁱaḋh na ṙaġaⁿt, ⁊o
chum ⁊ṡⁱⁱⁱⁱe ⁊ṙaⁱġáⁱl uaⁱⁱha ⁱⁱ
ⁱⁱan náċh ḃⁱⁱṙⁱⁱⁱⁱheⁱⁱ oiⱱe ṡⁱⁱⱱ-
ⁱⁱⁱⁱⁱⁱne; ⁊aⁱ a ċⁱⁱⁱⁱⁱ ṡⁱⁱ ní ⁱⁱⁱⁱⁱaⁱⁱ
ṡacⁱⁱáⁱⁱⁱⁱⁱⁱ na haⁱⁱⁱⁱⁱⁱⁱe leⁱⁱ ⁱⁱ
ⁱⁱⁱⁱáⁱⁱ ṡⁱⁱ.

⁊ Ⅎ deiⁱⁱhⁱⁱ (aⁱá ḃⁱⁱⁱⁱ uⁱⁱ-
ⁱaⁱⁱⁱáⁱ)

ᴅᴀṁḃáρ) én ní léᴢ ᴛρꞑe ᴅo beiᴢ
na ſaᴈᴀnᴛ ᴅo chuꞏ ſᴀꞑᴀꞏꞑᴢcı
na haıᴢꞑᴈı ᴅo ᴛᴀḃḣᴀρᴛ ꞑᴀıᴅ, aſ
ní ᴄolᴀꞑ ᴅḣó óſ cıonn a ſᴀᴈᴀρ-
ᴛᴀſᴅ, uᴈᴅᴀꞏᴅḣᴀſ eılı, ó ᴇᴀſ-
boᴈ, nó ó ᴅꞑꞑe ᴈá mbıᴀᴢh ſı lé
a ᴛᴀḃḣᴅᴄ ᴅó, ᴅo beıᴢ aıᴈı, 7 má
ḃeıꞑ abſolóıᴅ ꞑᴀᴄhᴀ ᴈᴀn ſo, ní   Trid ſſ 14 eᴢ
ſıú ꞑí an bıoᴢ í, ᴅo bhſıᴈh nách
ſoıꞑſᴅ nabſolóıᴅ aſ bıᴈᴢ ſᴈᴀoıl-
ᴛe ó ſéᴄᴀᴅꞑꞏbh, 7 náᴅ ſᴩᴈhꞑᴀꞏꞏ
ḃſeᴅᴢ nách beıꞑᴢlꞑ lé bſeıᴢhḋꞏꞏ
ꞑᴢlıſᴛıonnᴀᴄh.

8 A ᴅeıꞑᴢꞑ (mᴀılle ꞑé ᴅóıᴈḣ
abſolóıᴅ ᴛſáᴈháıl) óꞑ ᴅo ꞑınne
ꞏᴠᴅáꞑ aᴅmháıl a ſéᴄᴀᴅh, 7 ᴅo   Matt. 2
ᴢıne í ᴅo ſᴀᴈſᴄꞑꞏᴅ, ᴈıᴅᴄ níᴢ ſoᴈ   Gen. 4
ꞑꞑ ᴅó, ᴅoḃꞑıᴈ ᴈo ꞑᴄḣꞑᴀ í mᴀılle
ꞑé ꞑᴏꞏḃᴅᴄᴄꞏꞑ ſáꞑᴅún ᴅſᴀᴈáıl;

ᴅo

do dhorṁh Cain a pheacaḋ do Ḋia,
⁊ ní ḟuig maiṫḃiúnas tré na ḃóċċus.

Don sgiudadh coinnri-
ara as cóir do ḋéanaṁ
rés an bpeacaḋ.

C. 2.

í ḟuil san ḟoirṁ so
pungóir uasal spioradálta, lé bfolṁuigh-
ṫir lúṁta truaillithe a nanma, ⁊
lé nairigṫir a ṡláinte ṫhó; as
gnáṫ sioróire do ghlacaḋ do
ḋiiḃgḣaḋ na lúṁcaḋ ré nglacaḋ
na pungóire, ⁊ muna ṫhimceaṁ so
ní hé a mháin náċ téin an phun-
góir tarḃha, acoh as gnáth go
ṁóḃi tioghbháil; mun an ccéona
ḟuil do glacfas an toṫar spiora-
dálta

dodálta an taichiuggch an phun-
góid ſpioradálta, ní folám dó,
ſionoiſe ſpioradálca do glacaó
an túſ, do díilġhaó na ntroich
límtaó a tá ann do cum a bfol-
mhuigte, 7 muna ġlaccan iad ſo,
aſ tioġbháil, agaſ ní taſbha do
ġenaſ an ſroiſtin.

2 A táid trí ſionoiſe do ní
ullmhugaó mait do chum na pea-
góiteſ; an céd ſhionoir díobh,
ġnáodaoh ghí an choimneara ag
ſmuaintoh go tithiollach aſ an
mbéthaó do chuaidh topt, 7 ag
tarmving do peacath do chum do
chuimne; do bheir an fáid Eze-
chiel an chomhairleſ dhinn, bioth
cuimhne agr.b (an ſé) ar na droit
ſhuigtib mų ġababų 7 aſ na hole-
P 3   r.b, 7 aſ na hurle

Deut. 9.

hᴜιle phᵹeᴄaᴅᵹbh ᴅo ɾɪnᵹbaιɾ, ⁊
a ᴅeιɾ an ꟛᴄɾιopᴛᴜɾ a náιᴛ eιle,
ná ᴅⱄɾᴜᴅ maɾ ᴅo ᴄhᴜɾ ᴛᴜ fⱄ5
aɾ an ᴛⱃⱄhⁿᴀ ᴅo Ohιa féιn.

3 2l nuaιɾ ᴅo bháᴅaɾ ᴄlⁿ Iⱄ-
ɾael aɾ ᴛí ᴄaᴛaɾ leⱄιcó ᴅo ᵹab-
áιl, ᴅo ᵹɾιonᵹ Oιa ᴅóιbh ᴛⱄchᴅ
ɾⱄ nuaιne ᵹo ɾeᴄɴéιᴛᵹ a ᴛⱄιm-
ᴄhιoll na ᴄaιᴛhⁿᵹᴄh, ⁊ aⁿ ɾⁿ a
ᴄᴄaɾɾmιonᴛa ᴄaᴛha ᴅo ɾheⱄⁿⁿ ᵹo
láɾoιɾ, ⁊ ᵹ na nᴛⱍᴜⁿⁿ ɾo ᴅo ᴛⱄᵹᴛ-
ɓoɾɾ mᴜιɾ na ᴄaᴛⱃaⱍ ⱃle ᵹo ᴛal-
amⱄ; ní fⱄⱄ ɾⱷⁿ anam a ᴛá ιⱄ na
pᵹeᴄaᴅᵹbh aɾ ᴄaᴛhaιⱷ leⱄιcó .ι.
ᴄaᴛaιⱷ Iⱄ eaⁿaᴅ Noé, ⁊ aɾ ιáᴅ na
ᴅιabhⱄⱄ aɾ bⱍⱷᴅaᴅa ᴅι; maᴅ áιl
Iⱄᴛ an chaᴛⱃaᴠ ᴅo ᵹabⱍáιl ᵹaⱇ
na ᴛιⱷᴄhιoll ɾⱄ nuaιne aᵹ ⱷoⁿ-
ⱄⱄⱄⱷaⁿᴛⱠ ᴄιoⁿᴅᴜⱄ a ᴛá ɾí na ɾⱷᴅ

ина pheadohṁb, rrl bhbifar tú do
caifmionc caḃa .1. an ḟcoiġoin, 7
má ní tú ro bí deiṁnḃ go ттxtfe
mḃn na cáṫnach go lán, agar go
ттeiṫfe a bánoa, gan buille
copanca oo ṫábhḟc a caḃṅb.

4 An ṫni moóṅbh oo níṫṛ na
pfeṅbh .1. lé fmuainciḃ, lé ḃat-
ṅṛbh 7 lé gniomhṅḃ; ní folán a
leiġior leir na ṫni moóṅḃ cḃoná,
achc a mbeiṫ concnapoha .1. ag
fmuainsoh go ġḟ cioṅur oo pfe-
ṅġir a fmuainsoh, a mḃṅéiṫṛ 7
a ngioṁh, 7 gá naṫ mḃáil ro ṅle 7
ag oḃṅamh lóṅgṅiomḃa ionca.

5 Ni lón óṅc a choṁṅioġaoh
go noṅṅ na tú pfeaoh a naġṅṛoh
Oé nó na comhaṅṛan, af ní fol-
áṅ a ḟior oo beiṫ aġao, cṅḃ ao
ṅṅḃ

ᵹné p̄ᴄᴜɪᴅʜ é, ⁊ ᵹá m̄ᴄ̇ᴅ ᴜᴀɪᴘ ᴅᴏ
ᴘímɪᴦ é; ⁊ na haɪᴄɪᴅᴇ ᴃ̇ʜᴀᴦ ᴘɪᴦ m̄ᴄ̇ᴅ
ᴜɪᵹ̇ᴦ mᴀɪlɪᴦ ᴀn p̄ᴄ̇ɴᵹᴅ, mᴀᴘ ᴀ ᴜᵹ̇ɪ
na ᴃɪᴀɪᴅ ᴦᴏ.

6 ɴᴀ ᴦᴄɪᴏᴃ̇ᵹ̇ᴅ ᴃíᴏᴦ ᴀᵹ na ᴘᴜᴏñ‍
ᴦᴀᴅ̇ɴᵹᴃ móᴄᴀ ᴀn nᴜᵹᴜ ᴃᴇɪᴘɪᴏᴦ ᴀɪm‍
ᴦɪᴦ ᴀn ᴄᴜnᴅᴄᴀɪᴦ ᴏᴦᴀ; mɪᴏnᵹ̇ᴦᴜ̇ᴅᴀɪᴅ
ᴀ lᵹᴃ̇ᴜ ᴀᵹ p̄ᴄ̇ɴᴘn ᵹᴀ m̄ᴄ̇ᴅ ᴦᴜᴀᴘᴀᴅᴜ
⁊ ᵹᴀ m̄ᴄ̇ᴅ ᴅᴏ ᴄ̇ᴀɪᴄ̇ᴄ̇ᴏᴜ, ⁊ ní lóᴄ ᴜᴀᴄᴀ
ᴀ ᴘᴀᴅ̇ ᵹ̇ ᴄ̇ᴀɪᴄ̇ᴄ̇ᴏᴀᴘ ᴀ nᵹᴘᴄ̇ᴏᴘᴀ, nó
ᴀ nᵹᴘᴄ̇ᴏᴘᴀ ᴇɪlᴇ, ᴀᵹ̇ ní ᴘᴏlᴀɪᴘ ᴀ ᴄ̇ᴏᴘ
ᴦɪᴏᴦ ᴄɪᴏnᴅᴜᴦ ᴅᴏ ᴄᴀɪᴢɪᴅ ᴦɪn, ⁊ ᴄᴀ̇ᴃ̇
é ᴀn ᴄᴇᴀl ᴀ nᴄᴃ̇ᴄ̇ᴀɪᴄ̇. Ⱥm ᴄᴜnᴅᴄᴀɪᴦ
ᴅᴏ ᴄʜᴀᴃʜᴀɪᴘᴄ ᴅᴏ ᴏ̇ʜɪᴀ mᴀ nᴄ̇ʜɪ‍
ɴᴀᴅ̇ ᴅᴏlᴇɴᵹᴃ na ᴀᵹ̇ɴᵹᴅ ᴀm na ᴘᴏɪ‍
ᴘᴏɪnᴇ, ⁊ ᴀᴦ ᴦᴄɪᴏᴃ̇ᴀɴᴅ ᴏ̇ʜó ᴀn ɴᵹlᴇ
ᴄʜɴɪᴏᴦᴏɴᴅ̇ᴇ: ᴅᴀ ᴃᴘíᴏᵹ̇ ᴦᴏ, ní lóᴄ
ᴃᵹ ᴀ ᴘᴀᴅʜ, ᴅᴏ ᴘɪne mᴇ̄ ᴅᴘᴜ̄ɪᴦ, nᴏ̄
ᴅᴏ ᴘínᴦ̇ ᵹᴏɪᴅ, ᴀᵹ̇ ᴀᴃᴄᴀᴅʜ ᵹᴀ m̄ᴄ̇ᴅ
                                    ᴜᴀɪᴘ

uain do ̇pine an ghoid, ⁊ cneo é
móna goide, cneo í gné na veṙṡa
vo ̇pine, ⁊ gá míò uain vo ̇pine í;
⁊ man ꞅn an na pliáćꞅꞃbh eile ꞅó
leiṫ. Ní ꞅóláin aimꞅon áinive va
 glacaoh chꞃꞅi ꞅo, vo ꞅéiꞃ man a
vubhꞃaman ꞅan ćaib. Beiꞃgionꞅó
von c. éꞃꞅo von lgbanꞅa, gé nach
éivin piagꞃꞅl chinnci óćꞃnom vo
ćan ꞅoꞅ gá míò an ꞅꞃnávath aꞅ
cóin vo bánamh aꞅ ꞅo: aꞅ a máꞅ
nach ꞅoláin an viććioll, vo bn-
cá ꞅá gnoꞃohibh móna ꞅoꞅálca
go cullmhugavh ćuca vo bánamh
ꞅéꞃ an bꞅaoiꞅvin man a veiꞃ Sco-
cuꞅ.

   ⁊ Aꞅ cꞃꞅte aꞅ ꞅo gunab ole
co nív an ꞅꞃaoiꞅvin an mhꞃꞅvciꞃ
ꞅáć abꞃann ꞅocal leiꞅ an ꞅaganc

   aꞅ

aŗ muna fiaŗnuiði ŗé ʒach com-
phŕcŕoin ŗó leiŕ ðiobh. Aŗ móŗ
an cŗuaiʒe ʒo bŗŗʒhcheá beaŗ
ŕŕʒ mhionáinŕŕh, 7 má ʒhluair-
chŗ comhŗáð aŗ neiŕib nʒŕñʒland,
aŗ ðiomhcoinior, nó aŗ fŗŗʒhŗ
ʒ̇áb liomhcha a cŕŕʒa má cŕŕʒá
ŗilŕoh, ʒŗoŕŕoh a nuaiŗ ciʒ ðo
chum na ŗcoiŗŗoine ní bhioñ ŗoc-
al aice; aŗ ŗiaŗnuiʒh ŗéin ðiom
ʒach ní aŗ á l lŕŕ; ðo ʒ̇ŕʒbŕa cŕ
ceaŗmbhaŕ 7 má labaŗchŗ aŗ ŕŗŗ
ŗmŕŗŕá, ní cliŗci luciŗŗŗ iná é aʒ
labainc, ʒŗŕŕoh ðo niŕŗŗ bŗabáŗ
ðe a nuaiŗ ciʒ ðo chum na ŗcoiŗ-
ŗoine: ðo ʒéábŗ cŕ ceiŕioŗŗach
bhior man ʒhŕʒibhañ ʒlóŗach aʒ
bŗoŗðuʒað a companaŕ ðo cum
ŗa noic, 7 a nuaiŗ ciʒ ðo cum na
ŗcoiŗ

feirsitine bid glais ar a béal, ní
heól dó labairt.

8 Do níd na daoinibh balbháin
mur do gheibhmíd san soisgeul, 7
ní foil amhgar agan gabh iad do
ní cleirigheacht an mhórán do nais-
on gá mbionn tengta comhgarda re
theangthaibh gelbann a ccrios peacath
do dhéanamh, 7 bhíos na mbalbhá-
naibh a nam na bpeacath do chor
dhíobh.

9 Ni heólach dhamh a teir an tóg
lách mo pheacadh do chur a bfeoisi-
in, 7 as eólach dhamh a ndénamh;
berg an tiongnadh, fada tú ag fo
ghlaim a ndénta, 7 ní ghlacann tú
aimsior ullmhuighthi tochum a gcora
dhíot, as triall go prap dionsu-
ighidh an tsagairt ag rádh, fa-

feirigh

Fnrīg fém díon mo pheacuḃa ér
agad atá a ḃfios. Nāċ fhir atā
ḃfios agad fém ór tā toimeiad?
nāċ tū fém do ċoifesion hanꞇoil
riú? nāċ iad iad clan do ḃroc ċroiḋi
nó oiḃriġꞇe do lāṁ fém a teini?
nāċ iomḋa smuainꞇe to ṁineir?
nāċ iomḋa friġiḋ fuaruir? nach
iomḃa aimꞅir do ċaiꞇir? nāċ iom
ḃa caolaḋ to ċailliꞅ ag iꞅnnꞹḋ
a nꞇānta an ċomairiu an ꞇiaḃuil?
cionnur nāċ gordion tū ꞅꞅl ḃꞇꞅ
ton aimꞅr ċaiꞇiꞅ tū go tioṁċoin
ḃa gcun do ċhꞅꞅṁhne do ċhum a
ꞅeiꞇi ꞅan ꞅroiꞅoin an ċomairle
nḋé? cionnur nāċ bꞅnaṁ tū caid
tairngꞅr ꞇ ꞅaꞅoḋoḋlaca ꞇ ꞅoꞫ bluim
caiꞅti do ċhum labhaꞅta ꞅé Dia
ag iꞅꞅnꞹḋ maiꞇiṁnuiꞅ ꞅ ꞅan ꞅaoiꞅ-
ꞇioni? Aꞅ

ro Aʃ námha an chéiro nách
poglamōcg; ní ġlacaſi tū an trá-
cram⁊ſñt⁊ aʃ uaiʃ ʃan mūliaō⁊⁊ñ
7 a ruaiʃ ʃin péin ní ōhāſi tū poġ-
la⁊m ciōntuʃ oo laibheopchā oā
ġiacaōh, 7 tiġ oe ʃin ġāō mó oo
ní an phu⁊ġóio uaʃaiʃā ou⁊cōio
ō⁊c má oo mhaiē, oo bh⁊iġ náē
glacann tū ⁊onóiʃ ⁊⁊⁊ō⁊ōti an
ōo⁊⁊⁊aʃa ⁊oimpe. Oō⁊la ʃo oim-
che⁊ c⁊⁊t ⁊í aʃ mó, oéin an ⁊⁊⁊ō
aoh⁊a ma⁊ aʃ oual, 7 ġaōh ⁊om-
pla a ō⁊⁊⁊ta ōn oá ⁊⁊⁊⁊i oo ōí na
ma⁊⁊⁊⁊c⁊bh a nglaoha⁊ na ha⁊⁊-
⁊⁊⁊⁊; b⁊⁊o aġ ⁊⁊o⁊án⁊i 7 aġ ⁊⁊o⁊-   Isaiæ ⁊⁊
ʃm⁊an⁊ōh mo bhliaōan ⁊⁊le oh⁊⁊c
(⁊ an ní ⁊ʃech⁊aʃ ⁊é Oia) ma⁊l-
le ⁊é ⁊e⁊⁊bhe 7 ⁊é m⁊⁊⁊⁊ mhanma;
⁊í ló⁊ le⁊ʃ an ʃ⁊⁊ mbea⁊⁊⁊⁊che,

⁊   a ⁊áō

a ráoh go mbiaoh ag smuaintoh
maille reimbe, an an aimrin to
chaic a naġnoh Dé; aż a dein
go mbia ag áćsmuaintoh agar ag
ríonáinṁ na haimṡre nle do ćaic
a ccogaoh rir maille ré tṙnṫi
chnoide.

psalmo 89 11 Air roilléine má ro a dub-
aint an rí Dáuioh an ní ćóna:
do ġṁ trá mṡr 7 ṡṙnúoaoh, agar
mionchuantugaoh an mo bliaḋ-
anḃh (an ré) do néin man ṡṙuo-
ćan 7 man ḟṁćan céo an damáin
ġṅnoh: cnṙnioh an ráio ríoġḃa
a bhṁhaioh a ccompanáio ré céo
an damáin ġṅnoh, ón ní hé a
mháin go bḟṙṅuo comhroibṅnoe
ré chéile, 7 gan lón gaoc nó ḟṙ-
ṙṁnṁ dá mbṅnṫoh a naon, 7 a rír
                                    nach

ꞃach ꞅoıl ꞃan mbḟċhaıᴅꞃı, aꞅ beıṫ
aᵹ ꞃıoꞃ ċꞃṅnıoᵹaᴅ, ⁊ aᵹ ꞃol-
áṫaꞃ neıtᵹᴅh mbḟᵹ ᵹan ṫábhaċᴅ,
maꞃ bhıoꞃ lıon an ᴅamhán ᵹ̇ʌꞃᴏ̃
aᵹ ᵹabáıl chꞃ̧leóᵹ, aꞅ ꞃóꞃ ᵹ̇ab
ıonann ᵹlꞃ̃ aꞃ cóıꞃ ᴅo ᵹ̇lacaᴅ,
ᴅo lḟꞃꞇᵹaᴅh na bḟṫaᴅh, ⁊ ᵹ̇lac-
uꞃ an ᴅamhán ᵹ̇ʌꞃᴅh ᴅo lᵹꞃꞇᵹ̇-
aᴅ a ṫ̃a.

1 2 Aꞃ ıonᵹantaċ an ᴅ́ıtchıoll
ᴅo ní an bḟṫhaᴅaċ bḟᵹꞃo, ⁊ ᵹan
cıall aıᵹı, ᴅo chum a lín bhıᵹ ᴅo
choımhḟᴅ ꞃlán, ᴅo beıꞃ cuaıꞃt ꝗ
⁊ a nuaıꞃ ᴅo ᵹeıḃ ᵹo ꞃoꞃ̃na ᵹꞃoṫ
nó cꞃ̧leóᵹ poll ann, aꞃ ball tꞁ-
ꞃınᵹıᴅ tꞁᴏ̃ bḟᵹ aꞃ a mᵹᴅhón ꝼéın,
⁊ ᵹabhꞃꞇᴅh a nuñ ⁊ a nall ꞃeıꞃ an
ꞇꞓ́ᴏ ꞃın ᵹo ꞃᴅꞃ̃ann an poll, ⁊
ıaꞃ na ᴅhúnaᴅ ꞃın ᴅᴏ̃, ımohıᴅ ᵹo

ꝗ 2   ꞃꞃap ᴅꞀoꞃ̃-

ɒıonnроıʒıᵭ pᴚⱡⱡ eıle, ⁊ тo nı ɑn
nı cḋonɑ ꝼıꝛ: mɑꝛ ꝼo ɒo ʒáıꝛɑ ɑn
'Ɗáuıᵭ, ꝼᵭꝼɑᵭ mo bhlıɑᵭhnɑ, mᵹ
ɒo nı ɑn ɒɑmhán ʒⱡⱡᴚᵭ ꝛᵭ nɑ líon,
⁊ ɒúnꝼɑᵭ ʒɑch poⱡⱡ ɒá bꝼoıⱡ ᴚⱡ-
ꝛe.

Esɑı.39

1 3 Nı ꝼᴚⱡ ɒo bᵭthɑıᵭ ɑ ᵭᴚꝛ̃e
ᵭoıꝛ, ɑcho lıon ɒɑmáın ʒⱡⱡᴚᵭ mᵹ
ɑ ɒeıꝛ ꞇꝛɑ: ɑ bhꝼᴚⱡ ɒo ꝼᴚꞇᵭꝙ oꝛꞇ
ꝼá neıꞇıbh ꝛ̃oʒɑⱡꞇɑ ɒo ᵭᴚꝛꞇ̃oʒ-
ɑᵭh nı ẞꝼᴚⱡ ɑnn ɑcho bheıꞇh ɑᵹ
ʒɑbháıⱡ ᵭᴚⱡeᵭʒ, neıꞇe bᵭʒɑ ʒɑn
eıꝼꝼɑcho ıɑᵭ ᴚⱡe, ⁊ ꞇóıʒeᵭbhɑ
ꝼᴚán bᵭʒ nᵭ ꝼeıꞇeᵭʒ ʒ̃oıꞇe uɑıꞇ
ıɑᵭ ꞇɑꝛ éıꝛ ɒo chꝛıcꝛ̃ohe ꞇo bᴚꝛ-
ᵭoh, ⁊ ɒo nácᴚꝛne ꞇo chɑıꞇꝛ̃ı ɒá
ꝛoⱡáꞇɑꝛ, mɑꝛ ᵭéʒbhꝼꝛ líon ɑn
ɒ ɑmhán ʒⱡⱡᴚꞇh ꞇɑꝛ éıꝛ ɑn ꝼɑb
ꝛᵭ ɒo ꝼᴚꞇɑꝛ ɒá ᵭꝛ̃ɑꝛ̃, ɒá ꝛɑⱡ-

7 oá náoṁ̃a ṗéin. ó tá tú cor-
mhaṡl leir an mbḟthaḋach mbḟẕa
aẕ curẕnioẕaḋ na neiḟó mbḟẕ-
ẕa ẕan ṗeirhm; ẕan taṁḃha, bí
cormhaṡl leir man an cctna aẕ
cóṁᵹaoh to ḃḟha. taḃhaṁ an
a náoḃan ro cáṁint an táir an to
ḃẕta, 7 pḟ ẕá ṁ̃o poll to ṁᵹo-
ẕ na cẕleéẕa bḟẕa (.i. haṁtola,
neithe ẕan rᵹm ẕẕan éirrẕ) nᵹ-
ᵹe, 7 bí aẕ ṁuaṁṁh an ro, 7 ẕá
ẕnᵹoath ẕo ẕhi maille nḟ reᵹ-
bhi chroioṗe man to níoth an ṁ
erechiᵹ, 7 ullmhoᵹ tú tú ṗéin
leir an rionóipeẕ to chum run-
ẕóite uaᵹle na ṗaᵹᵹoine, 7 to
bhḟẕa rláᵹnte ohᵹt. muna tḟ̃na
tú ro, aṗ ẕluaᵹaṗ ẕan ullṁᵹaḋ
ẕan ẕnᵹoaḋ to óᵹaṁ ont ṗéin,

◁ 3   ᵹuᵹ

gur an ſagaꞃc, 7 a ċaḃaiꞃc aꞃ
ḃeiċ ag ꞃiaꞃuġi do ꝼ̇eaḋ ḋioc
ꞃi móꞃ mo ḋóiġ go leigeóꞃcaꞃ
cú, aꞃ aꞃ ᵹail leam go ḃꝼillꝼe
cú maille ꞃé ꝼeaḋoh nua do ḃeiċ
oꞃc, 7 ᵹaꞃ aon pʰeaḋoh do cuꞃ
ḋioc.

1 4 An dara moṅċiꞃ aꞃ cóiꞃ
do ġlaċaḋ ꞃé ꞃan ḃꞃuiꞃᵹéꞃca na
ꝼaoiꞃcme, an cꞃꞃꞃ 7 an dorᵹioꞃ
aꞃ cóiꞃ oꞃꝫc co ḃheich oꞃc ꞃꞃꞇ
cꞃoeꝼaꞃ cú do cum no ꝼaoiꞃᵹone.
ᵹeimceꞃ an cꞃꞃꞃ ón ᵹꞃúadaḋ ᵹ̇ꞃ
do nicʰꞃi ꞃoimpe aꞃ an ndonoich-
ḃꞃᵹéa do cʰuaiḋ coꞃc. Do ġlac
aꞃ ní eꞃechiaꞃ ᵹaꞃ ᵹoꞃóiꞃ ḋiobh
a naaiꞃ a daḃhaiꞃc, aċꞃmuaiꞃ.
eóꞃaḋ ḋuic a ciġ̇ꞃna bliaḋna mo
ḃeaċ ꞃꞃle maille ꞃé ꞃeꞃꞃbi ccꞃoi-
ḋhe.

ᴛhe. ᴅo ʒ̇ríoḃhaṁaρ ꝺ an coρ-
ꝺιρ rʒ an chꝺo ꝺη᷆ꝺ ꝺon lᵹ̄ṅáιρa.
lᵹ̄h ᴄaρ an ꝺa ᴄáιḃ: ꝺeιᵹ̇ionacha
ᴄon chρ᷆ꝺ rιn.

ᴅοη ᴌυη ᴀꞩ ᴄοη ᴅοη ᴩhе-
ꝺᴄaꝺ ᴄo ḃheιᴄ aιʒe ʒ̃n na rꝩ̄ρ᷆ꝺ
ꝺo ꝺ̇ṅaṁ a ṅιρ ρꝩl ρáᴄáρ
ꝺe ᴄum na rᴄοριᴄιne.

C. 3.

ꝼᴄᴡꝺ ṅꝺ ꝺa ḃrꝺᵹ̇ṅaṅ ꝺo láṁ **Ecces 34**
ꝺo nιʒ̇ι (aρ an ʒ̇ρ̄ιop-
ᴄꝩ̄ρι) ᴄáṅ éιρ conρ myꝺ
ꝺo ꝁlaᴄaꝺ, ṁá ριllᵹ̄ ᴄú ꝺáʒlaᴄ-
ꝺ̃ a ṅιρ, ṁaιρ an ᴄᴄꝺna, enᴄ̃ ꝺa
ḃrꝺᵹ̇hnaṅ ᴄιρꞃι 7 ρᴄoρῑoιṁ ᴄo
ꝺ̇ṅaṁ, ṁá ριlᴌṁ ᴄú a ṅιρ ᴄo ᴄum
na ḃrᴄꝺꝺh ᴄᴄꝺna? ᴄᵹ̇ṅhρꝺ ꝺon
ṁhρꝩ̄ᴄaρ ꝺo níι ρo (aρ Pᵹꝺaρ) an

31

ní a deir an phroibénb, macnach
na nioth do chum a ṡeithi, muc
niġte do chum na latnġe. a nuġ
theilġf an maonaoh ní gnánna
aḋnathṁan filliḋ air a rír dá
rthi, an mhuc tan éir a copa dá
niġi fá rnáṁh, filliḋ an ball to
chum na lathnġhe ina bfuain an
ralchan, man ṡin dou aitniġ bh
lagnúnach (núṁhaitniġbe ainm ar
dírle dó) ní luaite tá niġhi é ón
látnġ ina noibhi iná ag filleḋ do
chum an tralcáin ctona; comluaṫ
é ag ṡéiṫ a bratenr ran faoirr-
oin, 7 ag filleḋh man mhaonaoh
diti na truaillroġfa ctona.

Tfġṁhuiḋ ro do mhónán do bríġ
náċ caitio an tnír ronóin ar céit
do ġlacaoh rén an bhfaoiṫin .i.

rún

ⱃún ⱃaingion láⱃiⱃ ⱃo glacaⱅh
gan pillⱅ ⱃo chum na bpⱥcaⱅh a
ⱃíⱃ. 2 ⱀⱃo ⱃéiⱃ mⱃ ⱄgⱃobuⱃⱃ na
ⱀcomhaiⱃⱅe, aⱃ í aⱃ aⱅhⱃuighi
ⱄⱃⱃuⱀⱅⱥ ann, pⱥ́ⱃ⸝ⱥ na haimⱃⱃⱃe
ⱅo chuaⱃⱃ ⱅoⱃⱅ ⱃo ⱅⱥⱃⱀⱅⱥ, 7 gan
a nⱅⱥ́amh a ⱃíⱃ, ní hé aⱃ mian leó
a ⱃⱥ́ⱃ ná́ch bionn ⱃoghnamh aⱃ a
ⱀⱃⱅⱃⱃⱈⱃ a cⱥⱃ go bⱃⱃⱃⱃⱃⱅⱥ́ⱃ ⱅo
chum na bⱃⱥⱃⱅⱥ a ⱃíⱃ, óⱃ aⱃ ⱃⱅ-
ⱅⱅn na ⱅⱃ ⱃⱈⱅⱃⱃⱃⱃ ⱅⱥ ⱃⱃⱃⱃⱃ a moⱃ
aⱃⱆ ⱃ ⱃⱈ ⱃⱥⱃ ⱅo ⱃⱥ́ⱃⱃⱥ ⱃⱃ leⱆaⱃⱅ
ⱅⱥ́ go ⱅⱅ, ⱅⱃⱃⱅⱥ́ a má́ⱃⱅⱥ́ ioⱀⱅa,
aⱃ a ⱃⱅⱃⱃⱃ go ⱄⱃⱃⱃl ⱅⱃⱃⱅⱃⱃ ⱅ oⱃⱅ
ní ⱅⱥ a ⱃⱥ́m na pⱥⱃⱃ ⱅo ⱃⱃⱃⱃ ⱃo
ⱅⱥⱃⱀⱅⱥ aⱃ ⱃⱃn ⱅⱃⱃⱃⱄⱃ ⱃo glⱥⱥⱥⱃ
gan a nⱅⱥ́am a ⱃíⱃ, ⱅⱃ⸝gⱅⱅⱃ aⱃ
ⱃo an ⱃⱃⱃⱃⱅⱥⱃ pillⱃ ⱃ ⱄⱥⱃⱃ ⱅo ⱅⱃm
na bⱃⱥⱃⱅⱥ ⱅⱥ́ab cⱃ⸝ⱃⱃⱃⱃl ná́ⱅ ⱃⱃⱃⱥ
an ⱃⱃn ⱃⱥ

Ambr. l 2 de
pen 5
greg 9 reg cp
39 & hom 40
in euang

ɼa aca maɼ aɼ cóıɼ, óɲ ᴠá mbᵫᴛh
ᴅo haɲɼɲᴅe naban nı ɼıa ıná ɼm.

3 Aɲ a náᴅbᵹɼa a ᴛucho Dé
ᵹɲᴅım ᴛú a ᴅɲɲe léɼaᴅ mıan ᴛú
ɼém ᴅo chᵫnᵹal ɼé Dıa ᴛɼéɼ an
naıᴛɼıᵹı, náɼ ab lóɼ lᵫ ɼuaᴛh ᴅo
beıᴛ aᵹaᴅ ᵹ an noᴅɲoıᴄᵫᴄhaıᴅ ᴅo
ᴛuaıᴅ ᴛoɼᴛ, aɼ cuıɼ ɼıomhaᴅ ᵹo
ᴠaınᵹıon, ᵹan ɼıllᴄoh chuıce ᵹo
bɼáᴛ, 7 aɼ ɼoɼáıᴛ an ᴛɼoɼoıɼɼı
ᴅo ᴛum na ɼaıɼıᴅne ᴅo ᵹᵫacaᴅ, 7
muna ɼaba ɼí aɲ ᵹo ɼolluɼ, ní aɼ
lúᵹa ᴛe, bıoᴅ ɼí a ᴋɼolaᴄ ɼa naıᴛ
ɼıᵹı, ᴛɼé na ngɲᴛᵫaıɲe 7 ᴛɼé na
láᴛᴅnı: 7 aɼ coɼᵫuıl ᵹo bɼoıᵹeóna
ɼın, ᵹé náᴛ ɼoᴛcuıɲ ᴅuıme ᵹá bɼuıl
a aımɼᵹɲ ᵹ a ᴄumaɼ, 7 ᵹo ccoıᵫ -
nıᵹᵫ́ın aᴛ ɼo ᵹo ɼolluɼ ᵹan a beıᴛ
ᴠɼıachuıbh aıɼ ɼún ɼɼeɼıálᴛa ᴅo
beıᴛ

ḃeⁱⱦ ɑⁱꝃⁱ ɑ nɑm nɑ ꝼoⁱꝛⁱ꞊oue ᵹɑn
ꝼⁱlleɑ̇ ꝺo ċum nɑ ḃꝑﬔ̇ ɑ ꝛíꝼ, ⁊
ꝺɑn lﬔ ɑꝛ mɑꝛ ᵹⁱn ⱦꝛᵹⱦⁱꝛ comh꞊
ᵹle ⱦꝛⁱonnⱦɑ, ⁊ nɑ ꝺoⱦⱦꝛ̇ⁱꝛe ɑᵹ
lɑḃꝗ̇ꝺ ꝗ ɑn ᵹeꝛ̇ꝛⁱꝛⁱ·

ꝼeⁱꝛ 6 c 6
ⁱꝼ 1 4 c 14. &
Bon 4 dⁱ4 a ⁱ
q ⁱ.
Alb mag a ii
D Tho 3 p q
85 & 86.

4 Ɑꝛ é ɑ ꝛ̇ꝼꝛ̇ún ꝛo nɑ̇ꞇ ꝼolɑⁱꝛ
ꝺo ꝺhꝛⁱⁿe ḃhⁱɑꝛ ɑ ⱦꝛéɑⱦꞇꝛ̇ɑꝛ ɑ
nɑᵹꝛⁱᵹ̇ ɑ ꝑꝛⁱonꝛ̇ɑ ɑᵹ ᵹlɑcɑ̇ꝺ ꝑꝗ꞊
ꝺꝛ̇ⁱꝛ uꝛꝺhɑ ɑ ꞇoꝛ ꝛoⁱmhe ᵹɑn nⁱ ɑꝛ
mꞓ ꝺo ꞇꝺꞧ̇ɑmh nɑ ɑᵹꝛⁱᵹ̇, ɑᵹɑꝛ ꝺɑ
mḃﬔ ɑ ꝼⁱoꝛ ᵹɑn ꝑꝛⁱonꝛ̇ɑ nɑ́ch
cꝛꝛⁱꝼﬔ̇ ɑn ⱦꝛéⱦꝛ̇ⁱꝛ ᵹⁱn ꝛoⁱmhe, ɑꝛ
ꝺeⁱꝛ̇mⁱn nɑ̇ꞇ ⱦⁱoḃꝛɑꝺh ꝑɑꝛꝺ̇ún ꝺꞓ
munɑ chꝛꝛⁱꝼﬔ̇ lﬔꝛom ꝺꝼⁱɑꞇꞷⁱbh
ꝗ́ é. Ɑꝛ ⱦꝛéɑⱦꝛ̇ⁱ ɑ nɑᵹɑⁱꝛ̇ Ꝺé ɑn
ꝑꞓ́ɑch, ⁊ ꝺɑ ḃꝛ̇ⁱᵹ̇ ᵹⁱn ɑᵹ ⱦul ꝺo
ċum nɑ ꝼoⁱ꞊oꝺne ꝺꞓ ꝺⁱɑꝛⁱꝺ̇ ꝑꝗ꞊
ꝺꝛ̇ⁱꝛ ɑⁱꝛ, munɑ ꝼhɑⁱce Ꝺⁱɑ, ꞅ꞊ꝛ̇ú꞊
ꝺɑⁱᵹꝃeóꝛ nɑ ccꝛoⁱ̇ﬔ̇ᵹo ḃḃꝼuⁱl

ꝛ̇ún

rún aιʒe ʒαn ní αr mó ɖo ɖɧíαmɧ
nα αʒuιɓ, αr cunɖταɓαrταċ náċ
ϝαʒαnn pɫʒóún, ʒιɖɓó bíɖ ɖαoιne
ʒá mbí ταιrιrι ṁór omrα ϝá α bpċɕ
αoɧuιɓ náċ rmuαnɓιn ʒ αn rúnrα,
7 ní ϝuιl αṁʒur ʒo mαιċɧι α bpċɕ
αιɓ ɖóιɓ, ní ɧé α ṁáιn αr τuιʒιɖ
mórαn ɖoccɧɽe, ʒé ʒ̃ mαιċ αɓeιċ
αnn, náċ ϝoιl ré nα rιαrαnur ɖo
ċum mαιċɧe nα bpċɕαɖ ɖϝαʒáιl.
ɓṁταr ɖιċɧιoll ϝá α beιċ αʒαɖ
αʒ ɖul ʒur αn rαʒαιrτ, ʒιɖɓó ná
cuιrτɓoh rʒnúpαl orτ, ʒαn α ϝιor
ɖo beιċ αʒαɖ αn roιɓι α leιċɧéιɖ
ro ɖo rún αʒαɖ rαn pɧoιrroιm ɖo
rínır, αr lrruιʒ τú ɖo ċum nα cõ
uαιre α rír.

5 Αr ɖeιṁin ʒαɓ mór αn brιʒ
α τá ʒαn rúnrα α nαʒhuιɖh nα
bpċɕαɖ

Maι 4 d 4 q 3
Alm 16 Vega
i 3 in Trid 2i
Nau sum c i.
n iſ Med l de
pen ttaci q 3

bpgcαδh 7 cuιδιghthλι leιr mαιlle
μιr nα gnάrνbh δο beιμthλι α-
nαch leιr αn nαbμolόιρ, gonαδ-
αιne μιn, nάch cόιμ μαιllιδhe δο
δάnαmh nα cιomchιoll αμ α δhén-
αmh gο mιιιc μéμ αnμαιμoιn.

guμαb coιμ δο nαιth-
μιghάih α choμ μoιmhe comάιμle α
αιδe μαιμμoιne δο ghlάcαδ, 7 umλlα
δο τάbάμc δό.

c. 4.

Tάιδ μόμ δά μύn .eιle
chμιδιgλιr μιr αn μύn μα
gο mόμ. λύn δίobh α coμ
μoιmhαδ comάιμlι 7 cεgαμg hoιδe
μαιμμoιne δο ghlάcαδh, mάμ δμνne
R   é α cε

é a tá foglamta diada, ón bith
an totar (ge go néireochadh ar
a tinola) a ccunotabhát attérte-
me ofagáil; 7 do geib é do gnát,
an tan nách lthan comaifle an léza;
map fin don aitripeach nác erpem
poimhe tegupp an lézha ppiorpao-
álta do confeo, ní fada go ttite-
fin if na péccohpibh ccona; muna
foil hoide foippone foghlamta
diadha, iap oide eile, agup muna
héroip a fagáil (fa frior a tá fí-
bhpip doine bfoglamta a noir p
an nápon) erpe pomhad comairle
orpe mhait nách biad na fagart
do láimhipn, 7 búo món an mán pn
dod chopnamh ar namcaibh than-
ma; a nuaip do ní orpe ní éigin
maille comhairle ar món an pol-

ár

aⱃ chⱃⱄⱁioⱃ ain, ᵹé náⱅ éiⱃeoⱅaⱃ
leiⱃ; ᵹioⱈⱦó a nuaiⱃ náⱅ éiⱃᵹⱃoñ
leiⱃ 7 ᵹo bⱃaⱅⱅ ᵹo nⱦᵹⱈna é ⱅaⱃ
choñaiⱃle aⱃ áⱦⱦbⱈal an cⱃáⱅh
cⱃoⱃⱦhe chⱃⱄⱁioⱃ ain, 7 bíoⱦ an
ⱅⱄⱃⱃⱃi ⱅⱅéⱅna ᵹ an ⱅⱅⱅ náⱅ iᵹⱃann
comhaiⱃle 7 ⱁaoine aiᵹe ⱁo bⱈⱄⱅⱃ-
aⱅh ⱦó í, 7 ni bⱈíonn aⱃ mⱄⱃ ⱅm-
mⱈiⱅe, 7 amaⱁáiⱃ ᵹ an ⱅⱅ ᵹláⱅ-
uⱃ cⱃⱄⱃ mⱈóⱃ ⱁo láimh ᵹan comh-
aiⱃle ⱁⱃⱃoinⱦⱃ cⱃⱃionⱁa, ᵹo háiⱃ-
iⱁe má ⱦⱦⱈⱃañ ⱃí ⱃⱃⱃ ⱃéim. óⱃ a ⱅá
an ⱅⱃⱃo aⱃ ⱃoᵹⱦⱅⱅⱅⱅa ⱦínn ᵹ ⱦⱦᵹ-
án eóⱦⱃⱃ nᵹ cⱃⱃⱃ ⱃéim.   ⱁo ⱅímiⱁ
ᵹo maⱅ loⱃⱁa ⱁⱃⱃine eile ᵹⱃⱁⱦⱦh a
ⱅá cⱅⱃ aⱅ ⱃál ⱃⱃnn ⱃéim, 7 ⱅá bⱃⱃoᵹ
ⱃⱃ ni ⱃⱅⱅⱅáⱃⱃ ⱃⱃⱃⱈe coⱃⱃⱃⱅⱈⱅⱅa ⱁo
bheiⱅ aᵹ cⱃⱃⱅⱅᵹⱈaⱃ ⱃⱃñ, ᵹo móⱃ-
mⱈóⱃ a cⱃⱃⱃ an noⱃᵹⱃⱃⱅⱅa nⱅñⱃa.

N2   ⱁá

Dá bhríg ro iaṁam an tríiġróh
go tír neiṁhe, óṅ a dein Dia aṅ
tríiġe mhís aṅ dṇṇe féin to beiṫ
díṅt̃, go bfagann i na ṡliġhíoh
bháir fá ṡeóiṫ. Ná creio ohṅt
féin ġé go mbeṫ inotleṡ aṅ ṡġṅa
aġao, a ccḟṡ táṁṅa; toṫáiġíó aṅ
táiṁhian, an tṅṣeṅ ġṅíanaṫ ġlan,
maṅ óubhaṅ néal an ga ġṅéine.
Do bá móṅ inotleṡ phóil óṅ to
ṫoġ Dia maṅ dhoctṅíṅ tṡoillṡi-
oġáoh a ṡoiṡġéiil to na cinṫóaṫ-
ṁbh é, ġṅohṫᴆh to chuaṫh go
heiṅuṅalém to ġlacáoh coṁġle ó
Phġoan mṅ a deiṅ féin, aġaṡ na
haiṫṅe naoṁhṫa Ambṛo: hieṛo:
Chṅṣṛ::ibṛo.

2 bá móṅ eólaṡ Mhaoṛi ṡá noṡḟ
ṅa Dia uaṡaṅán tollamhnuġáoh
chlᴆoinne

claoinne Ipndel, 7 vá mṅnĕō péin
gach cnuar ag labhainc pip   EXod. 18.
bél an bĕl, giōtoh vo glac com-
ainle ó letzo vo bainbḟṅnghe go
mōn iná é péin. Do bóiṁōgnc an
voctṅn a ntlighĕō Dé Dáuroh,
giōtoh vo chlaĕloiō coṁainli pá
ñabál vo ṁanbach roo citĕaoh q
impiōe, 7 tné choṁnáō mná ain-   1 R. 25.
eólṅge Abigagl.

3 Ap cón eipiomplán to glacaō
ó na m tigipontĕhṅbh móna ra, 7
coṁainli viaṁnṅoh ran ṅle chṅp
éippeṅṁō, go mōnṁhón a cctṅp
tanma q a bḟnṅl horōneaĕo rioz-
thurche, 7 go rpeniálta má toi
péin ainōḟṅach innte; mẓbhpṅoh
go maiĕ an an nátḃapro an lei-
gionn ũo vo bein an rpiopao naoṁ Ecc: 32

   R 3   uaiō;a

a mhic ná déin éin ní gan comáiꞃle
⁊ ní bhia aithꞃeachar oꞃt tar éir
a deáuca; ⁊ an léꞃghionn ꞃo eile do
bheiꞃ ꞃé do Thóibiar óg .i. iaꞃꞃ
an chomꞃꞁe ꞃ an neꞃne cenuona.

Thob 4

ná ꞃiꞃ i aꞃ an ꞃoiꞃeálach ꞃan díꞃ
aꞃ a bꞃꞃl do ghlóiꞃ nó do ꞃꞃaa
ꞃhionnꞃꞃꞃhe, bioꞃ an comáiꞃle
cꞃionna coinnꞃꞃach, ⁊ ná hiꞃ
ann acho ꞃoin; naꞃ ab miꞃoi ite a
beiꞃ boꞃ deiꞃeóil gán diꞃnid gán
oiꞃꞃiꞃ, óꞃ a deiꞃ an ꞃpioꞃꞃa
naomh ꞃ ꞃhiꞃ an boꞃ ꞃꞃuoꞃal ꞃꞃ-
nꞃꞃe, má ní óiꞃóꞃꞃe óinmhꞃoꞃch.

Ied 4

4 A tá áꞃbhaꞃ eile ꞃꞃeꞃáita
aꞃ, ꞃáꞃ cóiꞃ óꞃt comhaiꞃli oꞃd
ꞃanma diꞃꞃnꞃh ⁊ do llimham, do
bhꞃꞃꞃ ꞃab aꞃꞃ ꞃpioꞃꞃoáica óꞃt
é; do óꞃꞃꞃꞃ dia óꞃt onóiꞃ ⁊ umla

do

ⱦo ⱦabhaırⱦ ⱦo ⱦaıⱦrıb náⱦúrⱦa
ⱦo brı́ẟ ẟ ab uaⱦa ꝼuⱦaıꝼ a náⱦ—
úꞃ a ⱦá aẟaⱦ: ⱦá ꝛéın ꞃo aꞃ mó
ⱦlıẟhe amhlaıꝼ ⱦo ⱦoıⱦe anma ⱦo
ẟem ẟo ꞃꞂıoꞃaⱦálⱦa ⁊ óꞃ cıom
na náⱦꞃꞃe ⱦú. Ɗo ẟ ell Ɗıa lua—
ıⱦẟ́ ẟo ꞃꞃeꞃálⱦa ⱦon ᴄlomn uꞃꞃ—
aıl ⱦá naıⱦꞃıbh .ı. ꞃaẟ al ⱦaⱦa a **Exod 2**
bhıuꞃ ⁊ ⱦall, ⁊ aꞃ ꝛéıꞃꞃın ẟo ⱦꞃꞃẟ
ⱦꞃꞃ ꞃꞃı ⱦo na haıⱦꞃıb coꞃꞃoꞃⱦha, ⁊
ꞃꞃıoꞃⱦalⱦa. Ɗon ⱦꞃoıb eıle baẟ
ꞃaⱦh Ɗıa ꞃıaꞃa ꞃꞃeꞃálⱦa aꞃ an
ccleıꞃꞃ nꞃꞃꞃumhꞃꞃ ⱦá naıⱦꞃꞃbh; ⁊
aꞃ ı́ ꝛıan ⱦo óꞃⱦꞃẟ ⱦo ⱦhaⱦaꞃⱦ
ⱦóıⱦ ꞃan ꞃeꞃꞃꞃẟ, báꞃ ⁊ ẟaⱦháıl **Leu 9**
ⱦo chloⱦꞃbh oꞃꞃa: olc ⱦo ⱦuaⱦh **Deut 21**
ⱦo Cham, mac Ꞑaoı, a nꞃꞃonóıꞃ
ⱦaẟ ⱦá áⱦaıꞃ, óꞃ aꞃ ⱦꞃé mhallaꞃ a **ẟan 9.**
ꞃaⱦ ⱦáınıẟ ꞃꞃꞃıoꞃ ⱦo ⱦaⱦ anma ⁊

         cuꞃꝑ

cuirp ⁊ féin, ⁊ uile móra ar a

hfrliof; olc do chuaid do Ruben

Gen 49.

a ngronór tug do Iacob, ói gé ⁊

é an mac fá rine, do caill an oid-

reaf, ⁊ tugadh í don chloin umhail

dá natan .i. do Ioreph ⁊ do Iud-

ár. olc do chuaidh Dabrolón do

taobh anma ⁊ cuirp a earumhlacd

2.Reg 18

do Dhauid, ⁊ dá rád tén focal

do thairbéin Dia a fhig a nag-

uid na nuile mhac ngrumhal, ⁊ do

bhinnuig an chlan timal dá naitib.

⁊ a nádbgra már mian lét fhig té

do rhéina ⁊ a bhinodar to beit ag-

ad tabáf umla daitrib ⁊ doitibh

tanma, ór ar dírli má aitrib iao

márd aitrne an chuirp.

do

ᴅo sheachnᴀ sᴛocaᴘ

ᵹa bpeacaᵭ, 7 ᵹo háiᵭe
an ᴅᴘoḃoṁluaᴛaiᴘ.

C. 5.

ṅ ᴛaᴘa ᴘén, a ̇cuᴘ ᴘo-
mhaᴅ ᵹo ᴅᴄ̇ᴛᴘaᵹaᴄ̇ ᴘio
cᴘa na bpᵹaᵭ ᴅo ᴘḃ-
na, óᴘ ni ̇fᴘᴢl ni aᴘ cunᴛᴛabᵹ-
ᴘᵹe ᴅon bᵹᴛᴘᵹ ᴘᴘioᴘaᴅaᴢa inᴅ
ᴘocᴘa na bpᵹaᵭ ᴅo beiᴛ ᵭa cóiᴘ
ᴛo bhᴘiῶᵹ ᵹo bᴘᴢl aᴘ ᴘᴘioᴘaᴅ
ᴛᴘé ᴛᴘᴛᴜṁ aᴘ ṅṅṅᴘ a bᴘaᴘᴛᴄ̇aᴘ,
ᴘo laᵹ,7 ᵹ nᴘᴄ̇aᴘᴛe ᴘoláᴘoiᴘ,
7 ᵭa ᴛᴛuᵹam óᴘ a chᴘoṁ ᴘn lᴄᴘᴛᴘ-
om ná ᴘocaᴘ oᴘᴘᴘ̃, aᴛáṁaᴛoᴅ a
ᴘáᵹbáil. ᵹibe ᵹhᴘáᵭᴘᵹᴛoᴘ an
ᴘᴘᴘᴛoᴄᴘᴢl (aᴘ Solaṁ) caillᴘiᴄ̇ᴘ ᵉᶜᶜˡ ⁱⁱ   ᶻ
ᴛᴛᴛe é, 7 ᵹibe bheaᴘᴘaᴘ leiᴘ an
bᴘᴛce lᴛᴘᵹaᵭ ᴘi ᵭa auᴅaᴄ̇ 7 biaiᵭ ᵉᶜᶜˡ ⁱᵛ

ᴘalach

ralach: reachṫa tá bríoġṫo, a
ḃṫne léṅab mian ꝼꝛꝛaḃ aᵹ Dia
ꝼᵹan an diabal do lḃṁṫṅ, ꝛíocꝛa
na bꝼ͠gaḋ; atá a ꝼíoꝛ aᵹaᵭ ꝼē: :
cꝛeuᵭ iaᵭ na ꝛocꝛa chꝛꝛioꝛ cáṫ
ꝺᵹáṫ oꝛᵭ, ni aꝛ ꝼꝺ͠ꝛ iná aꝛ éi-
ᵭiꝛ lḃṁꝛa a ᵹcoꝛ ꝼíoꝛ ᵭhuiᵵ. na
ᵵabꝛa miꝼ́liꝛ aꝛ ꝼaiꝛioclꝛᵹḃ bꝼᵹa
ḃꝛ a ᵭeiꝛ an ꝼᵹꝛioptꝛꝺꝛ ᵹibe ḃꝛ,
nꝼꝛ nꝼṁꝛꝛꝛm iꝼṁ ᵵa ꝛo, ᵹo mbí aᵹ
ᵵꝛᵹᵵim a noiaiᵹ a chéili. ᵹlac mꝛ
ꝛiaᵹꝛl chuᵹaᵭ ꝛan cháiꝛꝼe an ᵵo
niḣᵹle ᵭo bheꝛꝛan ꝛꝛioꝛaᵭ naoṁ
ḃꝛᵵ .i. ᵵeiᵵ ó aᵹꝛᵹ an pꝛꝛ͠ᵹᵭh
amhꝛꝛl ᵭo ᵵeiᵵꝼꝛᵵᵹ ḃꝛ ꝺᵵꝛꝛ miṁe

eccl 21

2 Do búᵭ ꝛaᵭa iaᵵꝛᵵ ꝼó lꝼᵵh
an ꝛ́iocꝛaibh ᵹach coinꝼꝛ͠ᵹᵵh,
(léiᵹim ꝼin ᵵoᵵam) aꝼ a ᵵéᵵ beaᵹ
ḃ͠n aꝛ ꝛiocꝛ ccoṁ͠oiᵵ́ieṁ na nꝛᵹle
pꝺ͠aᵹ

ḟṡḃaḋ .i. an droḋ comluaḋan, ⁊
ab cóir ḋá ġaċ ḟineun a réúla.
triall én droḋ ḋṙne (an an tēg
nṙḋe) ⁊ triallḟaro na huile uair pro 7.
ṙi. ⁊ a ḋuḃḟt Seneca an paġá-
naċ, náċ mó an roċan ᵭo ní
ᵭieon maiṫ nᵭoúṁta a ċine ḟéin
ᵭon oṫán atá laṫ anḃṙaṁ má an
roċḟ ᵭo ní ᵭon té náṫ ḟṙi ḟóṙ
láiᵭiṫ iṙ na ṙuḃailciḃ, ⁊ náṫ ᵭḟĩ-
na ṙéṁa ᵭainṫne ioṁta, a beiṫ
a mḟ ṫ ᵭoine labṙaṙ ⁊ ṫṙaṙaṙ
ar ṙuḃailciḃ, ⁊ ᵭá ᵭḟiḃaḋ ṙo ᵭo
bheiṙ leiṙ maṙ ṙompla, cionᵭuṙ
chailliᵭ na ḃṫċhaᵭṙḋ ṙiaᵭanᵭa
ᵭánᵭḟnᵭ ṙṫáᵭa, a bṙiaᵭanᵭuṙ
atá ó naᵭṙṁ ioṁta, ⁊ ᵭo níṫeaṙ
ṙuaiṁḃċh mín iaᵭ maille ṙé coṁ
luaᵭṫ na nᵭoine.

                         A ᵭeiṙ

3 A ders an rgopcṁṟ óṟ aċioṁ
ro, ᚛a bṫhaḋṅg óga égcéillṙ
nách ᚛ṁṅ_ an ní aṟ ᚛ual ᚛óṙ ó
naḋṟṁ, gan a faṙcṙṅ aṟ ᚛úṟ ᚛a
ṫṁaṁ ṟompa. ᚛o ᚛eṙ an lṫ᚛ṁṙa
(᚛ aṙ ṟáṙ᚛) a ċoṙlén leṙṟ ᚁ ᚛o
ní ṟeṙlg na fṙṙaṅṅṟ ṙon᚛uṟ go
᚛ṟṁṅṫ᚛ ᚛ó an ní-cṁona ᚛o ᚛áṁaṁṁ;
᚛aṟbṙṁ᚛ ᚛ṟṅe na fṙaṅṁṟṅ ṙon᚛
aṟ go noṙonṅṅaṁ᚛ṟan an ní cṁona.
A deṙṟ aṟṙṟ an rgopcṁṟ go noṫṁ
na hṫṁṙn ᚛ṙṫṙṙoll ag múna᚛᚛ eṙ᚛᚛
᚛ṁṟgṙ ᚛á gcloṙṁ; ᚛aᚁuṙ᚛ na ᚍᚙᚙ
chṙoll ᚁ óṟ a ᚁcṙoṁ ᚛á mṁṟoṟoᚙ
ṁga᚛ ᚛ochum eṙ᚛ᚁoṙge, ᚁ ᚛o chṙ
ṁ᚛ go ᚍᚙṙ᚛ṙonn cuṙ᚛ ᚛ṙobh go
᚛alamṁ ᚛o ᚛ṙ᚛ bṟṙgṙ nó ᚛o ᚁog
᚛aṟ chaṙṟᚁ᚛aṟ a léṙgṁṙ a mᚷᚁáṟ᚛
᚛aṟ aṟ cóṙṟ, ᚁ beṙṟ᚛ na buaᚁ᚛ṟgṙ

1e

le bg̃a go minic oꞃꞃo.

4 Cꞃꞃioh ughoaꞃ áiꞃiohe a
ꞃuim ꞃo a mbg̃án mbꞃiáꞇaꞃ bꞃ̃ꞃ-
moꞇ̃ch, ag ꞃáo go bꞃꞃlmio com̃-
ꞇoꞃm̃uil ꞃiꞃ an noꞃoing ꞇo ꞇ̃imio
7 ꞇo ꞇ̃lꞃꞃmio gaꞇ̃ lꞇ01. máꞃ maiꞇ
ꞇiaꞇ̃a an comhluaꞇoaꞃ, beamoiꞃ
maiꞇ ꞇiaꞇ̃a; máꞃ p̃ꞇ̃chach baꞃ-
baꞃꞇ̃a iao, glacꞃam an ꞃoᵹlꞃꞃm
chꞇ̃ona ꞇuᵹꞃꞃn uaꞇa. aꞃ é a ꞃꞃꞃ-
ꞃꞃ ꞃo ꞇo bhꞃꞃᵹ ᵹ̃ab iao na ꞃꞃꞃle
7 na cluaꞃa, ꞃꞃꞃneoᵹa ꞇꞃ̃é labꞃ-
ꞃaio ᵹ nanmanna ꞃ̃é cheile, 7 ꞇꞃ̃é
coꞃꞃꞃio a ꞇꞇᵹꞃꞃꞃeaꞃ ꞇo chum a
chéili; 7 máꞃ ꞇ̃áilꞇꞇ̃heꞃ̃ mhaiꞇh
ꞃꞃabailceach bioꞃ iꞃ na hanmaꞇ̃-
aib a ꞇá ao ꞇomhluaꞇoaꞃ, ní ꞇꞃoc-
ꞃa chuᵹao aꞃ̃ ꞇᵹꞃᵹlaꞃꞃaiꞃꞇ, aᵹaꞃ
ꞇeiᵹ̃ꞇᵹchoꞇ̃eꞃ̃ uaꞇa; má ꞇáiꞇbꞃ-

Ioañes Colli-
cctot

S   baꞃꞇ̃a

banóa, neamhṙubháilċeó; ní tiuḃ-
gaio óṡgtṡ aṙ an ní atá aca péin.

5 Aṙ iomḋa rompla ran ġu-
obtṙṙn do ḋḣġiḃhaḋh an néiṫ a
deirim aṙ gach tæobh, 7 an táṙ
to tæoiḃ an tṡġhċomhluadain, aṙ
iomḋa mait tṙg aṙ; a duḃġṫ tia
nách ṡġriorpaṫh an ccaitin ṁal-
lnṡġte Sovoma vá bṡṫaġaḋ deiṡ-
namhaṙ pinén innti; to mẽcuiṡġoiṙ
gen:11 maithior 7 maoin iabáin tṙéṙ an
chomluadaṙ mhait to bhí aigi .1.
Iacób.

gen 30
gen 39
3 teg. 11
6 Do tṙṫ rat ó Dhia an an
néigipt tṙé ċomhluadaṙ Iorep;
vob ole Saul 7 a mhṙṁṫiṙ, giċḟṫ
a mġṫṫ na bṙaṫṫoh do rinṫḟṫ mṫṫ
na páiḋe péin; tuṡ Dia páṙtuṁ
Dan 2 vo óṙaoiṙhibh na baibioloine tṙé
chom-

ⱥchomⱡuⱥⱺⱥⱤ ⱥn ꝼⱥⱦ Daniel; mⱥⱤ
mⱥⱥn lⱩ mⱥⁱⱦ oꝼⱥⱫⱥⁱl ó Dhⁱⱥ ⁊
Ɽⱥⱦ ⱺo bheⁱⱦ oⱤⱦ, ⱺo ⱤhⱥoⱤⱥⱺh
ⱥn olⱥⱤbh, ⁊ ꝼoⱫluⁱm ⱺo ꝺhⁱⱥmh
ⱥ Ɽⱥbhⱥⱡⱥⁱbh ⁱⱥⱤⱤ ⱥn comⱡuⱥⱺⱥⱤ
mⱥⁱⱦ ⁊ ⱥⱥ ⱦⱤéⁱⱫ é.

⁊ Ní ⁱⱥ mⱥⁱⱦ ⱦⁱⱫ ⱥⱤ ⱥn noⱦⱫ
chomⱡuⱥⱺⱥⱤ, ⁱⱥⱥ olc ⱥnmⱥ ⁊ cⱤⱤⱤ
ⱦⁱⱫ ⱥⱤ ⱥn noⱤochⱥomⱡuⱥⱺⱥⱤ. ⱥⱤ
ⁱⱥmⱥⱥ ⱤⱤⁱoⱤⱦⱥⁱⱤ ⱺⱥ ꝼⱥⱥ ꝼoⱤ, Ⱬé ᵍᵉⁿⁱⁱ
Ⱬⱥⱥ ⁱⱥmⱥⱥ ⱦⁱⱥⱺlⱥⁱⱥⱥ ⱦuⱫ Dⁱⱥ
DⱥbⱤⱥhⱥm ⱺo mⱥⁱⱺ Ⱬo ⱤⱤⱤhⱥⱡ-
ⱦⱥ ⱥⱤⱤ Ⱬⱥn ⱥⱫⱤⱤⁱⱫ é ⱥⱤ ⱦⱤⱤ nⱥ
CcⱥⱡⱺⱥoⱤ.ⁱ. ⱺⱤⁱⱤⱤ mⱥⱡⱡuⁱⱫⱦⱥ ⱺo ᴺᵘᵐ ᵗⁱⁱ
bhⱤⱤ Ⱬⱥn ⱦⱤⱤⁱⱺⱤ; ⱺⱥ ⱦoⱤ ⱥ ccéⁱll
Ⱬⱥⱥ é ⱦⁱⱥⱺlⱥⱥⱥⱥh ⱥⱤ mó ⱦuⱫ ꝺó
ⱥ ⱤⱫⱥⱤⱥⱥ ⱤⁱⱤ ⱥn noⱤocⱥomⱡuⱥⱺ- ⁱᵘᵈ. ⁱ ˣ ⁱ
ⱥⱤ. ⱺo ⱦⱤⱤⱫ ⱥn ꝼⱥⱦⱤⁱⱥⱤⱥⱥ nⱥom
ⱡⱥcob ⱥn léⁱⱫhⁱonⱤⱤⱥ, óⱤ nⁱⱤ ⱥⁱl

leir fnnbé a ccomluadq a dtoiċ-
ċhḃraċar eras, ǵé ǵ tairbéin
2 Paris & 16
Mai 16
gráò mor ohó oá iqnnǵ roin ǵ:
a nuair oo báoar clann israel ag
tul go tír Canáan oo ḃronġh
Oia òóiḃ muintior an talaṁsin
nyle oo ġnior oḟgla a noic tros
lnym uata; ní oḟnuaoar sin, 7 ar
oic oo chuaiò óó.ḃ, órr oo ēiál-
taoar oá Ncia rém, 7 oo rínḃoq
aoḣraṫ oo Oḣée:ḃh brerġi na
mnyntiperin. Do cuirḃóh an Ai
bgnnrǵte loraphát a ccuntáḃ-
gt a mhanḃéá 7rua r rpnǵaċh
món tré ċomhluaooar oo ċaḃairt
oo ohroiċríǵ israel Achab: oo
bá laioir Pgoar a mesǵ a tḟǵ-
choṁluaoaim .i. na habrtail, an
tan a ouḃǵt ǵaḃ luaite oo frl-
cónǵaò

eóngaɒh báṡ má ɒo ṗhíṗaɒh a
ᴄιᵹhιna, ᵹιoᵹᴅh a mᵹᵹ an ᴄoṁ-
lua ɒaιn ṁalluᵹᴅe a ᴅιᵹ a nᵹo-
ṡhaᵹaιnᴄ ᴄuᵹ mιonna ḃṡéιᵹι ɒá
ṡháιaɒ; ιaṇ mbeιᴄ ɒo Thomáṡ a ιoᴀ 3ᵹ
nᵹmuιṡ na ṅabṡᴄalní ṗhaɒa ṡé
Cṡíoṡᴅ; a nuaιṇ ᴄaιnιᵹ chuᴄa ɒo
ᴄomᴅᴄ éᵹníoṇ ᴄáιṡbéιn ɒιa é ṗéιn
ɒáḃṡaham nó ᵹuṇ ṗháᵹṇbh ṡé
ᴄιṇ na Cᴄalɒéoṡ, comhluaɒaṇ na
bṗᴇᴇach.

8 Tṇᵹᴄᴅíᵹι oṡ a nɒubhṇamaṇ
an ᵹṇán a ᴄá aᵹ ɒιa ᵹ an nɒṇoᴅ-
choṁluaɒaṇ, an ɒιoᵹbháιl ɒo ṁ
ɒo ᴄᴀιbh cṇᵹṇṗ ꝉ anma, ꝉ ᵹuṇaᵇ
ṡoannaṁh oᵹhohҙne nó ṡιṇṁ a
mᵹᵹ ṗᴇᴇach. Aṇ an náɒбɒaṇ ṡo a
chṇιoṡomɒhe ᵹṇ,оṁ iṁ aᵹ ᴄṡᵹ
ɒo chᴦmna haᴄṇιᵹhι ḃaṇᴄ, cuṇ

romhad go daingean láidir an
droichomluadar do phéana; nó
a tá tú a lánchuntabairt, ní hé
amháin as leicdersin go ttigte-
fe is na pheadhrybh céona. cia
hé an drye gá mbiadh cion ár a
bhgcaib aigi, do pachadh, gan
áobhar mór uadh g, gus a dáit
ambhiadh pláigh, nó a mgsg na
ndaoine ar a mbiad sí? ní gabal-
tuige an pláig do trob na ccorp,
má an pgcad do troib na nanman;
ciondus a tá grád agad g hea-
am, 7 tú ag dul leis a mgsg lofa
pláigi sriopadálta .i. a mgsg na
bpgcad? an saoilion tú nác géaba
pláigh ó duine éigin doo choml-
uadan thú? a tá tú mgllta már
mar sin shaoilios tú, ní cosmhail
go

ʒo bʄʄl ʒꞃáꝺ ꝺé na hanma aʒ‑
aꝺ an ꞇan náċ ꝼoil coimʄꝺ aꞃ ꝼhiꞃ
má ꞃo aʒaꝺ ꝼá ʒan ꞇanam ꝺo ċail
lṁhꞃn, ⁊ ʒan ꝺiꝺ ꝺo ṁaꞃluʒaꝺ.

9 Aꞇ éiꞃo ꞃé pól ⁊ ꞇꞃʒꞃe ꞇú
náċ é ꞃo mꞅꞃ ꝺo bhí aiʒi aꞃ an
noꞃoċċomluaꝺʒ: ꝼóʒnꞃꞅm ꝺíob a
bꞃaiꞇꞃe (⁊ ꞃé) ꞃib ꝼéin ꝺo ʒẜʒaꝺ 2 Thess 9
ꞃeiꞃan ꞃ‑le ṁáċaꞃ ꞃiubhlaꞃ ʒo 1 coꞃ 5
nʄṁ ꝺꞃonʒċe; aꞃ ionann ꞃn ⁊ a beiꞇ Maꞇ 5
aʒ ꞃubhal iꞃ na ꝼꞎaꝺꞃb: ⁊ ꞃiꞃ
má ꞇá ban mbꞃáꞇʒ na ꝼꞃ ꝺꞃꞃꞃ
nó ꞃainnꞇe, a ꝺeinim ꞃibh ʒan an
biaꝺ ꝼéin ꝺo ċaiꞇṁ ⁊ ꞃonáiꞇ ꞃiꞃ.
eiꞃo ꝼóꞃ ꞃé comhainle an ꞇꞃoiꞃ‑
ʒéil, má ꞇá ꝺo ꞃʄl ꝺꞃꞃ ꝺoꝺ ꞇaꞃ‑
ꞃꞅnʒ ꝺo ċum an phꞅꝺꞃꝺ, bṁ aꞃ‑
aꝺ í, ⁊ ꞇeilʒ uaiꞇ í. aꞃ é ꞃn ꞃé a
pꞃꝺh, má ꞇá ꝺꞃꞃe aꞃ bioꞇh ꝺoꝺ
ꞇaꞃꞃṁʒ

táimsig do chum pćenóh, gé go
mbgt comhrogur buit, ⁊ a tá do
ŕŕl bgr, sgan ŕé a chomluaoa;
⁊ do beir an roirgéal a ŕŕ ún ro
ohrt dá ŕáo gab ŕŕn ŕrt do
ŕlánugaoh maille ŕé haonŕŕl, ina
do oamnugao maille ŕé oá ŕŕl;
ar é rin ŕé a ŕáoh gab ŕŕn ŕrt
tánam do ŕlánogao gan an ŕgn
ŕn, a tá mg do ŕŕl noeir agao,
ana tú ŕéin ⁊ eirion do oul go inŕ
ŕroan a ncoinŕgŕ.

  ⅂o Mo tuairgi a loigto glac-
ŕ an léigronŕa ćuca oar naŕon.
Do ní an oriochchomhluaoan ole
mór ŕan ŕle áit, gŕćch ní ŕoil
áit ir mó ina noéin coŕgn, ⁊ an
aŕŕna hoimamnoh, ina an tŕr oá
ŕŕŕlaioan: ar é a ŕŕ inŕo, gŕ ŕé
                                     aŕ

ap onóp do őpne uapal, agap do
Thiġġpna tġ̃ típ, tpé mġlltop-
ap an diabhail, a tġh do bheith
lán do mhuiñtip ifppiñ, do Chp-
bachpbh, to mhnáiḃ ġabail, do
ġ̃ĕcacñ̃ġ; ┐ mana paõto na pót-
aipfóa ann do ġnáĉ, ní biaő pan
tiġpn ap cpó mġĉaiġ, ┐ áit ġan
onóip, ġan mhaitĉp, ġan mhópp-
óál, ap lán do ĉpuap ┐ to ġop-
tpġı. Ap é ap clú añ tġġlaĉ tiġı
ıppiñ to beıĉ at ĉiomchicll, luñ
ĺĥiamna lpcıpeñ .ı. na opíongapa
ap an labhpap, ġ̃n a fġ̃apath
pıot.

11 Smuaın opt pém a pá̃ġh
(┐ pon pola chíopo ĕcġġı̃ĉım
tñ) ┐ mġp náĉ éıoıı lġt bheith a
tóġlach thilġp aġ Dıa a meaſġ
m̃ġntıpe

ṁṙ́ynntine an tiabhail, mar fós
naċ tiubhrath do ṙí talmhyḋhe
páṙtún órt tą éir tréaturacha
to ḋnamh na aǵnych, aṡ ą chuṁ-
rath gan páint ná cumañ to beiṫ
agat ré a namhtiü, aṡ a mháin
to é um a ttýṡnṁgtará ṙiṫ cuiṁi,
⁊ oa réir ro, ag tṙṡ to chum na
froiṁione órt viamych páṙtín ą
Dhia maille ré rún beith a téṡ-
luch óileṙ aiṁi ó rom a maċ; eṙa
vyym reir an noriochéoṁluavq,
⁊ eṙa romao go laroir gan paint
na cumann to bheith agat ṙir na
vróngyṙri a vubhraman, ⁊ gan
to tṡṡh to tabaint vhóibh mar
ṫaṡyṙ go ttrárta: ór aṡ tréat-
ṙine a naghych Dé gach voine
ṫhíor ran péacadh ṁybhéa, mur

bíʋ an ṁᵧᵹnᴄiᵧ ᵧo ʋo ᵹnáᵵ, ⁊ ʋá
bᵧúᵹ ᵹn ní bá ᵧéᵯbᵧᵧʒᴄh ʋilᵹᵧ ʋo
Dhia ᵵú, an ᵱaʋ bᵱiᵧ cuᵯann na
paᵧᴛ aᵹaʋ ᵧiú, aᵧ a ṁáin ʋo ᴄuᵯ
a ᴛᵹenᵹᵵa ón ʋᵧoichᴏᵇᴛᴄhaᵥoh a
bᵱᵧliʋ, ⁊ ᵹibé ᵧaᵹaᵧᴛ ʋo beiᵧ
aᵥᵧoióiʋ ʋon ᵵé, ᵹa ᵯbí ᵹᵵᴄha
póiᴄe, iᵯᵹᵧᵵa ⁊ olc eile ina ᴛiᵹh
ʋo ᵹnáᵵ ⁊ aᵧ a ᴄuᵯaᵧ ᵹn ʋo lᵧ—
uᵹaʋh ʋá nʋioinᵹnaʋ a ʋíᴄᴄioll;
aᵧ cunʋᴛabᵹᵵ lᵇn ᵹo bᵱᵧl ᵱéin a
nnᵧoichᵹᵧláinᴄe, ⁊ nᵹ ᵱoláiᵧi ʋhó
ʋhul ʋiaᵧᵧᵧoih ᵧaᵹaᵧᴛ eili ʋá
leiᵹioᵧ.

cᵧeaʋ

an pheacuigh

cread iad na peacadh

atá dfiachuibh ⁊ dhuine do
chur san ffoisione?

C 6

Táid dá ghné pheacadh an
(ní labhram ar phéacadh
na smuain) .i. peacadh
marbtha, ⁊ péacadh sologtá. Ar
uime goirtir péacadh marbta don
cheud phéacadh do bhriog go ngabh-
ann na ghra ris an anam, ⁊ go ttu-
gann bás siorruidhe a nifrion dó.
Goirtir péacadh sologtá don péa-
adh eile, do bhriog nách ngabhann
na ghra, ar bhethadh don anam, ris
⁊ go ab upura maithmhes ⁊ logadh
dfaghail ann, gion go gcuirfite
a bffoisidin é, óir logtar é ⁊ mó-
ran do mhodhgh eile gan foisdin.

Iar

2 Iar ndéanamh an ṡgrúdaidh a dubramar roimhe, 7 iar ttárrṅtṡig do ṗéadṫ do cum do érṁine óṅt do néin do ótchill, a tá oṗiac̄r̥bh ort a bṗrṅl díob na bṗéadṫr̥bh marbṫa do ṫon a bṗcoirrom, gtcoh ní ṗoil oṗiachr̥bh ort na ṗéauiṫ ṗologḡa do ṫon a tṗcoirrom, do bhrigh nách ṡgárr̥o né oia tú 7 go bṗoil mórán do moṫ̄or̥bh ar a maiṫṫṡi iao gan ṗcoirritm.

Trid. ſuppra-
cabilon c 3 a
Aug de uera.
& falſa Pæn.
9. ca. omnis
utrius de Pæn

3 Ni lón óṅt a ráoh to rinṡr tá ṗéadoh, nó tri ṗéendṫa mgḃ-ṫa, ar ní póláin gné 7 nátr̥n na bṗéaoh rom do chon ṡior, ag ráoh, do rinṡr ṗéadoh oṗr̥ṡi, oiomuiṡ, nó raiṫci, 7 ar mḡ ro do ṫuig a ṅégluiṡ riaṁ an pongora.

T Ni

Ni lór duit fós a ráo go naoina tú drúir, no díomar, aſ a tá cfiachaib ort a cor ſioſ gá meo

uair tgla tṅſt ſin to óṁaṁ; 7 an ní cona to óṁamh ſan uile gṅé eile pſeṅch. tugaṁ a ṅ ſ̃ ín ſo ṅ le uainn táaſ; to bhſigh néch é ıoıſ to noıte ſcoıſíone bſeıch ſgaoılcı nó éṅgaılcı to ṫabaıſt aſ an bpṡeaṫ, ná lóıṅ gṅıoṁ coṫ ſom to choſ aıſ; gan ſıoſ tſag ail cſ̃to é náoṟſ na bpṡeaṫ to ſıne, 7 ga mhⅇ̃o uꝗ to ſıne ıao.

5 Ná mhſ go bſoıl cfıachſ̃ þ oſt anoſ ına tú to pſeaoſ̃ þ to coſ ſan ſcoıſíoın, gé nᷓ coṁ neoṫ ᷓ oṁa. Ni chuıſ þın Dıa aıchne oſuın, aſ aıcne aſ éıcıſ lınn to choṁ hlıonaᷓ ; tá bſıgh ſo aſ é

Marginal notes:
cant. 102. Tru llan' trid sv, & can. 7. Vor maſcen ca. 25 Trid. ſuPra

C 1 huius par his.

aa

ánuí a tá ofiaċngbh ont, maṟ a
ᴅᴇꝽᴅ aiṫṟe ċomġle ᴄʜṟɪᴏɴᴛ, an
mhéio aṟ a ccoimhneocha tū ᴅᴏ   Τrid ſſ 14 ᴄ̃
pſeaċiní mgbċa tg éiṟ ſgṟūᴅꝽ
aiċhiollaig ᴅᴏ ōꝽamh oṟt ᴘᴇ́ɪɴ
ᴅᴏ ċoṟ ṟan ꝼoṟgom; gonaᴅaiṟe
ṟn mana ċoimhnigċeᴅ aṟ aṟ ċhṟi
pſeaċing, aṟ lóṟ iaᴅ ṟin ᴅᴏ ċoe
a bṗaċiᴅn, gé go noꝽnaiṟ ꝼiċe
pſeaᴅh, aṟ a mháin nách ṟabaiṟ
mainnechonach ag ṟgṟūᴅaᴅh ᴅᴏ
ċhoiṅṟaṟa, 7 ag tġiꝽ ᴅᴏ pſe-   sſiatō 4 ᴅ ᴡᴅ
aᴅ ᴅᴏ chum coiṅe, 7 ní maiṅgſ-   ſ. ult. sota ᴡ
Ᵹ𝔤e gan na pſaṟg ᴅᴏ ſgṟicbaᴅ   18 q 2
a nuaiṟ ᴅᴏ níċhṟiaᴅ, ꝼá coiṅe na
ꝼoṟṟoiṅe, óṟ ᴅᴏ baᴅh éioiṟ aᴅ
ſgṟíbhuu ṟn ᴅᴏ ᴄ̄ul a muᴅa, agaṟ
ᴅaoiᴇ eile ᴅá ꝼagáil. A nug nᴅᴇ
coimhneoċa tū aṟ nṟgmhiṟ ċmnte

ᴛ 2

το ph.ſead, crʒ ſíoſ an τυαιɾim,
aſ ʒoiɾe ṁíṡ aſ τú bᵫṁaſ ſiſ a
nʒṁhiɾ ccinnτe.

An bhſuil cáis ann maɾ
éiᴅiɾ abſaléiᴅ ᴅo τabaiɾτ
ᴅon aiτɾiʒᵫh, ʒan a
bſuil aɾ cɾᵫṁne
uiʒe ᴅá ſᵫaᴅ
nʒb ᴅéiſτᵫṝ
ɾaᴅa aɾ
τúſ?
C 7

 1 héiᴅiɾ ſacɾáṁɾɾnτ na
háiτɾiʒe το ᴅḡnaṁ aɾ
ᵫnchoɾ ʒan ſᵫaᴅh éiʒ
ın ᴅo chuɾ ſan ſhaoiſᴅin, ᴅo ḃoʒ
nách ſoil ſan abſoléiᴅ aſ bɾe aτ
ɾᵫmuſ ſioſ éiʒın na cɾᵫ τſaʒáil
ſá

ꞅá péin ᵹan baıl ᴅo bhèıꞇ ꞃᵹᵹe.
ᵹıᴅᴇᴅ aꞃ ıᴜnᴅᴀ cáꞃ nách ꞅoıl ᴅo
ꞃıaꞇᴀnᴜꞃ na pᵹcaᴅha maꞃbhꞇha
péın ᴜꞁe ᴅo ꞇoꞃ a bꞅꞃoıꞃᴅın, ᴅo
bꞃıᵹ̃, a lán ᴅᴜaıꞃıbh nách ꞅoıl ꞃ
cᴜmaꞃ ᴅo naıꞇꞃıᵹᵹᴅh a bhꞅoıl aꞃ
coꞁᴧ̃ne aıᵹı ᴅo ꞃáᴅ, nó ᴅo noıꞇe
ꞅꞃoıꞃıᴅne a neıꞃᴅᵹꞃ̃. Aꞃ é a ꞃꞃ̃-
ᴜ̃ꞃ ꞃò (maꞃ a ᴅᴜbhꞃaman) nách ᵀʳᵃⁱᵈ ˡˡ ₆ ₆ ▮
cᴜıꞃꞅᴧ̃ Oıᴅ ᴀıꞇne oꞃꞃᴜꞃ, aꞃ̃ ᴅo
péıꞃ aꞃ ccoꞃᴧ̃áꞃ, ⁊ ᴅá bhꞃıᵹh ꞃıꞃ
an aıꞇne ᴅo chꞃıꞃꞃ oꞃᴜꞃ ꞃ bꞅᴇᴀ-
ᴜᴅa ᴜꞁe ᴅo ꞇoꞃ a bꞅꞃoıꞃᴅın, aꞃ
aᴍhlaıᴅ ꞇꞃᵹᵹꞇꞃ í ᵹo ccᴧ̃ıᵹlaꞃᴧ̃ ınᴜ
a nᴜaıꞃ aꞃ éꞇıꞃ lınn a coıꞃᴧ̃lıonaᴅ̃
ᵹan ᴅıoᵹbháıl ꞃomhóꞃ anma nó
cꞃꞃꞃꞃ ᴅo ꞇᵹꞃ̃ ᴅhꞃꞃꞃꞃ péın nó ᴅáꞃ
ccomhᵹꞃaın ꞇꞃᴇ bheıꞇ aᵹ ıaꞃꞃ;ᴅ̃
a coıꞃᴧ̃lıonaᴅ̃ ; óꞃ aꞃ ꞃí nác̃ ꞅoıl

pet leds t P.
sum de peui.
c 20 con 3 d.
Tho in addi
q 6 z Sua to 4
d 23 5 1

ar ar ccomar (mar a deirid na
diadaire go coitchenn) an ní nác
éidir linn do dhanamh gan diogbáil
mhór anma ná cuirp do tégr ar.

2 An cd. chás inn nác iarrtar
froisdin na bpecad uile go hiom
lán, an tan trctior duine go prab

Ant. 3 p t c 2
Syl v contes.
3 q 13.
Aug confef 4
Cold 1 s q 19
& communis

i naicio tmoir iondur nách éidir
leir an chuid eile tá pecaduibh
do con rior, 7 go bfuil a hperr-
iocail, ar lón an mhéro a tubgc
ré dá phecdruib noimhe ni do con
rior do chum na habroloice do
tabge dó; ní hé a mian aco do ar
lón a naainrin an orrne tinn do

Henrý de pz
c 12 n z
Soto d 18 q.
2 4 &5
Henriq su
lop 1 p c 27

tabunc cóm trréa doilghir nada
a cceár gz gcinprad a chodaoha
rir, gz nách trrzeóh an razze
compzeaoh rregiáca naoha leir

an

an ccomanτa, aҁ a main go bҁoil
cҁҁҁ ҁ, 7 ҁ mhian leiҁ abҁolóιo
oҁaᵹáil.

3 An oҁa cáҁ, an τan oo cҁҁc-
ҁéo τιnτҁ móҁ ҁ an noιoe ҁcoιҁ-
ιone, nách léιᵹҁҁoh oó ҁҁҁҁbé ҁé
na ҁᵹcaoҁҁb ҁιle oéιҁoҁ, aҁ lóҁ
oo chҁn na ҁaҁnámҁҁnncι an méιo
oo cҁҁҁбé ҁιoҁ ҁéҁ an ccιnτҁ oo
cҁҁҁ aιn.

4 An τҁҁ cáҁ a nҁaιҁ bιoҁ an
cáτҁιᵹhбé balbh, nó nách cҁҁᵹ-
ҁҁoh cҁҁᵹaιoh an cҁҁᵹaιnc, 7 ᵹo
mbҁҁ cҁҁτchҁҁbh ҁ ҁcoιҁιoιn oo
oҁnamh, ᵹan ҁaᵹanc eιle ҁ ҁáᵹ-
áιl aιᵹι aҁ lóҁ cҁҁo oá ҁᵹcaoҁҁb
oo cҁҁᵹҁιn ҁaιoh.

5 An ccҁhҁamhaoh cáҁ, oá
mbҁaҁιбoh anҁa obann, ιoҁҁoιᵹιo
námιao,

Med. 1 2 c 7
Hen. supra
citans Soto
Syl Tab Aug
& alios

nánhao, crgcim cigi, cine, nó
a leicero ro eile do chrs q óaoin
ibh 7 nách biao nhic agan raggc
a néirogs rle a noiaroh a céile,
7 nách biao oul ar aca, ar éioin
leir an ragarc mórán oéirogs a
noinfgs, 7 abrolóro do cabainc
oóibh, gan a bpecuoa rle oeir-
ogs uacha: do mholrrnn rós ina
leicéro rin do chár, gan frrnó lé-
hoon orgne a rrám do rao a pói-
ao rle 7 mórán eile ag iamroh
roirgine; ar compleoao a rráin
oéirogs ó gach aon, 7 abroíóro
do cabhaipc oó, 7 cáo eile oéir-
Vide Sua. to
a d 3 s l 1
ogs mar rin, 7 a chon ofrachribh
orra a bfrooirion do oéiamh a rír
oá ccugao oia ar an ngabhaoh
rao.

                         Acá

Aꞇ ꞇá móꞃán ꝺo cháꞃꝺ, ⁊ eɩle ann
ɩnaꞃ ꝺlɩꞃꝺeɩꞃⁱⱺch an ꝼaoɩꞃꝺɩn ᵹan
na ꝑⱺaꝺa ꞃɩle ꝺɩnnɩꞃɩn, a⁊ ní ⱦⁱꞃ-
naⁿn ꝺꞃⱦⁿ ꞇꞃáꞃaꝺh oꞃꞃa ann ꞃo.

ⱺon ᵹhumnꞇɩꞃ cheɩlɩoꞅ

ꞇꞃé náɩꞃe cuɩꝺ ꝺá bꝑⱺaꝺⁱᵹⱺ
ꞃán ꝼaoɩꞃꝺɩn.

C 8.

E ᵹo nꝺúbhꞃamaꞃ ᵹo
bꝼuɩlⱺ cáɩꞃ aɩꞃɩꝺe eɩlɩ
ɩnaꞃ éⁱꝺⁱꞃ abꞃolóⁱꝺ ꝺo
ꞇabhⱥꞇ amach ᵹan na ꝑⱺaꝺⁱ ꞃlɩ
ꝺeⁱꞅꞇⱥꞃ, ní ꝺɩoꝺ ꞃɩn cáɩꞃ náɩꞃe
an aⁱꞇⱥᵹⁱᵹ, a⁊ aꞃ ꝺeⁱꞇɩn ᵹɩbé ꝺo
léⁱᵹꝼⱺ ꝺe coⁱnꝑⱺaꝺ maꞃⱥꞇa ꝺá
ᵹⁿáⁱnᵹⱦⁱla ꝺⁱꞃɩꞃɩn ꞇꞃé náɩꞃe, náⱥ
bⁱaꝺ ꝺo ⱦᵹba na ꝼaoɩꞃꝺⁱn aⁱᵹe, ⁊
ꝑⱺaꝺ maᵹⱥꞇa nua ꝺo ⱦuꞃ a ᵹceⁿꝺ

na

Aug. de uera
& fal. Pœn. 9
& 15. Clem.
1 ep 1 cYP.
ſer. de laPſis
Trid.ſſ 14.c.5

na bfícad do bhí ain né tꞓr do
ꞓum na Ꞽcoigoine dó, do fén tꞓg-
uiꞃ na naomaiꞇꞃeóh 7 chomꞃꞡꞇeóh
na hꞡgluiꞃ. 7 a deiꞃ SolaꝀ, ꞡibé
ꞇeilioꞃ apꞇenꝺ ꝗ dia, naꞅ ꞡluai-
ꞃeon ꝗ deiꞡꞃuꞡꞃd; 7 ꞡibé adꞃaꞃ
iad, ꞡo bfenꞡe ꞇꞃócꝗe. aidbeꝀ-
ad duiꞇ a ꞇiꞡꞡna (a deiꞃꞇó Dái
uid) mꞡcoiꞃ am aꞡꞃó féin, aꝯ-
aꞃ ꝗ ball do ꞃꞽaiꞇꞇꝀ moꞇoiꞇe.olc
do chuaid Dadamh ꞡan a pꞃcad
daomháil an ball, olc do chuad
an ni ceona da dꞃochꝀac Cáin, óꞃ
da naomaoh a pꞃcaoh an ꞇan do
fiaꞃꞃꞽꞡh Dia dhe é, 7 páꞃoún
diꞽꞃꞡꝺ, do ꞡeabaoh é ꞡan aꝀ-
ꞃuꞃ.

2 As iomda anam da loꞃꞡaoh
a nꞼꞼꞃioꝀ fá ꞡan aoꞃáil na bꞼꞓe
aoh

prou. 18.
psal. 35.
Gen. 3.
Gen. 4

áτh το ċḣánaṁ go hιoṁlán, ag
τe ιlτ choτa ḋιoḃ τρé náιρe. bιϑ
τριúρ comhḋláċh το ṁ̃ηιτιρ luᵹ-
ḟι το ᵹnáċ ag τοιρmḣ g an anma
ᵹan na ρ̃áιϑḃa το ċορ ρan ρ̃oιρ-
ιτιn .ι. aιnṁιan na colna, ρaιnτ an
τρᵹoᵹaιl, 7 anuaḃaρ: a τeιρ an
cᵈ̃ōcomhḋláċh ρ̃ιοτ ᵹan a ṁ̃ιᵹn το
noιτe ρ̃oιᵹone ċιa ᵹá bḣ̃ḟoιl το
ᵹnáoḣ, nó το ρ̃ηᵹhι, υᵈ̃ᵹla ᵹo
ccuιρ̃ρ̃ċoh τ̃ρ̃ιáċuιḃ ορτ τοᵹḃáιl
τe ᵹn; a τeιρ an ϑαρα comhḋláċ̃h
ᵍιοτ ᵹan an ᵹοιϑ το ċορ ρan ρ̃oιρ
ιτιn (ᵹοιϑ ᵹáċ nί το ᵹeιḃċḣι ᵹo
holc) υᵈ̃ᵹla ᵹo ccuιρ̃ρ̃ιϑe τ̃ρ̃ιáċ-
uιḃ ορτ aιρ̃ιοc 7 lóιρ̃ᵹhnιomh το
ϑḣánaṁ; aρ mó ṁáιϑ ρο an τolc
το nί an τρι̃ᵹρ̃ comḣaιρ̃ιⱡáċ̃h ϑuιτ .ι.
an τanuaḃaρ, óρ nί leιᵹιonn ϑuιτ

na

na pčeadha ar ṅráṁ̇ṁ̇la aṁ̇aṁ
ṁ̇iṁ̇iṅ̇ṫ tré náiṁe, do ḃṁ̇iṁ̇ nách
foil ní an bioṫ ar doiḋḣi leiṁ a
nuaḃḣ má a ṫṁuaill̇iḃ̇ṫ̇ṁ̇ ṁ̇éiṁ̇ do
ṫṁ̇ḃ̇áṁ̇aṁ, ṁ̇iḃ̇ḃ̇oh léiṁ̇iṁ̇ do chuṁ̇
na ṁ̇aoṁ̇ḣ̇ne ṫ̇ṁ̇ iṁ̇ṁ̇iṅ̇ṫ na coṁ̇a
eile do ṁ̇caṁ̇ḃ̇iḃ̇ḣ, ⁊ má ṁ̇ ṅ̇ṁ̇ to
ní ṫ̇ṁ̇ ṁ̇caṁ̇ nua ṫ̇éṁ an maṁ̇la to
ḃeiṁe don ṫṁ̇aaṁ̇amuiṫ̇, aṁ̇uṁ̇ ṁ̇
ṫ̇iṁ̇ṁ̇ḣ̇ṫ̇á ṁ̇caṁ̇ an biṫ aṁ̇ ṁ̇uiṁ̇ḃ̇
uaṁ̇ó aṁ̇ iṁ̇ṁ̇iṁe an ṁ̇á ṫ̇ḃ̇ḃ̇comṁ̇-
aṁ̇iḃ̇oh, nó ṁ̇o ṫ̇ṁ̇iṁ̇ḃ̇oh an aiṁ̇ṁ̇iṁ̇
áiṁ̇iṁe aṁbí ṁ̇ṁ̇aichṁ̇ḃ aṁ ṁ̇ach
pḃ̇caċh ṁ̇aoiṁ̇ṁ̇iṁ do ṁ̇ḣ̇ṁ̇aṁ̇.

3 Aṁ an ṫ̇ṁ̇iṁ̇ṁ̇ noṁ̇oċḃ̇comṁ̇-
⸱ Ioannis ⸱ aiṁ̇ḃ̇ṁ̇á tiṁ̇ ḃom ṁ̇oiṁ̇ṁ̇ḃ̇lṁ̇ḃ̇ aṁ̇
ṁ̇áṁ̇ a ḃṁ̇ṁ̇il̇ duic aṁ an ṁ̇aoṁ̇al ṁ̇ó
ṁ̇iṁ̇ ó ṫ̇ṁ̇uṁ̇ṁ̇ ⸱i⸱ ó anṁ̇ian na colla
ó anṫ̇ṁ̇aiṁc na ṁ̇úl, ⁊ ó ṁ̇iomaṁ̇ na
ḃ̇ṁ̇ṫ̇aoh

téchaoh, ó ḋromas ḋiabhlaịḋhe
ịg nách áil leip an bpéịrt mboịp̄
τcaiṁiṅọhe pún do bheiτ ag phị
ịonaτc Dé aịp, go nọ̄ḡna ní g̅iṅ-
fiṁhail p̄amṅ.

4 léịgṁio a mbȧtharth bị hị-
ngo naoṁh go dτḡia é lá áṁiọhe
το τṅịṅe ina noịbhe ḋpoịóippion-
aτa; το clơṅ, z ǥ̄ a naiṁ Dé a ṁ-
aịṅ ḡáṁhċo cṁṁhan do bí ā̄; do
p̄ṅḡaiṅ ḋó go naṫhaṅan τnṁṅ-
ṅ lṅi in aṅṅ; do p̄ịṅḡnṅọ̄ an nọṁṅh
a ṅaṁṅamṅa, 7 do p̄ṅḡǥ an τóg-
lach ḋó g̅aḃ é do baṁṁ τon ċṅṅ-
τhṁhaṅ ḃṅṅ̄τh aṅ ịpaṅáṅ το
bṅṅịg go mbịṅō ag bṅ ịauḡaoḃ
τṅṅe do chaṅ coịa a ccoṁ̄p̄ịṅ
το g̅ṅ̄aṅoḃ, 7 τaṁáịṅ a gịṅaṅha
go mbịṅoḃ ag pịoịnċoị ina mṁ̄-

U   τịṅṅ

cinn gan aifioc ná lóinzniomh do
dhéanamh innti. a dubhairt zabé
ainm an dara dénhran dúnadh an
chroidé, do bhríz zo mbíodh az
fiorcor dhocfinnancó a ccroidi-
ibh na ndaoine zá tézuz do cun
a bféacad, 7 az druid a ccroid-
coh na.diaizan dzla zo ndiong-
nadaoir aitrizi, 7 zab é ainm an
chrf dénhan dúnad béil, do bríz
zo mbíod az fionchon cáurz-
ce 7 na péacazb fá zan a mbeól
do orzladh do cum na fuoirtoine
nó a ccáf zo ndiongnadaoir an
faoiroin fá chrió dá bféacanbh
do cheilt tré náine.

5 Als iombá olc do níd an dá
chéo dénhan, zidéoh ar lía olc do
zi an tref dénhan; tréf an fír-

éa

án a ⲧꭓ̃bꞃꝛamꝗ, ⲟⲟ bhꞃigh g̃ab
mó an pⲉcaⲟh ꞁaꞃꞃꞃⲟh ⲟⲟ ⲧabꝗⲧ
ⲟⲟn ⱡⱥꞁꞃⲟⲓn ⲟⲟ ⲟ̃maⲙh go hⲟlⲉ
7 gan aⲙbꞃꞁⲟꞅ ⲟⲟⲧ ꞃⲟꞃaⲟ̃, ⲓⲛⲁ
ꞁꞃꞃⲉⲁ̃h ⲩaⁱⲧⲉ, 7 g̃ab ⲧꞃꞃⲙⲉ an
pⲉcaⲟ̃ mⲁꞃla 7 aⁱⲛⲟⲗⲓg̃ⲧⲟ̃ ⲟⲟ ⲧabꝗⲧ
ⲧⲟn ⲧꞃⲁⲉ̃mꞃꞁⲧ̃ mⲁ ⲟⲟn cⲟⲙⱡgꞃaⁱⲙ.

6 ⱥꞃ ⲟbⁱⲟ̃ ꝗ ꞃⲟ a lⁱaꞃ̃ ⲟꞃꞁⲛⁱ ⲙ̃g̃l
lⲁꞃ an ⲟⁱabⲁl aꞃ an ꞃlⲓghⁱⲟhꞅ, 7
náⲥh ꞁⲟⁱg̃ⲟⲟ̃h ꞃⲉ ꞃlⲓg̃ⁱⲟh ⲥhⲩca ꝗ
g̃lⁱꞃ eⁱle. ⱥꞃ ꞃⲁⳇⲛꞃꞃ aꞃ ꞃⲟ mⲉ̃
ꝼⲉⁱn, 7 gⲁⲥh ⲟꞃꞁⲛⲉ eⁱle ⲟⲟ bhⁱ ⲛⲁ
ⲟⁱⲟⲟⱡaⁱꞃ-ⲓⲟⲛⲉ, óꞃ aꞃ ⁱⲟⲙⲟ̃a an-
am ꞃⲩꝗamꝗ ⲥⲙ̃gⲟⁱlⲧⲉ agⲁn ⲟⁱab-
al ꞃan lⁱⲟⱡꞃa: aꞃ ⲛⲁ mⲛⲁⁱb̃ aꞃ mó
lꞇꞃgꞃ ꞃⲉ an lⲁⲓⲙh ꞃⁱꞃ an ccⲁⲧⲩg̃-
aⲟh ꞃa, ⲟⲟ bhꞃⁱg̃ gⲟ bhꝼⲛꞃlⁱⲟ ⲟ̃
ⲛⲁⲟⲛꞃꞇ ⲛáⁱꞃⲡⲉ̃, agⲁꞃ gⲟ ꞃꞃⲉꞃꞁalⲧⲁ
ꝼⲁ phⲉcaⲟh ⲛa cⲟⱡla; ⁱⲟⲛⲟⲩꞃ gⲟ

U2   ⲧⲧⲩg̃

tugadair aire dhóibh fém ſan
peiriocríſi, 7 go ngabdaoir mún-
adh chuca ag ſaogh cionour to
éirigh to daoimbh eile do cheil
tré náire cro dá bpeadhrybh.
cryſeto romplada ann ſo ó ugh-
dairaibh maiti búnaſ riſ an nádu-
bair ſa.

Guiliel. pep
tra. i de conf
ſis in ſpec.
d 9
7 léigmío go roibi trýne air-
rohi roſairohbhir ann, 7 fór go
raibhi na ſiráiach, 7 gé go roibhi
bh aigi ní ſuair clann ar bioth
airti, do trýnbog a ron a ngryde
go outrachtach to chum Dé ſa
gem cloine oſagáil, ar eacho a
toirbheirt dóro crábhaioh ina
nbíad ag molad té ſtó a bth-
ach. ſuaraog ó Dhia mac 7 do
wodar é go haoiſ niomchubad,

⁊ τυgαꝺꝻ αn ꝼιn é, ꝺo ꝛéιꞃ α ngeɫ-
lꞃꝺh, ꝺónꝺ chꞃáḃαιꝺh, αgαꞃ nα
ḃιαιgh ꝼιn τhυgαꝺαꞃ ιαꝺ ꝼéιn go
hιꞃomlán ꝺo ꝼeιnḃhιꞃ ꝺé αg ταḃ-
αιꞃτ á mαoιne uιle ꝺo ḃhoꝼꞃnḃh,
⁊ αg ꝺéαnαmh τꞃoιꝼge ⁊ uꞃnuιgṫe
ꝺo ġnáṫ; ꝼuαιn αn ꝼꞃι ḃáꞃ ⁊ τ̃Ꝇlα
ꝺon mhnαoι τꞃé αιnmhιαn nα collα
go ττυg gꞃáḃ ꝺóglαꞇ ꝺá mꞃn̄-
τιꞃ ꝼéιn, ⁊ g̃ chιonnτuιgh ꝼιꞃ, ⁊
gu ꞃug mαc ꝺó ⁊ comhluαꞇ ⁊ ꞃug
é ꝺo mhαꞃḃ é, ⁊ ꝺo αꝺlαιc é ꝼα
nα leḃuιꝺh. ꝺo ꞃug ꝼóꞃ αn ꝺαꞃα
lḃαḃh, ⁊ ꝺo ꞃíne 'αn ꝺι c̃onα ꝼιꞃ.
ꝺo ꝼꞃuαιn ꞃí ꞃꞃe ꝼéιn ꝼá ḃeóιḃ
nách ꞃoιḃι ꝼα nα coꞃ̃e αꞇḃ ꝺαm-
nuġαḃ ꝼιoꞃꞃ̃ꞃ̃ꝺe τꞃéꞃ αn ulc ꝼꞃ⟂
munα múchαḃ é ꞃé ꝺꝼ̃ghoιḃꞃιġ-
ṫιḃh, ⁊ ꝺá ḃꞃιġ ꞃιn ꝺo ꞇꞃoñgαꞃ
U 3 α ꞃíꞃ

a nír bétha a bhunuigte diada; 7 do
bí ní ar áibtigi go mór má poiffe
pin, giótoh cug náire rnre gan
an peéad gnā pin do cor abfroir-
iain gé go cenitoh píor giač peé-
ad eile dá noḟuna maille pé tripig
7 pé oḟuibh. fuain bár agap do
dammuigtoh go hiffrion i i; iapp
celoirtin a báir dá mac do bhí a
nóro chriábhuidh, do ġhuiuh ar
a ġuide, 7 do pine ditcioll rpeij-
álta troiiṡgt 7 oḟoibrigtéó eile
ar anam a mát i. Tainic an mát-
air bhoḟ dá tairbhadh féin do
ṡac, 7 dá óráġuu nime ar a cíġ-
ibh ag gul 7 ag doncaoh dḟi, 7
a dubhairt, ar diomhaoin dhuit
a mhic bheit ag guide oramra,
óri a táim damanta go fioróuide
to

ᴛo bʜριᵹ ᵹaɴ cheιlιoρ aɴ pᵹᴄaᴅʜ
ᵹρaɴᴁɴhaιl ᴅo ριɴᵹ, ᴄρé ɴáιρ
ᵹaɴ a choρ ρaɴ ꝼoιρᴅιɴ, ᵹé ᵹo
ccᴀιριɴɴ aɴ chᴀιᴅ eιle ᴅoᴍ pʜᵹᴄ-
aċʜρᴅʜ ριoρ ᴍaιlle ρé ᴅʜιρᴅʜ ⁊
ρé ρúɴ ᵹaɴ a ɴᴅᴁᴀᴍ a ρíρ, ⁊ ιaρ
ρáᴅʜ ɴo ᴍbριaᴄᵹρa ᴅι ᴅo ιᴍᴄιᵹh
ᵹo .háρᴀρ ɴa bριaɴ ᴍa ᴍbιa ᵹá
ριaɴaᴅ aɴ ꝼᴁᴏ bιaρ ᴅιa a ɴᵹlóιρ.

8 léιᵹᴍιᴅ ꝼóρ ρoᴍpla eιle aρ
aᴄᴄbʜaρᵹᵹι ᴍá ρo bʜᴁᴀρ ριρ aɴ
ɴaᴅᴁaρ ρo. ꝺo báᴅᵹ ᴅιaρ bρáᴄᵹ
aᵹ ᵹabháιl ρlιᵹᴄᴏh áριᴅhe, ᴅo
ᴅι ρʜι aca ɴa peɴᴄeɴρᴀριuρ ᵹaɴ
bρáρa, aρ é ρɴ ρé a ρáᴅ, ɴa ᴅρɴe
ᵹá ρoιbhι coᴍhaρ ρρeρáᴄa óɴ
pʜápa aᴅρoᴩlóιᴅ ᴅo chabaιᴄ ιρ
ɴa hᴩɪle pʜᵹᴄaᴅʜρᴅʜ, ⁊ aɴ ρʜι eιle
ɴa ᴅρɴe ριᴍplιᴅe ɴaᴍᴁᴄa. ᴛáɴ-
ᵹ aᴅaρ

Guiliel par
tra 1 sup con
fit. c 17 spe
exemPlo. in
lib. scala cæl
Ioau Bap Ma
drigal citans
croni antiq-
ua ait fuisse
Fratres Mi
ores.

gaoḋ go cairlín áṁuḋe ina roibi
bean uaſal do bhi aoinbliaḋain dég
a bpéacaḋ aḋalttannuſ ré ſhi
eril, gan ṫor a bṗhaoirroin tré
náire, mar do connaic ſí na bráitre
ag nach roibi aiṫne ruṁe do ṫéiſ
aice féin go maḋh maiṫ an choṁ-
gle ḋi a péacaḋ do ṫor a bṗhaoir-
roin, 7 nách mór an náire do biaḋ
ḋi ann, do bhruiġ nách roibi a ſior
aca cia hí, 7 nach cormhrul go
bṗaicfeḋ go bráṫ iad ó ſin a maċ.
Do labhar ſí riſ an mbraṫair agá
raibhi comaſ abſolóid do ṫab-
art uaḋh, 7 do ṫionnġain a ṗaoir-
roin do ḋénamh, 7 tar éiſ a péa-
caḋ do ṫor ſioſ fó leiṫ go ráinig
an péacaḋ gránda, tug náire
ruṁe an péacaḋ ſin do ċeilt aṁrul

do

Do baò gnáẛ lé; do bí compánaẛ
neomhẛha an oide ẛoirione, ag
ẛẛirin aṙ an mnaoi, 7 do choṁáine
ṙé gaẛh páẛaoh tá nimirẛoh go
ẛẛigẛoh tóo (béẛhaòaẛh grán-
da nimhe) a maẛ aṙ a beól, giẛẛò
ẛ ẛilloẛ ṙṫe a ṙẛẛ a ṙiṙ maillò
ṙé tóo mhói uaẛbáraẛ náẛ táinig
a maẛh go hiomlán, a nuaiṙ ẛuẛ
abrolóro. Iẛ ndol aṙ an mbaili ṙa
ṙóibh, do moir an bṙáẛáiṙ ṙim-
pliẛe dá ẛompánaẛ an ní do ẛoṁ-
ẛẛ. Tṙúagh ṙin aṙ an toiẛe, aṙ
ẛéimhin ẛ ẛheil ṙí páẛaoh éigin
ẛṙé náiṙe, 7 maṙ ṙin nẛ maiẛẛẛoh
ẛompẛẛaò dá nẛṙna ẛi. ẛilliṙ dá
guṙe ẛán ẛṙoiṙẛin do ẛṙṙaṁ go
hiomlán. Do ẛilltoaṙ, gṙoẛẛoh
ẛaṙṙaoẛ du bhẛu uaṙal maṙbh; do
ẛaiṙ

τcomboᵹ ᵹo ᵹĥ₁ α báꞃ, ⁊ do τ₁oꞃ
ᵹanαoᵹ τꞃoꞃᵹαoh, ⁊ do bháoαꞃ
αᵹ ᵹꞃᵶe Dé ᵹo ouτꞃαᵶoαch ꞃá
α ταꞃbĥαoh ohóꞃbh c₁onouꞃ τα
éꞃ₁ᵹ don mhnαoꞃ₁n; do ταꞃbĥ—
naᵶ an τꞃĥ· lá an bĥτn ꞃ₁n αᵹ mᵹ—
eꞃᵶᵹꞃ αꞃ oꞃαᵹún τꞃnnτ₁oe, oᵶ
naτᵶ ₁nıhe uαᵶháꞃαᵶα τımch₁oll
α bꞃáᵹαo ⁊ αᵹ o₁úl α c₁och. ohᵶ
τhóo αᵹ ₁τ₁ α oáꞃúl. ₁αꞃᵶ αoh—
uαᵶmᵶαꞃ ꞃoımpe αꞃ α beól ⁊ αꞃ α
ꞃꞃóın. oᵶꞃαᵹꞃo τhınboh τꞃé na
cluαꞃᵹbh; oα mhαoꞃαoh allτα
αᵹ cꞃın α oá lámh, ⁊ ꞃomαo o₁l—
ꞃ₁αꞃoα₁o nınıhe ꞃα α cĥın. Táını
τꞃ₁oᵶnuᵹαoh ᵹᵹlα oꞃα ꞃé huαᵶ—
báꞃ na ꞃα₁ᵹꞃona oo ᵶonᵶαoᵹ. na
b₁oo ᵹᵹla oꞃꞃᵹbh α mhꞃꞃnτ₁ꞃ Dé
(αꞃ ₁ꞃ) mꞃꞃ an bĥτn boꞃ ınαllꞃᵹ—

ū

chi do rine faoisdin ribh tri la uadha, ⁊ do bhrígh gur cheil mé enpheacadh grainemhail tre naire tugadh breith dhamanta oram, ⁊ biad is na piantoibhsi do chí sibh ann fad bhías Dia ag caithemh na glóire: cuirim féin dfiachaibh ort a nainm mo tighearna (ar an toide faoisdne) dá ni dinnisin dhamh, an ceadni diobh, creud as ciall dona piantaibh éxamhla sin a tá ar do balluibh? a táid (ar sí) na hil-piasta nimhe si ag mo chenn a ndiol gach deissi ⁊ gach breagadha bréigi tug chuirios ag: a táid an dá ród so ag ithi mo súl a neiric na namharc cclaon mailiseach: a táid na saighde tinead so tréin chluasaibh a neiric an chiuil cheóllaidhe do

luimn

Cluinim, na mbriacht nsinghlan a
veiſinn, 7 an rtiompaiд ro éiſ-
viп: a táiд an vá nacẓ nimhlen ẓ
vo chioch,ḃ a né mc an ᵹiacaroh
chꝛuaillide vo léᵹm ro ᵭliavaṁ
oꝛꞃ; a tá an thiglaꞃẓ ᵹꝛaṁiꞃo
aꞃ mo béal, ꝛám bhꝛtᵹꝛᵹ 7 ꝛám
bꝛiacꞃ,ḃ baꝛbaꝛᵭ a: a táic na
macoaioᵹẟ aᵹ cꝛemn mo láṁ ꝛám.
ᵹlacᵹ ꞃ cꝛuaillide ẓ ohꝛomiḃ
eile, vo bꝛiᵹ nᵹ ſinſ mo láṁba
vona boꞃ,ḃh, aᵭ an ꞁá bé cóiꝛ
ṡaṁh vo ċabaꝛc ᵭóiḃ ᵹo ttuᵹ-
aꞃ é vom ſᵹꝛꞃᵹbh ſuꞃꞃᵹh, biaд
ẓ an noꞃaᵹün ttennciche ꞃ ᵹo
ſion ᵭꞃᵹде a tá aᵹ loꝛᵹach mo
ᵭuꝛ 7 ball mꞛ ᵭóonaд mo ċ ꞃꞃ ꝛ ꝛ
le iéꞃ ċꝛꞃꞃoꞃ angꞃꞃꞃꞃ mo cꞃuꞃ-
uiᵭᵹꝛ. an aꞃa ꞁí ſꞃꞃꝛꞃᵹm ᵭꞃcc

N

(an an toive proigione) cia hia
ad rēaṅgh er mó vhamuṅgēhi cá
ran auṁṅ ṅ? a tāio veome (y ri,
an an ṅle rliṅich pēaṅch ag val
gō huppuioñ; gicēō a tāio ceiṅ-
ne pilligte pruṁṡopālta a ṅgaē-
ṅo na mnā ag val añ.i. an vpṅṡi
ōmailegr, nó brīṅōar culṅōcē,
fireōṅa, 7 (an tole er mó pā
ōeuāch) náṁe a ōprēaṅō to ōoṅ
a behvoṁoin. Tēla an rompla ra
ran tiṅṅ pēm aṅgeuvepiaro.

Ioan. Maiōr
in magn. (Spe
culo. v. con-
feſſio. ex 22
ci:ans p Coſ
terum
collectox Spe
culi.

y Do bhi maṅgeln áṁive ann
taṅ ṅrāō nūṁhṅlan vōṅanvē, ṅā
ṅā chṅmi an tole a nṅhuomh veṅ-
ēṅōh ṅiḷra; vo chuaioh a mainṅ-
ṅoṁ ban maṅālta, 7 to bhi lāṅ
to ērāōaō, na ṅṅaṅān nvōāṅ.ṅra
aṅan ccoṁhihiunōl ṅle to pēiṅ

X   a ṅōṅr

a mbgamla féin aᵹ fuair báy ᵹan
an péccaoh ʃin do cop a bpecṫin
cré náire. do bí an banab a nᴅcicᵹ
mhaicín yan chopacch aᵹ ᴅáᴅáṁ
apnyohe chyᵹce fá chongnaṁ
a ᵹyᴅe cfaᵹháil uaichi, ón ní
roibi ařᴅquy ace ᵹo roibi a nᵹióin
cyé nacᴇaf a bᴇchaᴅ: cáinic an
mhaiᵹⁱín chuice roip ᴅá ᴅiabhal
ᴇiopᴅubh, ⁊ do innif ᴅi ᵹo paibi
ᴅamanca ᵹo fiopᴅyᴅe cpéf an
bpᴇcaᴅ ʃin ᴅo cheilᴅ yan phᴇoiy-
yoin.

ɪ.ᴅ. ᴅⁱf romoha yompla eile
ʃᵹpiobᴅyᴅ ᴅᵹᴅᴅaiʃi ap an momᴅo
ᴅamancaʃi fá ᵹan an ꝼaoiʃᴅin ᴅo
ᴅᴅaᴅh ᵹo hiomlán, acho ay lóp
ᵹao yo ᴅoᴅ ᵹluayaf a phᴇoᵹh
(ᴅᵹ beiʃ cᴅ ᵹe ᴅá yiyubh ᴅóib)
                              ꝼá

ḟɑ́ gan éinpheaḋ oḟɽagḃáil a
nuig tɽé náiṙe. Aṙ aiṫne ḃaṫ g
aḃ móṙ mheallaṙ an diaḃal dáṙ
noṙguigh féin ⁊ an fligṙohe, ⁊ aṙ
ṙme ſin do chuiṙfi na ɽomplaḋa
ɽa ann ro do choṙ eṙiocṙuighṫe
oṙɽa; iaṙuim a nonóiṙ loṙɑ ꝺoṙɑ
oṙɽa ſḱum oṙɽa fém, ⁊ a ṫṙeroḃſ
ain go noaṁḃoncaṙ iao maṙ ꝺó
oaṁuighcoh an aḃuinciṙṙ an aṙ
lᴀḃɽaman iſ na ɽomplaḋuiḃṙ ꝺɑ
ḃfáҕḃaro coinṙḃeaꝺ gan coṙ ɽan
phꝛoiҕoin tɽé náiṙe; gluaiṙchi
iao ⁊ an náꝺḃſ ɽo do cumaḃṙeꝺ
aꝺ mḃhea uile oinniſn, a nuaiṙ
ḃiaṙ aṙ a ccumaſ, ⁊ ſmuainio náꝺ
do ḃume m̄ṙıṙo iao, aſ do ꝺhia,
⁊ náꝺ ḃfail nſic agan aꝺɽ foiṙ
ṙone lᴀḃaiṙc go ḃɽáꝺ ⁊ coinṙḃe

aḋ ⁊ cuala a bḟeoiġail, ⁊ dḟ
labhraḋ go bḟuil pianta troma
ſoġalta air maille ré damnuġaḋ
a anma, ⁊ nach ccuiḃraḋ catoilci
ar bit creideaṁ dó, ⁊ go mbiaḋ
gráin a croiḋe ag gach dḟḋḃ-
ḋuine ḟ.

11 Do ḃriġh go cceirḃin an
ḋḋḃal catuġadh ar nḋóṙán ſan
ſongcra, ⁊ go ſpeṡalta ar na
mnáḃh a nuair ḃṫeto a bḟeaḋ-
ṙbh truailliḋe; do ṁolṙrṁu cul
diomṙoiġiḋ orte ſcoiṣdne ⁊ ná
ḃiaḋ eolus na ndaoine nárḃuḃ ſa
ón ⁊ ſior ḃaṁ a nuair ſmuainṣ
an pḃeach go mbia coimhne agan
ṙagant ar a truailll óheṣ, ⁊ go
mbia ar amhanc an tſagaint ṙn
do gnáṫ ṡaḋ thiṡ an catughaoh
ḋṙṙ

énṁċḷi aiṁ ṁá cḣuṁṗ ᴅá ṗġcaᴅ-
ṅḃh ᴅo cheilt. ᴅo chuṁ ᴅaoine
chuġam féin ġo minic ṗġcaᴅh ᴅo
cheiloᴅaṁ ḋ a ṁaġaṁtṁġḃh ṗoṁ-
ṁáiṁti, ᴅo bhṁiġh ġo ṁaḃaṁ uṁ
ᴅṁṁe ḃuaiṁe, ⁊ nách ṁoiḃhi ṁṁġ
aᴅa ṁṗaᴅeṁṁ ġo bṁáṫ a ṁiṁ. oṡġ-
la an ċaṫṁġċeṁ ᴅo óṁᴅṁġ coṁ-
aiṁle Thṁionᴅ coṁṗṁóiṁ coṁ-   ᴦ. ᴑⱴ. ⱳⱳ
ṁġċh ᴅo ċaḃhaiṁᴅ ṗá ᴅhó nó cṁi
huaiṁe ṁan mḃliaᴅaiṁ ᴅo mhnáiḃh
ṁiaġalta féin ṁġċ an ccoiṁṗṁóiṁ
nġnáċaᴅ, ġiᴅċh ᴅo baᴅh mó aṁ
luaiġiᴅġṁ ᴅon ṗġcaᴅh an náiṁeṁ
ᴅṗulanġ aġ iṁniṁṁ a ṗġcaᴅh ᴅon
coiṁṗṁóiṁ aġá mḃiaᴅ eólaṁ aiṁ,
iṁá ᴅul leó ᴅioṁṁoiġhṁᴅh ċhṁṁe
ċoiṁṁiċiġ.

Aⱳ

An bhfoil opiacuibh an
an bpeccac aicioe na bpeccad
do con ran fcoiisone.

C. 9.

Táro dá ní ma ngionn-
aprings maici 7 raici, an
céo ní rubrcainc, nácrr̃
7 gné an gníomha féin .1. beirt na
gráo nó na faci, na oheine nó
na goro. an oara ní, aicioe bior
cimcioll na rubrcainci 7 na nao-
ĩne r̃ .1. an céipc nó an goro do
beit món nó óᵹ, bió map ro aᵹ
gac cnéacr̃r eile nao r̃r 7 rub-
roainc nác éioir do ĩanao rir,
7 aicio, bior ĩr̃gi 7 udió: ar é ar
rubroainc agar nao r̃r don ornid
beich na anmhiche r̃ cmca, 7 ní
héioir r̃ do ĩanao rir go brác
ad

ná a chuigim gan ṁ; aicide dhó
beiṫ ghir nó ḟada, láidir nó lag,
foglamċa nó aınbhfıoṙach, do
bríġ ġab éitir iad ro do bheiṫ
chuigi 7 uaḋa; mar an ccéoná aṙ
é aṙ náoġir don ġoro, eiṡo oiṙne
eile do ġlacaḋ ḋá néṁhṫoil, aic-
ide bíoṙ ċuige 7 uaite, a beiṫ móṙ
nó bǽg, diogḃálaċ nó neiṁḋiog-
bálaċ don chommun.

2 Aı duḃramar roimhe ro go
bḟuıl ḋfıachuıbh aṙ an naıċniġ
aicide, náoġir 7 nuiṁir na bféá-
aḋ do chor ṙan ḟcoirom; a noir
ní poláir a fıoṙ dfáġáıl an ḃfoıl
dfıachuıḃ ḋ maṙ an ccéoná aicide
na bféáoh do chor ṙíor. Ionoar
go muigtéá ro, taḃaıṙ do taġe
go bfoıoıo ṫrí ġnée aıcıoéoh ná
ur-

eircuirdamtboh ánn. an céo gné
viobh, na haicroe náċ bliann ré
háóbₐ .i. náċ lagonṁglám 7 nách
mónṁglám mailir an gníomha, ní
hé a ṁáin nách foil ofiachaꞃб oꞃt
iaᵭ ꞃo ᵭo ċoꞃ a bᵽaᵭiᵭine, aᵭo
aꞃ ᵽáꞃ go móꞃ gan a ccoꞃ. ꞃcon
gné aicircboh ꞃa a ꞃáċ go ꞃáб-
aiꞃ aꞃ meiꞃgi ꞃan noꞃċċe nó ꞃan
ló, a ᵭcig bhꞃiain nó Mhuꞃċaiᵭ
gan bliaꞃ ꞃé mnaoi ꞃaxanꞃᵭ nó
éꞃꞃionnꞃᵭ; ní laġonglám 7 ní
mónglám pᵭcaᵭ na meiꞃgi a ᵭṁaṁ
ꞃan noꞃċċhe ꞃᵭh a ᵭṁaṁ ꞃan ló,
ᵭó a ᵭṁaṁ a ᵭcigh bhꞃiain, ꞃᵭh
a ᵭṁaṁh a ꞃcig ṁuꞃchaiᵭ, 7 aꞃ
ionᵭn an ᵽᵭaᵭoh lꞃꞃghi ꞃé mnaoi
ꞃéꞃtoꞃꞃꞃg nó ꞃaxanaiᵭ óꞃ ní hole
bheiꞃ a ᵭcig bhꞃiain nó Mhuꞃ-
ċaiᵭ,

ẽaió, ⁊ ní holc oióie ná lá, ⁊ oá
bhṗíg ṗin ní ṁóuig olc; an ṁeiṡẹ
a ṁáṁ a cá na ṗẽcaó, ⁊ an oṗṗṗ,
⁊ aṗ lóṗ iaó ṗoin co ṗách ⁊ ġaa
cẹṗ an na haicícíẽ eiliġ aṗ ṁẽoṗ.

3 ṗá ːːoṗní mẹ ṗo oo níó móṗ-
án co luṗ ainḃṗiṗ aṗ náiġon, aːã
ṁiṗio móṗán oo ṡġẽalcuibh nach
laġcuiẽ̃ẽn ⁊ nach ṁẽouiġ̃ẽẽn an
ṗẽcaó, ⁊ léiġio chaṗṗa na haicṗoẹ
ṁẽouiġhṗṗ an colc ġan a ccoṗ a
ḃṗɔiṗoin mẹ a cuḃṗamẹ ṗoiṁhẹ
ṗo.

4 Ṙn oṗa ġnẽ a·cíoṫóh laġh-
ouiġṗṗ mailiṗ an ṗẽcaó, ióón oa
ṗcẽnaó ṗẽcaó ṗoloġ̃ca con ṗẽc-
aó maṗẽca oo báó cáṗ a óoṗ ṗan
ḃṗɔiṗoin .i. cá noṡṁnaó cṗṗṗne na
'ṡchollaó nó aṗ leiṫṁhiṡ̃i nó
maille

maille gluaraſ obann gan rḟúiſ
na timchioll, ní do biaḋ na pēc-
aḋ maṙbḟa muna bḟeiṫ a naicid ſin
ann, aſ a ḋēnaṁ aſ coṁairle, aſ
cóiſ a naicid ſin do ċoſ ſíoſ, aᵹ
ſaṫh guſ ᵹo tobann tēla ḋuit
dⁿoċḟocal gⁿama do ſaḋ ſⁿ
choſᵹⁿoin, nó ᵹaḃ aſ leiṫṁhiſᵹⁱ
do baḋaiſ a nuaiſ do bhuailiſ é,
ionduſ nach ſoiḃhe do chiall ᵹo
hiomlán aᵹad ᵹē naċ ſabaṫaiſ
ᵹan cháil céille; óſ do ſſⁱoſ da
uiſſ·buiḋ céille ſin tú ᵹ pēcaḋh
mⱥbḟa, 7 da ccuiſtheá ſíoſ an
pēcaḋh ᵹan an aicid ſin do choſ
laiſ, do cuiſſitheá a ccéill don
noide ſⁱoiſone ᵹ pēcaḋ maṙbḟa
do ſiniſ aᵹaſ ᵹan ang achd pēc-
aḋh ſoloᵹtha.

Maſ

¶ Maɼ an ccéona oá ɼabh ōá
ʒné mailiʃ a néinʒníom aṁáin, ⁊
ʒo ɩceiʒḃṁáo ɩɼé oicio ʒné ōí-
ob ɼɩ oo ċuɼ ʃ cúl, aʃ cóiɼ an oi-
cioʒn oinniʃn ɼan ḟcoiɼɩom .1. oá
maɼbċá ɼaʒaɼɩ ⁊ ɩú a náinbɼioʃ
naɼ ɼaʒaɼɩ é, aʃ lóɼ ōuiɩ a ɼáō
ʒ mhaɼbuiʃ ouine ʒo heuʒcóiɼ,
nó má ɩiʒ ɩú aɼ a ɼaʒaɼɩaʃ cɼɼe
aʒcéill ʒo ɼabaōɼʒ na hainbɼioʃ
an ɩan oo ɼíniʃ an mɛbáō; ɩo.ḃʒ
ʒo bɼɼl ōá ṁailiʃ éxaṁail a mɛ
báō an ɩɼaʒaiɼɩ, mailiʃ oíoḃ a
naʒɼʒō ċiɼɩ, bíoɼ ɼan ʒli oḣún-
ṁʒóaō, ⁊ mailiʃ eile a náʒɼʒō na
oiʒniɩe, ⁊ na honóɼa ʃɼeiɼialɩa
oliʒɩhɼ oon ɩɼaʒaɼɩ, ⁊ ʒ ɼaɼɼ
ɩaɼnbɼioʃ ɩú aɼ an oaɼa mailiʃ.

¶ Aɼ é a ɼéɼún ɼoɩ ʒo mɛllɼ-
ɼʒō

ngɛ́i an toirde pronrone a neiribh
neimhéutɛroma bhḟuʃ ré a oiffig
oɑ cceilti an anchɛyi án, oo bḋgh
go ttrɛgɛió mʃ pḃcaó ṁꝑbɛa an
ni ata na pḃcaó ʃologɛa, nó maa
ḋa pḃcaó maꝑbɛa, an ni naó pʃl
acó na coinꝑḃcaó, ⁊ maꝑ ʃin to
cꝯꝑıoe tonmıoʃɛ ᵹ bꝑʃth ʃɛcoıl-
ɛɛ nó ɛḃꝯgaiti, nó ıóngṁoṁa to
ɛaḃʃɛ ꝯ an naíɛꝑꝩɛɛh, oo réıꝑ a
pḃcaó.

⁊ ᵹıóḃó an tan laᵹtꝯᵹɛʃ an á
cıo an pḃcaó ṁꝗḃɛa añ ꝑéın⁊ náẽ
ḋéın pḃcaó ʃologɛa ḃɛ́ ⁊ na ó tóᵹ
ḃan ṁaıʃꝑ eıli ne xaṁꝯl naıó, aʃ
aṁám go noéın an ṁaıʃꝑ ata aı-
ᵹe ına ᵹꝯ́ ⁊ na naɛꝑꝩa ᵹıʃꝑ ꝑéın
ꝯꝑa loᵹa má mʃ to ḃꝯaó oa mḃᵹɛ
ᵹ ꝯcıoꝯm na ᵹṁꝯꝑꝩ, ꝯ ꝑḟꝯ ᵹa
a choꝯ

achor ṛán ꝼṛoṛṁoin mṛ a veiṛ aṛ
náꞇ꞊ꝺ ncom Bonauentura 7 móṛán eile
nó ꝺo haiṛiꝺe ní ꝼoil uꝼṛácaiꞇ ꝺ
nꝺch a náicío ꝼn ꝺo con ṛíoṛ maṛ
a veiṛío na uṛáꝺaiṛꞇoha ṛꞁe ꝺo
conꞇꞇoṛuꞇṁn.

§ Dá bhṛíꝺ ṛo vá mbuaiꞁueá
uṛꞁṇe ꝺo uṛom, 7 ꝺ ꝼꞁiꝺ uaꝺ ꝼn
oṛu, 7 náꞇ ꝼuau ná náṁavuṛ von
óꝺꞁách, ꝺé ꝺab luꝺa an ꝼꞇcaoh
ꝼn vo uṁáṁ uṛé ꝼeiṛꝺ má uṛé
ꝼuau ꝺán ꝺꞁuaꞇꞇ ꝼeṇꝺe; aṛ ꝼhṛ
a ṛáu ꝺ bhuaiꞁꞁ uṛꞁꞁe ꝺo uṛom
ꝺán ioṛṛáth vo ohánaṁ aṛ an
bꝼeꞁṛꝺ uaꝺ ꝼn oṛu, óṛ l ꞁꝺ ṛo
ní ṛa ṁó ṛꞁo leꝼꝺéal vo ꝺabháil
iṛá ṛé ꝺꞁṛán vo ꞇṁám oṛu maṛ
aṛ cóṛ vo náꝺaiṛꝺꞁꞁ vo ꞇṁaṁ.
7 ꝺé ꝺo mꞇꞁ ꝼṛꝺe an ṁov éiꝺin

D. Bonauen
ura 4 d. 17ȧꞇ
ti ult q ult
palud d 16
q 3 art.5 Syl.
uerbo
confeſſio q
9 Ledes 2. p.
q 5.ar 4 dub
3. & alii
Aꞁen. 4 P. qu.
18 alias 77. m.
4 art. 3 Parꞇ⸗.
Hen li 5 c 7
lra o citans
multos, sua.
to 4 d 22 f 4.
n ꞌ6 Nan su⸗
c 6 n6

§   an

an coimhġróin ann ro, do bhríġ
go ṡmuainḃoċaḋ an pċcaḋ do beiṫ
ní ṛa.ṁó má map a tá váṛṛuibh,
ní mór an cás a tá ṛan.ṁġllaḋ ṛn,
ór ní tabaṛtáṛ ṛioċḋ dó ṛá pċc-
aḋ eile coimhṛċċ to ṡmuaintó, 7
má tá doċaṛ ṛan bhaṛamhṛṛl aṛ
éroin dó do beiṫ aiṛi go bḟṛṛl an
pċcaḋh na ġné-ṛáin ní ṛa thṛṛṁe
má maṛ a tá, ní cṛṛṛṛṛ ṛn buaṛḋ-
ṛċoh aṛ an ṁbṛeiṫ aṛ cóir dó do
bṛeiṫ, aṛ má tá doċaṛ aṁ aṛ von
aiċṛṛṫċh a tá ṛé, do bhríġ ġab
coṛmhṛṛl go bḟhṛṛghe pṛṛóṛ aṛ
tṛṛṁe ṛá do ġṛbaḋ, va nṁiṛṛⁿ
a naicid do laġhoṛṛ̇ an pċcaoh,
7 aṛ maiṫ an ġliocuṛ do ċam vé.
ṛn ḋ̇ulang. maille ṛṛ ro ní móṛ
an tṛioċáṛṛ mṛllaḋ do ḃ̇ṛṛ von
                                    chou-

choimeᵹróin, óɲ ní coɲmhṫᵹl ᴅhó
an pᵹeaᴅ ᴅo éɲᵹᵹɲ, aᵹ ᵹ an moᴅ
ᵹᵹɲáᴄᴛᴄ, ⁊ aᵹ mᵹᴛa ᴅó ᴅá mbᴇᴛh
aiᴄiᴅe am ᴅo mhᴇóᴄáᴅh olc an
peaaiᴅ ᵹo ᴄᴄɲᵹɲᴇᴛó an ᴄaiᴄɲᵹᴇ
ɲíoɲ iaᴅ, ⁊ ní cóiɲ an ᴠaɲaᴍail
aɲ mᵹɲa ᴅo ᴄábhaiɲᴛ, aᵹ ᴅoiɲ ᴅá
olc, an ᴛolc aɲ luᵹá ᴅo ᴄɲeɪᴅᴍh
aɲ an ᴄᴄoᴍᵹɲoin a nuaiɲ náᴄ bᴇᴛh
ɲollaɲ a chenᴛɲáɲᴅa; ᴅá ɲéiɲ ɲo
ní hinᴍᵹɪᴛa ᴅó ᵹ ᴛɲé phuaᴄh nó
anᵹɪohᴇɲ ᴅo ɲᴍᴇoh an ᴛolc ᴅon
choᴍᵹɲoin, aᵹ ᴛɲé pheiɲᵹ nob-
ainn, nó ᴛɲé chaᴄuᵹaᴅ eile muna
mniɲe an ᴛaiᴄɲᵹᴇ a ᴄonᴛᵹᴅa ɲɪ
ᴅó.

9. Ꞃn ᴛɲᵹ ᵹné ɲioɲᴄunɲᴛᴄam-
ᴅᴇoh nó aiᴄíᴛᴇoh; aɲ é mᴇouᵹaᴅh
mailiᵹ ⁊ uilᴄ na bpeᴄaᴅh ᴅo níᴅ.

              ᵹ2   ᴀ ᴛá

A tá dfhiachribh ort iad ro do
chor a bperfom .i. dá ngoitteá
mile pont, ní lór ort a rád cion-
taighim mé féin do Dhia 7 ortsa
a atá fairsinne go nolmar péa-
doh marbhta gada; as ní foláir
an tsem mhór sin do chorsior, do
bhrigh go péadoh marbta corón nó
pór sem ar lugá do goid. mar an
cetona ní lór ort a rád go nolmi
nar crech, acho a corsior már
crech mór i, ór ní hionann crech
mile bó do bhamh, 7 grágan beg
do tregad. Miubamaoid ro sa
sharbroilig chagrin.

গ𝔞

ʒa mheuꝺ aicɼo ann

ⱥⱦoⁿʒ͛ⱦ an ρꝺⱥꝺ, ⁊ oꝼ

ɼonꝺⱦⱳⁿꝼⱦe ꝼ aⁿ ꝼⱦoⁱꝼꝺo

ꝫ. C. ꞁ o.

ꝺ ꞁꞅ ꞁaʒ ꞅ͛
aꝼ ꞁ,&͛ ibꞁ ꝺꝺ
quis,quid,
ubi,quibus
cuꞁ,quo qua,

ıɼⱥⱦⱺ na ꝺꞁaⱺⱷ͛ꝼⱦⱺⱥ ʒo
ʒo coⁱꞇcꞁꝺⱦⱳo ꝼ͛ꞁ naⁱ-
cꞁꝺ ꝺoⱱ ꞇꝼ͛ⱺꝼⱦꝼa ꞁꞁ. ꞁꝺ͛

ꞇꬲ.ꝺo ⁿꞁ an ρꝺⱥꝺ, ꝺ͛ⱥⱳ an ρꝺⱥꝺⱺ
an ⱥⱦꞇ ⱱⱥ ɼꞇⱦⱦꞇⱥꝼ ⱥꝺ, an coⱦꞁⱳⱥⱺⱭꝙ
ꞁⱥⁿꞇꝺⱦꞇⱦ͛ ⱥꝺ, an ꞇⱥⱺⱱⱦaꝼ ʒꞁlⱳⱥꞁ-
ʒoꝼ ꝺo ⱦⱳm a ⱺꞁꞁꞇⱥ, ⱥⱳ moⱺ ꝙ ⱥ
ɼⱥⱺꞁꞇⱥꝼ ⱥꝺ, ⁊ an aꞁⱦꞅoꝼꞁ.

ꝫ ꝫ͛ⱺⁿʒꞁꝺ oꞁɼꝺ ꝺꞁoⱺꝼo an ꞇoꞁe
ꝙ ⱺ͛ⱥ ꬲⱺⱺ: ꞇo ⁿꞁⱺ ⱥꝼ ⱳⱥⱦꞁꝼⱥ ꝺꞁⱥ
ρꝺⱥꝺ ͛ⱶⱥꬲꞁⱥ, ꝺoⁿ ⁿꞁ ⁿⱥꝼ ⱱꞁⱥꝺ
ⱥꝼ na coⁿꝼꝫⱥⱺ ꝙ ʒ͛ꞁꝼ eⱳꞁ, ⁊ ⁿꝙ
eⱳꞁ ⁿꞁ ⱺ͛ⱥꝼꝺ ⱥꝼ an ρꝫⱥꝺ ꞇo ꬲ͛ⱺ
͛ʒⱥⱺ na ⁿⱥⱺ͛ꞁⱳ ꝼͬⁿ, ʒan ρꝺⱥꝺ
coⁿꞁꞁꞇⱦⱶ ꝺo ꞇaꞇ͛ʒꞇ eꞁⱺꞁʒꞁ. Ɑⁿⱳꝙ

ʒ ꝫ   ꞇo ⁿꞁo

do níd dá pheacaṅ don ¶omphéc
aṅ, ga czṅang go náoṁn ee p̄c
oiṅ, ¶r ohiṅ go bḟ¶il opiachuiṅ
an aieiofn do chun ¶an ḟ¶ofo-
in, 7 ní hérói¶ a conenḡ ṅa ¶n ¶n
páṅ. ¶aoilmíd m¶n an ceṅona ḡaṅ
cói¶ an aieíd mḡ¶igh¶¶ an peac
aṅ, ḡé náḡ oiongaṅoh p¶cad eile
ṅe, do chun fío¶, ḡé naḡ f¶¶í ¶¶
coiṁṅhíṅ ¶i¶ an ḡcṅ chṅd. cngg

¶iaff 14 c ¶ ¶iṅ¶i ¶o ¶¶ na neieíbḡ ¶ofṁain.

3 Án ḡṅ aieíd, an cé do ní an
pḡead .1. cnṅ í a cháilíṅ¶¶, m¶¶
buine ḡn caz móid ḡ¶ṁnnuoḡ¶ a
7 do chuic a bp¶eadh na colla, ṁ
lḡ¶ buic a páoh ḡ cioncngi¶ ¶é
m¶coi, ¶f ní ¶olún buic a i¶n¶n
don ḡoi¶¶¶óie go ¶¶iṅi an mḡé¶o
¶moure: ḡ¶ ḡé náḡ biṅṅ an ṅ¶me
¶iaṅ

eile af coimpheçað na leiceiofin
oo chif, acáno bá pçcað oniçfa,
pbcaoh oíoð comcoiceçn oon nli
ohinine lnghf pé mnaoi ngmhpóf
oa, 7 pçcaoh eile fpeifiálca ana
ǧnoh na móioe cuǧnf oo ðia. 7
fóf máf fagaṅc cú, no ðnini pia
ǧalca, sǧan fiof ǧan comhffóin
nach cuaca cú, ní lóf a fáð ǧun
pbáinǧif anaǧnǧ na móioe ǧámma
nǧéfa cuǧnf oo ohia, af ní fo
lán a fáoh ǧab faǧǧc nó ouine
fiaǧáica cú: óin ǧé náċ biað onc
af pbcað ocoinoaonn 7 ocoinǧné
fif an cé cuǧ móio fhimpliohe
ǧámmanǧéfa, af cninm oo pbcað
fa ǧo mói, oo ðniog ǧo cuǧnf
móio follamanca ǧznmniohea-
choa.

snart 4 d 22
54 n 1 Hen l
5 cc ,n 6 cicat
multos, Em
to 1, c 55, a 5

Máf

4. Más orm tú air a roíbi arr
tīgcoithriara, peanra tīglrsi, nó
cum murncipi, 7 ū. pīcmigir airria
ḋarrī, oaome, ġá raibi cōolar, ġan
ḃolar aġar comḟhóir ort, ni ro
léur an cáilíðearra oo chur ríor
oó, oo ḃríoġ ġab mó an ġanail
tuġurraait ina oo ḃḟiaó tīrni ea
aġnác biaó oncáil, óioḃro.

5 An oara haicíó, mó an pīc
ṁoh 7 a cáilíoēḟ: ni lór a ráoh
ġo noḟmuir ġoió, ar ni rolán ea
truim oo cor ríor ina ta rí mór,
aī rulġ rór cáil na ġaoa oo ráo
air aa uile cor má tīḟrrġōn rí aa
ġniomh ro cum ġnēe eile pīcaroh
.i. oa nġoitten ni corrrioġēa, aī
lór a ráoh ġun ġoitir an truim
aurohe rī, ar ni rolán a cor ríor
ū. ni cor

coiſrioġṫa do ġoidiſ .i. cailíſ 7c.
ór a tá da pecaḋ ſan ġoid ſin .i.
an ġoid féin a naghuidh an chirt
7 an taindliġeḋh do beirthior don
ní choiſrioghtha: mar an ccéadna
mar duine tú do ṫuit a ndrúiſ ní
lór a rách gur chiontuighiſ ré
mnaoi, acht cuir ſíoſ má do bhí ſí
pósda, ór a ta da pecadh lui-
ghi ré mnaoi phósda dhuine eile,
pecadh dhiobh an téigeart do
ní tú ag buain ré cuid duine eili,
7 pecaḋ eile an drúiſ féin do biaḋ
aṁ gé nach biaḋ an bean pósda ar
énchor; 7 da rabh tú féin pósda [illegible]
7 an bean ré ar pecaighiſ a néinfheacht,
a tá driachaibh ort an dá cáilſe ſin
do ċor ſíoſ, do bríġ, leiṫ a muiġ
don drúiſ, go bhfuil da éigeart

7

7 dá aindligeóh ran pgcaóh roir:
aindligéó víob do tcoibh to mná
féin ga bhpoil clit 7 tighinar an
do chorp, 7 aindligéó eile vpor
na mná eile ga bhpoil tighinar
cuirp a mná féin bhtuar tura de
go haindligtech.

7 Ar an moó ccéina vá ccionn-
trgtcz ré mnaoi tug móro óġóar
a nó genmnrgóóvda, nó ré mnaoi
chrl, ní foláir gn do chorr ríor.
On do beir gač cáil víobro gné
eili pheacrg riu féin, ró pgcaó
na víngi. Ní hé amáin vá ccionn-
trgtea ré mnaoi chrl ran chéuo
glún nó ran vara glún, ní foláir
foigh an čuil víngrin, maó col rg
ġe é nó col gaoil, go mórmhór
már ran čéo glún atá.

Comunis dd
quos cirat
Hen l 5, c 8 n
1; Sua supra
B 7

An trír

6 ⁊ An tᵱeſ aicid, áit an ᵱᵬcaid, má ᵱᵬngiſ a náit ᵱuibligthe a biſiagnuiſ daoine, aſ cóiſ ᵬᵹtᵱa do ᵱáᵭ, do bᵱiᵹ ᵹo ttuᵹ aiſ ſᵹannail uaiᵬ .i. ſiocain ᵹle don mᵬᵱᵱincin do bi do láᵬᵹ. mᵱ an cᵬona tá noᵬᵱincaoi diᵱᵱ ᵹoid nó maᵱbhadh, nó doᵱtach ſola a náit ᵬoiᵱᵱioᵹtha, aſ cóiſ cáil na háiti to ᵬuᵱ ſioᵱ, do bhᵱiog ᵹo beᵱᵹlioᵭ na ᵱᵬnᵭᵱ anaᵹhᵱᵭh na háite ᵹo ſᵱéᵱᵱalta, muᵱ atá ſóᵱ ᵬᵱᵹᵱ ᵬé mnaoi ᵱoᵱt uᵱéin anáit ᵬoiᵱᵱioᵹta; na ᵱᵬnᵭᵭ ee mᵱ atá ᵱᵬᵹ, tᵱᵬᵬ ⁊c. doniᵬᵱi ſa nᵬᵹᵱᵱᵱ: ní léiᵹᵬᵱ a liſ aſ a tcoᵱ abſᵱoi ſᵱᵱn ᵹan ᵬáil na háiti diᵬᵱᵱn

nauar ſumæ
6 n 1 i.Henri
1 5 c 6 Sua.ſa
19 & cois

7 ⁊ An cᵬhᵱamhatch aicid, an comᵬluatain lé noᵬᵱnaiſ an ᵱᵬaᵭ
máſ tá

máṟ tā do tḣáinig do ċam an péċ-
ṟġ iad, a tā dḟiaċnibh ont ṟm
do ċoṟ a bṗṟoiġtin, ōṟ aṟ tū tug
ṟocaiṟ dā bṗẽaḋṟán, a ccēṟ ṟġ
ḋaṁṟaġiṟ, nī ṟiġe- a iṡṟ tġṡ cṟṫai.

8 An cṟġẽ aidio, an ċṟṟ ṟġ
pi ẽṟġiṟ, dā ncḣṟtá ġoid an tī
oṟṟġ do ḋḣẽaṁh, nō oṟṟṡ muṟ
ṟaġiṟ do ċṫam na ġadá aṟ cōiṟ
ṟo do ċoṟ ṟioṟ, 7 ġo ġemioṟtl-
tá a nṟġle uaṟṟ do nī tā olc maiḃ
ṟẽ hiantcīn tṟẽṟ an olc ṟn, tġcḣo
ġo hoic eile a tā coṁṫẽ uaiḋ,
aṟ cōiṟ ḋṟġ ġaċ oic aca do ċoṟ
a bṗṟoiġtin, ġẽ náċh cuiṟṗiċheá
a nġnioṁ aṟ an cẽ olc, ġiẟẽ má
tá an tẽ olc-ō nadṟġṟ na ṟlġiċh
do ċṫam an uilc eile, 7 ġo ncḣ uaiṟ
a ṟaṟ iad aṟ lōṟ an tolc teiġh-
                            ṟonach

ᔨoᑎᐊᕐᑋ ᐅᴑ ᐊᴑᴑᴘ ᴘᴑᴑᴘ, ᴑᴑ ᛒᴘᴑᴈ ᴈᴑ
ᴄᴄᴑᴑᴈᴄᴑᴘ ᴑᴘ ᴘᴑᴘ ᴑᴑ ᕼᴑᴑᴑᴇ ᴑᴘ ᴈᴑᴑᴄ
ᴄᴑ ᴑᴑᴇ ᴘᴑᴘ ᴑᴑ ᴑᴑᴇᴇ ᴘᴑ; ᴑᴑᴑᴇ ᴘᴑ ᴑᴘ
ᴇᴑᴘ ᴑ ᴘᴑᴑ ᴈᴜ ᕼᴑᴘᴃᕼᴑᴘ ᴄᴑᴑᴑᴇ, ᴦ
ᴈᴑᴑ ᴈᴜᴄ ᛒᴑᴑᴇᴇ ᴘᴑ ᴇᴇᴑᴄ ᴄᴈ ᛒᴑᴑᴑᴇᴘ
ᴈ ᴑᴑ ᴄᕼᴑᴘ ᴘᴑᴑᴘ: ᴑᴘ ᴇᴑᴘ ᴘᴑᴘ ᴑᴘᴑᴑ
ᴈᴑ ᴘᴑᕼᴑᴑᴑ ᴑᴑ ᴄᴘᴑᴑᴑᴇᴈᴄᴇ.ᴎ.ᴘᴃ᷎
ᴑᴑ ᴑᴑ ᴄᴑᴘᴘᴑ, ᴈᴑᴑ ᴄᴈᴘ ᴑᴘ ᴘᴑᴑᴈᴃᕼ
ᴘᴑᴑᴈᴇ, ᴑᴑ ᴈ ᴘᴑᴈᴑᴑᴃ, ᴑᴑ ᴈ ᴈᴇᴑᴄ
ᴑᴑᴘᴈᴘ ᴄᴑᴑ ᴑᴇᴇᴈᴄᴇ; ᴑᴑ ᛒᴘᴑᴈᴑ ᴈᴑᴃ
ᴈᴑᴑᴄ ᛒᴘᴑᴇᴑᴑ ᴑᴑ ᴑᴑᴇ ᴘᴑᴘ ᴑᴘ ᴑᴈ᷎
ᛒᴑᴑᴃ, ᴇᴑᴃᴈᴇ ᴦ ᴈᴇᴑᴄᴑᴑ ᴄᴘᴑᴑᴑᴇ᷎
ᴇᴈᴄᴇ ᴘᴑᴘ ᴑᴘ ᴑᴑᴘᴑᴘ;ᴑᴘ ᴑᴑ ᴑᴄᴑᴑ᷎
ᴄᴑᴑ ᴑᴑᴑᴘᴄᴑᴑᴃ ᴘᴑᴈᴈᴑᴄᕼᴑᴄ ᴑᴈ᷎

ᴄᴈᴘᴑᴑ ᴑᴑᴑᴃᕼ ᴘᴑ, ᴑᴑ ᛒᴑᴑ ᴄᴑᴑᴘ ᴘᴑ Enriq & sui
re citati cum
communi
ᴄᴑ ᴑᴑᴘ ᴘᴑᴘ, ᴈᴑᴑᴇᴃᴑᴑ ᴑᴑ ᕼᴑᴑᴑᴄᕼ
ᴑᴘᴑᴇ ᴑ ᴇᴃᴑᴑ ᴑᴈ ᴈᴘᴑᴑᴑᴑᴃ ᴘᴃᴑᴘᴈ
ᴑᴈᴄᴑᴇᴑᴑ, ᴑᴘ ᴑᴘ ᴈᴑᴑᴄ ᴑᴑ ᴑᴑᴑᛒᕼᴑᴇ
ᴑᴈ ᴄᴈᴘ ᴑᴑ ᴄᴑᛒᴑᴑᴘᴄ ᴄᴑᴑᴈᴑᴑᴄᴑ ᴑᴎ

ᴈ   ᴄᴑ

do chum catuigte na leitéir ria
dám.

10 An reirboh aicio, an gitr
g a nóuiteá an peacao .i. dá tuz-
tá éizion mná, dá mbúntá a chro
tré éizion do dúine, nó dá tug
tá marla bréigi uait ar cóir na
modara do chor rior, to bhrigh

Manuel·1 to
sum c 53 ns
svar supra &
communis

go mbóngro an peacao; mur an ccúr
na dá nóhintá brúga tiomhoome
nách roil ar na bpeath rologta
maille ré hainmhian, ionour g ab

Enriq supra
para 3 citans
alios & cois

luaiti do dúntá peaoh marbi. tá
iná do léigrite á díot iao, ní rol-
áir gn do ráoh, ór to ní peaoh
marbta ton peaoo rologta.

11 An rgr mao aicio, an aim-
rior antútar an peith .i. tá
mbrirteá an trorgaoh a tá ort
ó auine

ó aιᴄhne ᴦa'náṁ a ᴛᴀᵹᴦᵹ ṁoιᴅ
ᵹan a ᴃᴘιᴦᴦᴇóh .ı. an coṁᴛιᴃh aᴦ
ᴄoιᵹᵹᴦ a ccáᴦ ᵹo ᴛᴀᵹaιᴦ ṁóιᴅ
ᵹan ᴄᴘoᵹᵹaᴅ ᴅo ᴃᴘιᴦᴦᴇóh ιoñᴛa.
ᴦóᴦ ᴅo ᴃaᴅ maιᴄ an ᴄoṁhaιᴘle na

Cordiiq8
tans Alens
& Bonauent.

cois 2 2q128
ibi
caiet 4

ᴘᴄᴅᴘᴅh ᴅo ᴘíᴘιᴘ a naιṁᴦιᴘ ᴦoιᴘιᴇ
ᴅo ᴄhoᴦ ᴦιoᴦ maιlle ᴘé haιᴄιᴅ na
haιṁᴦιᴘᴇ ᴅιṁιᴦιᴘ, ᵹιóᴄᴃóh ní ṁᴦᴦ-
ᴘᵹm ᵹo ᴃᴘᴦᴢl ᴦo ᴅᴘιaᴄhᵹh oᴘᴛ.

CιonᴅUᴦ ᴀιᴄheonUᴦ an
ᴅᵹne aιnᴃᴘιoᴦaᴄ ᵹaᴄ ᵹᴇ́
ᴘᴄᴅhᵹ ᴅá noᵹιna.

C.11.

O laᴃᴘaman ᵹo ᴦoιᴄhe
ᴦo ᵹ náᴅhᴛ na ᴘaιᴦᵹom,
aᴘ an nallṁuᵹaᴅ aᴦ cóιᴦ
ᴅo ᴅhᴦaṁh ᴘoιmᴘe, aᴘ an ᴘún aᴦ
cóιᴦ ᴅo naιᴄᴘιᵹᴃh ᴅo ᴃeιᴄ aιᵹι

$2   ᴘᵹl

ptl ċioċpur chꞃꞓce na pꝺꞓꞃꞷh ꞇo
ꞃꞷına, ⁊ cionꞷuꞃ aꞃ cóꞃ ꝺó coꞃ̃-
ꞡle a oꞃꝺepꞃꞃꞡꞷne má ꞇá ꞷiaꞷa
poꞡlaṁꞇa, ꞇo lṫuṁhꞃꞡn.ꞷo poıll-
ꞡṡıṁaꞃ póꞃ ꞡo ḃpoıl ꝺpꞃaⱱꞃꞷbh
aꞃ an naıꞇꞷꞃꞡꞓch a pꝺꞓꞃꞷ uıle ꞷo
choꞃ ꞃıoꞃ ꞡan éınꞁꞓcꞷꞷh ꝺpꞃaꞡ-
ḃáıl ꞷıobh ꞇꞃé náıꞃe, ⁊ an ꞇole
ṁóꞃ chıꞡ ꞷon ṁꞃ̃ꞡꞇıꞃ pháꞡbhaꞃ
ꞃꞡꞃıoll ꞃꞷıꞃꞷne ꞡo ḃpꞃıoꞃ ꞇóıḃ
péın. ꞷo ꞃ̃ınıꞡꞁꞃaꞃ mꞡ an ecꞷna
cıonꞷuꞃ a ꞇa ꝺpꞃaⱱꞃꞡⱱ ꞡ, ꞡné,
náꞷꞃ́ꞃ, nuṁıꞃ, ⁊ aıcıꞷe na ḃpꞓ-
aꞷ ꞷo choꞃ ꞃıoꞃ ꞷon coınꞃ̃ꞃóıꞃ.
a noıꞃ ní polláın luꞃ́ a naıṁꞃꞃ ꞷo
ꞇꞡaꞃꞡ cꞃꞃꞓ é an moꞷ ꞡ a naıꞇꞓn-
aꞷ na pꝺꞓuꞷ péın ꞷo ꞃꞃınꞓꞷaꞃ ⁊ ꞡ
a ꞇꞡonꞡꞷꞷ ıaꞷ ꞷo ꞇuṁ a ccuıṁ-
ne.

ꞷꞃ

2 Aꞃ é aꞃ pᵹcaḋ aⁿ (mꞃ aⲟeiꞃ
pól) bꞃꞃꞇoh an léxa, nó (maꞃ
aⲟeiꞃ Ambꞃóꞃ naoṁ) ꞃꞃuṁlaḋo
na naiċꞇꞃcaḋ nṁóⲟ; ᵹonaḋᵹꞇe ꞃn
ꞃaċ éꞃꞇꞃn ꞃioꞃ na bꞃᵹeaḋ ⲟꞃꞃ-ᵹ-
áil ᵹan ꞃioꞃ aꞃcꞃꞃcaoh nꞟé ⁊ na
hᵹꞃlꞃꞃꞃ ⲟo beiċ aᵹaⲟ ꞃ ꞇꞃꞃ. oꞃ
la náꞀh biaḋ a bꞃioꞃ ꞃo aᵹaⲟ ᵹo
ᵹaꞃⲟa, exꞃꞃꞃꞃꞃaⲟ aꞃꞃ ꞃo ⲟhꞃꞃꞇ
aⲟ aꞃꞃoⲟꞃꞃaꞃꞃ ꞇo ꞃꞃꞇꞃ no ꞇꞃꞃꞃ-
bꞃꞃꞇꞃ ċꞃoꞃⲟe an ꞇꞃꞇꞃ ⲟꞃaⲟa ꞃoᵹ-
lamꞇa bonaꞃuenꞇꞃꞃaⲟ heoⲟhꞃꞃꞃ
ꞝia ⲟo ⲟꞀhꞃaṁh ᵹꞃꞃꞃ ꞃ a anam;
aꞃ móꞃ ⲟo bꞃ ꞃoꞃ ꞇo ꞟꞃꞃꞃoaⲟ ꞇo
ꞃaċaⲟ a lꞀꞃ anꞃa, ⁊ a nonóꞃ ꞃꞃꞇ
áꞇa ⲟon náꞃꞃon ⲟá mꞃꞃꞃ, aꞀꞃⲟ
ꞃá ꞃꞃꞃ ꞇꞃꞃ ꞝéꞃᵹ nꞟé ꞃꞃꞃ an bꞃoⲟ
a bꞃꞃꞃaꞀh, ꞇo ᵹoꞃꞃꞃꞃ aꞃꞃ a nám
a ꞇoꞃaⲟ, ⁊ a ꞇꞃoꞃaꞀh a ꞃꞃꞇꞃ ꞇo

Ꞅ3   ꞇoꞃ

ꞔon a ccló, ⁊ ꞃꞁꞁ ꞃáiniꞡ leiꞃ ꞃ̃i
ꝺo ꞔꞡꞁꞡ̃ꞇ̃ a ꞇꞇ̃uꞡꞃꞝꝺh aꞃ máꞇꞇꞃ,
ionꝺuꞃ ꞡo ꞇꞇiocꝼaꝺh ꝺ̃inn ni éiꞡ-
ꞃ̃ ꝺo ꞃaꞔ̃aꝺ̃ a lꞁꞃ na nanmann ꝺo
ꞅꞡꞃiobaꝺh ó naꞔ léiꞡꞇꞁꞃ ꝺ̃ꞃꞃ̃ ꞇꞃé
ꞃ̃uꞃꞀba an ꝼenꞃꞡcuiꞃꞃon ꝼoiꞃꞇꞡꞝ̃al
ꞇo ꝺ̃ꞝnamh ó bheól; níꞃ ꝼꞝ̃áꞡ na
na ꝺhiaꞃꝺh ꝺon náiꞃꞁon ꝺꞃꞁne ꞃ̃éꞃ
éꞃꝺiꞃ an ní ꝺo ꞔon ꞃoiꞃ̃e ꝺo ꝺ̃ꞝꞝ-
ꝺ̃ꞝ̃, óꞁ ꞡé ꞡo bꝼꞃ̃ꞁlꞁꝺ móꞃán ꞇꞝoine
poꞡlanꞇa aꞡꞡ̃ náiꞃꞁon (ꞡlóꞁꞃ ꞇo
ꝺhꞁa) ⁊ móꞃán ꞇá nꞝoꞁꞃ óiꞡ ꝺá
ꞇꞇabaꞁꞃꞇ ꞃuaꞃ a bꝼꞃꞁoꞃ̃ꞃ̃ꞡolꞇꞃ̃ꞝ̃
léiꞡꞁꞃ̃ ⁊ cꞃabhꞃꞝ̃ꝺ̃; ꞡꞁꝺ̃ꞇ̃ ni bꝼuil
ꝺꞁoꝺ̃ ⁊ ní ꞃoꞁbhi lé ꝼaꞇa ꝺaꞁꞃ̃ꞃꞁꞃ̃
ꞇuꞁꞃe coꞁꞃ̃óꞁꞃꞁ ⁊ coꞁꞃ̃óꞁꞃꝺeiꞃꞁc ꞁé
bonꝺuenꞇuꞃa, a léꞁꞡꞁoꞃ̃, a nꞡꞝoꞁꝺ̃
ꝺꞁꞃꞁ a ccꞃabaꝺ̃.

                              ꝺeiꞔ.

Deich n-aitheanta. Dé.

Dia bréigi dhamhadh ná taobh,
ná tabhair ainm Dé gan fáth:
  Domhnach lá an tighearna Dé,
coimhéad luibh é do ghnáth.
Onóruigh t'athair go bríogh,
ná déin marbhadh, druis nó goid:
  Ná déin bréig-fhiaghnuise ar neach,
a mhaoin ná bhfuil ná hiarr dhuit.

Cúig aitne na h-Eaguilse.

Cuir a gceann a nduibhairt mé,
cúig aitne na h-Eaguilse;
  Coimhéad gach roinne go beacht,
sgéith aifrionn inti ceart.
Trosg an congar go glún glan,
uirgil tros...te na hanman;
  Ná tomhail feoil ar do phroinn,
tiadhaoine ná diasatraoin.
Tré édhiota fíor ná bíodh gabh,

én-

énbliaġuin gan faoiſidin:

Corp Ċriſt an domnac ré ccáiſg,
glac lá éigin go mionċáiſg.
Na déna banaiſ iq nál,
ó ṫúſ conġuiſ go mionċáiſg:

Na ó ṫúſ Aduent go gród,
go dá lá x. déiſ nodlog.

4. Ní foláir iad ſo uile do ḃeiṫ agad go glan ad mheaḃair, ⁊ fóſ a tteagaſg mar as cóir, do réir ceille ar ndomhnáiġ an Eglaiſ Ċatoilci Rómánach; ⁊ na ḋiaiġſin gluaiſ t' oṫa fó ſech ag fiafruiġe dhiot féin nar ḃriſ tú an chéd aiṫne, ⁊ gá méd uair, ⁊ tar éiſ tú féin do ſgrúdaḋ go maiṫ an céd aiṫni, ⁊ gach ní dá ndearnaiſ na haġaiḋ, do réir do ḋiṫchill chuir ad mheaḃair nó a ſgríobadh. mar faoiſidin

béċaḋ ꝺo ní tú, nó g̅áḃ ꝺṙṁ tú
gá ḃꝼoil coiñġaꞅ nó ḃuaiꝺhioꞃꞇa
lán ꝺo chꞃéáꝼṅṁ ꝼꝺo ċáżṅg̅è bh
ṅ́ꞅ polám ꞇg̅la an ꝺſṁꞃṁꝺ cꞃé ꞁo
mꞒꝺ na ḃꞃeaccaꝺ a g̅ꞃ́ꞃobaḋ ꝼꞃⱦ
ꞃachaꞅ tú ꝺochum ꝼꞒꞃꞃꝺne máꞅ
ꞅg̅ṅꝺṅ̃ḃꝺṁꞃ ⱦu; na ꝺꞁaꞁꟄ ꞃo, ꝺ℥Ꞓ
na ꞁꞃaꝼꞃꞃżè ꞁ na r̃g̅ṅuoꞃg̅hꞟe
cꞒna oꞃꞇ ꞃan ꝺaꞇa haⱦꞞ, ꞁ ꞃoꞃ
bháil mⱦ ꞃn-oꞃta g̅o ꝼoichi an aⱦⱦ
Ꞁe ꝺeꞃżꞁꞃꝺach, ꞁ ꝺ℥Ꞓ an ní cꞒna
ꞃé haⱦⱦⱦⱦⱦⱦꞃⱦbh na hⱦg̅ṁꞁꞃ, aꞇg̅ ꞃoꞃ
bhal oꞃꞃa ꞃó ꞃℬh.

ꞅ ꝺo ⱦongnamh ꝺuꞁꞇ cuiꞃꞃⱦm̃
ꞃ́oꞃ añ ꞃo g̅o haⱦⱦ℥hꞃꞁ cꞁoꞃꞇuꞅ
ꝺꞃoꞃⱦgꞃuꞅ ꞇu na ꞁꞃaꞃg̅żꞃꞃ ꝺo ⱦꞒꞁꝺ
g̅ach aⱦⱦⱦ ꞃó leⱦⱦ, ꞁ aꞅ ꞃꞃ ꞇꞃg̅ꞃ
ꞃe ⱦu g̅á m̃Ꞓ moꝺ aꞃ a mḃꞃꞃꞇꞃꞁ
ꞃa haⱦⱦⱦⱦa.

.aꞇ.

6 As tabs do taini, go bfuil
vfiachuib ap an uile chpioronde
ní hé amáin aithnta Dé sna hghpl
ñ do commðó, as fós gan aithnta
a uasapán tuaiti do bprifð. óz
a deip Pól gab cóip duinn umla
do thabspc dap nuafgánsb; ní vss
la a feinge, as vsgla q gcoiñ-
siara do gontugað, do péip map
tuisid na ncommaitpe é:

Rom·13·

Theoph
Theod Beda·
Ant idi Aug
epil 54

7 Dá bpiogro ní folaip dhpt
a fiacpuige ðíot féin ng bpifs,
7 gá méað uaiz aicne ðlipdionach
do phpionsa, do tighma, do mða
gistip, tatap, nó ðpne ap biot
eile dá bfuil go dlipdionach na
uafgán opt. as dá ccuipfð uaf
gán q bit díoppa aicne opt do bi
að anágpð dligið Dé nó n ah sg-
aise

ailsi, ar córa ōnrt umlā do ċabḡt
do ḋhiā ⁊ don tġluir iná don aiċni
rin.

8 Aⁱr é a pérun ro ḡ ah aiċini
neimhḋlirdionnach an airċne tēid
a naġuiḋ aiċni Dé nó na hſġuilſi,
⁊ go bfoil dḟiaduiḃ ort gan aiċ-
ne miḋlirdionnaċ do ċoiṁlionaḋ.
an naiċne do chuirpḟcō ċaċair onrt
a nuair naċ biaḋ a naġhuirh Dé
ċabain umhla ⁊i mar do bhḟċa do
ōrā féin (⁊ Aibiroin naċṁ) ḡrōtċ in psal. 70
da ttugaoh ċaċs aiċne ḋhuit to
biaḋ a naġuiroh an ṁaiċ ir puib- ser 6 de uerb
liḡi (⁊ an naċṁaċs clona) nó aiċne is Domiui
an prionnra, na ċabḡ ċonaḋ uiru
⁊ da ttugaḋ an prionnra aichne
ċuit a naġuiroh aiċne Dé, na ċéine
cás da aiċne do brirſch, abain a
nuairi ſia

nuaḋ ꞃin an ní a ꝺuḃꝼc peꝺacꞃ
eom ꞃé pꞃionꞃaꝺaiḃ na ꞃaꜱaꞃt
ꞇaꜱ aiꞇne ꝺóib ꜱan ainm eꞃioꞃꝺ
ꝺo ꞇáꜱ iꞃꜱ na ꝺo ꞃⱡⱡaṁóiꞃ .i. ꞇaꜱ-
aꞇh ꞃéin bꞃeiꞇ̇ṁinuꞃ an cóꞃa uṁ-
la ꝺo ꞇáḃꝼc ꝺiḃ ꞃéin ina ꝺo ꞇ̇ia.

⁊ coiṁéiꝺ ꝺ a naꝺḃꞃꞃo aiꞇ-
ꞃnꞇa ꝺé ⁊ na hꞇꜱailꞃi ꜱo maiꞇ ꜱo
ꞇ̇ꜱbⱨáin, ⁊ ma ꜱeiḃh ꞇú aiꞇne an
biꞇ eile na naꜱuiꝺh ꞃin ꜱo ꞃolluꞃ
na ꞇáḃaꞃ ꞇoꞃꞃaꝺ uiꞃꞃe .ꝺa ꞇꞃuꜱ-
ꞇ̇ꞇaoi aiꞇne ꝺuiꞇ ꝺꞃꞃꞃ ꝺo ꝺ̇ḃ́iaṁ
ꞃó mionna bꞃéiꜱi ꝺo ꞇáḃꝼc, a ꞇa
ꝺꞃiacⱨuiḃ oꞃꞇ baꞃ ꝺꞃⱦulanꜱ ꝺoꞃ
ꞃⱪḃⱨna an ḃꞃꞃꞃⱦ̇ó aiꞇne ꝺé, maꞃ
an cċona ꝺá ꞇꞇuꜱaꝺ uacⱨ ꝺaꞃan
ꞇuaiꞇiaiꞇne ꝺuiꞇ ꜱan na ꞃacꞃáṁ-
ꞃꞃⱦꞇe ꝺo ꞇ̇aiꞇiꜱhe, ꜱan an ꞇꞃⱬi-
ⱬóꞃⱦ ꞇ̇aꞇoiliaꞇ́éiꞃꞃꜱ̇ , ꜱan ꞃꞃoꞃ-
iꞇ̇ꞃⱥ

ná cumam do dénaḋ, dul déir
dṙ reimḃiṅ nó ríhmóra na neirı-
cėḋ, ḡaḃ tioḟaḋ do dénaṁ, na cín
prṅll do ḃriṡtoh, na hıoṁaıżı do
ṡarluḡaḋ, mḟr ḡaḃ aichnea neiṁ-
ḋlirḋıonacha iad ro a tá a naż-
ṅoh Dé nó na hḞżṅlṅ 7 ḡo ḃprṅ
dpıaćṅḃh ort ḡan uṁha do ćaḃ-
ủrc dóıḃ.

8 ḡıḃtoh ḡach aırne do ḃḟı-
nꞇ tuarżán ḋilıor tuaıćı ḃṅꞇ ḡo
rpeṅálta már é to ṗrıonnra é, 7
nách roilṅı a nażṅoh dlıżıḃ té
nó na hḞżṅlṅ, a tá dpıaćṅḃ ort
a cccıṁṅar a coıṁḃ; ḡonaḃḋe ṅn
nách roláın ḃṅꞇ na haichṅncara
do ċoṅ a cṙıaḡhuṅṅ (tár éṅ an
ḡṅṁ dauoh a dabṙaman do dénaṁ
ḃṅꞇ Ɡ aıchṅcṅḃ Dé 7 na hḞżṅlṅ)

Ả a

7 fiafruiʒ díot féin ná bhuirr, 7
ʒá mḟó uair do bhrirr iad. aʒ-
uo féin (ʒé bé tá) ar fhir fíor
éuafaran tuaiti 7 na naiṫḃeaṫh
ndleirtḃach chrruio ort, 7 ʒo
ḃfírr a conʒnaṁ ḋrʒt do ċum aiṫ-
ḃitaoh an oá uafarán ccoitċḟm
a tá ór cioñ na cruoroñḃʒchʒa
nle .i. Dia 7 a nʒʒlur, do trʒ-
fin

fiafruiʒhe fa cheao-
aiṫne an ċéo chláir.

C. 12.

Exod. 31 fl.
Deut. 9. 10

O ʒeibmio ran ʒrriop-
túir ḃiaṫha, ʒo ttuʒ
Dia na oeic naiṫinta ʄa
oáclár cloiṫe oo Maoiʄ, ʒiḋḃh
ní faʒmaio inte ʒá mḟó aiṫne
oo bí in ʒach clár ḃíobh, as oo
néir

féin ᴄᴜbhiroin ⁊ an naomhathar
Thomáir ⁊ na ndiadhgᴄᴏ go coit-
ćħin, do bádar trí haitħi ran ćᴏ
chláṙ bhħnaṙ ṙé honóiṙ ⁊ ṙé gṙád
Nᴏé; ⁊ rᴦ̃ naitħe ran dara cláṙ
beanat ṙé gṙádh na comharṙán.
míníᴄ̃am'ᴄ tuṙ na cṙᴏd aṙ cóṙr
don naitħṙugᴄ̃h do chon ain réin
ᴀ̇haitġnoṙbh an ćᴏ cħláṙ bħn-
aṙ ṙé gṙád ⁊ ṙé honóiṙ Nᴏé, ⁊ do
għнam an ní ćᴏna na ndiaigh ṙn ṙ
na haitġnⷮħṙ ̇b bħnaṙ ṙuṙ ᴀn ccoħ-
aṙ ṙan .i. aitħᴄ̃a an oᴅa cláṙ,
⁊ fóṙ a naitħᴄ̃ ,bh na hEṙṙṙ.

  2 An ćᴏ aitħe, aᴅ̇ an têm-
ra ṙínⷮodᴄ̃ ⁊ na hadhaṙ Dée
bṙéigi. Aṙ́ ṙⷮn na haitħe ṙ go
bṙⷮl oṙaᴄⷮṙbh oṙt cneroⷮńh do
Dħṙa, a gṙádohugadh óṙ cħn ᴀ
       Qᴀ2   ṙⁱle

q. 91. in Ex-
ad. D Thom
11 q 100 4.

ṁle neith, ⁊ oċċtáṡ do ċoṙ anm
onóiṙ do ṫaḃáṫ dó ṗéṁ ⁊ dá ġaċ
ní ḃḃiaṡ ṙiṡ, ⁊ ġan a nonóiṙ dliġ-
ṫiji dó do ṫaḃaiṙt do ċṙéaṫṙ́iṙ
aṙ bioṫ. Do ṫaoḃ na haiṫne ṡi
eṙṙ oṙṫ péin na eiṙ da ṡo ṙíoṙ, ⁊
eṙṙ ad mhġbhaiṙ aṅ ní a ṫ́ia aṅ
eli ṙioṫ.

3 Aṙ túṡ do ṫaoḃ an ċṙeroiṁ
ṗiaṡṙṅġ ḋioṫ péiṅ naṙ ċhṙeróiṙ
ad ċṙoiḋe ġaċ ní ċṙeróoṙ aṅ£ġlaṡ
ṫatoilce ṙóṁánaċ, ġan ṡṙaṙ́iao aṅ
bioṫ do ġlacaḋ na haġṁḋh. 2 ṅg
ṫaiṙḃ́ṁaṡ ó ġṅíomh nó ó ḃ́ṙeiṫiṙ
ġo ṙoṙṙmiolaċh eleanaḋ nó ṙaḃġ
do ḃṫh aġad do chuṙ eṡṙiceġ́a,
a noḋċaohiṙṙ da nġġluiṙṙ d́eiṙ́oġṙ
a noiṙiġi, nó a ṙ́úmóṙa? 3 a ntiṙ
ṁ́iṙ lḣṙġṙúdaḋh aṙ ṙúmtiamh-
ṙ́iġḃ

ſuіb an ɼреіоіɲ̃,nó an ɼaіbі cuɲ̃
taбaɼc oɼc ɼá aіɲcіoꝧal ꝧ bіoch
бe. 4 nꝗ léіꝗіɼ lꝗbáіn eіɼeіcꝗɼa,
nó an bɼꝗɼlіo aꝧao ꝧen céo. 5 nꝗ
éɼɼɼіɼ ao ɲ̃ꝧбáіn en phaіoіɼ, an
chɼé· 7 aісɲ̃ea Dé ꝗ na hꝗꝧɼlɼі·
6 a noɲ̃náіɼ ɼіɼеóꝧa nó ꝧɼ̃ao-
óɼaɼ̃· 7 nꝗ éɼеɼcіɼ oaіɼlіnꝧсіb,
oo óɼ̃naoóɼaɼ̃ nó oo nꝗllaoóɼ-
аɼ̃; nꝗ ꝧlacuіɼ bɼіасɼa an ɼꝗoɼ
oɼɼá· nó ɼеіɼꝗmoіne na hꝗꝧlɼɼі a
ссɼ̃ɼ ɼꝗꝧáɼca nó oo ꝧluaɼachꝺ
oaoіne oo cum ꝧáіɼбó.

4. Do сαobh ꝧɼáꝺa Dé ɼіаɼ
ɼꝗꝧ óіoс ɼém an cúɼ anoꝧɲ̃ɼ
maɼɼmꝗ ꝗ óіa, nó ꝧɼ̃áɼn, aꝧ ɲ̃áꝺ
ɲ̃áꝺ cónꝧaꝺ ní oá noɲ̃· 2 nꝗ ɲ̃ôc·
ɼ̃ꝧіɼ máꝧбі aꝧao aɼ olɼa, nó aɼ
nеɼсіbh oіaóa. 3 nꝗ léіꝗіɼ aɼɲ̃ɼ
          Aaꝫ   ɼaoa

fada tort gan fuadintoh q ohra
nó q do reanóir óó? 4 nq éririr
toirmhrg q daomib eile fá neit-
tbh do ómamh do riadadh a non-
óir do óra? 5 an ttuguir miomoó
do na naomrió, dá ttairib, nó dá
niomaigib? 6 nq labrair gohole
q daomibh diada nó q a ngní om-
aibh? 7 nq toirmiorgair fá órre
óul a nóóro cnábuió?

5 Do ttaob an óótchuir prar-
ruigh dhiot fém a nóchaohuir a
ótóttuir do flánuigte, nó mait-
hear do phaó? 2 nq giácuir an-
óttuir go rlanochtaoi tú maille
ócairre Óé a máin, gan ofgh-
oóruigte q biot do ómamh? 3 nq
ttupir do óóttár a ccruaóótár, a
ecarooóim q bioth nír ra mhó má a
                          naia

nora? 4 a ndhearnais peacadh ar bioth
nó ar anais ann a ngeall ar anndóch-
chas a trócaire Dé?

Fiafruighe fa dhá ait-ne eile an chéadchláir .i. ná tabhair ainm Dé gan fáth 7 coimhéd an tsaoire

C. 13.

Fiafruigh díot féin ccéd naithne díob so, an ttugais mionna fír-inneach gan riachtanas? 2 an ttug-ais mionna bréige go fiosach ort nó ar mbeith ort a ccur... tabhairt féin bfirinne? 3 ar mhionnaighis ní do dhéanamh sgan a rún sin féin, nó ar léigis díot mionna dleisdion-ach do comhall 7 é ar do cumas 4 ar ordaighis olc cuirp nó anma

do

do tṡgáil órt, muna bḟintá ro
nó ráḋ. 5. ná mionrġir go noi-
nġháitá ní do ḃiaḋ na péaḋ nó
maċ oṁġháitá ní do ḃiaḋ mait ré
a ḋáṁaṁh? ó ná ceilir an ḟírinne
doḋ ḃreiteaṁ ḋíriḋionaċ tug mion-
na ort a ráḋ, tá éir leitḋearḃ
do ḃeit ag inṁe 7 a ḟior ga ag-
atorá: ṫán ṫár ro ní hé a ṁáin do
ġháitá péaḋ marḃta, aṡ ṗóṡ do
ḃiaḋ oḟráiṁġbh ort gaċ diogh-
ḃáil táiniġ don ċonṡgrampá ḣan
an ḟírinne do ráḋ, do lṡugaḋ
ṙir. 7 anttugair ṡrṡl nó buill dé
a ḃṗíon nó a mbréig. 8 an ttug-
air tú féin, tanam, nó do ċorp,
do ṁac, tóġlaċ, tamṁiḋe, nó
cṡitṡin a ḃiot eile don diaḃal.
9 ná ṫáġa ḃé ḃeit ag ṡíor tali-
te

ar ṁionn gan ro ċár do ḃeiṫ ag-
ad ag fíor nó bréag a nabarṫa? 1.
an ttugais móid gan rún a coṁ-
all, nó fá ḋroiċ ní do ḋhénamh?
11. nar ḃrisis móid noleisdion-
igh?

2 Do ṫaoibh na dara haithne
dioḃ so, fiafruiġ a ndhinais obair
dhaor nó saoṫrac, mar atá trea-
ḃaḋ, foirsḃ, gaibneas 7c. nó an-
ttugais ar ḋaoinib eile iad so do
ḋénam dia doṁnaiġ nó a saoiri eili?
2 Nar léigis ḋiot aiṫfon nó cro
eisdeaċt ḋe déisteġ gaċ lá saoi-
re, nó an ttugais ṫairi do ċoiṁ-
ráḋ, nó dosmuaintib díomaoini a
naimsir a éisteacta? 3 An ttug-
ais focain nó nar chuiris ṫriaċ-
oiḃ ar ḋaoinib eile aoinní díob so
do ḋhénaṁ?

DON

DON cheathramhadh oh-
baidhe ar ccoaicné ran vana
cig. 1. onóraig haég 7
do mháég C 14.

Iafarg óioc féin an eta-
guir tacrfui ó gniom nó
ó bréichir vo taichib? 2
nan mallughir vóib? 3 nan óial-
erir umlaga♂ vá naicin vhlirovo-
naigh? 4 ng locair a nrach vanuj
craicaf? 5 ng fancrigir a mbár
vochum a noidnefra tragáil, nó
vo colo féin vo bánanb gan tafa
rmarrigte? 6 nan comflir a tio
mna? 7 ng chomflonrléxa 7 fea
crive tuafafán eilli agar tuaei?
8 an nofhirir ithiomca♂ ofia ro,
nó a phfranaib eile fgrlri? 9 an
taugnr vrocágn,ó vona bofnb,
nó nan

ꞃg ꝺɪúɩcꝛꝛ a ᵹcꞃuaɩꝺꝛꝛacꝺꞇꞃꞃ
cꞃuꞇꞃꞃ? 10 ꞃg ꝩꞃꞃꞃꞃꝛ ꞇoꝺ cloꝛꝛ
an ceꞇᵹꞃꞃᵹ̃ cꞃioꞅꞇꞃꝺe? 11 ꞃꞃꞃꞃ
ꞃꞃꞃꞃꞃᵹ̃ ꝺóꞃꝩ? 12 naꞃ ꞅꞃꞃꞃᵹ̃
ꞃꞃ ꞃꝺ na loꞃꞃꝩh, 7 a nꞇꞃꞃꞃ na
neꞃꞇe cꞃona lé cóᵹlꞃch 7 lé ᵹꞃ
ꝺꞃꞃe ꝺꞃ ꝩꞃꞃꝩ aꝺ cꞃᵹlꞃch?

ꞃꞃꞃꞃꞃꞃᵹhᴛhe ꞃan cuꞃᵹ
ꞅꝺ haꞃcne. ná ꝩꞃꞃ maꞃꝩꞃꝺ.

C. 15.

Suꞃꞃ onc ꞃꞃꞃ ꞃg ꞃꞃ
ꞅoꞃꞃ ꝺꞃꞃe nó naꞃ ꞃꞃꞃ
ꞃᵹꞃꞃ a ꝩhꞃꞃ? 2 ꞃg ꝩuꞃꞃ
ꞃꞃ é nó naꞃ ꞃꞃᵹꞃꞃꞃ a ꝩuꞃꞃꞃꝺ?
3 ꞃaꞃ ꝺꞃꞃꞃꞃꞃ maꞃꞇꞃꞃꞃ ꝺꞃꞃ
ꞃꞃꝺ aꞃ an ꞇé ꝺꞃ ꞃꞃᵹꞃꞃ mꞃꞃ;
nó maꞃꞇꞃeꞃchuꞃ ꝺꞃꞇꞃꝩᵹꞃ ꞇon ꞇé
ꞇꞃᵹ ꞃꞃonꞃꞃꞃꝺꞃꞃ? 4 ꞃn ꞃoꞃꝩꞃꞃꞃꞃꞇ

ꞃꝺ aꞃ

nó ain gidéaſ agad do dhuine? ⁊
Nar cuipiſ coimtinn nó almoainge
roip dcoinibh? 6 Nar ópoingiſ do
báſ féin tré-dpocſopcan nó mío
tápad do teagmáil ónt? 7. Na
glac luatgán tú fá báſ tuim nó
tuipſ fá na beit bſó? 8 An ttaguiſ
marla nó míoclú do duine ⁊
a cúl nó na ſiagnuiſ? 9 Nar mg-
baiſ anam duine gá gluaſaſ do
cum pecaid mqbta? 10 Na léigiſ
do dcoinib pecaid marbtha do
dhnam ⁊ a ttoirmioſg agad go ha
fuſa, go mórmhóp má táio ſáo
fmaſ? 11 An ttaguiſ fadhap nó
cúmdac do luſ marbta loiſgte nó
diogbhála do tamgran?

fiafraighe.

fiafraighi fan seiseadh
⁊ fán naomhadh áithne. ná déin
oghrís. C 16.

iafrig an nábadq fmuáin
te colláide agad dod
toil féin? 2 An ttugráf
do thoil fán oghríf do deunamh?
3 Nar fechuir an mináib go mar-
lifee, fig labhrur bhiathra griadh-
rod? 4 A nofinnur glacfef thuái-
liide ont féin nó an nbáh oile? 5
A nofinair oghríf ó gníomh, ⁊ an
ré mnaoi pófoa oghrne eile, nó ré
mnaoi tuil, nó ré mnaoi riagalta
nó ré naigom, no ré mnaoi gan ba
cháil diobhra aice, do pánghir?
6 Nar chuirif reuda fninge uait
⁊ nar doirtif do fiol tríd tionn-
tghh féin? nar léigif leabhrn fgr
bb

ġċá, nó naṙ ṁeabhroiġir oáncá
ralcha ġluaireaṛ do ċum ortḣa?

fiafruiġhe fán reacho-
ṁaoh ar fán oḃ́ṁao hairne,
ná oéin goio.

C. 17.

Fiarruiġ oíoc féin nar ġlaeaṛ
cro orṁe eile gán fhior nó go
ḣrior oó oá nġṁhcoil féin, nó an
ḃfuil aġao gan airioc to ċhaṁh
inci. 2 An ḃfuilio fiacha ort 7
an oo chuṁaṛ a noiol, nó an ḃfuil
fuanarcal oo ṁṙṅceine ort. 3
ag ċongṁhaiṛ aġao ní oá noḃ́-
aiṙ a ṁuġa gan cuarucuġaoh to
ġhaṁh ara cġ cóiṙ é. 4 An noḣi-
arṛ ṁelltóriacho a ccunriaoh nó
cluca-

αΌαΌαΙΠΓΓΙ, lé comhτ̃ροm, nó lé
mοτ́υn ϝαΙΙϝα, nó lé huτ́υϝαΌοϩ
ϩ nϩ ϩΙαcαιτ́ nì α nαιϩΙΌ, nó τ́é
αc̃ΌΌαch ό Ότ́ne nϩ ιητ̃Ιτ̃τ̃α ϩυτ
Ιειτ́ ϝéιn αn nì τυϩ uαιΌ. 6 α nΌϩτ
nτ́ϝ αϩτα neτ̃ιc̃heιττ αι Ότ́ne, nó
cèιΙϩ α nΌϩαΌh nα cότα. 7. Πατ
τ́υϩαιτ́ ιτ̃ιτ́τ lé cϩΌαιΌ ϩϞρτ́α,
lé ΌιϝΙιΌh mϩΙΙcα, lé comhαττhα
τ́όιττ 7c. 8 Πϩ τ́υϩαιτ́ ϩ αn c̃hτ́ϩ-
Όhαc̃ αιΌϝϩΌαc̃ 7 τ̃α ϝéιn α τϝιn-
chΙιαΌαch. 9 Πϩ τοιτ́ιmιοϩϩαιτ́ lé
ιτ̃ιϩϞϞΌh, nó lé cΙαΌnαιΌh nì ατ
Όιτ́ ϝα Όuιne ειΙe Όο buΌ éτ́οιτ́ Όο
τ̃αΌαιττ Όό ϩο ΌΙειϝΙhαc̃. 10 αn
ΌϞϩϞαιτ́ conϩnαΌ̃, nó cοττϩΙe Όο
chuτ̃ éιmeιττh τ̃α nΌαΌhnαmαn Όο
Όϟ̃nαmh. 11 αn ΌϞυϩαιτ́ Όο chόιΙ
20 chuτ̃ éinchoΌα Ό́ιc̃ό τ́ο Όο Όϟ̃ι

añ gion g. ẏrṗif do ġṁoṁláif.

ṗiaṗṗuiġhe ḟan nocho⁊
ṁaḋ haiċne, ná ẟéiṁ ṗiaġ⁊
nuiṁ ḃréiẕi.

C. 18.

Ḟiaṗṗuiġ a̓ túf a noṡinuiṗ ṗiaġ⁊
nuiṁ ḃréiẕi a naẕuiꝺh na coṁ⁊
ṗan a ṁḃreiċṁṫúnaif nó a ceáf oiliᵉ
2 Ṅan ċuiṗiṗ coiṗ ḃréiẕi aiṇᵉ 3
A noṡinuiṗ ḃnⰗ an ḃiċ do ṁine
ꝺoċg ꝺóᵉ 4 ṄⰑ chuiṗiṗ a loċ⸗a
ṗeiċṗéiꝺṁⰗa óf áinoᵉ 5 ṄⰑ oṡg⸗
laiṗ a li ṫṗ⸗ḃchaᵉ 6 Ṅan ḃṗiṗiṗ do
ẕⰌaꝺh ꝺó ẕan áꝺḃⰑ ꝺhleiṗ⸗
ꝺionⰑch⸗ 7. ṄⰑ ꝺiúlⰑiṗ an ḟⰑⰑ⸗
inꝺe ꝺo ṗáꝺ af nach ꝺionⰑnaꝺh
ꝺioġhḃáil, ẟhⰑiⰌ ṗéiṁ ẕo noṡⰑⰑ

ẟioṫ ꝺoꝺ choṁⰑⰑ⸗ain ẕan a ṗáꝺ⸗
8.

8 An ttaguir vnoch bçamhuil vo
vuine aç buain na céille ar mhra
ar a §níomh, nó ar a comrav an
tan vo béroin an chiall ar rín vo
buain arva. 9 An ttaguir cong-
namh, comhairli, conta, nó toil
vo chum conchova viob ro vo vhéi-
av.

2 Ní chçnim riarrnçe rreñ-
alta ran nonhav haitne, vo bríç
nách roil inti ar mínioçav an ca
reirtoh haitne; nó ran tçmaoh
haitne, vo bríç çab i ar mín-
ioçav von trer mao haitne. toin-
mirçio an reirto haitne an vrír,
toinmirçioh an nonhav haitne
a mían, a ron 7 a rmuainte. toin-
mirçio an rçr mao haitne an çoin,
7 toinmirçio an vr mao haitne a
mían 7 a ron. bbz riar-

fiaffuighe fa chuig
aitgentib na l.tgrtfi.

C. 19.

dobhramar fan tfonn
7 fa aitgniom deirdef
innte ran trifr aithne
dhaicluctrib Dé, 7 af éiom crkg
aitiuta na hfgriu rle do tainng
to chum na haidie fin. Do troib
na coda eile diob, piafarng diot
féin q tuir a nofinair fogtin glan
romlán, niar lugha dhe uain fan
bliadhin ó táinig cnionnaf agaf
cntil chugto, 7 an ttugair q gac
ongne dod mhgnntint, an ni cdonn
to bfrimh. 2 a nofiunrf ullthugh
coh ont féin to chum trinfrda
glacaoh fao pfecoing, 7 do cun
a ttairbhgea do choimhne rrl do
cncoiuf

Tucadair voc ſroiſoin⁊ ⁊ na glac
uſ coiſp̃ eniotó gaca caiſ, biṡ-
an toimpe ró na viaiŝ⁊ 4 an ſab-
aóuſ a uuriſ ſa a bfecaó mybea
nó a ccuintabaiſt go ſabaohuſ
aoi⁊ ⁊ nuſ glceuſ, nó an mug-
aiſ ſaenamuiit an bioc uaic ⁊ ca
a bfecaó mapbhicu⁊ 6 a ncṗmuiſ
cnoſgaoh an chonguſ⁊ cnoiſgce
na hanman, ⁊ na uiuiloh óſuoṅg-
⁊ an tglaſ, ó coiſ blicóna ſ ſieſ-
ſo gan vici ioiicu, aſ coichuio
von bicó aſ ṅuac vici ſan cſu aa
aumpin iſoiſgce⁊ (⁊ bioh luſ mó⁊
ſocuiⁿ, ſion ó cuoſgaó. ni labh-
nuim an cóſaſon va naoh goiſ-
ꞓioi curo) 7. Naſ cnuaillóiⁿ tg-
laiſ ie ſſacoh culla, nó le coiſ-
ꞓaó ſolcu⁊ 8 Naſ cuiciſ a ccoiⁿ-
nⱬbacaó

glbátao, nó a ntimuir cumañ ré
ẟaoinib ꝺo ẟrt añ, nó na glaeꝛr
racꞃamuint an bioꞇ iaꞃ mheiꞇ coi
ñealbáicce ohꞃgꞇ. 9 Naꞃ tꞃꞃuir
báng ꝺo chuꞃ oꞃt nó aꞃ ẟaomibh
eile tꞃéo choiꞃr. 10 Naꞃ ꝺíolꞃr
an tḃmaꝺ, 7 gach chiꞇ eile gg-
aiſr ꞇligtḣ ohioꞇ. Má a ꞇaoi aꞃ
anbꝛior cia ꞇꞃ ab cóiꞃ ꝫn ꝺo ꞇa-
bamꞇ, iaꞃ bolur aꞃ ꝺhuine ꝺiaꝺ-
ꝺa roglomꞇa. 11 an aꞇuguir co
ngnaṁ nó comhꝭile ꝺo ꝺuine eile
conaichni ꝺiobh ro ꝺo bhꞃuꞃbⱶh.
12 An aꞇuguir haonꞇa ꝺo chum
ambꞃuroi.

2 Ni ro láiꞃ ꝺon ꞇé lḣab mian
ꞃoiġoin bꞇaꝺ ꝺo ꞇꞃmeñ go maiꞇ
an ꞇuainⱦg ꝺo ꞇaboꝺꞇ tꞃⱨ na hai
éꞇnꞇꞃb uile, 7 gibé náꞇ ꝺéin aꝺꝺ

                              uaꞃ

ᵵaɩɲ ꝼaɴ ᵯbƚɩaᴅhaɴ í, aꝝ ɩoᵯᵵᴜ-
ᴅaɩᴅ ᴅó aɴ ᵹɲᴜᵵaᴅóꝝa ᵵo ᵵáᵬaᵬ
ᴅo ᵵhaɩꝝꝝᵱɴᵹ a ꝓᵬeaᴅ ᴅoᵬᴜᵯ a
ᵵoɩᵯᴺe, ᵹꝛóᵵó aɴ ᵯhᴜɩɴᵵɩoꝝ ᴅo ɴí
a ᵬꝼꝝoɩᵹoᵯ ᵹo ᵯɩɴɩᴄ ᴄꝛᵬᴺíᵹɩᴅ ƚé
ᵬ꞉ᵹáɴ ꝼoᵵᵵ aꝝ a ᵬꝓᵬaᴅᴜɩᵬh ᵹaᵬ
ꝝᴜᵬhaƚ ᵵꝝᴎꝼ ɴa haɩᵵᵬᵵᴜɩᵬh aꝝ aɴ
ᵯoᵬꝼa: ᵵ꞉ a ᵵᵹᵬ ꝼo ɩꝝ ɴa ꝼᵬꝝᴅaɩᵬ
ᵯóꝝa a ɴᴜaɩꝝ aꝝ ᵹᴎᵵ ƚᵬ ꝼaoɩꝝᴅɩɴ
ɴᵹeɩɴɩoᵱáƚᵵa ɴóbᵬᵵhaᴅ ᴅo ᵵáᵬaᵬ
aꝝ ɩoᵯᵵhᴜᵬaꝝᴅ ᵬᵬᵬ aɴ ᵵᴎaɩꝝeꝝɩ
ᴅo ᵵaᵬꝼᵵ ᵹɴa haɩᵵᵬeᴜᵬ ᴎƚe, ⁊
ᴅo ᵹᵬɩaᴅ ꝼa ƚé bꝼᵹꝝᴅᵵeꝝ ᴅo ᵬoᵵ
ᵹo ɴᵹɩaɴᴜᴅ ᵵᵬᵹhaɩꝝ a ᵹᴄoᵯɩꝝᵹ
ꝝᵬ ᵹo ᵯɩɴɩᴄ.

CIONNUS

Cionnus ar coir do
pacuigcech é féin diomcha ag
tes dó gur an áit a bfuil an
compgróir na fribe cum
a fuorgone déirogt.

C. 10.

Y éir do pcaib do cram
cioghach 7 a ccona ca
mhebhan ag obamh na
bfiacpuigcohra a dubramar fa
bruiffoh na naitheadh, 7 tú féin
do glaayaf 7 do gaioragab cam
cuirf fa efgmháil ionta, leir na
ffrunaibh do chuirbiar fior fan
cbo ran c. 3 7 4. énig dioffuigib
a noide facirone maille garfr
cuirfig eraoñuinig go huñal crom
ebroach, mar ar cóir don chion-
gach acmñaf a lofá dol a bpragr

nug

suig an bhreithemhuin, 7 maille huamh-
an, le heagla 7 le reabherens, ag
smuainedh ad chroidhi, gurab é fer io
naid Christ a talmhain chum breithi
sgaoilti nó cengailti do thabhairt ort
an té sin cham a bhfuile ag dol dá
láthair. Ag tarsi duit a bhfogus
don chathaoir breithemhnuis ma bhfuil
na suidhe, léig ar do ghlúinibh thú
ag tabhairt adhortha 7 onóra do chorp
ma bhiocaire ré a bhfuile ar tí
t'faoisidin do dhénamh. ná bíodh do
chosfadha go huallach, ná go hsoc-
rém, ach go tromdha tostach. ná
bí suibhir nó súlánd ag féchuin
don taoibh 7 don taoibh eili, acht
taisbéin thú féin go dubhach trua-
maille humhla, 7 ré hosnadhaibh,
ionnus go tuigfidh an toile sis-

na comhtaibh foirimleácá fá, an
tuirís néimfuicñde a tá ao cnoi-
de; congñm oo chin go cnom ag
aomháil ó gníom go bhfuile ao
tiontach mar oo rine an publi-
canur fan roifgéal, 7 tionsgain ag
ómamh comarta 'na cnoice naoimé
ort féin ag ráo na mbriatarfa.
Tré comhgta na cnoice naoimie
fóir rinn ór naimhoibh a tDhé.
Amen. Na oiaio fo iam bénoacha
a nátá caoirone; ag ráoh bene-
oicite .i. béioaig mé. 7 ir bfag-
áil a bgñáfa, már oaine tá tuig-
ior lai oion, abg oo confiteor 7c.
muna tuirge tú í, gé go mbéch an
Confiteor laioin agao ao ñgb-
air, ar fñr a ráo a ngaoibhilg
oo ghlacfar oo fpiorarocchum
oeuofion

déodíġ ín. cuinpeara óìże é an
ro a nġ.oróluġ poċal an poċal, 7
ní polaín a ḃeiṫ a nġlannṁġḃhaín
aga, ṫnaí lé a ṫim go ḃṫaṙ
canḃuch cẖann na panġón, achè
péṙ aṙ naiṫ a paóḣ ṫa madṙn 7
cṙáṫ nóada, 7 a ṫuinṙ̇nḃh eili.

An Confiteor a nġaeoḣilġ.

Aṫ cṁṙżm do Dhia ṫ̇lżċuṁáṙaċ
de neoṁuine do bí ṫiaċṁ na hōiġ
do neoṁ̇ṫel ṫ̇nċaingel, do neoṁ-
éoin baṫżnae, dona neoṁaṫpdal-
aibh Peoaṙ 7 Pól, (ẽṙn aṁ pó
do phéacṙán Paoṙuiż, Cclaiṁ
S. Proṁṙipaṙ, nó ġiḃé nomh eili
biṙ aṁ liṫe) dona hoyle neoṁ̇ṫ̇bh
7 díḃṙ a achún, ṡ̇ pẽṙżḣṫ̇ żu
cṙon lé fṁṙuainéol, lé ḃṙéiṫin 7 lé
ż̇nṙṁḣ, cṙẽn choin péin, cṙẽn

Cc   coṙ

ᴄoɴ ᴘéin, ᴄʀém ᴘóᴄoʀ ᴘéin; buaᴅ
luʃ, aᵹ ʀaᴅ na ᴍbʀiaᴄaʀ nᴄeiᵹ-
ʀonacʜʀa, 7 ᴄionᵹᴜin ᴄo ᴘʃᴄaᴅa
oᴉle ᴄo naᴅ ᵹo ᵹiᴜn óᴘᴄʀᵹᴄle,
ᵹan ᴄ̃aᴍᴘᵹ ʃᵹéal nᴅionᴍoin nách
ʙfiann ʀé fáᴄbán, ᴄʃ aᵹ ʃiubʜal
an na ʜaᴄᴍᴄᴜibh ᴘʃ ʀᵹʜ ᴄo ᴘéiʀ
ᴍaʀ ᴄo ᴄᴜinᴜᴍᵹ ʀíoʃ ann ʀoiaᴄ,
7ı ᴍ ᴄʃᴄioᴄᴍᴜᵹaᴅh ᴄo ᴄoᴍʜʀáiᴅ
aᵹ ᴍinᵹa ᴄʜʀéaʃ ᴅo ᴄʜoᵹʃʃ ᵹo
ʜᴜᴍlán ᴅo noʀᴅe ᴘᴄoʃᴄne, abaiʀ
an ᴄᴜiᴅ eile ᴅoᴅ ᴄonᴘᴄeoʀ (ᵹaᴅ
ᵹʀᴜoʃᴜᵹaᴅh ᴘéin ᴄʜᴜm ᵹnáᴍe ʃ
ᴄo ᴘʃaᴅʀᴢbh, 7 ᴄᴜm nʀ̃n ᴅamᵹ-
ıɴ ᴍaᴜle ᵹnáʀᵹʙ ᴅé ᵹan a nᴄ̃ᴍ-
aᴍʜa ᴍáʀ) ʃ an ᴍoᴅ ʀa.

Aʀ ʀaʜáᴄʙ ʃʀᵹʙ ʃ ᵹʀᴅᴍ nᴀᴏ̃̃-
ʀʀᴀᴇ an ᴄʀíonóᵹ, nᴀoᴍᴍᴍᴄʜél aʀ
ᵹᴀɴᵹiol, nᴀoᴍᴍᴍᴄin ʙʀᴇʀᴍne, ʀa
ʀᴀᴏ̃̃-

áprólá P₂oʆ ʒ Pól (ábáıp án ʆo
ʒıbé naomh eıłı búʆ áıl lế) ʒ ná
hıʒłı neomha, ʒ ʆıßʒ a áᵵáıp, ʆá
ʒₙʒohe án mo ʆon ᵵám ʒ ᵵı ʒʆına
Dıa. ıap ccoʆ chpıᵭe ʒ án nuʆ⸗
naıʒᵵe ʆı oʜʆᵵ, ıʆłıʒh ᵵữ ʆếm ó
choʆp ʒ ó ᵭpoıᵭe a ßpıaʒₙʆʆı oế
oʒłᵹᵵúmhaʆaıʒ ᵭo ᵯaʆłₙʒıʆ ʆếo
ʆ̇eaᵭuıbh, aʒ ıaʆₙʒoh maıᵵℏⱳ⸗
nuʆ áıʆ ʆonᵵa, a nonóıp ʒ a nℏᵹ⸗
ᵵᵯc ᵭıaᵭ ʆola ıoʆa ᵭoʆᵵ ᵭo ᵭoıʆ⸗
ᵵ̇oh án ᵭo ʆon a ccʆonn ná cʆoı⸗
che; ʒ bí aʒ bualáᵭ ᵵoʆa án ʆ̇ố
ßıaʆ án ᵵoıᵭe ʆoıʆoᵭne aʒ páᵭh
ná huᵵₙₘʒᵵe ʒnáᵵuıʒı óʆ ᵭo ᵭıoñ,
ʒ ná ᵵóʒuıbh ᵵo chℏⱳn ʒo maₙⱳa
opᵵ a ᵵóʒ̇báıl, ᵭo ᵵablᵹᵵ ᵵℏᵹ⸗
ₙıʒ ʒ choᵯ̇ᵹℏℏoh ᵭuıᵵ ʆá ʆlánᵵı
ᵭanⱳa.

Dā ṁóanísch pá gaeh comhairṗ
ṡá acioḃhpa ōaic co churgrm, ⁊
ḋo choir co mh ẛḃaiṗ, maiĺe pēn
a coimhṫíonca: ⁊ oēin an nī cḟora
ẛāṁ mḃnaiē naicēinḃin āuipcṡī aic,
⁊ ḃí ẛoṁáṫaẛ pá na ḃeiē nīaiṗ cimi—
me ṁá ōṗcunḃioṗ an coúica, ēē aṗ
ẛaṁṗa an aiaṁḃia ḃ́oeẛcaiṗ aṗ a aniáō
ẛaṗ a oeoḥaẛṗ, ⁊ eṡṗ mṓṁ an aṁoḃẛ
ẛáál ḃōẛ, naán ḃ́hḃoēcaiṗoṗan
ṗaoin ōeeṗṗomcē aaoiléē-
ṗáinṗa, aṗ aḃēẛēē-
aoin nīẛī ḃoaṗáē

AN

AN TREAS RANN

don aithrighi .i. an loin-
ghniomh. Cred ar loin-
ghniomh ann?c. 1.

ONDUS go cuigthea
an loinghniomh, tabhair
do taire an diffir atá
roim an bairtodh 7 raenámrme
na haicrighi. Ni hé a mhán maic-
ror an bairtodh a bragán do pec-
adorbh ran te ghlacar é, ar rér
ni fágban fian a biot riomorr-
de ná armgonda ain gan a maic-
emh. Ni dém raenámrat na haic-
righi rin, ór gé go maicem na rlec-
ada mgeda rle 7 na pecoda rol-
ogta an uaimb, 7 rér an plian
riomarde tligthi ar ron an pec-
rgoh marbta; fágbord tca a clm-

Flo & Trib.
dies de Orig

    Cc3   rin

fin pian aimfiorda nó neithfíor-
ghde gan maithmh go comhait-
chm, agar af í an pian fin tógtá
maille rif an lóirghniomh. An uḋ
do béir an ragat abrolóid uaḋ,
nó bhiof trhrf nghrcmhar agan
naichighách réf an bforifoin mar
a dubhamar fan ccéd rann c. 1.
maicthi an phian ríomhórghde dhó
mar conteir an bpéacadh, 7 fág-
tár pian oile nác bíon ríomhórghde
na háit air, béf éigion do dhíol
fan rcogal ra, nó a bpurgatóir.
A nuair maictid na ríg talmhrghde
coir báir do ḋrne, af minic érr-
id dibemt air, féd crhg nó deic
mbliadán, a náit na péine bháir
do dhligh ré, 7 a deir an Sgriop-
thr a nuair do maic Dauidh fá

mac

Ṁac Aḃrolén, mqbaḋh a ṁic eile
Amón, ⁊ impiḋhe loaḃ, ꝑ ciꝛ ꝛa
ḋiḃeiꞃt ꝗ ón pháláꞃ ꞃíoḋġa ꞃo
eioṁ ṫꞃí ṁéluaḋan. maꞃ ꞃin ꞃo ni
Dia ꞃioꞇ a pṡaꞃġ a nuaiꞃ ꝼilliꝼ
ꞇú óꞇ loꝼꞃ,ḃ, maiꞇiḋ óꞃꞇ an ḋiḃ-
eiꞃꞇ ⁊ an ḃáꞃ ꞃíoꞃṁoꞃ̇ḋe ꞃo ḃuoḣ
cóiꞃ ꞃo ꞇaḃȝꞇ óꞃꞇ: ȝiḋeḃ muna
ꝼoil aiꞇꞃiȝi ꞃóinṡeimhan aȝaꞃ
(nù ꞇꞃȝmhaꞃ ȝo hannaṁ) eꞃꞃiuḋ
oꞃꞇ ȝan ꞇul ȝo paláꞃ nimhe, aꝼ
ḃeiꞇ ꞃé aꞃꞃiḋhe aimꞃiꞃe a ḃpuꞃ-
ȝaꞃóiꞃ ȝaꞃ ꝓiaꞃaḋ, muna ꞃíola
ꞇú a ḃuꞃ luaoh na péiꞃi ꞇꞃiȝḣꞇꞃi
ꞇall, ⁊ aꞃ é aꞃ lóiꞃȝníoṁ aṁ ḃeiꞇ
aȝ ꞃíol na péiꞃiꞃ lé ꞇꞃȝoiḃꞃiȝ-
ꞇiḃ, ⁊ ꞃa léiȝꞇhꞃi ȝan ꞃíol í ȝo
puꞃȝaꞃóiꞃ, ni lóiꞃȝníoṁ a ꞃuꝗꞃi
ꞃo miꞇꞃi imꞇe; aꝼ lóiꞃ ꝼaláiꞃȝ, ꞃa
ꞃȝoꞃꞇꞃ

a goirto na vradžtoha Satirpar-
rio: do brig a noir go ttug Dia
fáo láimh féin liž tígáo to tab-
žt uait, nó gan a thabhairt: vá
notinair an liž úžáoh, do žníomh
féin ar iongoirte de, až vá léige
tú é go purgatóir, bail náč bra
an do čumar gan a ďánam, t pul-
ang, ar cópa do žairm de, m t rm
lórfulang čall, t lóirgžníomh a
ďur é.

2 Dá réir ro atá virin mór rem
lóirgžníom agerairoc, ór ni for
ra nairoc ar žari do namoližáo
do ní tú tod chomžrainn, až tá
ďairt a čovoa féin dhó t air: do
bheir an lóirgžníom ór a chiomro
liž úžáo eili dó: do nitži an tan
noc ríž an tríotžám, t an lóirž
níam

díom na cráig: do beird chí lóirg-
ḟníoṁ do ḋia, 7 ní taḃurḟaḋ ai-
ṅoc go bráṫ dó, do ḃríoṫ nach
áidir ní a bioc dá ríriḃ do ḋuaiṁ
ḋe.

7 aꞇ taḃḣarꞇ an uaiṁ naiꞇénṫ
an ṗhrón ṫ‍foꞃoṫṫ‍ḋe leiꞃ an aiꞇ-
aꞇ‍ḟe go ṁaiṁ go ceaꞇṫ‍uaꞇ an‍ṗhrán
anaꞃ‍ṗaꞃ‍ḋé gan uꞇoilc: ꞇiꞃ an uaiṁ
ḟíor an aiꞇṫ‍uaḣe ꞃ‍ó láiḣeaꞃ, 7 an
ḃéꞃ‍ḟe ó‍ꞇorꞇ an lánlaꞃ‍aḃ: ꞇóꞇ
ḃꞃꞇ‍ḃ an‍ꞃꞇle ṗhꞃuan ṫn ṗhꞇbeaḋ, 7
ꞇhí ḃí ṫerṫn lóiꞇṫꞇ‍ḟíoꞃ‍a an an uꞇ
ꞇin; ꞁ‍uꞇ ꞁ‍n‍ꞇápla do Ṗhól, 7 do
Ṁhaiꞃe ṁꞇ‍ꞁoaleun aruꞁ do ꞁꞇl
ꞇoán ó na bꞇꞁeaḋuiḃ, ꞁꞇḃóh do
ḃꞃíoꞁ‍náꞇ éiꞇꞃ do ṫꞃꞃe a ꞃꞇoꞇ
do ḃheiꞇ aiꞁe ꞁá huꞁ‍ ḃꞇoꞇ a naꞇ
ꞇꞃꞁe conḣláꞇoiꞃ, nó ꞁꞃáḋ Ḋó

coiꞃi

coimhfitheas 7 do báð cóir a beith
ðochum na bpian uyle do ṁaithibh
ní ſoláir an lóingníoṁ do ðéaaṁ
ſa nuile cáſ.

Cꞃeuðe an ſochaꞃ ðo
ní, an toiðe fꞃoiſðne do coe
lóingníoṁa oꞃt a mbꞃeit
aitꞃige, ꞃāch tú ða
ðéaṁ uait ſéin.

C. 2.

tá ꞃocꞃ mór agan lói
gníoṁ enꞃuſ an ꞃagt
oꞃt, nácfoil agan lón
gníom do ní uait ſéin: óꞃ na hoe
cꞃaca do ſáguib coꞃo g láiṁ an
tꞃaggt, tógbuno an lóingníoṁ ꞃe
mbhꞃ, o, 7 mtcnꞃguo a luach. me
naigṁ e leiſ an eꞃomplaꞃ. An uꞃ
aꞃ ꞃiaa

ar mian leis an ríg gné óin nó á-
gró to chor amaċ a luach ar mó
ná an luaċ gnáċaċ, óro náꞗ ró á
a airib féla nua do bualaḋ á, ag-
ar maille ris rin amháin maꞃ ráꞃ ró
aluach: ꞃaċ deiꞃníoṁ dá nʒém
ċú, go háꞃói a nʒꞃuib, aċá luaċ
cínte aige, 7 díolꞃaḋ an mhíꞇ ar
ríú é don péin aċá orc ar na póꞇ
aohꞃ.b do ṁaiċ tia órꞇ tríʃ an
naiċrıꞃı: ꞃiċċó mꞃ roċꞃ órꞇ do
ꞗáʒꞃ.b oia an to ċuméꞃ an luaċ
rin do ṁéoúʒaḋ maḋ áil liċ féin,
7 a ꞇé ro féla críoꞃꞇa aċá á láṁ
an traʒʒċ to chor an do deiꞃ-
ʒníomhaꞃċꞃ.b, 7 do ní rin an ꞇʒa
chꞃ.rior ꞗá bꞃeiċ naiċrıꞃı orꞇ a
nʒeun áṁ: oá péin ro, oá nʒíola
cꞃoʒʒaḋ anıꞇe to ní ċú uaiꞇ féin

éy lá oro pargaoóir, o'iolpa lé
tpoibce oo crpi an pagge opo,
ní pa mó má pii go móp, oo péip
na nciaočġṡo go comchoittheann
⁊ tap léé bliéap ap chomhaiple
Tpiont é.

ı Tuipṡiṡ ap pob món a mip-
tid lé an óppb céille oon artipuiṡtġh bheit
ag oeileao lóimġníomha móp oo
ciop ⁊ óp ní bém éinġníomh oá
ceppiom an pagaic ⁊ ṡeap bap
maitpéchep tpaghái na pém óp
een luaiṡ oa ġaíomha pém.

An bhfuil ophiachaibh

an aérazgt breit naiérigh
nó lóirgníomh do cur
an an té do ní
a faoisidm?

C. 3.

S deirim má bí an pag-
art go jugi á lth éneit
náicí igi do chon an an
bpeadeh dá cuadach ꝉ aitérgim
ran bpeadoh, go éfrk ardándh
an an mórerí sin do chon ꝉ27 ꝉ-
rha a glaeadh uadh, ꝉa péin náui-
ꝼcaidh eile; óp a tá dpiádcꝭdh ꝉ
an noig chorporoha comainle an
leagá do gabháil ꝼa gach ní ra
tagneſoh a ſcanntabáint aérgme
é do ſóchna, ꝉ ní lugá má sin a tá
dpiadchꝭhh an an notap rpioa-

Do   aáilea

coálta ꝺo ꝺénamh aɼ impiꝺhe
norꝺe ꝼaoiſꝺne. Aɼ an náꝋbꝼ ſo,
muna glacaꝺ ſé an mbɼeiꞇ naiꞇ-
ɼiᵹe ꝺo crɼɼꝺhe ainſan cháil
ſin, níon chóin abſolóiꝺ ꝺo ꞇabh-
aiɼꞇ ꝺó, óɼ ní bíaꝺh ullamh ꝺo
ꝼhum a glacꞇá.

2 ꝺá labhɼam aɼ an lóiɼᵹníoꝫ
ꞇrɼꞇhi, ní ꝺo chumꝺaꝺ a noꞇaiɼ
aɼ aꞇlꝶaꝺh, aꝼ ꝺo ꞇhíol péine
na bꝼaꝼaꝺh ꝺo ɼíne; má a ꞇáa
bponge bháiſ, ní ɼiᵹꞇhi a lᵹɼ
lóiɼᵹníomh aɼbiꞇ ꝺo chon ᵹ, nó
má ꞇá iomꝺa ꝺéiᵹᵹníomh aiᵹi⁊
bꝶán ꝼꞇaꝺh: uaꞇa ſo amach aɼ
cóin ꝺon ꞇraᵹaɼꞇ léiɼᵹnícꝏ ꝺo
ꞇon aɼ ᵹaꝏ naiꞇɼiᵹhꝏh, ⁊ an ꞇé
náꝏ ᵹéabha uaiꝺ é, báꝺh ꝺó ſéin
ꝶiaɼ a ꝼꞇaiᵹ.

ꞅⲓꞃ

eat hiao na oeighniomh
atta at cóin oo chon tan
mópe it naitugiō

C. 4.

Tri gnēē vtghobuigtōōh
tētnthi an ôaine a lón-
gniom a phēaô .i. ttosg-
aoh, utnngte at véine. áitim-
thi an an ttosgaô a nuili ôoôat
7 chtaô ôuinet ôuine an a chotp
a níoc a phēaô .i. oiltne, ctu-
aiôlyba, gttuntaôa, gotta, tuat,
tattigaô. tit an utnngthi bōn-
at eangmham na talm, tāô agat
éittgt na teanmópa, 7 na naip-
ttōn, smuaintōha an ctotche an
Dhia 7 g neitibh, vtatha. tit an
ptéitc bōnat oibtigte na ttóc-
aite tgle, cotpotôa 7 tpiotaô-

Do2   álta;

do loinġniomh

álta, map a táiɔ ıſ na ramuibh
ro ɔo ṙoċaṁ an ḃṙáṫ ḃṁnoṁṫ-
ċe bonauentuṗa ó ħeoḃaṗa.

Oıḃṗe coṗpoṗṁha na
tṗócaıṗe.

Sꝼ noıḃṗe na tṗócaıṗe,
ɔá nꝇoıṗċħꝇı oıḃṗe coṗpṁhaı
toſſ taṗta ꝝaċh bṗonċhuıṗe
bṗaɔ ɔo ṫaḃaıṗt ɔo noċṗaċh.
éaṁꝝaꝿ noſſ, mꝛ̃ uaṁluċaṁ
onċṁoṗ̃aꝼſ conꝺleaḣ nannamhı,
cuaıṗe aꝝ bṗáꝝoıɔh, ꝼaꝛ boꝼ̃e
ɔo ṁnaṁ, ꝛaꝝ coṗ ꝝalaıṗ.

Oıḃṗe ſpıoṗaꝺáıta
na tṗócꝺe.

Sꝼ noıḃṗe na tṗócꝺe,
aınmaıtħ óṗ an ſpıoṗaꝺ;
ꝝámiċħꝇlꝝaɔ ꝝaċ móṗtꝛꝝꝝꝝ;
eħtuꝝaɔh ċáıċ na ccıontuıḃ.

An

An té a tá a ccáp comáinli,
comhgli dó go tabaipt:
m gach ní dá pudoilge,
poigide do beit agad.
Tgag lopa a namúppa,
gnóde an bliúnbh pg mydnb;
maitpchap na namoligiod
to tabaipt do lup ádbaip.

Ap iomtúbarh to hópongtah
na tpí tigoibpepi, do lipughadh
a pbengd, ón to nítpi na pbengd
anagarh Dé, a nagngd na com-
gpan, 7 a nagngdh ohgne pém, 7
tabpigpo ap mait an lipugath
opa a nupnngtite lé bpilltpi an
cpeide do chum Dé; an tpopgadh
tpádlp an té do pbengd; agup an
téipc lé tagann tpne a chpd
pém dá comanpam. Maille pip po

a táid na trí hoibriṫeara a naġ-
ṅoh na ttrí bhfréṁ ó bfháṡoro
na hurli péaaidh, do réir riagh-
artṫe an toisġéaluṅohe ċom, mar
a tá amṫian na colla, amṫian na
rúiṁ ⁊ anuabar na bethaoh. An
trosġaḋ a naġṅō na céofréiṁi,
an déirc a naġṅō na dḟa fréiṁi,
⁊ a nurnriġte a naġṅoh na trii
préimhe, Trilleō eile ór ré tan-
am, réd chorp, ⁊ réd mhaoin do
ní tú cogaoh ré Dia, ag dḟnamh
na bpeaḋ: ní foláir iar! nóḋnamh
ríotchána ris trér an naitrriġe,
ná trí neithi ri do chor na reir-
bir, ⁊ do nithi rin ris na trii dḟḡ-
oibriġtibh ri, ór eriṅrṫi an corp
na reirbir leir an ttrosġaoh: an
tanam leir an nurnuighthi, ⁊ an
                                        ṁaoṁ

ṡaom leiſ an nDéipe.

3 Oṙ a ccioñ ſo a nuile tiṅoḟ-
anoliġtó, boſaſ, buaiṫiṙe agaſ
caṫugaḋ ṫeiġċómhaſ ṫṙ̇t, béiṙ
na lóiṅġníomh ao péacaṫ̇b, ġé
ġ̇ ṁaiṫ lſt gan a ttġ̇ṙ ċugaṙ, aſ   Triḋ ſſ
a mháin ó ṫáṗla chugaṙ iaṙ, go   can 23
nglacſá go ſoiġṙonbẃ iaṙ.

4 Ċabaiṙ ṙo tġe ġ̇ chóiṙ an
lóiṅġníomh ao beiṫ contṙáṙoha
ṙona péacaṫ̇bh, cṙ̇ṙiṫ̇ṙ ṙá bṙiġ
ſṙn ṙéiṗe an ẛṙ na ſainṫe, tṙoſġ-
aṙ an ẛṙ na ṙṙ̇ṙ̇ṁ, uṙṙ̇ṙ̇ġṫe an
ẛṙ a nuaḃ̇, 7 iaṙ na ttṙ̇iṁ an
an ttέ a ṫá ſanntaċ, ṙṙ̇ṙ̇bṁ̇ṙ̇
ſaaḃhṙ̇ćh.

5 2ſ.é a ṙṙ̇ṙ̇ún ſo ġ̇aḃ cóiṙ
ṙon lóiṅġníomh bheiṫ na phéin
a naġ̇ṙ̇ṙḣ péaṙ̇ṙ̇, 7 na ṙíol péi-

ne, 7 náċ ḟuil pian ar an tsáma-
eaċ ar mó má a ṁaoin do láġ-
dugaḋ; ná ar an droiċrúnaiġ ar
mó má a ċoláin do ċlaoi, ná ar
an naiṁḃriċ is mó má a umlug-
aḋ; 7 a ngríosugaḋ.

6 Aṡ ar í slíġi sr aiṫġhíoma
do ōrne do ċum an lóinġníoṁa,
gaċ loġa dá bfuġra tfaġháil 7
gan conlogaḋ dá mbia na ġoire
do ċailleṁuin, ór atá ar láiṁ na
hEaguilis ní lé noíolpae tfiata do
ṫaḃat duit ar a hóinċisroi féin
ina bfuilio dtġoibne 7 lóinġníoṁ-
ṁa spioro, a ṁáṫar ġíóṁmi-
ṁri, 7 na naoṁ uili an ṁéid dá
náċ roibhe ferom aca féin díobh
do ḋíol a bfiaċh; 7 a sé so do
ni, an uair do beir loġaḋ uaite
laite

laiꞇe amuꝺe oꝼꝫlaꞃuꝺ ꝼa choṁe
gach oꞃꝺe ꝺiongnaꞃ ꝼaꞃꞃoꝼn, ⁊
ꝫlaꞇꝼaꞃ cuṁꝺne, nó oꝺiongnꝼꞇ
aꞃꞃuꝫꞇe ꞃoṇꞇa uꞃme ꞃo naꞇ cóꞃ
oo ꝺꞃꝗꞃ ꝼaꝗꝗꝺe oo ꝺꞑaṁꝗ ꝼa
na mꞇꝺꝗꝗꝺ, nó ꝼa na paꞃꝺꞃꝗ
loꝫaꞃꝺ oo ꝑoꝫ ꝺ raꝺao aꝺꝫe ꝫo
nꝺꞃolꝼa a ꝑꞃaꞇa ꝗ ꝺꝗꝫꞁꞁ ꞃꞁꞇeꝗ.

⁊ ꝫ ꞃꝺꝺ a ꞃꝫeꝗꝗ anloꝫꞑꞇꝺ an
ꝑꞃꞇ ṁ cꝺꞃꞇ na ꝺꝫꞁꝺꝗꞃꝺe oo lꝺꞃ
ꝗꞇ a nꞃꝺꞃmꝺꝺ, ꝺꞃ a ꞃꝗ an ꝺꞁꞁꞃꝫ
ꝫꝼ oo nꞃꝺ, aꞃ ꝺꞃꞃꝺe, aꞃ ꝺaꝗꞁꝫne
⁊ aꞃ ꞇꝗꝺꞃꝫe, oo ꝺꞃꞃoꝫ ꝫ aꝺ ꞃoꞁ
ꝺa coꞁꝫꞃoꝗꝗ ꞃaꞃꞇaꞃ oochꝗm an
loꝫaꞃꝺ oꝼaꝫaꞁꞁ, ⁊ ꝫ mꞁꞁꞁc ꞇꞇꝫꞃaꞃ
cꞃꝺ eꞁꝫꞁn ꝺꞁoꝺ naꝗ nꝫꞇmꞁꞁꞃ; aꝫꞁꞃ
ꝼóꞃ nách ꝺeꞁꞁ an loꝫaꝺ ꝺꞃꞃꞁꝼ aꞇꝺ
na ꝑacha aꞇa oꞃꞃꞁꞁ oo ꝺꞃꞁoꝗ, ⁊
ꝫo nꝺꞁoꝗuꞁꝺ na ꝫꝫꝺoꞁꝺꞃe na ꞃeꞁꞁ
ꝼꞃaꞇa

piaca atá ag dia opngir sgo geng
pra nuaipeacha gráf ⁊ glóipe as
dhia óngñ.

8 An taipeiond do páth nó a
top dá páð, congniom h amháin-
ar mó bpiog dochum an lóipgnio
ña dg óeongg dia, ⁊ ar mó díol-
ar dao phiacengbh iná gniom as
biod eile, do bhpiog nác poil añ
ar iaobpne do beipthhi do tia
dá tiaðáp ⁊ dá dheondaþ, do
ghpeuig pé péin do tabáge tóι

gup

gun mon mealltar an

áirṁcin léigior díob a brian
ta do díol ré tẹchẹ go
pángatóin. C. 5.

á léigẹ⁊ achriofoṙbé
dá ttug tia gráy na
háitṙuiḋe lén pilliy ó
pheacaḋuibh, a ṡgríoḃaio na naoṁ
aiṫṙe, an géine brian bpurga-
toṙa, agár ṡmuaitẹ doṁne do
ḋḃiaṁ oṙa, ar deiṁhin leam go
noíolpaḋa gaċ pian dáḃẹṙyl oṙt
ar na pẹaóṙbh do maiṫíó oḣṅẹ
lé ożoiḃṙiżtiḃ, ṙuil do nach-
cha dá noíol don éruaḋẹ́qẹ́ṅ.

2 ⁊ n dá priṁṗéin ẹcá a ais
ṗrion⁊ .i. beich a nẹ́żmuiṙ ġṅóṙa
té, ża⁊ a ṗaieṙy go bráé, ⁊ ⁊ż

ṙulang

ꞅulⱥng cınꞅ̃ ꞅıomóꞃꞅoe, ꝟⱥ nⱥⱥ́
ꞅoıl coımꞅꞃ nⱥ compⱥnⱥꝟ ⱥɜ cet
nıꝟ cⱥlmhꞃꝟhe ⱥꞃ bıoꞔ, ⱥcⱥ́ꝟ ⱥ̃
ꝟⱥ̃n ⱥ ɓꞃⱥnɜⱥꝟoıꞃ, ⱥꞅ ⱥ mhⱥı̃ꞃ
ꞅⱥch bıⱥꝟ nⱥ hⱥmmⱥ̃nⱥ ꝟⱥ́ ɓꞃ̃ul-
ⱥnɜ ɜo ꞅıomóꞃꞅhe ⱥ̃n, ⱥ́ꝟ ɜⱥ
ɜcꞃꞃꞃoꝟꞃ cꞃıoꞔ oꞃꞃⱥ uꝟ́ éꞃɜꞃ.

3 Ȧ ɒeꞃꞃ nⱥ nⱥoımh ꝟ̃ ꝟéꞃꞃꞃ
neꞃmhꞃꞃɜhe, ɜⱥn coꞃmꞅꞃ mⱥ́ com-
pⱥnⱥꝟo, ꞅꞃⱥn phⱥnɜⱥꝟóꞃⱥ ꞃnⱥ́
ⱥ ɓꞃꞃꞔ ꝟo ꞅꞃⱥncꞃꞃbh ꝟ ⱥn ꞅ̃oɜ-
ⱥl ꞅⱥ ꞃꞃⱥmh.ꞏ ꝟⱥ́ ꞃéꞃꞃ ꞅo ⱥꞃ ꞅꞃ-
Ꞓꞃꞃh ceꞃllꞃ ꝟo ꝟꞃꞃe ɜⱥ́ bhꞃꞃꞃl ⱥ
ꞅꞃoꞃ ɜo noꞒ̃nⱥ pꞃⱥⱥꝟⱥ cꞃꞃomⱥ, ⁊
bꞅⱥꞃꞃꞃ ꝟ̃ Ꞓⱥꞃꞔ ꝟꞃꞃ ꝟꞃ́ ꞃⱥꝟ, ɜⱥn
ⱥn phꞃⱥn ⱥ cⱥ́nⱥ nꝟꞃⱥꞃɜh ⱥꞃꞃ ꝟo
ꝟꞃol, ꝟo lⱥ́cⱥꞃꞃ ⱥ nꞃⱥꞃꞃ ꝟⱥ ɜ̃Ꞓꞃ-
Ꞓⱥꞃ beꞃɜⱥꞃlꞃɜ̃ꞅ̃ ꞇⱥꞃɜh; ⱥcho ⱥ
Lⱥꞃɜꞔh ɜⱥꞅ ⱥnⱥꞃꞇ ꞃ ⱥꞅ ꞃꞃꞒꞃꞃɜhe ⁊
ⱥꞅ

B Thom 4 d
2ꞃ q 2 bona
d 20 2ꞃ q 2
Au ꞔ coutꞃa
Manich 24
& hom 26
lib 2 ꞏ hom
Greg in Pꞅ
37 ubi beda
nⱥmⱥ ber ſeꞇ
ꝟe obitu
Nuꝟb

ar géire tine, má a bfuil do tea-
cibh, 7 do phiantaibh eile an an
aoomhanra.

4. Ar ro ror doctúire airidh
gab iad na olmhan biar ag ta-
bhgt a bpian danmanuib purga-
téna, 7 mar fion ro, a dhia ar
mfg gá be oil pian air péin a noir
go bfuilio pianta g, 7 náé diol-
an iad dá obem péin, 7 é péin dá
ttabhgt dhó, ar a léigth gur a
náit a bfuige iad ó lámhgb tha-
an 7 diabal, biar lén do nrm ag-
ar daingiodgr na aguid.

5. Ar fion g doilig a trgrin
ciontar ar éron do aa hanman-
abban pian nimnéara do beié ona
7a dhb aca go bfuilio a ngiár-
ruib dé 7 ina gráo, 7 go raéra

Ee   r

fá deiṗṫoh do chaitsaṁ glóiṙ
ṙioiṫṙḋe go plaiṫeṁṫaer, mar a
deiṙiḃ na diaḃṫṙṫóe go coiteġ̃
⁊ bḟnc an é ṫṙ ṙáṫiḃ a aaṫṙ̃ah
a ioṁ a ṫeiṁ go ṫuagṫ̃an ḃ ṙ̃h
ṙiánṫuiġṫe nó ṫanaṫa g an ṁ ḃ
anaṁ an an ḃpoiṫge na ṙ̃aṙaṁ ṙṫ
an cciṫṙ, ⁊ ḃḟṫ̃ṫ ḟṫ ṙ̃n ṫṙ an ṙ̃go
pṫṫ̃n: ⁊ ṫaṙḃ̃aṫṫ an ḃṫṫh ṫo n
anaṁ ṙ̃eṁ, óṫ ṙ̃ ṙṫ̃ṫ ṙṫ benṫ ṙ́,
ṫo ḃḟṫṙioġ nách ṙoil ṫiṫ na ṫ aṁ
ḃ̃ṙ̃eṫṫ ṙ̃ṫ beṫṫ́ṫ ṙ̃, aġ̃aṙ a ġṫ̃áṙ
nách ṫaṙ̃ḃeṫṫaoṫ ṫon nanaṁ ṙ,
ṫo ṫṫ̃ṫ ṙ́ ṙ̃eṁ ṙo ṙ̃ṫṫ̃ṙ nách
ṙoil ṫaṁenṫa ṫo ḃḟṫṙṫoġ ṙṫ ḃṙ̃aṫ
ṫṁṫ ṙṫ̃aṫ an ṫiṫa ṙṫġ̃e ⁊ ṙ̃aṫ a
ṙn ḃṫḃ̃ṙ̃aṫ, naṫṫ́ aṫa ṙonṫṙ̃ġ̃a
ṙon aṫ̃ṁṫṫ̃n ṫ̃haṫṁṫa. naṫṫḃ
ṙṫ̃ ṙ̃aṫṫ̃aṁ ṙ̃hṫ̃aṫ̃ naṫṫṫa ṙ̃
ṙolaġ̃

ſoloizda, an creram 7 an dớɛɛaſ
do bhí ſan ſaoʒal aigi, anaio ai-
ge ʒo dul a ſocac a nʒlóin, ag
aſ ní bhí creiodah nó dớɛɛaſ ag
ſpiorao damanca, óʒ lết dấ-ſéiſ
ſo aſ ɛɛɛſ̃ cṟṟ̃ aó dodhṟóṅ ó na
bſiancaib do bheith aſ anaaṁ-
ſunʒadóṟa.

6 Cǯ a ʒcểm ſo ṅſle, cṟể óṟ-
ɖũʒaɖ nɛể do ʒeibh an tánam a
bſunʒadóṟ ſianta aſ ſó niṁni-
ʒhe máio ſianta ſaoʒhalca aſ
bioɛ, 7 ní háit ſo ɛocuṅ a ſoill
ṅʒɛe ciorcuſ ſiancaſ ſ́ac, óṟ ní
don mhuraċin dấ ſʒñíobɛaṟ ſo-
bhɛṁaṟ ſin ɛo ſʒñáoaɖ, aſ do na
ɛuaoaiṁb.

1 Aſ ióṟ ʒo nabǯ an ſʒſiop-
ɛṟ̃ ʒo bſnſl ɛeine aʒ loṟʒaoh

Ee 2   ya nủ

ar nanman, 7 go nabrado na naoiḃ
nach ḟoil dicir ior í 7 cemió ir-
rrinio, aḟ go geníochnachthar
ḟuair óigin 7 go bḟril ceire iḟna
ríonóirós. do baó mór an pian
lít ranann óḃig do chur an bhall
doo bhalluibh ǵá loṡ̇gaó, ǵé go
mbeath a ḟior agao go mbeirċed
ḟlán uaió a geċin aimrne, agar
ní mór go léigrró neiṁniġi na cei
neó óuir ṡmuainċó ar an trlámċe
do bhiaó chugao, ṁṡ ṡin do na-
anam a bpurṡgaċóir, atá a phian
roimṁinġ óá ríorlorṡgaó 7 ǵé go
bḟril a ḟior aiġi go mbia rlán la
éiġin, ní léiġean burba na bpian
atá do láżẹ̇ air, ċó, ṡmuainċó
ar an nglóir atá chṙġe, aċo go
kéttrom.

𝔞

A dhia as mairg don té chreidfeas so, 7 agá bhfuil rún air féin iomad fiach do bheith ag dia air tréis na bpeacadhaibh do rinne, nach díolann iad gan mhoille fuil fachus don phriosún thinntidhe si dá ndíol choimhthinnmhneach 7 so, 7 as mór an dalladh tiubhfhirdhe an ní do dhíolfadá a nois lé fírbhleaghán tsoghcibhreach, 7 lóirghníomha, do léigean gan díol gus a nam 7 gus a náit a mbfuigheadh sé an díol chruaidh gheimhreach díot gad loscadh a ttinntidh comhchoimhthigh lé tinidh nifrinn, sgan air fúgradh atteinidh fhíoghalta na focair.

9 Air an nádhbhar so a chuirsuidhe ionmhuin, lé mian aithrighi chroidhe 7 comhaill do dhéanadh ad pheacadhaibh, ná léig tort

an ꞇreſ rann ꝺon naiꞇrigi .1. ꝺo
lóingniomh; ⁊ ꞇionnſgain ꞇſgoib-
re ꝺo ꝺánamh, ꝺo ꝺhiol na bpian
a ꞇá orꞇ, co�731uaꞇ ⁊ ꝼilleſr ꞇú ó
ꞃeinbiꞃ an ꝺiabhuil, ⁊ glac lóin-
ſhníomh móꞃ ó noiꝺe ꝼaoiſꞇne ⁊
ꞇá rabh ꞃé méꞇa ꝺo ꝁum an lóin-
ſnionha ꝺo chuꞃ orꞇ, bꞃoꞃꝺuꝺ
ꝼéin é chuigi, ꝺo bhꞃiſh (maꞃ a
ꝺubanꞇ cḟna) g̃ mó go móꞃ ꝺiol-
aſ an bꞃeꞇh aiꞇꞃighi chꞃꞁuoꞃ an
ꞃaguꞇ orꞇ ꝺo ꞇꞃiꝺénb, iná na
ꝺꞙgoibne ꝺo ni ꞇú uaiꞇ ꝼéin.

10 Déin g̃ anaꝺbgꞃo na ꞇꞃi
ꝺꞙgoibne aꝺꞃbnamg, ꞇꞃoꞃgaꝺ,
ꞃꞃꞃꞃꞃꞅꞇ ⁊ ꝺéiꞃc ꝺo néꞃ ꞇꝺaꞃa
ꞏꞑe, ꞃꞃionꝺꞃadiꞇa, ⁊ cꞸrꝺorꝺꞃ;
aꞃ ꝺéiꞃc ceiꞇꞃe hoibꞃgia ꞇéɜ na
ꞇꞃóꞃꝺe, ⁊ ni ꝼꞃꞏꞏꞇ ꞇꞃꞃne g̃ ꝺoꞙan
g̃ꝺ ꞃꞃꞏꞏ an á ꞙunuꞃ moꞃán ꝺꞃꝺ

ḋo ḋénaṁ. 7 ṡé n ṫé ḃiaḋ maoin
fúoṡalta aiṡe, an té ṡá ḃfuyl an
ṁ.cin ḋéinṡḋ féin ré mbáy ṡach
ḋéire búḋ mian leir to ḋénaṁ tá
eir á báiy; ar fuyr coiṁṡl roṁaḋ
ná ḋá ċoiṁil ao ḃiaiḋ 7 ḋo ċiṁio
ṡan mainnṡḟnaè ḃioy claṁ 7 cay-
ḋ, fá tiomna na mṡḃ to ḋiol, 7
náè móṁ rmaainto an na piantyḃ
ḃioy ort a ḃpunṡaḋóin ṡo nti-
oltaf tḣriaèa .i. na pianta ḋliṡe
tréo pụcaiḋaiḃ.

somplaḋha oiaḋha fa

ṡan an lóinṡníoṁh ḋo léi
ṡḟ ṡo punṡatóin.

C. 6.

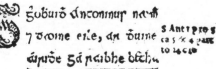 ṡoḃuiḋ ᴀnconinur naṁ
7 ᴅoine eile, an ḋuine
áiriḋe ṡá raibhe bttha

S Antrpros
cas x 4 part
to 14610

mhdit, ⁊ do rinne mórán deigníomh
go tríce a ttimsir an báis ⁊ go
hélcos go mór é leis an ttimsir ar-
om ⁊ rṡo bliaḋna, ⁊á deireaḋ
do ḋriḋ dia go tutnasaḋ ⁊á báis
do thaḃġt do ionsur go gcrṡet
criot ⁊ ṡéin a timdeis. do crṡtaḋ
aingiol ó dia trṡge ⁊ a duḃġt ris
do héirseaḋ chúinnṡite le dia, ⁊
bein roga frṡneḋ ran timsr báis
rin ma bṡrṡle bliaḋṡn eile, ⁊ na
ḋiaḋ rin comluaḋ rṡgcur an tan-
am rṡéo corp ohul do taitṡm na
glóire, nó gan frṡeeach ní ar ris
ran trṡogal, ⁊ báis orṡ gáil oola-
tṡ, ⁊ comṡnṡḋe do ḋénaṁ a brṡn-
gaḋóir trí lá a rṡáun. Als áitṡm
(⁊ ṡé) báis orṡ gháil gan mhoille
oon rṡoⁿaḋ ⁊ ṡéin an timṡr a bṡ-
ṡlim rṡé bliaḋṡnṡ, ⁊ beit abrṡn-

gaċ ón ní he aṁain trí lá, aċ an
fgó ar toilleán trí ġ-na. a n-ainm té
(an an taingiol) bioḋ ag ſin. fuḃ
báſ gan ſaṁgċ, 7 to ċuaiḋ a an-
am go purgadóir. iġ eeuríæ tena
trí laoiḃ tġir, táinig an taingiol
ċnge, 7 to ſraſfnaiġ ḋé crono-
ar do ċaitin ſir an i oġa ſug ſé.
ó a ḋia ġ an tanaṁ-ay truaġ mar
to mẹllaḋ not mé, to ġ ẹll ſ ḋeaṁ
náč bém aṅ ſo aſ trí lá, 7 a táim
ann lé hiomaḋ mbliaḋan. Má do
mẹllaḋ tú (ġ an taingiol) ní a bſ-
ad na haimſine atá an mẹllaḋ, ċ
ní ſoili aṅ ſo aſ aon lá aṁáin ſér
tona trí laitiḃ, 7 aſ é niṁ, 7 géi-
ſe na bpian a ta oſt ċr-nior uſ-
iaċr-ḃ oſt a miſ gu bſ-ſli an fgó
ſom daimſin aṅ ſo ſgan tú aṅ aſ
aon lá. má tá ġ-bċeſ oſt ſán   10

oʒain τo ʒʒbæ aᴛ ᴛoʒan ɛɛ noiᵹ
7 mað áil úul ʒ éáiᵹ ᵹan ʒᴄoᴘᴘ
ʒᴄéᴄna τo ʒ̇éna uia ʒnáᵹ oιᴇ
τo ċuᴘ ᴀ̃, 7 a ᴛá ʒan aᴛhlaᴄaᴛh
ᴘóᵹ, aᵹ ᴄaiéʒᴇ ᴛᾱ beιᴄ bliaðιᴢa
ᵹan ᴄᴍ̃ᵹᴘ ına ᴛabaċaiᵹ. τo ƀᴇιᴜᴢ
mιlé molað uon ᴄiʒ̇ᴢna, aᵹ ᴢóᵹ
ɛɛ ʒᴘa ᴘoιn τo·ɳ̃i oᴘua. a ᴛᾱᾱᴘᴢ
ᴘeιð an ᴘιlliᴏð 7 ɳ̃i hé aᴄᾱáin·bʒιᴢ
bliaðhᴢn ᵹan ᴄᴍᴄʒᵹ ᴘιon, 7 ᴘóᵹ
ƀeιᴄ a ᴛᴛιnueaᵹ aᵹ mó ʒo ᴢóᵹ ʒo
ueιᴘιᴏð τoⁿ̃ain τo·ᵹ ᴘhᴏᴘuah aᴢ
ᴀn áιᴄᴘι. τo ᴘιllʒð an ᴛanᴀᴍ ᵹaᴢ
ᵹoᴘᴘ a ᴘíᵹ, 7 τo aιᴄᴘιᵹ ᴛaʒuᵹ-
ʒáil ᴘᴢan bᴘuᴢʒaúóᴢa, 7 τo ᴄuᴘn
ᵹιn ᴛᵹiaᴄuιƀ ʒ ⁿ̃óᴢán τo ƀᴂmιblι
ᴀn lóιᴢʒⁿ̃ioⁿ̃ τo ƀáᴄaⁿ̃ ʒan ᴘuᴄbé
7 ᴢʒ ᴄᴄuᴢ ına bliaðna ᴄáiᵹ, ᴘuʒ báᵹ
7 τo ċuaιð an ᴛanᴀᴍ ʒo ᴛᵹⁿbé ʒo
ʒlóιᵹ ᵹιoᴘᴘuιðe.   ᴀ̃ᴀᴘ

2 Agá do ghabh an tanén ro
ro noghan bliadhan chlanta
nimhnige gáh teit tá lá a bpur-
gadóir, nar sgriobar an na ára
7 nghtam eile, ap ellur nach
éicin cuisg, na cumparáio to
ónach rcin timió áalabacht 7
ceire phungacóna an nimh 7
q bunda: 7 tá brág ro ap vaille
ónonnta, na picáa to léigion gan
viol gur a náit ra.

3 Táinig vume rnaghalca an
cuize ugámios to chun a nabar
noirh Oimpur, agá noiri nann
nar apar láiah ló gnui ioipvain,
7 a vavuint rur. A cég ní roil ní
ar iongautiighi lán ná cionvur
failigior ag ieiépa náit buirr.
sga a céng rugcac 7 an cheápi
ela

uile comhoḟmuil ré tḟr ꞇemoḃ,
⁊ a ꞇá lán oilpiaꞃcuiḃ ⁊ ꝺoḃgꞇ-
aꝺacuiḃh gꞃánꝺa. ꝼuilngim ⁊ ꝺa
aꞇonhaꝺ (aḃʒiḃꞃaꞇʒ) na neiꞇeꞃ
ꝺo ꞃbena neiꞇeoh aꞃ ꝺoꝼuilngꞇe
ꞃꝺái .i. pianꞇa na ꞇine ꞇall.
ꝼuilngim an tḟr anꝺonb ꞃo ꝺon
ꞃꞇonꝺaoh ⁊ an ꞇemoḃ ꞇáll, aꞇá
eomhóiꝺan coꞃḟꞃmurnbeh ⁊ ꞃin, náꞇ
ꞃꝳꞇgaꝺ uiꞃge na ꝼꝣꞃgi uile éin-
ꝺniꞇle a ꞃꝳáin oi .ꝼuilngim anꞃʒ
na noꞃolphiaꞃꝺ ngꞃánꝺa ꞃa ꝺoꞇ
ꞃꝳꞃꝺaꝺ ⁊ an ꞇnuꞃ biaꞃ ꝺo ꞃoꞇ
aʒ ꞇꞃeim an ehornꞃꝺaꞃa ꞃan ꞇiꞃ
ꞇáll.

4 ꝺoḃi anꞇaꞇꞿꞇ áipꞃohe ana
ꞇuʒ aḃꞇḟhaió a ꞇiꞃ a nuaꞇʒ-
ꞃoꞃ ꞃꝳꞃ noꝺaoḃlaꝺan. ꝺo ḃáoꞃ
ꝳaꞇaꝺaeꞃꝳḃanoh aʒan ꞇꞃḟóꞃ,

7

7 do baoi fer díobh roilegh. Tug
an toirc go minic aspringadh dó,
dá rádh ris coimhne do beith aige
ar a anam, 7 ar piantaib na tir-
chall. Fuair an dalta diomhaoin
bás. do ghuidh an toirc ar aghuidhe
ag iarruidh ar a thighearna soair
an talta soin do thaisbénadh dó.
do chuaidh a negxdasis .i. a néal
spioradálta, 7 do thaisbéin Dia
dó abainn nuaibhl árraigh fá thuil-
thintidhe, 7 iomad anmann na lár
dá síorloisgadh, 7 a mbeg gcáich
do chonnairc a dalta diomhaoin-
náci, dfhéna an lóngniomh na bfeth-
aidh, go foiche a smeirg na sfhran
san tuile dubhblaspach diabluidhe
sin, 7 a dubhairt ris, a mhic nach
minic thugas tegasc duit na hoib

nidha do chuirfdoh cráoh ar do
chorp do dhéanamh as bhfacharoh,
tré fáchóntá na pianta ŗa fuil-
nge anoiŗ? Aŗ fíoŗ ꝼ minic, ⁊
eiŗion, ⁊ uch, uc̄, uc̄, aŗ truadh
náŗ gabhuŗ do choṁꝼli anam, cŗ
ró bheiŗim ꝼlóŗ do Ohia tré
ṫŗṗnuighcheŗ, a cá ŗaoiŗṡ ꝝom
chronn óna piantuibh.

¶ Iaŗ mbfcḣ do mhanac áiŗidꝭ
a bpoŗge bháŗ do ŗaŗ go oiċ-
ṫiollach, maŗ aŗ gnáċ iŗ na hoŗ-
cuibh cŗábuiṫh an Tab do gĥꝺa
chuŗgi, iondaŗ go bŗꝺꝝꝺaṫh aḣ-
ꝝolóꝝ uaꝝd ꝼuil do ꝝéubaꝺ báŗ.
Ni ŗoibhi an Tab ŗan mainṁciŗ
aŗſain ꝝa, ⁊ ŗuŗ cáŗaig a ꝼcḃh
ꝝuaiŗ an manaċ báŗ: iꝺ ꝺꝝꝺꝺ ꝝó
do inoŗadoꝝ na manaiꝽ a ꝼion-

ʋa do iaṁ an manach ꝼuaiṃ báꞃ
é, do chum abꞃolóiꝺe ꝺꝼaᵹháil
uaꝺoh. do béoꞃ an tab aᵹ ꞅmuainéo
aṃ ꞃoato an ṁaꞃbh, 7 iaꞃ mbéṫ
ꝺó a bꞃꞃaᵹnuiꞃe altóꞃa áiꞃiꝺhe
aᵹ úꞃnuiᵹṫe, táiniᵹ an manach
maꞃbh chuiᵹi 7 do iaꞃ abꞃolóꞃ
aꞃ a ᵹlunibh aiꞃ. do ᵹlac uaṫ-
báꞃ áohbhal an tab 7 moꞃ éꞃʒiꞃ
leiꞃ labáiꞃt ᵹo céin tamaill tꞃé
ṁéo na héᵹla do ᵹhlac é, acha
táiniᵹ chuiᵹi ꝼéin 7 a dubhaiꞃt
Miꞃeꞃeatuꞃ 7c .i. oꞃʒta aꞃ ᵹnát
do ꞃáoh ꞃa nábꞃolóꞃo, iꞅ na ꞃáꝺ
ꝺó, do iaꞃ an maꞃbh aiꞃ bꞃeiṫ
naiṫꞃiᵹi do ṫabáiꞃt ꝺó, do ꞃtaꞃ
an tab aᵹ ꞅmuaintoh ciꞃo do óṁ-
aoh (ni nᵹ ioꞃᵹnaoh do bꞃiᵹh ᵹ
ꞅi nᵹṁhᵹnátach bꞃeiṫ naiṫꞃiᵹhi

do chon an ṁġbhán) fá ḋeirḃṫh
cuġ breiṫ ġ beiṫ a bpurgadóin
go naḋlacṫai a chorp: oġ leir
do buḋ bɛg ṡin, do briġ go roibi
gach ní féidh do chum a naoh-
laicṫe do ḋḟnamh an báll, iar
ttabairt na breiṫiṡ dó, do léig
an ṡpiorad ṡġneto nuaiṫbaraigh
7 a dubairt do ġuṫ ġéirnimhneɛ
do clos ḟḃoh na ṡamirorḃch uile
uċ, uch, uch, ar truaḋh ṡéuo
miotrócġe do bhreiṫi do cuir an
ḟḃoh rom go purgatóin mé.

Anto Sen in
ɛon præd ad
an 1 2 1 5

6 Do bhi braṫġ mionūn tuaṫa
do chlaiṁ an naomaṫġ S. Proiṁ-
ṡar, ġá raibhi bɛṫha bḟṫruiġṫe
ḋiaḃa, na choṁnuiḋe a mainiṡ-
ṫir tġ nóno ṡan Spáin, ṡan ɛáṫ-
raiġh ḋárab ainm Samora (do
bháḋuṡ

bádurá péin ran mainiroin) ar ɬ
bá oirr̃g ɗó bheiʈ na rpinnréin.
ɗo chúiúih a ccumann lé bnachɠ
preiroiún tuaʈa, rpin̄réin m̃ai-
nirʈnɓ S: Ɗoimnic ran ɗaɩ̃naiɠ
chfona. ɗo ɠɛlluɗan an ɗirre ɗá
chéili ɠiɓé uhioɓh ɗo ɠɛghaoh
báir an túir ɠo ʈiucraoh ʈrior
an rin eile ʈo ʈábhainʈ rɠéul na
ʈine ʈáil ɗó, ɗá bragaɩh ere ó
Ɗhia chuiɠe. ruain an bnáɩ̃uip
mionún báir, ⁊ iar mbeiʈ ʈá ɗom-
pánach ran promncɩɠ aɠ ɗána uh
a oirr̃ge, ʈáiniɠ ɩuiɠi ʈo leɓ-
raoan rɛlaɗ ré chéile, ⁊ ɗo m̃ir
en mɠbh neiche iongancacha ʈoɓ
bɓó an pranʈuiɓh pungaʈópa, ⁊
ɠo noiɓh́ ré péin ionnʈa. ɗo riar-
ruɩɓ an bɓó ɗe ɩŕɓó rá nuibhe a

F ·3   bpuɩ-

bpangaɔóin? a ɔubaincpin naċ
noibhe ɔpiaċuiḃ ꝼ aꞃ a nuaiꞃ ɔo
bhioɔh aꞅ ꞃoꞃn a ccoɔa aꞃ aꞃ
ccoꞃṁcꞃꞃonól, naċ ɓ́ꞃnḟoh na
coꞃbhꞃnꞃꞃ cóṫꞃoꞃ, aꞃ ꞅo mḃioɔh
baꞃ aꞅ cuꞃɔ aꞃa aꞃ a ċéꞃlꞃ, ⁊ aꞃa
éꞃꞃꞃc ꞃꞃꞃ ꞅo ꞃaꞃbhe a láṁ óꞅꞃ aꞃ
oꞅaꞅlaꞃaɔh, ⁊ ɔa ohꞅꞃbhaɔh ꞃꞃꞃ
ɔo bhꞃꞃꞃl aꞃ aꞃ mḃóꞃɔ í, ⁊ ɔo
loꞃꞅꞅ áꞃꞃ na ccꞃꞃꞅ mⁿꞃꞃ ꞅo ɔoꞃꞃ-
aꞃꞃ ꞃaꞃ ccꞃꞅ́ noꞅach, lé ceꞃꞃɔe ⁊
lé ꞅeꞃꞃe na laꞃꞃach ɔo bⁿꞃ aꞃɔa
⁊ a cá loꞅꞅ na láꞃhe ꞃꞃꞃ a ꞃoꞅh
ꞅo ꞃꞃoꞃlán ꞃaꞃ mḃóꞃɔ ꞃoꞃꞃ, ɔuⁿ
loꞃꞅꞅꞃe, ⁊ pláca ꞅ́ꞅꞃɔ ꞅá ꝼolach
aꞃ a óꝼoꞃl ꞅlꞃ́ oꞅáꞃlcꞃ ɔá ċaꞃ-
ⁿáaɔh ɔo ɔhaoꞃꞃḃh oꞃóꞃacha,
óꞃ ꞃuꞃl ɔo cuꞃꞃꞅó aꞃ ꝼolach ꞅ́ aꞃ
ꞅcaꞃɔ ꞅꞃ ɔoꞃ ɓ́ꞃꞃɔ ɔo ḃꞃuꞃꞃꞃoh na

ɔaꞃꞃe

ᴅomeltigtoh vá ftkum ni éigin
von ch롬 ᴅoite ᴅá breich ꝛiꞯ
vá mbroꞃtagᴅoh vo chum lóin-
gníomha ꞇo vhꞯaꞯ ꞃꞯa bꝛꞃcaᴅ-
ꝛbh ꝛé mbáꞃ, ⁊ ar iomᴅha ᴅꝛꞃꞯe
bꝛoꞃoꞃ꞉ṡꝛ a nꞇoꞡ ꝛéin chꝛꞡ꞊꞉ ꞃo꞊
ᴅa loꞃꞡ ꞃꞯ a ꞯáin ꞯa láꞯꞯe ꞇꝛái-
cꞃa ᴅubhᴅóiꞇe.

⁊ ᴅo bhꞯoꞯ Aᴅꞯocáꞃᴅ áꞯꞃᴅhe ᴅiꞇip uꞯꞯ ꞯc꞉ 12꞊.
⁊ ᴅꝛꞃꞯe eꞯꞯe a ccumaꞯꞯ ꝛé céꞯꞯe ⁊
ᴅo ꞃꞯꞯꞇᴅaꞃ oꞃꞃꞯoꞃ ꝛé céꞯꞯe a ꞯᴅꞯ-
ᴅꞯᴅh báꞃꞯ ꞇꞡchᴅaꞃ ᴅꞯobh. ꝛuaꞯꞃ
compáꞃꞯcch aꞯ Aᴅꞯocáꞃᴅ báꞃꞯ, ⁊
a ccꞯꞯꞯ ꞇꞃꞯᴅcha lá ꞇáꞯꞃꞡ ᴅꞯoꞯꞯ-
ꞃaꞡꞯ aꞯ Aᴅꞯocáꞃᴅ, ᴅo ꞯꞯᴅꞯꞃ ᴅhó
ꞡo ꞃaꞯbhe a bꝛuꞯꞡaᴅóꞃ. ᴅo ꞯꝛ-
ꞃꞯꞯh aꞯ ꞇAᴅꞯocáꞃᴅ ᴅe aꞯ ꞃoꞯꞇe
ꝛꞯaꞯ ꞇalꞯꞯꞡᴅe aꞯ bꞯoꞇ coꞯꞯꞃꞡhꞯ,
ꞯó coꞯꞯꞯaꞯꞯꞯꞯꞯ꞉ ꝛé ꝛéꞯꞯ puꞯꞡaᴅ-
óꝛᴅ.   Dá ꞯbꞯꞇh

mbeith (ar sé) sléibhte, cairrge 7 coillte an domhain ar comlasadh do bfeidir leisin a beith a gceartlár na teinidh soin ma san péin a bfuilim. do bí droic bheatha agan adhnocaid, 7 do leasaigh í lé huathbhás na sgéul fuair ón marbh ar phiantaibh purgatóra.

8 Uime sin ar na somplaidhibhsi a cosmhuile dá ttug Dia grása na haithrighe, an loighniomh do dhéanamh anam, 7 gan a chor ar cairde go purgatóir. ní sgéoil eamhraidh ná fiachsgéalaigh iad so, acht neithe sgríobhthar naoimh, 7 mórughadh ar cóir creideamh. Smuain orra go grinn ghlicfosach, 7 an ós a ccionn go faosaidheghach, 7 do dhéin Dé soa ghrásaibh gluaisfidhir tú dá chum an loighniomha do dhéanamh gan mhoille. Dar

Dearbhadh oile as bea-
chaidh na naomh go coitcheann
gan neimhchéillidhe an lóir-
ghníomh do léigheas go
purgadóir. C. 7

Ar inchreidti dá gach aon
ina gladham féin, 7 ní
fuil dicchioll agan dal
ta foghlomtha ar fhearr má long an
dfhoirte do lionmhuin. do ní an tóg
gadhuide dicchihll gach cleasa dár
mhéad lúicifer do sheachnadhe ón
deirc éigin do lionmhuin, 7 má téid
tairis sin, measuidh nách bionn fol-
ach ná moladh a ngladain na
gaoithdheasa. as é as fearr do
nadhbar leigheas, long spuocaid 7
gailein do lionmhuin ag leighears
gacha hoirc, 7 da fheacha an long

re

ra do choimhéo, bíoo córmháilé
an totan do mharbao leir, ina a
eigior. luao taiftil na mapa,
bhíor ag tarraing don india, nó
go portuibh eile imchiana in naé
rabaoar riamh; bío nó aire aca
an rligio do gabaoar marrohe
óinoeirci eili ag oul oona hait-
ibfin do choimhéo, 7 oa ccrroip
rompa cho oa nó cúrra contrioa
oóio ro oo glacao, oo mh prioe
naé biao fon orra oul oona hai-
tibrin, nó go mboowir neimhéillie
oe: 7 ar anara an ni cona oo ca
rbhao ran nrle chéiro 7 glaohais
eile.

2 ih in a gceona, gibé léana
oran án ghlóir rhionohroe oo
goio nó oo buain amach lé fóir-
sfie

aᵹic, ní folᵹ dó oꞃcbᵭ ᵹꞃcḣea
éiᵹin ꞃan obᴀiꞃꞃn do lḣᴀṁḣuin, ⁊
ᵹibé lᴀᴀb mꞃán ᴀ ᴀnom ꞃéin nó ᴀn
mᴀꞃᴀ oile ᴀtᴀ lᴀn dᵹꞃéᴀꞃibh nᴀ
bꞃéᴀᴅh do leiᵹiof, ᴀꞃ cᴏiꞃ ᴅó
ꞃo ᴀiꞃe do ḃéiᵹ ᴀiᵹi ᴀn ṁᴀiᵹif-
dꞃubh leiᵹḣif nᴀ nᴀꞃmᴀn do lḣᴀ-
ṁᴀꞃᴀin; ⁊ ᵹibé éꞃᵹꞃiof ꞃoꞃꞃe dꞃᴀil
dꞃé ní ꞃꞃn nᵹᴀibiᵹ nᴀ tꞃꞃhᴀᴅ ꞃᴀ
(mᴀ bꞃꞃꞃlṁiᴅ ꞃᴀ ꞃioꞃᴀꞃꞃᴀ ó nᴀm
ꞃᵹ bꞃꞃꞃbh ᴀꞃ lonᵹ ꞃiꞃꞃꞃᴀchᴀ
lé ꞃéᴀᴅh ᴀ ꞃeꞃꞃꞃꞃ ᴀ bꞃᴀꞃꞃꞃ)
ᵹo ꞃuꞃc ꞃꞃchiᴀn niṁhe ꞃᴀꞃᴏlᴀꞃ
ꞃᴀᴅ ꞃoil ᴀiᵹe do ḃꞃioᵹ nᴀᴄ ꞃᴀibe
ꞃuᴀmh ᴀñ, ní ꞃolᴀiꞃ ᴅḣó ᴀn cᵹᴅᴀ
⁊ ᴀn comꞃᴀꞃ do choᴜᵹṁhᴀdᴀꞃ nᴀ
mᴀꞃꞃᴏe ᴏiꞃᴅéiꞃꞃi do ᴄᴀiꞃᴅil ᴀn
ṁḣᴀꞃꞃ ᵹᴀn dꞃꞃꞃᴄ, ⁊ do chuᴀiᴅ
ꞃlᴀ don ꞃoꞃdꞃᴀ, do choꞃꞃꞃᴄ ᵹᴀ
ꞃᴏꞃ-

róifruochnamað, 7 ta ntða tð̄-
ir ro nó ða ngluca eð̄ra comh-
rohðǽ nó contrðoha, ar món an
ǧuair ǧ̄ go port irñ bhiar ðelar.

3 Ar iað na noimh gatr̃he
glioca na glóire ruchðine, 7 lur
a benta a með̄lé ronnðgc na hair-
ruǧe, ar iað ar lprocarte 7 gal-
éna añ anglaðr̃n leǧir nananman.
Acaið rór na mðr̃chið móinð-
laða ran rliǧǧ̄ð ðoðraiǧ ðoiðolr̃r̃
ð̄eið go purc nirñe, ǽ níor buailrð
a long uañ rá e̋ǧr̃ȳ von ða ðami-
ñǧ acá ag conmiorǧ rliǧǧ̄ð nurñe
rán mr̃ñcir ð̄riallar ó chuan an
ð̄ǽroǧairi.i. cðr̃r̃g irrin amðáic-
cǧ̄ go rioróir̃ðe dðr̃le long ben-
ar irñce, 7 cðr̃r̃g ðꝟrǧaðóira a
ða abꝟoǧer̃ ti ra mðr̃ir̃cð̄r̃ iomað
lo.ǧ

long gé go ttigthisi ɼá bhfoiĝ óm
mbpɼfú, 7 ón mbáttóɼa lé móɼ-
án pian 7 pḟinaᵹ ᴅḟulang.

12 Aɼ an áᴅbaɼ ɼo a Cɼioɼ-
ᴅꞓbe chɼoiᴅe léɼ mian an ĝlóɼ
ᴅo ĝoᴅᴅ, tánam pém ᴅo leiĝioɼ,
7 bolaɼ ᴅíɼᴅch ᴅo ĝáṁaṁ ᵹo puɼt
nimhe ᵹan buan ɼá céĝaɼ ᴅon ᴅá
chaɼɼᵹ cunᴅtaḃꞓtɼĝ ɼi .i. ɼɼ-
ɼioṁ, 7 phuɼᵹaᴅóiɼ, ᵹlac iᴅ
ɼo maɼ ṁaiĝhiɼtɼiḃh chuᵹaᴅ, 7
lenn lonᵹ na nœmhoɼtḃḟɼa nunᴅ
ḟoil ꞓonn an tɼɼꞓhɼáin oɼt: 7 ᴅo
labhꞓt ĝ an ní a tá ᴅo láɼĝ aᵹ-
ainn, ó tuᵹaiɼ cúl ɼiɼ na pḷcaᴅ-
oĝbh maille ɼé tɼĝɼɼi chɼoiᴅc ᴅo
bheiꞓ oɼt ɼompa, 7 lé na ccuɼ a
bhɼꞓoɼɼóṁ ᵹo hiomlán, maɼ ᴅo
ĝuṁbᴅaɼ na nœiṁh ɼoṁaᴅ ſi aɼ

a ttáinig torach, a rcom! tachta
tóibh) 7 ᵍ ļenṅur a loṅg ran bá
ranṅra na haithrigi, crir tú fém
a ccorṁṅle riú, 7 bíod na hord-
ḃṅrdh aᵹco mar an cctona ran
trir rann .i. ran léirᵹniomh ᵹá
ḃarṁh ᵹan ḟuġaḋ, iᵹan a léiᵹṅa
ᵹa punᵹatóir.

13 ḟarain ar na ncomhriᵹ rle
ᵹo coitcṁn, tabram ᵹḟrrdarnᵹ
ar a mbethaiḋ, 7 do ᵹréubham
nách roibhe orṅe díob rᵹ ᵹhlac
a phunᵹatóir a ḃur, tᵹla ᵹa
ḃprᵹḟoh eátt í, 7 mar do báoar
ar láraoh a nᵹráġ Dé 7 na coṁ-
arran, níor lór lṁ abpunᵹao-
óir fém do ᵹhlccaoh orra, acho
ᵹuᵹaoar tiol mór ucha ar rcn
ḟáiḋ ᵹo rrerálta 7 ᵹo ᵹemror-
áta.

áilca, 7 ar dá noḡnadan do lóir-
ġníomh náꞃ roibhe dꞗeirḃm orꞃa
ꝼéin, 7 dá ndúirꞓ na naomh ṁ̃ꞃ-
ror a noir (ní bíem a nꞅꞃlꞃꞃ go
bráꞓ gan móꞃán naomh) do ꞃiꞃṫ
7 mꞃorꞃꞅꞓṡꞃ gach láoi óiꞃꞓꞃꞃoe
na hꞄꞅꞃꞅꞃꞃ. airꝫ̃ṁ ar na naomꞃꞃ
cꞃ̃ na naomh ꞃꞃa nangiol, iora
ar ꞃláiꞃꞃ̃ꞓꞇóiꞃ, ꞃa lóirġníomh
do ꞃꝫ̃ꞃ̃ a noḡnadan 7 ꝗ ꝼꞃꞃ-
ngiodan ar cꞃuꞓꞃꞃꞃꞃh 'Dia do
ꞓꞃꞃꞃmbh 7 ꝺꝡꝋꝃꞃubh. ꝫ̃ꞃꝫ̃ṁ ꞃóꞃ
a ṁ̃ꞃꞃꞃ bꝫ̃ꞃꝫ̃ꞓꞇe, miliꞃ, a nóꝫ̃
ꝼionglan ꝳꞃꞃe ar mbaiṁꞓꞃꞃꞃ-
na, ꝗ naꞓ roibi ꞃ̃áꝇ ꝯꝫ̃ꞃ̃ꝫ̃ ꝫ̃ꞃío-
mꞃa nó ꞃꞃꞃ̃ꞃꞃ, do ꞃáꞃꞃꝫ̃h clomn
ꝳꝺ̃ꝺꞃ̃ ꞃꝡꝇe a ndꞓꝫ̃oiꝺ̃ꞃꞃꝫ̃ꞓꞃbh
ꞃa lóirġníomh.

14. ꝫ̃ibé léiꝫ̃ior bꞄꞓꞃa na naꞃꞃ̃

as follus dó go cceudóir a náduir uile lé trí hoibrughthibh as lóirgníomha .i. lé trosgadh, lé húrnuigte, ⁊ lé déirc: san céill sin mhinighim iad tuas c. 4. ag úrmhín ar an ttrosgad a nuile ní bhfuar lé cradh an chuirp, ar as úrnuighthe, an tuiffrionn sa tshimóin; san ndéirc oibriú na trocaire uile, corporoha ⁊ spioradálta.

15 As deimhin gé gab é gorh Dé ba crís prinsopálta ag na. ncomhruib sa na mbeatha do cuitsia mar so is na trí gnéibh dhoib- righech sa, tar a chúm sin gur gluais egla pian na tine táll go romór iad do chum na bprian niong antach tugradh dá ccorprib féin

sa

ran roogaíra.

16 Oír i anegla ra tug ᵹ pól,
an cᵒ̃ oíteᵹbᵃ̃c, triultach von
troogal roa ꝩeoín talmhᵃ̃oe, 7
tul ᵹ an bparac a mꞃ ᵹ beeᵵhabac
nallta, nᵃ̃c taímbengavh vo cum
pᵹcaroh é, 7 a chorp vo chnavh
7 vo cnuaíbᵵ̃mᵽugaoh go noᵹí-
naꝩob 7 ᵹᵹláb ᵭe von rpíoraív.
ní cugavh vo bíav nó ᵒᵭbᵃ̃c ᵭó,
ᵹ̃ a mbᵵ̃íavh vo cronn parlme, 7
ní cugavh vanar vhó, ᵹ̃ uaímh ⁿˢ ᴴⁱᵉˑ ⁱⁿ ᵘⁱᵉᵗ
nᵗᵃ̃ꝛbh nvoínt̃e, ná vo lᵹbaroh ᵉⁱᵘˢ ᶜ ˢ
ᵹ̃ an talamh, mᵹ ᵹᵹníobur rᵹn-
vectᵃ̃ꞃ ᵹᵹꝛᵗ̃oe na hᵇᵹꞃꝉꞃ.

17 Oír i anegla ᵵ̃ona tug ᵭⁱ ᵉ ˢ ᵘⁱᵗᶻ ᶜⁱᵘˢ
Antoin nᵃᵒmh cᵒ̃ oíte na manᵃch
ra nuaíᵭꞃᵹꞃ, cnuaíoꞃbbᵵ̃cha vo
ᵹᵹlacaᵭ vo roᵹaín .í. anᵃ́n, vᵢᵹᵹi

7 ralann man pnoınn, camns mɢ
rɢlla, 7 léme noınɓoh né a ćnɢr,
man ɢnıobur an nɩomhɩohocctrɩ
cóona.

Hiero lli de
uita ppc 21. 18 Ar é ro ćuɢ q Mhacánɩ
nur nɩomh é réın ɖo chun a bpoll
ćalaımh ɢo roıche a ɢɢnnɩɢh 7
rɩnɓoh mar ɢn rɓó ćnı mblıɩóan,
7 na ɓraıɢ ɢn rɩnɓó ɖá rıchɓo lá
an a ɢlɩnıbh aɢ rıonɢrɩohe as
cıɢhna.

Ar é ćuɢ an an nabaɩó nɩomća
hılɩıon ɢur bá corṁl lé huaɩó
ɖo ɓnıamh ɖó réın ınaɩ noıbı ar
ceıćrı cnoıɢce q leıchɢo 7 crɩɢ
cnoıɢcı an áınɖe, ɢan a bɩrnɩó
ar ɢacha cáıɢ, ɢan lɩrɖe acho
Hiero.c4.uı.
te cıus an lomćalamh, ɢan ɓóaɩ ɓıaṁ
aıoh rɓó a blćha ar rac, ɢan ɢn

réın

féin do niohe go roiče a bár.

Aŗ é tug an an neomh ṁóŗṡḣaoŗḃŗiġiṫ Sġmon Stelita, a čoŗp do čhengal lé cónoŗḃ cŗuaiḋe ó na ġóŗmŗig go roiče a čhoolḋŗ ṁ, 7 léigġn ḋó maŗ ŗin ġuŗ ḃŗḟin 7 ġ ṁoŗġaoh a ḟ ḟoil agaŗ a ḟhŗl go hiomlán go roiġe a čnáṁha, 7 ḟóŗ beiṫ na ŗŗaṁh bliaḋŗn aŗ lúčhéoiŗ ġ baŗŗ čolamhna.

hieronimus ca.uitæ eius ca 6 ex Anto eius discip la de uit ŗ

Aŗ é an tŝgalŗa ḟóŗ tug ġ na banncoṁŗġḃ ḃ ṁoŗġče Maŗána 7 Ciŗa, iao féin do ḋhúnaoh a mballa chŗŗaoh gan ḋion do čuŗ óŗ a ccúin ŗčoh a mŝčhaoh, gan aŗ ḃ ġ ŗ ŗ ṡḃog do bheiṫ aca maŗ ḃonuŗ, 7 ualach ŗŗ čalma do ŗlabŗaoŗġbh iaŗŗŗn do chŝgal

Theo in uita car l g da ṁ ġ

oŗŗ

ᴅíoḃ féin ᴅá ṁbᴦáiġoiḃ, ᴅá láiṁ-
ніḃḣ 7 ᴅo ċᴦól á noᴦomo.

Oiᴦé ᴦóᴦ ᴄhuġ aᴦ an naḃaᴦoh
niongantaċh a nᴄoṁċaᴦ, Anᴦe-
miaᴦ, ní ᴦġuiᴦ a ᴦᴦíle níaṁh ᴅo
ᴦíoᴦġal aᴦ ᴅíol pian a péᴄaᴅ. 7
aᴦ iᴄᴅá ᴦompla iongantaċ oile
ḃẻnaᴦ ᴦiᴦ an náḃḃan ᴦo ᴢníoḃꞇaᴦ
lé ᴦᴍꞇúᴢoann̄ḃh a mḃᴇꞇhaioh na
naiᴄᴦḃoh naomhꞇá néiᴢiᴨꞇẻ.

Oᴦ iáᴅ na nᴄoiṁ aᴦ ḃolᴦᴢ nṁ̄-
anḃhᴦᴦaᴄha ᴢo ᴄíᴦ ᴄaᴦnᴢine
nimhe, 7 aᴦ oiᴄḃóᴅ ᴢᴨᴦᴅe a nᴢl-
aᴅᴦ̄ᴦ ᴦlánᴦᴢᴄe na nanmann, aᴦ
cóiᴦ ᴅᴦṁii a ᴄá ní ndeiᴦᴢiobinᴢ̄ḃ
aᴄa, á long ᴅo lḃ́ṁᴦᴦ, 7 ᴅá ᴦ́éiᴦ
ᴦo, ó náᴄ́ ᴅiongnam an lóinᴢᴦí-
omh nuaᴄ̄ḃáᴦaᴄh ᴅo níᴄíᴦ aᴦ ᴄ̄o
a ᴄᴄoᴦp a ḃuᴦ a nᴅíol a bᴨ̄ᴄaoh
féin

Ruffinin ei-
lus uii à i z ᴅe
ᴋᴦ́ipp.

féin 7 pheacaó cách, oṡgla ríola
ooṡulaing na tine táll, véingn
eál éigm lóingníoṁa a buṛ váṛ
ronaóh féin 4 ṡḟilaṛan ttinroḃ
paṛgaóóṛa.

veabhaoh aṛ an ni ceṁ
ṛa a béchaió ṡonaoṁh aṛ
ttire féin.
C. 8.

Dábhḟéchmaoir calca 7
ríoncha na h.boṛpa, ní
ṗṛġmír áic nó ronaó
ir mó ing tṡṛṡéboh léiġioan an
lóingníoṁa, cúṛra an cṛuach-
ṫṛábhaió, 7 cṛáó na ccoṛp abuṛ
oṡgla pian paṛaóóṛa, lé huġoq-
ṛṡh na hḟgna oiaóa, 7 lé hoio-
ḃhṛbh bolaóa na haitughe, iná

ạ

ą τıp péın. Cáıτ a bpҙҙ̃m cor-
ṁ҃le do cpuaḟ bҙτaoh ą ncoıṁ-.
ḟléıpe péın a péıҙıón ąp bıoτ eıle
von ḟonoıp? Cáıτ a bḟҙҙ̃m úp-
npҙτe map a núpnᾱҙche? cpoṝ-
ҙaoh mą aτpoṝaò?nó τéıpc mą
a nóéıpc?

2 léıҙҙm bҙτa na ncoṁ ncoáıllĕ,
ppáṁąḟ h, bḟpapncaḟch, nalmaıṅ-
ĕ́ ҙo óıτ̃cҙıollaḟch, 7 pínҙm ıaò
léıp ncoṁҙ̃ҙb péın, 7 do ḟıp̃ḟm ҙo
coıτ̃cĕ̃na náḟch τıҙıo óá nҙoıpe a
ccĕ̃ ıap ḟoṝҙ̃,ná a ττĕ̃áò a ccaıp,
ná a léıҙıonn an lóıpҙ̃nıoṁ̃.

3 Do τ̃coḃh an τpoṝҙaoh, náĕ̃
é bá ҙnáıτbıaò τ̃ą ncoṁҙ̃ḃh nῠ̃-
ò̃ҙ̃ḟe apán ҙaṁḟ̃ò̃e 7 bıolą,nó
puҙlpҙ̃ḃe eıle? náḟch íbá ҙnáıτ-
ò̃ḃoḟch ó̃óıḃ p̃ҙe na bḟıopτoḃą?

⁊ an ccaiteoir an botphroinn ria
féin ag conuair a ṁáin ran ló, ⁊
gan a nderiteoh gach laoi? ⁊ nách
léigṁío opra go mbitir iomao ta
laitibh gan ro féin to caithṁṁh?
nác iato cuara-na cegrog noiaṁg
bá tigi bóib gan oion ór cecioñ?
nách lémte noiṁtó bá ṁionbprgo
lé na cenlgrgbh? nác ta ccoir to
riublatoir gan bróig gan bút-
air g lorg ṁicra ⁊ na ṅabrtal? ⁊
nách é poénogath to beroir tá
cconprgh claite tgéir mórratt-
air, ġrurrata ġhrd tá ngrtoat?
leir na tggoibriṁṅ to claotog an
choláṁ cláomṁranaig, ⁊ to crrr-
goan i pá uṁlag an rprioprato, mar
to ṁoo Ṗól an tabrtal, uitro
to ṁṁnato féin prianta purgat-
óira

bꞃꙇa, ⁊ ꝺo ꝺhioluꙇꝺaꞃ ꙇomꙇꙇo ꙇꙇ̄
ꝑéꙇn a cclomne, ꙅꙇꙟꙇꞃ ꞃlꙇꙅhꞃoꙟ
ꙇa ꙟaꙇꙇꞇ̄ꙇꙅꙇꞃ ⁊ ꝼoꙅlꙇmꙇꞃ ní éꙇꙅꙇꞃ
ꞇ ꝺ̇oꙇéꙇꙅꙇonn ꙇn lóꞃꙅꙟꙇoꙟꙇ.

4 ꝺo chꞃꙇꙇ̇b.ꙇ⸱ꙇ hꙇꞃꙇꙇꙇꙅꞇe , ꙇ
ꞃꙇ ꙟꙇ ꞃꙇꙇꞇꙅꙇ ꙇꙇ ⁊ cꞃꙇꙟchꙇ ꞇꙍꞃ̄ ꙇꙅꙅꙇ-
ꞃꙇoꙟꙅꞃꙟ, ꙇn ꝼꙇꙍ̇ ꙇꙇꙍ̇ ꙟꙇꞇꙇꞃ ꙇꙅ ꞇꙟꙅ
ꙇꙅꙅ ꙇn ꝑ.ꙟꙇꙇl; ꙇn lꙇꞃꙇꙇꞃ ꙅꙇꙍꙇ̇ꙇ
ꝺo ꙟhꙇ ꙇꙇ ꙅcꞃꙇoꙇꙍꙇ ꙇꙇ léꙇꙅꞇꙍꙇ ꙅꙍ̇ꙇꙍꙍ
ꙅꙇꙇꞃ ꝺo ꙟ̇olꙇꙍꙇ ꙇꙇ ꙟꙍꙇꞃꙇꙍꙇꙇ ꙟꙇoꙇꙍꙍ
ꙇꙅꙇꙅ ꙇꙍ ꞃ.ꙍ ꞇo ꙇ ccꙇꙇꙟꙇꙇꙍ̄ ꙇꙇ ꙅcꙇꞃé
ꞇꞃꙅꙟꙍꙍ, ꙇꞃ ꙟeꙇꞇ ꙇꙅ ceꙇleꙇꙟꞃꙇꙇꙟ
⁊ ꙇꙅ cꙇonchꙇꙇꞇ ꞃé ꙇꙇ ꙅcꞃꙇꙇꞇꙇꞃꙅ̄
ꞇꙟoꙇꙇ ꙇꙇꙇꙇꙇꞃꙅ̄ꙅꙇ̇e ꙇꙍꞇꙇꙍꙍꙇ ⁊ ꙅoꞇhꙇ
ꝼoꙇꙇꙇꙇꙍꙇolꙇꙇꙅꙟe; ꞇꙇꙇꙇꙇꙇꙇꙇ ꞇꙍ̇ꙟ ꙇꙅ
ꙅꙇꞃꙍꙇꙍꙍ ꞃꙇꙅ̄ꙟꞃꙇꙇꙍꙇꞃ ⁊ ꙇꙇꙇꞁꞇꙍꞃꙍꙍ
ꙇn ꞇꙇꙅꙟꙇꙇ ꙇꙇ ccꞃꙇoꙇ̇ꙇꙍꙍꙟ ꙅo ꙟꙇꙇꙍꙅ̄
ꙟꙍꙇꙇꙍ; ꞇꙇꙇꙇꙇꙇ ee ꙇꙅ ꙅꙇꙍꙍꙇꙇl ꝺꙇ̇ꙇ
ꙇꙇ Ꙍꙇꙍꙇꙟe .ꙇ. ꙇꙅ ꞃ.ꙍ̇ ꙇꙇ ꝑꞃꙇlꙇ

5᎐

go réimgotach, uaanse molta
an méithiog.

2 Do báoq foglamta atengin an tsoisgéoil, san treimgop-
crsn, 7 ní ó mhaigironib talmhr-
de, as ó dia glórmhg puanaoq
a nbélas sa ngna, thug enle gs
dhóibh léir engtoan a ngchora
léxa lé bsgratan nách engtoh
toinmesg oma ón tsiorhpnngti:
7 engten as a mbtchaid g sgng
sod naomh na hberpa go coitégn
san simpludgs naomta nmamd-
siorai gs.

6 Iomcha thibh an a nabrein
do taobh na húpnuigte, na haib-
someroi, 7 chráich an chuimp,
a mbtchaich an ngoncomh nóin-
deine, Colrmcille, 7 brigio, 7

hh   go

go rumnadach a mbethaidh an
ngopátrun Pádruig. léigeó an
té fíobur a mbethadaib.

Iocelinus in
eius uita c.
184

7 Do roinneoh Pádruig, ar
bpriomhpáró ran bpátrun beun-
uigte, a noidche a ttrí cotcaib
(mar a dein a bhetha) do niodh
pá céo pléufuin ran céo churd di,
7 a deireó dá caogad pralm, ag
moladh an oigum. Théigiodh an
tara euro don oidche a ttoibriuib
fuana fíoruisge, 7 do biod ioñ-
ra go nabradh an trif caogad
pralm do óuainge Dé, faltair
Dháuige; do beireó an tríf curd
pá chonp lé coolaó, giodhgh ní
lebaidh plocair ná cluimh ban do
gninóe roi, af lec pá na cúin, líc
pá na chom, 7 lec pá na coruib.

Ioñfá

8 Iomdha féula a fíorfinnuighthe, 7 comhgtha a chraabhchrábhuidh, 7 long a lóirghníomha q locnoghg, a Mdún; ar an Cruaigh, a Sabhall, a Sruthuile, 7 a niomad dáitibh eile do bfhada lé a ccor síos ann so. Do chonncamq féin na toibre si a noéinidh a núrnaighthe, na clocha ar a ccodladh, an leabaidh pianta ina mbiodh ag gcanghuidh a ncomoir finnoigh gnás 7 trócaire do thabairt dá pobal. Guidhim Dia tré feirbis a ngconnaimh go bfaicsi a ris iad gan toirmiosg thgusg na ncom dá fthmóir 7 a lorg do lenmuin ionnta.

9 Ar deimhin g mór do ghluais Pádraig chugi so an fonn do bhí q é féin 7 a chlann do fcaradh ar

ḟiṙpḣrannġh iffṙunn, 7 ḋ ċmroiḣ
nimhniġhe puṙġaḋóṙa. uime ro
ḋo óṙḋuiġ na cuṙṙ·ṡ 7 na hoiliċ-
ṙe oiṙḃeince aṙ an ġcṙuaiġh, a
ṅḋúin, a Saḃull, 7 a móṙán ḋáic-
iṁh eile. 7 aṙ é ċuġ aiṙ puṙġaḋ-
óiṙ ṙṗeṅáita oiaṁṙó 7 ḋ ṗaġh-
áil a ḃuṙ ó ṅḋhia ḋ loch nḋeaṙġ
ḋó ṙéin aṙ ḋá chloinn ḋo ṙ̇ḃḣna
puṙġaḋóṙa na ciṙe ċáll, ni náċh
léiġmio ġo ḃ̇ṙuaiṙ neomh nó ban-
neomh eile ṙiaṁh, ṙoiṁhe ná na
ḋiaiḋ.

10 Uṡ̇ ċṙuaioḣe, mo ċṙuaiċe
náċh ṙṙḻinġéḣ anoṙ cṙé chuṁ·ṙ̇
an áleomchṙeoiṁ, na cuṙṙ·ṡ ḃḣ-
oṙṡċeṡ ḋo ṗáġḃaoan ḋ neoiṁh-
chliaṙ aġṙṙnn ḋo ḋ̇ṙam lóiṙġ̇ṅ̇-
omha a ḃuṙ naṙ ḃṙ̇ḃṙaḋ̇ṙgḣ, ṙoo
ṙ̇ḃḣna

fóina pian na tíne táll, do taṫ-
ṅġe.

11 2ḷo mile cruaṫe an cṛom-
mallaṫ do luiġ orṛṅ tré a bfríl-
nġionn Día na sgoltara an lóiṅ-
ġníomha, áice ꝟibne na haiṫṛi-
ġi, do ṫoirmiosg amainn; ní ar a
ccíocfa milte agṛṅ do loṡgaṫ
a lꝫċibh cemtrṫe iṗrinn, 7 puṛ-
gaṫóra. ar ꝺeiṁin ḡ ṗóṫrom q
bꝟḟcṛṅ tréṛ coirmiosġaṫ caṫ-
ṅġhe naomhlocha deiṗg orṛṅ-
A Ꝺhia ġlórṁh̄ḟ ar iomoha an-
m̄ éirioñaiġ anglaṛṅb an diab-
ṅl a moġ tréṛ an nglár a cá aṛ
an loch noiaṫa nainglṛṫheṛi; A
Ꝺhia ar iomcha crorṫhe an na
cruaṫúġaṫ a cciontṛṅb, to ꝺóṫ
ṅġe na haiṫṛiġi do ġéuꝟtai na
            hh3   ṫoñ-

tonnṁ ṁa náit naoiḃinn aiṁóinḋe
fiṡ a Ṫhia aṁ ṁomḋa anam ṁá
ṡionlosṁaḋ a niṁṁioṅ ṁa ḃpuiṁ-
ṁaḋóiṁ ḋo ḋioṫ a nṁṁṁe naomḣṁa
ṁa ḋo toinmiosṁaḋ oṁṁa, lé cṁi-
oṁ͜ḃh an͜ʼcl comchneoṁṁ! a Ṫhia
aṁ ṁomḋa oṁṁe aṁ anḃoluṁ aṁaṁ
ḃṁuṁ ṁliṁṁḋh a ṁlánṁṁhiṫhe ḋo
ḋṁṁiṁḋe aṁ ṁo ṁ ṁinḃoluṁ anṁa!

i z aṁ ḋeiṁṁ liṁ ḃo taṁ oiṁ
ḋṁ naomḣaṫaiṁ Ṗáoṁ͜ṁṁ ḋo ṁṁiḃ-
réṁ, oṁ͜ṁe ṁṁáṁ ḋo ḋóṁtaḋh aṁ
chṁioṁ͜ḃiḃh na mṁṁaṁi é tiṁ ḋoṁ
noṁéṁ naomḣṁaṁa, lé t͜coinṁo a
aṁonṁa, ṁ lé ṁḋeiṁṁo lóinṁṁṁomh
ṁonṁṁa, ṁ miṁṁṁṁ náṁ ḋṁnḋ oṁ͜ṁe
ṁiaṁh a ṁanaṁ nṁ mhoṫ͜ṁṁh aṁṁ
ṁéiṁ an claṁṁlóṁh ṁṁ, ó oié ṁo
maiṁṁ, ó ṁḃaḋoh ṁo baṁ͜ṁṁṁe, ó
[illegible]

ṡubáilcíbh go fubáilcíb. A oʼia
glórṁhaiṁ gṅoḣmío tú a nonóiṙ
a nġláiṁh Pháᵭuṙṅg fuaiṙ uaiṫ
an loċ noṁtafa ᵭo níᵭe fbeaᵭh
a pobuil, ciġeoh ᵭoᵭ ġṙáṙṅḃ an
cṡligṙeh ᵭofgluᵭ chaige, ⁊ gaċ
ᵭuṅe a tá gá chomꝺoíg fíṅ ᵭo
ᵭaiꝺling aṙ an nemꝺꝛeioṁ nᵭoꝼe-
chá ma ḃfuil, ᵭo chumꝛoilluꝼ an
ꝺneioṁ chṅfoꝛouṙᵭe ᵭo chꝺgꝺíg̅
tá ó ṅꝫn tṅeꝺn nꝙᵭaᵭṙ ᵭal ᵭo ꝼeiꝺ-
móiṙ ᵭo cꝛoisġeal go mócḥꝺṁoꝛ-
ᵭuileᵭh goꝛuṅaṅ.

F 3   Ꝥon léigꝛꝼe ᵭíobh ꝼóꝛ ꝙ
ꝺoṁh cꝛuꝼ obaiṅ an lóiꝺꝫṅꝼuꝺꝺe
.í. an ᵭéiꝺne. ꝼoiliᵭ luꝼ a naiꝺ-
ᵭꝛioꝛᵭ ṅách puil ᵭo ᵭéíꝺne aiꝺ aꝼꝼ
ḃíaᵭ nᵭ ḃeaᵭh, ṅᵭ ꝙꝫioᵭ ᵭo ᵭaḃ-
aiꝺꝛc ᵭo ꝼꝙꝫoiꝺꝺᵭꝛ ⁊ ᵭo hꝼꝙ uꝺ
ꝛꝺ

ṙabḋaṙ aṙ naoiṁ ṙaoḃḃiṙ a
maoin ṙaoġalta, óṙ ṫugaḋṙ cúl
ṙé toice talṁuṙḋe a ngeall aṙ
ṙeiṙḃíṙ Dé; ḋa líṫ níoṙ éṙoṫ léṁ
an tṙíṙ oḃaiṙṫ an lóiṙġníoṁa .i.
an déiṙc to ḋéanaṁ; anḃṙíoṙaḋ
an té do ḃeiṙ an ḃaṙaṁṫuilṙi, do
ḃṙíoġ ġaḃ é a ṙiaṙanaṙ do ṫaḃ-
ṙṫ don ċuṙp, cuṙo aṙ luġa doṫ
déṙc.

A ṙí aṙ déiṙc an, aṁġa, ṙṙi
ṙḃṙṫ, éigion nó cṙuaṫhċháṙ na
comhaṙṙan oṙuṙṫaṙ; 7 ġiḃé do
ḃheiṙ ṙuṙṫaṙ ṙṙioṙaḋáltá uaiṙ
aṙ mó an déiṙcḃ̃é ġo móṙ é má an
mliṙṙṫiṙ do ḃheiṙ déiṙc ċoṙpoṙ-
ḋa uaṫá, óṙ an méṙo ġaḃ uṙiṙi an
tánaṁ iná an coṙp, aṙ uaiṙṙe maṙ
ḃéiṙc, a ṙiaṙanaṙ do ṫaḃṙṫ don

ṙaṙaṁ

anam má don corp. Ní bhídír az
naoiṁ as az ríoz bhiaċaó, azuf
az ríoz ṡaíghaó anmaṅ an pobẏl
az tẛeaṡ an tfoifgéoil 7 flíẛẛõ
a fíãnuíẛi tóib, az leiẛẛf a nẛf
láinteõ fpioxaóáľa, zá ẛzoileõ
ó na ḃfẛeaóuiõ. 7 if fif an nob-
aifz do chaitẛif an aimfz naċ cai
tóif fif an óá oóẛ eile a túbza-
mf, 7 óá bfíoẛ fin bá mó zo móf
na déizciẛ iaó máio na daini toz
eċha do beizẽõ biaõ 7 ẛoach oio
mao bof: óz do bídíf az fíoffuf
taf ẛ.aṁẛ 7 ẛ bofaf na nanmaṅ
az ríoz óṁaṁ fẛf noiḃẛẛtẽõ fpio
xaóáľa na tzóeẛi ẛ ẛ labzuf tuaẛf
e. 4. 7 af mó an luaiẛzóeaf zo
móf foẛẛ do ẛlaaaó ẛ fon viṁaṁ
má ẛ fon chozp na ccuṁẛfan. zo
naõ

vaōaire ṡin ar ḟír an tṡlíge vo
chum Dé, vo ōṙne beiṫ ag ríṁ-
ōir, 7 ag mniortáluṡ na ṡácra-
mṙ̃ntéō anoiṡ nar ttir bōícō, iná
raōbóṡ mōr ṙⱺōġalta vo beiṫ ar
ge, gé go nvíongnaō iomav véṙ
ce 7 vⱺōṅaṡa ṙiṡ.

Ⱥn chṙ̃o fóṡ vári naomhuibh
gá raibhi maom, aṡ iav na véṙ-
cig vo thaoibh an chṙ̃ip féin vo
bḟṡṙr̃ ⱪ bíoṫ iav, gióḃō, an ní vá
ngoíṙtí vⱺōⱺvaṡ agṙ̃ṁ go ttṙá
ⱳav .i. biaō aíṙgíov 7 cōach vo
ṫabⱪṡt vo chṙ̃ⱺbachⱪṙⱪ̃, vo ṁⱥáⱪb
ṙubhail, vo ⱬōocachuib, vo ⱪlṡ
ⱬōⱪb ⱳoo luṡ víoṁaomíṡ, ní véṁ
víṡ é ⱪ ṡíchoṙ, 7 ní vⱺōṅaṡ a ōⱪi
aṁⱪ̃ aṡ víaḃlⱪⱬōeaṡ ōeṁṁín. ag-
aṡ aṡ mōr an tainvlíⱬōō vo níⱺō ⱪ
Chol-

Cholaimcille az bpáttún, an thrgh
tir a deir go mbíod go fial fá-
hng léir na dronghbhn. níor sma-
cin óglach dilsy Dé beit ag cúm
dach lufa lenamhn a lacifein ina
rolcuib; do bhíod fial le bofrgh
Dé, 7 leir an gcrgd dona dpong
aibh a dubgt do fágbad an droc
fcaid, 7 ar ma gn trgtcad go rai
be lán doinech 7 dpéile, acho an
mhuinntir do anad na gcionntuib,
ní congnam do bhrad dóib, acho
a mbofar do mcdúgad da ttan-
ang ó nulc.

Féuch a chríorombe dá ttag
ria grára na haitrige, q bgta-
daib na naom go coitchin, cion-
er do nidir lóirghnio sh a bhur
dtgla na bpian tall. fec ii ar fr
chnamuigr

Enamuiʒi ⁊ naomaib oo tíne féin,
⁊ ní af foifiniocnamaiʒi ⁊ ⁊ nʒó-
pacnín Páonʒ ó bfuapaman
aibioil an tbreioimh, ⁊ topaiʒhe
an coifʒbul, eionour oo caictoaf
a naimfin ó táf a naitbiʒe fif na
tbí hoibubfi an lóinʒníomha .i.
tbofʒaó, ufnaiʒbte, ⁊ oéinc, ⁊
bf oioʒba ohfʒt iao a nʒlathfn
ćanma oo flánaćaó, lʒn a loʒ
if na oʒoibuiʒtibfi, ⁊ ná léiʒ an
lóinʒníomh a nun ʒan óanaiii.

Ni aʒ iafuio oft acám, leit-
éio an lóinʒníomha oo fimeaoʒ na
naoiii, oo óanaiii; ní oa ʒach aon
oo beif oia an tfile ʒf tuʒ tóib
fon, ⁊ ní fʒl optaćnbh oft ait-
fiʒe ionʒantach mf an aitfiʒe-
ʒiii oochof fofiao, af aiiiun ʒf
tfin

áon tú ná bí maindégrínáč gan críö
áčait to táimsir, do réir do ród
de, do chaitéi ris na trí hoibg
tiosi. 7 dá ndéarna tú roin, ar
derhin liom go gcertéocha lóirg-
níomh-lároir na naomh léo lag-
oibrigtibh g móöh, do thóin Dé
gáb beag biar ré a dhíol ort a
bpurgadóir. órar do énriúgáö
riot do rinboar mórán do náir-
rigi iongantaigh a dúbramar,
do úriog náč mór ti do bí dre-
róm orra féin, tré gloine a mbgc-
aö, 7 ní frl amanur g offráil-
aög bam a lóirgníomá go rreág-
álta g ron a cclome lthar a teáil
éigin, do réir a roaite, a lorg
ran lóirgníomá.

19 bén ar antubhramar gan
ruige

ruighe ꞅaoibhḉléiꞃe an cꞃeꞇim
ꝼáilꞅa do ᵹlacaḋ a cceaꞅ lóiꞃ-
ᵹníoṁa do ḃeaṁ ao lochꞇ uᵹ-
naiṁꞇe do ꞃeaṁꞃ ꞇ na hacꞇuiᵹe
ao, 7 ní háil ꞇᵹ luaᵹ aꞃ lóiꞃ-
ᵹníoṁh. do ᵹabaoᵹ ꞃuᵹiḋ bꞃeaꞅ-
ꞅiᵹ na hacꞇola, 7 do ꞃóchnaoaꞃ
an eaꞃán cool ḉaᵹlaꞅ ꞃé Dia ꞅin,
7 beiꞃioꞅ ꞃáꞇ ᵹo ꞇiᵹ niṁhe. Siṁ
ꞃé chéile ꞇꞃeb ꞃé ꞇaoiꞃbḟeaꞇaoh
na ꞃaoibhḉléiꞃeꞅ, 7 bḟeaꞇaoh na
naoiṁhḉléiꞃe niṁḃꞃᵹe, an ᵹlab-
ꞃaꞅ; 7 do ḉiꞅe ᵹo ꞅolluꞃ eia ꞇꞃob
ḃuꞅ lonᵹ Chꞃioꞅꞇ, 7 na nabꞅ-
ᵹal. ao ḉiꞇe ᵹab iaꞇꞃan ᵹob-
aꞃ cliᵹi oḃꞃaᵹꞅnᵹ aiṁiaꞁuiᵹ na
colla, ᵹluaiꞅoꞅ ᵹo hiꞃꞃioꞃ, 7 ᵹ
ab iaꞇꞃo ᵹo ᵹabuꞃ eaꞃán cuṁanᵹ an
ꞇꞃaᵹꞇenaḃꞃᵹe, ꞇaiꞃꞃioꞃᵹioꞃ ᵹo
ḃꞅeh.

bēchaíō ṟucaín ṟiu. 7 ó cā ǵiń
agaō aṟ a ccneṟōuiñ ṟūo, bíoōh
ṟóṟ ṟoǵnáín agaō ǵń nbēchaíō,
⁊n mhéiō ꝃo bṟỿl concṟgcha ꝺo
bēchaíō na ꝼomh ⁊ na nabṟoel.
7 óṟ ó ṗáomꝝ ꝺo ꝝlc cū cero
ſiñ Chṟíoꝛꝺ, bíoō a b⸝ēa, 7 bꝝēa
na ꝼomh ꝺo lⁿē na ꝝācāꝺ a cci-
aꝝiꝝi, ꝺoꝺ chon ꝼēm a ccéⁿ
ēꝝin a cꝛoꝼhyꝝle ꟁū.

2 ō uſń cóꝝ aṟ an ccomꝷáōh ā
cuōṟam ⁊ mā cāꝺ cuꝝ an ɔṟeꝺ-
ꝛmh nuā aṟ cēꝝṟlꝝꝺō, ꝝ amaꝺ-
āiñ ṗáomꝝ, Cāláimole, bṟꝝ
ꝺe 7 ꝼomh ꝗ mire ⁿle, 7 ꝝ cacea
ṟoilſⁿa ná ꝼomh eile ꝺo cṟáꝺō-
ſiñ a ccuṟpa man ꝺo cualáōaiṟ.
liñh iaꝺ na hóꝝa, na Comꝝſṟoi-
ꝛe, na maiṟcⁿṟe, na habṟoeil, na

roirgiollaidhe: ní hé a mháin, léahh-⁊
mhyne mácᵭ Dhé, ⁊ ar lám do bⁱ
Críoſd an ſlánaigtheoir féin, nó
a táid an chliara an ſoibhchéill.
ór a tá a nofmᵭ críoſd agaſ na
naoimh ó gníomh, ⁊ ᵭ éᵹaſᵹaoᵭ
ó bhreícir contrᵭᵭa, dá ndéinid
⁊ dá ᵵᵹaᵹaid an nuaichliagra.
Aꞃ é bá ſoꞃdéꞃ dona naomhᵬbh
ꞃle a ccolna do ᵵꞃáᵭ, dá ccuꞃ
fá umlaᵵ an ſpioraid, do ꞃéꞃ éᵹ
ꞃᵹ Chríoſd a béul Phóil. ſáꞃ-
aᵭ ⁊ ſáᵭáileᵵ do beiꞃ an chliaꞃ
nud dá ccoꞃpꞃᵬh; tꞃé a coꞃꞃto
é ór cᵵm an ſpioraid. bíadha
boſſa, aꞃ tꞃoſᵹaᵭ ſᵭoa do níoᵭ
an naoiṁᵵliᵭg, bíaᵭa bᵭ aꞃoa cꞃꞃᵭ-
tí aꞃ comhól ꞃaꞃꞃᵭo ᵭ nuaiᵵliᵭꞃ.
a léintib ꞃoꞃᵵᵵᵭ, aꞃ ᵹan ᵵompáꞃ

Rom 1

af enuaðêlocha; do ćoðlað an
naoiṁêluan; lepa boḡx, Móṅ af
Máȝniḡ bhíor ȝđ nuaiċléiṅ ċlađ
óṅ rpiopað do ȝeimioð a naoṁ-
chliaṅ; clañ na colla chápur an
êlaoṁêliaṅ. caiṁtice na pralm aȝ
molaðh an oḡliṁ bá ċồl oiðce 7
laoi do naoiṁêléiṅ, ȝáṅ ċaillêch
af êlomne af ċồl don tuaiċléiṅ.
lóiṅȝníoṁ ȝan lofa do níoðh an
êdaoiṁêliȝ; lofa ȝan lóiṅȝníoṁ do
ní an ȝaillêliȝ; déiṅce diaða do
níoðh an trdaoimchliȝ; oibeiṅt na
mboṅ do ní an ćamchliȝ; ioðbđt
uain Dé fa naiffriomn do níoðh
ȝ naoiṁcliȝ; rṅrpér ralach Chail-
bín ćollaiȝ do ní an daoircliai:
lé ȝráf ó niṁ, rté nȝit mioṅbhat
do ćḡṅrc an remchliaṅ roiȝḡồl
Ii3   iofa,

lopa ꝁlé miognáꝛ móꝛ, aꝛ lé ꝛéuꝛ-
nꝟpꝼc ꞇꞇaꝇꝙꝛꝿꝺe ꞇꝼ hꝥioꝛ 'an nuaꞇ-
ꞇꝉiaꝛ léiꝃioꝼ lobꞇa Luꞇéiꝛ, aꝃaꝛ
eaꝷꝸꞇiaꝇꝉ Cꞇaꝉbín.

21 Ꝃo bꝼꝼioꝛ ꝺaꝷꝼa ní ꝺó a ꞇꞓ
Ꝺia 7 an ꞇꝛabáꝉ a naꝃꝿꝺꝼ a ꞓéꝺi
ꝸꞇa an ꝺꞓ ꞓꝉéiꝛꝼꝼ, ꝸa ccꞯáiꝉ ꝼéꝼꝿ,
7 ꝺꞓ bꝼꞯíꝃ ꝼꝿ ní héiꝺꝿ ꝃ꞉b ó ꝺꞯa
a ꞇꞓꝛꝺ aꞇꞏon, 7 óꝛ ꝼolꝉaꝛ ꝃo bꝼꝛꝼ
ꝉꝺ nꞃ ꝛꝉꝃ꞉ꞇe an a ꝛꞀꝺꝉaꝛꝺ con-
ꞇꝛꝃꝃꝺa ꝺꞓ ꞓéꝺꝉꝼ, aꝛ ꝺꞯꝸꝼꝿ náꞓ ꝃꞯ
ꞇꝛꝃ nꞏꝸꞯe a ꞇꞓꝛꝺ aꝃ ꞇꝛꝛaꝉꝉ aꝛꞇon.
Aꝛéꞯꝃꝿ 7 an náꝺbhꝃꝛo ꝃo bꝼꝛꝃꝉ
aꝩꝸꝿ ꝺꞯobh a naꝃꝿꝺꝼ Ꝺé, 7 aꝃ
ꞇabꝃꝃꞇ cꝛꝃꝉ ꝼé ꝛꝺꞯꝿ, 7 ꝺꞯ ꝿo ꞓabꝸ-
aꝛ ní ꝺꞯobh ꝛꝸ Páꝺꝿꝛꝃ, Col-
aꝸꞇꝛꝉle, bꝛꝼꝃꞯo, náꝺ an ꞯꝛꝿꞇ cꞇa
ꝉꝸꝼaꝛ ꞏꞇꞏo. abaꝛꝛ ꝼéꝼꝿ an ꞓꝺꝛo eꝺꝺa
ꝺeꞏ

ꞇoꝸꞓꝺ

22 Iomdā ní (mar do chuala)
ā dubairt an bráta bēunghᵼᵼe,
mac olifeuach S. Pronnᵼᵼᵼ,
buābull bhᵼglórad do togh Dia
do tᵼgᵼᵼᵼ 7 do fēunóin a foisᵼ-
ᵼoil, ᵼdo dᵼnamh cogard ᵼé lucᵼa
Uᵼca luppen na ᵼᵼᵼᵼᵼᵼ, aga bᵼᵼᵼᵼ
coᵼóm-glóiᵼe a nor ᵼ ᵼon a ᵼeᵼᵼ
bᵼᵼ .i. Eogan ó Dubhᵼᵼᵼᵼ, aᵼ
comᵼᵼ na ccliᵼᵼa ᵼé ᵼéᵼᵼ . coᵼᵼ-
niᵼᵼᵼ ᵼ aᵼᵼᵼaᵼᵼᵼ ᵼa ᵼᵼᵼ.

Tanuᵼ Phádpᵼᵼᵼ ᵼ an ccᵼuaiᵼᵼᵼ
a tnoᵼᵼᵼad ᵼa muaᵼᵼ ᵼᵼ ᵼᵼo;
An ᵼlaᵼnᵼa aᵼᵼ dá bᵼaᵼᵼaᵼo nᵼᵼᵼᵼ
dᵼne lᵼᵼ mac aᵼplᵼᵼ ᵼᵼo.

23 ᵼo deᵼᵼin do bᵼᵼon ᵼó, óᵼ
eᵼᵼᵼᵼᵼᵼᵼd an ᵼuaiᵼᵼᵼan 7 do nᵼᵼ a
aᵼᵼle ní conᵼᵼᵼᵼᵼa do bᵼᵼᵼaᵼᵼ, 7
do tᵼᵼᵼᵼ Phádpᵼᵼᵼ: ᵼ a náᵼᵼ ᵼ

ᵼᵼ

rinmá táid ríon ⁊ rligíð placͥ
hínyr, do bí pádꝛyg na amadͥ
án ⁊ rféiián, nó na kluainge čglͥ
gach, ⁊ do tairung rinne na díͥ
aig, lé hambfior, nó lé cglgꝛ̃ð,
⁊ ar miorbͥyle bríṫgáta a noͫma
ðꝛꝓ̃.

Creidfð ro an té léiab áil beiᵗ
na bhall gan diabhal, gabhuimᵹ
lé pádraig, ⁊ creidim nách
roibhe ainbfiorač ná cgl
gaéꝛ aꝛ rfiač firͥglͥe
fimpliði, ⁊ do bͥꝓ̃
uma niondd go
bfuil an nuar
čliꝛ ⁊ láⁱ
an tꝛéé
ꝛáin. fiách fuilið fioi aꝛ
čglgaib.

ꝛ̃ſ

AN CEATRAṀ

aoḋ rann don leaḃ
ḃráin. don aḃsolóid.

C. 1.

 eanro naċ coδċa ꞃ á
ttángamaꞃ goꞃ¹ꞃ̇̇ġe
ꞃo, leiꞃ an naiṫꞃoḃe
ꞃéin .1. tꞃꞃꞃꞃ ċꞃoiδe, aomháil
ḃéil, 7 lóingꞃiomh láimhe: 7 aꞃ
δíoḃꞃo goiꞃtꞃꞃ go toiṫċeann ṫ
coδċa na háitꞃige, gꞃóḃo δá laḃ
ꞃam an ꞃáꞃꞃmꞃꞃꞃt na háitꞃige a
ꞃí an ctthꞃamhaδ tꞃꞃo .1. an aḃ
ꞃolóiꞃo, ꞃañ aꞃ pꞃꞃꞃꞃopáiꞃa δi.
An taiṫꞃoḃt̃ ċuiꞃioꞃ na tꞃí cot
cha eile iñte, an ꞃaꞃtꞃꞃtomlánuꞃ
iꞃiꞃ an gtꞃꞃꞃꞃ na haḃꞃolóꞃtꞃi, óꞃ
aꞃé aꞃ aḃꞃolóiꞃo añ, bꞃeiṫ ꞃꞃꞃoil
ṫꞃ óꞃꞃꞃꞃaṫhꞃ ḃ δeiꞃioꞃ an ꞃaꞃꞃt
ꞃá

gábſil úghgóáſ áʒ̄ʒe ſin ɼ ⱅ
ⱅé aⱅⱅⱅaſ ꞁaꞇ maille ⱅuiꝛꝼ⳽ⱅⱅó
na nꝺꝺamh. ʒé ʒ̄ niſ an ſaʒáꞃⱅ
ſém ⰱⱅⱅaꝛ ſioſ na eꝺⱃaꝛa ⱅo ⰱeⰰⱅ
aiʒe; ⱅⱃ a chⱅⱅⱅ na ní ſolaⰺꝛ ꝺon
ⱅⱅⱅⱅꝺⰱⰱ cáil éiʒiⱅ ⱅáꝼioſ ⱅⱃaʒ
áil, ʒo moꝛꞁⱅⱅⱅ́ ⱅ̄ⱅ an ⱅⰺⱅⱅꝼꝼⱅꝼ
a ⰱeꝛⱅ̄ⱅⰺⱅ, a mⱅꞃⱅ̄ⱄ bhⱅⱅꝺ ⱅⱅⱅⱅe
ⱅo ⰱⱅⱅⱅⱅ̄ⱅ ⰱⱅⱅⱅⱅaꝼ ⱅⱅⱅⱅ̄.

ⰰⱅ loiⱅⱅ ꝺuiⱅⱅ ꝺo bheiⱅh
na ſⱅⱅⱅⱅⱅ ⱅochum na haⰺⱅⱅⱅⱅal
óⱅꝺe ⱅo ⱅⰰⰱⱅⱅ uⱅⱅꝺ?

C. 1.

ⱅ̄ⱅaⰱⱅⱅⱅ ʒ̄ ⰱⱅeⱅⱅ ʒⱅⱅⱅⱅⰺⱅⱅⱅ
ó phⱅⱅⱅⱅⱅⱅaⰺⱅ an aⰱꝛol -
óⱅⱅ, ⁊ ʒⱅⱅⱅ é an ſⱅⱅⱅⱅⱅ
ⰱⱅⱅⱅⱅⱅoſ an ⰱⱅeⱅⱅ. ⱅⱅ éiʒⱅⱅⱅ ſⱅⱅⱅ
ⱅⱅⱅⱅⱅ ⰱⱅeⱅⱅ̄ⱅⱅⱅaꝼ an chꝛꝼ̄ ⱅⱅⱅⱅⱅⱅ,
ⱅⱅⰱⱅⱅⰺꝺ

ofhbað ofagáil ⁊me, ⁊ ágoan-
ðár do beiʒ gah mbpeʒamh: Dá
bhríoʒ ſrní ðia póʒnam ⸢ an ab-
ſolóið go mbúrtʒi an chríſ .i. na
pẛaïð ⸢ tár, ⁊ go noſhbïʒ iao,
⁊ oo nïʒſi gach euio ðíob ſo, an
úʒ comhar ðṁe féin achionnta
anbhta go hiomlán, ór aſ é an
taë⁊ʒẛ féin oo ní, ⁊ aſ ⸢ féin
oo nïʒſi an ghrán ⁊ oo bʒ náð ma
rïʒſi a loſa oo ðuine ⸢bioʒ, go
ttairbḟná ⸢ tár gan ab olé leiſ a
noṁamh, ní ſoláin maille hiṁ⁊a
⁊ ⟨ né haoṁáil na bpẛað t⁊⁊ oo
tao⁊bḟnað ⸢ aʒ éʒṁáil inʒib: ʒon
að⁊i ſin, nách ſoil bhríoʒ ⸢ bioʒ
ſan ſⁿoiⁿoin gẛ go geⁿⁿⁿaiðe na
pẛaða nⁿli ſioⁿ, an auʒ náð tair
bẛtaⁿ coṁanⁿtaða ⸢urⁿa ⁊ ðob-
                              ⁿⁿⁿⁿⁿ

 róin fá na.ndéiamh.

7 gé nác éroir lé oine ⁊ bioc
an breith na habralóine. do tab
ht amacáir lé ragt, do bíg ⁊ leir
na habroaing ⁊ lé na ceoniqbnbh
a dubhít Criord tar éir na heir-
éirige, glacaib cugaib an rpio-
rad naoṁ, gibé dá maithpione a
bpeacaoha beid maitte; Tan a
égiígo na tuig ⁊ ab éroir lé gach
aonragart abroióir do tabhát
uaid, do bpriog nách déin an tíd
⁊ cárr aṁbáin breitíṁh do dhuine
do chum ṡgoilte na bpícad, acd
ar éigion camáir eile dpagáil ón
ge ro ór cinn na ragt cara .i. úg-
oġóir breitíṁ dpagáil ón ngg-
lair docum ṡgoilti na bpícad.

Do beirthir an túdoġóir fo do

na sagartaibh acht ar mhodh go coit-
chinn .i. a nuair do bheirthi bein-
nis romháirti, nó cead, nó beannacht
speisialta ó Easbog, nó ó préul-
áid oile gá bfuil ughdardhás fo-
bughtha dhíobh, do chum faoisidineadh
téisdeas, mar do shnaimchinn comh-
ghle, Trionti; ar an nádhbhar so feuch
an sagart ar a niarrthe an nabsol- ss.25.c.18
óid, an é as sagart porráisti dhuit
⁊ munab é, feuch, ⁊ fagh a fios an
bfuil cead, nó beannacht a nghabhála
aigi, nó fir áiti a nghabhála, iar
mbeith do chathaoir a nghabhála fol-
amh, as má gheibh tú fios go bfuil
ughdardhás ón pápa gan sagart as
lór sin, óir as é biocáire Chríosd
príomheasbug ⁊ príomhsagart na
heaglaisi uile, ⁊ as uaidh a tá ugh-

Ff dardhás

ʋgʋáɼ a noiɼ go coitcℏin agɴa
ʋʋoinibh ɼiaghalta, 7 ag móɼán
ʋo na ɼaggtɼibh.tig taɼ lgn, tⱥ
tⱦíɼ, ʋo bɼíog nách ꝼɼliʋ eaɼ-
bɼⱬ agann ꝼá ɼʋoɼ aꝼ ɼpɼeuʋ-
gbɼⱬ 'a tá a nℏɼináʋ cɼeiʋimh.

4 Gɼóℏoh a táɼʋ táiɼ áiɼiʋhe
inaɼ lóɼ ʋɼɴe ʋo beiṫ na ɼagt
a mán ʋo cum abɼolóiʋe ʋo tab
aiɼt uaʋʋ. an clo cháɼ ʋíob, aiɼ-
tℏⱬal bháiɼ, ꝼgan agaʋ aꝼ ɼag-
aɼt ɼimpliʋe a mán; an ʋana cáɼ
a nuaiɼ nách ꝼɼlagaʋ ačo pℏⱥ-
ʋʋa ɼologta, nó pℏⱥʋa mⱬbtha
ʋo chɼɼn tú abɼeoiɼom cℏina; an
tɼiɼ cáɼ inaɼ lóɼ ʋɼɴe ʋo beiṫ
na ɼagt a mán ʋá niɼmaʋh an
pápa abɼolóiʋ.

2l ccáɼ nách bíaʋh eaɼbáʋ ʋʋ
goiɼe,

ξoιne, nó oιηne ξá mbiað ūξoξ-
ðáŗ uaιð, 7 ξo bŗŗlιð ŗaξaιnc
ŗimplιðe ŗ ŗaξáιl aξaιð .ι. ŗaξ-
ξc aξ náċ ŗŗl beιnιŗŗ pomáιŗoι
ná cτο ŗoιŗione ðéιŗoξŗ ξoŗpe-
ηáιca ó ŗeaŗboξ, nó ó phŗélaιð
ŗ buξcá, 7 ξo bŗŗl am ŗoιŗione
ŗιċðná, nó comaoιne ðo ðhńamh
aŗan, no beŗ maŗ an chomáιnle
ξ..eŗ.. cac maŗ an chomáιnle
ðŗξc anuðŗ pŗaŗŗð ŗoloξcá u..ŗ,
ιn ðá mbiað oιŗc maŗιaon léð pŗc-
aðŗbh mŗbcá ðo choŗ a bŗaoιŗ-
ιoιn ðon cŗaξξc ŗimplιðe ŗéιn,
7 abŗolóιð ðŗaξáιl uaιðh, 7 aŗ
éιcn leιŗ cŗuaŗξlað óð pŗaðŗξ
ŗŗle na leιcιð ŗιŗðo ŗιaŗanuŗ, ðo
bŗŗξ ξo bŗŗl cumhachð ξan ŗŗle
ŗaξaŗc an na pŗaðŗbh ŗoloξ-
cha, 7 náċh ŗξιoιlcŗ ιað ŗo leιŗ

a nabɼolóⁱɔ, aſ maille na gnáſ-
ⁱⱬbh ɔoⁱɿɿoſ ɼan nɑⁱɑm,7 ɡuⁱ-
abé aſ náɔɥⁱ ɔo na gnáſⁱⱬbh
gan ſulⱥng a néⁱnⱱⁱgh lé ſⱬⱥɔh
mⱥⱳⱭⱱⱨa go bɼáⱨh, ⱡⱭⱠⱳ muⱳⱥ
ⱡⱼⱨⱠⱳh ſⱬⱥⱳ ɼoloⱡhⱱⱥéⁱⱡⱥ ſⱥ
ⱳⱡⱼoⁱⱡoⁱⱳ, ní bⁱⱥɔh an abⱼolóⱼⱳ
ɔleⁱⱼⱳⁱⱳⱨⁱⱨ; ɔo bⱨⁱⱡ náⱨ bⁱⱥɔh
ⱡumhaſ gán ⱨⱼⱥⱡⱡⱥ aⱼ ⱳⱳⱨⁱⱳⱡ
ⱳoⱳ⸱ſⱬⱥɔⁱⱳⱬbh. Aſ ⱨⱥⱼⱳⱥⱨ ſⁱoſ
an cháⁱⱡ ɔo bhⱱⱨⱥ ⱡⱡ ⱳⱬne an a
ⱳⱥⁱmⱡⱥⱡ, ɔo bⱨⁱⱡ ⱡⱥ ɔoⁱⱡⱡⱡ ⱡⱡⱡ-
ɔⱥⱳⱳⱥſ ⱳſⱥⱡháⁱl ⱳⱥⱼ ⱨⱡⱼ, mⱥⱼ
ⱳⱥⱨh ſⱥⱡⱡⱳ ⱨⱥⱳⱳⱡ ⱡⱡⱨⱥ,aſ ɔⱳⱬⱳ
nó ɔⁱſ, 7 ⁱⱥɔ ⱡⱥ a bſolⱥⱨh,ⱡⱡ-
la pⁱⱥⱳ 7 pⱼⱳⱳⱼⱳⱥ;7 aſ é an ⱳⁱⱥſ
uⱳⱥⱼⱥⱡⱥⱡ oⱼⱳⱥⱡⱳⱨ ſⱥⱥⱳⱨⱨⱨ aⁱⱼ,
7 ⱳⱡⱡ ⱡⱳ mⱥⱡ (ɔo ſéⁱⱳ ⱡ mⱳⱼⱳⱡⱡ-
ⱡⱡⱥuⱡ ſéⱳ) ɔo ⱨuⱳ leⁱſ, ⱡé náⱨ
labⱼⱥⱼⱳ na ɔoⱡⱡⱳⱬⱥⱡⱳ   ⱡ.

ɼ, mʀ náʀ bʜn an ꝼuaꝼanuꝼ ꝺóib.

6 Aɼ a ceiꝼꝺ ní aꝼ a mbʜꝺcaꞃ
é ᵹo ꝼolluꝼ, 7 aꝼ éꝼo ꝺa ní ꝼin; a
nuaiꞃ cᵹnháꝼ eáꝼ Eaꝼbꞃiᵹ, nó
Pápa an ꝺhuine (.i. pʜaꝺoh ꝼa
ꝼᵹoilⱵoh a cá an cumaꝼ an Eaꝼ-
buiᵹ, nó an Phápa a mháin) 7
nách ꝼuꝼ ꝼh a ꝼᵹoilⱵe ꝺá ᵹoꞃꞃe
7 ᵹo bꝼuil an ꝼaoiꞃione bliaꝺhna,
nó concoime añ, aꝼ éiꝺin ꝺon nꞃe
oiꝺe ꝼaoiꞃione abꞃolóꝺa ꝺo ⱱab-
aiꞃꝺ ꝺhó, ꝼan ꝼuaꝼanuꞃꞃin, ó na
pʜaꝺuib uile; ꝺo bꞃiᵹ ᵹo bꝼuil
camhaꝼ aiᵹi ꞇ na pʜaꝺuibh uile
a cá ꝼ, nách ꝼuil na ccáꞃaib ꞃꝼ-
buiᵹ, ꞃó Pápa, 7 nách éꝼꝺiꞃ ab-
ꞃolóꝺo ꝺo ꝺobaiꞃꝺ maꝺib ꞃo ᵹan
a ꝺꝼuil ꝺo pʜaꝺuibh maꞃⱱⱥ an
ꝺa naicꞃꞃiᵹ⁊ ꝺo ⱱaꝺꞃlꝼ ꝺó; Ꞌꝼꞃn
Ꞌꝼꞃulꝼn Oꞃa acmꝼᵹꝺalⱵ ꞃꞃbⱴⱨa

D. Thom 4.d
27. q. 3. a. 4. q
2 ubi palud.
q. 15 getſon
alph 33 lita
& alPh 14
lita g & alii
quos citat &
lequitur ſua
ſcᵒ 4 to d 315
3 navare 9 n
9 Hen lib 3
de Pen c 1.
& c 10 a 3
Manu 10 1 e
ſſ con 7 &
15

do ḋuine, gan a mbíd air ḋíobh
do mhaiṫṁ dó.

Ḋíobh atá oraċuibh ⁊ an té
re a nuair búr éroir leir duine
ofáġáil, gá bhfuil úġdarḋas
sgoilte ó ċáṁuibh Papá ⁊ earbuig, na cáir rin ór sgaoilteoh é
do chur a bfaoirⁱoin a rír ċuigi,
ór níor maiṫⁱ iad gan an tualach ⁱin do chor air an naiṫrige.

8 Mar ro a deirimⁱ anuair
nách fril agad ár raġant rimpliⁱⁱe nác fril na oide faoiⁱone, sgo bfril tú ran riachoanar
rⁱⁱnáiciⁱn, ⁊ ab éirⁱr lět foirroin do ḋⁱamh leir an raⁱⁱc ri
rém, ar a mⁱ án go ccuⁱre tú mⁱ
aon léd pⁱⁱaⁱⁱbh mⁱbⁱa pⁱⁱach
éigⁱn rologⁱa, nó pⁱⁱⁱ marⁱⁱa

do

do chun tú a bpcoirom roirbe rin,
ríor; gróbóh a nuair do ẛgbur tú
oide roirone na ỗiaigh rin, a tá
oiriácybh ort na pbcaỗa mqbéa
do rgmiló ỗiot, do cur abrroi-
rom éyge a rír.

9 Agar ar maié do ỗriaoh an
ragant rimpliỗe, do éirró é féin
gan úẛoaroár, ro do éon accéill
do éáé na leitéro rin do ruaran-
ur, 7 é féin oá ỗriamh a nuẛ náé
biaó aige ar ragart oile rimpli-
ỗe, 7 é na leitéro rin do chár, nó
má tá oiriácybh ẛ an tairrrion
do ráỗh, an móoh náé éioir leir
a léign éẛir gan ẛ̃anail.

An

Aṅ bfuil feiḋm aṅ aṅ
absolóir do ġeibṫion ó ṙaġ
ġt atá na pḣeacaḋ, nó ġá
bfẇil bẖeaṫa nġṁẖglan
go folluṡ? C. 3

Ṅ í neiṫe iġiṫ a bfrioṅ
mṁiortṅalaċḋa na
ṡácramṁṫciṡ .i. cuṁ -
aṡ, ċġḃẖeaṫa 7 léiġionn. A ḋuṫi-
ranan ẖna an ṅiaṡanar atá ḋon
ċ̇éḋ niṡi .ḋon ċuṁaṡ, 7 náẖ lóṅ
ċẖiṅġe ḋṙne ḋó ḃeiṫ na ṙaġaṅt
ġan úġḋaṅḃaṡ oile óṡ a ċṁẖṙoṁ
ṡṙaġail.

  Do ṫẖ̇óḃ an ḋáṡa neiṫ .i. an
ẖṅġḃẖeaṫa, ḋó ḃṙíġ ġo ḃ̇ẖ̇ṙ̇ṡ̇ ṅó
ṡ̇oṅ an ṡlánẖġẖ̇e aṡ ċṅ̇ṡ̇ioṡ̇o 7 ġ̇
miẖ̇i leiṡ na ẖ̇ṅ̇ḃe uaṁle to ṙ̇aġ
ẖbh aġaṁ 7 ḋo ċẖ̇itẖ̇ġ ġo ḋ̇ẖ̇ṙ
                        aṙ a

ar a luach fola (.1. ná rsacram-
ᵹáíte) to oul a ttarbha ohuinn
ᵹan toirmiosᵹ, níor órónᵹ ᵹan
foᵹnam to beit orra muna rabaó
oéᵹbᵹta aᵹ fior a mimorcraó ara
.1. ᵹan pecaoh marbta to beith
ᵹ, ar to órónᵹ ᵹan oroicbᵹta
an tráᵹaire to óéaṁ oriogh-
bála ar bioc oon trácramuinnt,
nó oon té ᵹlacur i mar a oeirir
na comhᵹlóéa, 7 na ncomhairᵱe, 7
na oraóᵹtóhaᵹle.

3 Ar an náoban ro na bíooh
neimhᵹiúnar ont tré órooc bᵹt-
aioh an taᵹᵹt ó braᵹce an nab-
rolóio, ór ᵹé ᵹo mbᵱth na eir-
ice, 7 na phᵱcaó ᵹramᵱiᵹl, ata
o'abrolóio coimbrioᵹᵹ rir an
nabrolóio to bᵱaó Páoͫᵹ an
prioṁ-

[marginal notes:]

Nicen i caui
cattag i cau
s
Trid ſſi cau
4

Scotus 4d ᵹ
q 2 & ibi dd

priomhfaid uaid; ma chongmhana
an foirm finnéch, 7 gach ní eile
iamtá, as a mhain, beit a bpéeao-
rbh mabta dó. ó Dhia ata cumh-
as agan tragat, ní g a fon fém,
as do dhéamh do lisaraté mhn-
iorcralas na racnamrnéteó, 7 ní
bhnann de é, tré na droicbéthrd
raf, agan do diughnalacj a do
tgf af. gibé glif g a bfrghtea
pgdún an ríog tg éif do beit a
tpéacúnas, do bad lón ónt a
fagail, 7 do fbiadh daimgshn, gé
go mad droigrenbírté, nó tréat
rhn eile do toinbhfiadh ont é, as
a mhain an féula fragda do beith
g. ní foil fa nabroióid, as pg-
dún ó ní nimhe don té do bhi a
tpéúdunas na aguid g fluadh

ᴀ namhᴀᴅ ᴀᵹ ꞃeꞃbiꞃ ᴅon ᴅiᴀbᴀl;
⁊ ᴅᴀ bꞃiᵹ ꞃin ni ᴄᴀillꝼin éinni ᴅᴀ
luᴀch,ná ᴅᴀ ᴅᴀinᵹe ᴄꞃé oleᴀꞃ ᴀn
ᴄé ᴄoꞃbꞃioꞃi, ᴀꞃ ᴄo ni ᴀn ꞃᴀᵹᴅ
ꝑᵹcᴀᴅ ꞃoᴄꞃom ᴀᵹ ᴄᴀibiꞃᴄ nᴀ ꞃᴀ-
cꞃᴀmꞃꞃᴄe ᵹo miᴅꞃonᵹꝼᴀlᴄᴀ.

4 Aꞃ cuꝼᴀin lꝼn ᵹo bꝼᴀcᴀᴅꞓꞃ
coinꞃᴀꞃ ᵹᴀn ᴄꞃúnᴀꞃ ᴀᵹ ᴅᴀomꞃbh
nᵹ ᴄꞃiꞃ, ᴀnuᵹ ᴅo niᴅiꞃ ᴀ bꝼᴀoiꞃ-
ꞃoim lé ꞃᴀᵹᴅ ᵹᴀ mbioᴅ bꝼn ᴄiᵹi.
(ó ᴄiᵹ iꝼꞃꝼ ꞃoilm ꞃuᵹ ᴀn ᴄᴀinm
ꞃi) níoꞃ ꞃiᵹᴄoᴀꞃ ᴀ lꞃ, ᴅo bꞃiᵹh
ᴀn ᴄuꝼᴀꞃ ꞃuᵹ ó nꝼm ᴅo ꞃᵹᴡilᴋoh
ᴄᴀiᴄ ó ᴄꞃonᴄꞃᵹb, náᴄ bꝼnᴄᴀꞃ ᴅe é
lé mnᴀoi ᴄiᵹi iꝼꞃꞃinn.

5 Do ᴄꝼn ꝼóꞃ ᴅᴀoine ᴀᵹ ꝼꞃᵹ-
ᴋ ó ᴀiꝼꞃioꞃ ᴀn ᴄꞃᴀᵹᴅ ꞃin,⁊ ᵹ-
lᴀ ᴅé oꞃꞃᴀ ꝼá ᴅhul ᴅᴀ éiꞃᴄꞃ, ⁊
ᴅᴀ cᴄꞃᵹꞃᴋo ꞃin ᴄꝼꞃᴀchᴀ,bh ᵹꞃꝼn ᴀ
                                    ᴋꝼhᴀ

bitha do lfugaó, do bað maith
fṙnḃ uaið; gṙḃṫ a nuġ aṙ fol-
loṙ ṫ̇ṙṫ náċ cṙṙḟe, aṙ ḟṁn oul
óéiṙoġṫ a aiṙṙuṁ ná bheiṫ gan
aiṙṙṁonn, aġ aṙ ṁṅ ṁ go bḟ̇ṙl
oṙiaċ ḃ oiṫ a éiṙoġṫ iṙ na laiṫ-
ib ṙoṁe, a nuġ náṫ fṙl aiṙṙṁoṅ
eile ġ ṙaġáil ṙa náiṫ a bḟ̇ṙle.

6 Oṙ ġé go ṙoiḃi analliiṫo coṙ-
mioṙġ ó nḟġ ṁ aiṙṙṁoṅ na ṙaġ-
ġ aṫ lṁáaṙoa óéiṙoġṫ: oáṙ lṫ̇ oo
goiṙ ḃ ṁṅ ġ aiṙ lé gṅáṙ 7 lé coṁ-
ġlé Coṙṫaiṫe, ṁġ ṫṙġṙ ooc-
cṙṅe móṙ ṙoġlaṁ̇a.

nuilui c pra-
a ʒe uit 15
q ʒ c ura &
e uit de co-
hab iter

Aṙ oá mḃṫiṫ an ṙaġanṫ coṁ-
ngḃaiṫe ṫṙṅ láiṁ ainoliġi oo
chuṙ go ṙolluṙ a bḟ̇ṙuṅ nḟġ-
ṙlṙ, nó oa ḃ̇ṙoillṙṫ̇ṫi go ṙolluṙ
ná ainm ṙéin cóinoġlḃaiṫe é ṫṙṁ
ṫ̇ṙġ

brís ⁊ broꞃ; ꞃan vá táꞃa ní bíaꝺ
roġnamh ⁊ a nabꞃolóiꞃ vo ḃꞃiaꝺ Biríꞃ, ꞇꞓ
aꞇꞃeꝺ; ní ꞇꞃé na ꞇꞃoiꞓbéꞇháꝺ, aꞃ cuitéꝺ ex
concil. ꞇꞃiꝺ
vo ḃꞃíġ go mbéꞃam a nꞇġlaꞃ a
ḃuꞃꞇáꞃ ꞇe ꞃan vá ꞇáꞃ ꞃa; ꝁꞃꝁbh
iꞃ na ꞓáꞃꞃꞅ péin, aꞃ úꞃom leiꞃ
aḃꞃolóiꞃ vo ꞇaḃaiꞃꞇ uáꝺ, ⁊ aꞃ
ꞇóiꞃ a hiꞇꞃꞃ ⁊ a nꞇꞓġal ḃáiꞃ,
muna ꞃaꞯꞇaꞃ a ꞓꞇoꞓhloꝺ, man a Triall a, 6ꞃ
cá uꞃ, ncoꞓꞓomáꞃle Tꞃioꞇꞇ, ⁊ mꞃ D.thomⁱⱥꝺ
iꞇꞃꞃꞅ na voꞇꞇꞃꞃe go coiꞇ- 2.q vⱥꞇ
ꞓún.

⸫ Ná mꞃ ꝣ ꞃáꞇoꞃ aꞃ man lꞇꞃ
vo ꞇꞃꞃꞇꞃ vona ꞃaꞯꞇꞃ, ꝣ ꞯá mbí
ꞇꞃoiꞓbéꞇhá, ní ꞇóiꞃ aꞃ vo naiꞇ-
ꞃꞯꝺ vo ꞯꞃioꝺúꞃ ꞃo, ioꞇꞇuꞃ aꝺꞟ
aꝺaꝺ óꞃ ꞇꞃaꞯꞇ neiḃꞃaꝺa péin
va ꞇan háꞓ ꞃoꞯꞇh a ꞓꞇoꞓhloꞇh,
ꝁꞟ ꝁꞟ nḃiaꝺ coꞃꞃoꝁlḃhaꞇꞃ, ⁊ ꞃꞃ
ⱖ ꞇꞃꞃoꞃ

eipice leiz a mn̄ꝗ don dá cháp. a
dubapt, ⁊ iṡ na cáꝛ̄ṁhꝗ ꝼéin nả
hanadúaiṁh, mả tả anaipcꝫal
dáip.

9 Aꝼ mả tả paꝯꝗc deꝯḃꝼcháḋ
ao ꝯoipe, nả héipiꝯh an ꝼachoꝛ
do cꝛ̄aiꝯoin lé ꝼꝛi bꝼcháḋ nṁh-
ꝯloime, do ḃꝛiꝯ nác̄ copṁꝛl ꝯo
ndiongna dicéioll ꝼá tancapa do
ꝯꝛoilꝼ̄ó ꝼꝛeaḋꝛꝫ, an tan nách
ꝼꝛi ċúpam an bioch aiꝯi ꝼá na
anam ꝼéin do ꝯꝛoilꝼoh uaṫa, ⁊ m
himṁ tả ꝯo mbia aꝯ ꝛcꝛꝯcéꝛ do
mảnaḋ an capám caoil ḋuicꝛi ꝯo
eiꝯ nꝺé, ⁊ é ꝼéim aꝯ ꝯabháil an
bócaim ꝼáꝼꝛinꝯ ꝯmáꝛdiꝯ ꝯo tiꝯh
an oꝺaḃuil. munả ꝯuꝯa piaꝼanuꝛ
opꝛ é nả coꝯ man oiꝺe ꝼlánuꝯce
ꝯamma, an ꝯ̄ả a tả aꝯ damnuꝯ-
aḋ

 að a anma fém; a nu4 nách foil
ofgoroe 4 faghául, déine leif an
onoicoine fém, 7fa4 yoabro-
lóio uaioh, joßgla nác biaó taic-
mißi coṁláioin 7 fin, 50 ḣfiof-
faoh na pfecapha 5an abrolóig
ofagáil a láiṁ.

An bfhuil fo5hnamh a
abrolóio an cfa5ḃc ain-
bḟfuiß 5an léi5ioñ?

C. 4.

S móin an léi5ioñ iam-
cha4 fa noioe fro5ono
oo chum a oiffi5e oo
ḃḟaṁ 50 maic, 5an pfecaó, 7 oá
bhíß fo a4 conocabḃ4cach ofion
beigléi5inn an cual ác4a oo ḣab-
áil f4.

2 Do céꞇoꞅeιꞇιⱳ aꞃ cóιꞃ Ꞻhḗ

ꞅe hoc dd §. d.17 ubꞅ ꞃ̃ic a2q§ ⱥιꞇꞺe το ⱳeιꞇ ⱥιꞡι ⱥꞃ ꞡhꞺéιⱳh Ꞻⱥ ⱳꝑꞅⱥτ, ⁊ ⱥꞃ ꝑꞅⱥιꞅ mⱥꞃⱳhꞇⱥ Ꞻ̃ꞅ ꞃoloꞡꞇⱥ ιⱥτ, Ꞻι hḗ ꞡo ⱳꝑꞃꞡι τꞃιⱥτ ꞃⱳh ꝗ ꞅιꞅꞃ ꞡⱥꞇ cꞃuⱥιꞅeꞃꞇⱥ ꝑⱥ ꞡꞺéιⱳ Ꞻⱥ ⱳꝑꞅⱥτ, ⁊ ꝑⱥ τhιꞅιꞃ Ꞻⱥ ⱳꝑꞅⱥτ mⱥⱳꞇⱥ ó Ꞻⱥ ꝑꞅⱥιꞃⱳ ꞃo- loꞡꞇⱥ το ⱳeιꞇ ⱥιꞡι (óꞃ ⱳιτ móꞃ- ⱥꞃ το ⱳⱥoιꞺⱳ ꞃoꞃoꞡlⱥꞺꞇⱥ ⱥⱥꞺ- ⱳꞃoꞃ ⱥoⱥⱥ τιoⱳh ꞃo) ⱥꞃ ⱥ ꞃ̃ⱥιꞃ ꞡo mⱳꞃⱥ lꞅꞇhólⱥꞅ mⱥιꞇ ⱥιꞡꞃ ιoꞅꞇⱥ ꞃo, lꞅꞇh ⱥ muιꞡ τoꞃ ꞇꞃꞡo τιoⱳ ⱥ τⱥ ꞃoτoꞃꞅⱥ, Ꞻó cꞃuⱥιτ ꝗ ꞃⱥ mⱥιꞡ ꞃoꞃuⱳ ꝑéιꞃ, ⱥꞃ ḗ ⱥꞃ ꞇⱳólⱥꞅ cꞅoꞺⱥ ⱥⱳⱥoꞺⱥch ꞃo ιⱥꞃꞃⱥꞇ το ⱳeιꞇ ⱥιꞡι ꞃ Ꞻⱥ Ꞻeιꞇιⱳꞃ eιle ⱥ ꞇéιꞃⱳꞃ, ⁊ mⱥꞃ ⱥ ccⱥꞇꞃꞃꞡ ⱥ ⱳꝑꞃꞡι ιoꞅⱥτo ꞇꞃⱥꝑⱥ ⱥ ꞇⱥ Ꞻⱥ ⱥꞇhꝗ ꞃoιꞃoꞺe, ⱥꞃ ꞃ̃ó ⱥꞃ ⱥ̃ⱳlⱥꞅ ⱥ ꞇⱥ τꞃeιτⱳ ꝗ mⱥ ꝗ ꞃⱥꞡ-

ⱥꞃⱥ

aгс na tuaiti.

3 A tá vpiaċṅḃ ⁊ póг aḃгιог
ro гιor vo beiċ aιгι .ι.ιcṅṫo é an
tullṁuġaṫ ιaṁċaг гa naιtгιġṁ
ггι bĥгιan a naḃгoló10 vĥó, vo
ċωιḃ a ṫoιlġιг гá na pĥcaṫṅḃ,
⁊ a гṁγu ṅan a ntḃιaṁ a гγ, ⁊
1omláme na haιṁála 10гta.

2 Cṅṫo ιaona cáιг ιnγ cóιn ṫṫ
aгιoc vo ċuп γ an naιtгιġṁ ṁḋ
tá aп a ċuṁaг a ṫḃιaṁ, nó гγ
a naιгιc vo bheiċ aιгι, aγ cuп
гoιṁe a ṫḃιaṁ a nuγ phtóгaг? 3
Cιa hιavo na cáιг ⁊na pḃгγꝺh ιп
nách éгoιι leιγ aḃгoló10 vo ċaḃ-
ꝛγnt uaιv? 4 Cṅṫo ιavo na conγ-
anta aг cóιn ṫṫ vo ċaḃhaιпt vo
naιtгιġṁ? 5 Cṅṫo é an lóιпġnι-
oṁ aг cóιп vo ċaḃγt tṫ? 6 Cιon-
ll 3   vaг

tur a tá tpiadrbh ⁊ noema an
pḃungh do péna?

4 Trgtḥ ar ro go bḟáḋṅg-
ḃan an ragḃ glacar udlaḋ éire-
gḟa roiproḃ ḟ, ⁊ é noenḃpiar-
aḋ ⁊ pór an tḃ bug do bḣen an
tuallach ḟn ḃó, ⁊ an taitiriḃḃ
téd chrige na noch péin, ṁad
é a nḟciogal báir, go haimiche,
muna naḃa an taiturḃ pér bol-
ach roglamta.

5 Ḟrḃo dá noḟuroor a nam-
uor roigoin lé harde namipror-
dé náḋ aiḟonaḋ ron pḃaḋ myḃ-
ta ⁊ rologhtḋ, ⁊ ro bhíath lár
damḃolur ir na neiṫ a oabiang,
do bíaḋ bail ḟ an abroléro, ⁊ ní
prpḃo dá taitirḃḃ a lḟ an pror
roṁ do báaḃ a pṁ; antuain do
trgḃ

trigheadh gab é a leitéiro ṁ voroi
ambṗioraḋ téġla ṁṡ; óṁ ṁ ṗoil
ṗoġluṁ an trágṡe vo ṡubṗra-
ṁt na ṡacṁáṁinnte, ṁg a eḋ an
taġoġbáṡ aṁ ġ laḃṁaṡ ṡan chéa
taiḃroil.

6 Trigéṁ ṗóṁ áṡ a ṁoubraṁg go ᵍᵃᵇⁱ ᵈⁱˢ ᵍ̃
ᵃᶻ ᶻ ᵈᵘ ˢ
ṡoiche ṡo, ġé go ṁg an toive a
lṡṁ veiġbéℓha ⁊ ṗoġluṁ vo beit
aṁgi vá ṡwṁdáś ġ ṗécaḃ ġaḋ uġ
vo beiṁ abṗolóṁo uaṁóṁ: ġiṡ ḃoh
ġaḃ éoiṁ a nabṗolóṁe vo beith
go ṁaiṁ, ⁊ na ṗécaḃa vo cóġḃ-
áil ġan eġṁġ ḃioḃ ṡo, ṁá èṁg an
taicaiġéū maillé haūṁuigaḋ ḟáic
⁊ ẗġoġbáṡ a ṁáiṁ vṗaġáil uġ ae
raṡṡṁ.

ġrṁe

gunab moí a táíd ián
na mglláð an ḟíṛínṫí togaṛ oíðí
faoíṛðne aínḃfíoṛach, 7
cumaṛ aca oíðe ḃoláḋ
ḋḟaġáíl.

C. 5.

Aṛ bfaícṛín do nṗáíð ḃ́h-
oíṛḃṫe híeṛem. lé ṛfíl-
íð na ṗaíðḃḃðoraṛ́a uaíṛ-
lí 7 ḃṛíoġ́ṁ́ḋe an leíġíṛ do ḟṛ̇g-
ṛ́ðó Cṛíoṡṫ agṛ́ṃ ṛan nuaíṛṛ̇, 7
ṫ́ḋ a chḃṃ ṛo go mbeíðíṛ íomað
ṗéaðḃ ngṛáínḃ́íṛl ġá nḋ́ṁaṁ ag-
ṛ̇nn, do éíġ go h́ḋo, 7 ð doubaíṛṫ
nách ḟoíl ṛóíṛín 7 leíġíṛ oíle ð
ṫ́ṛín ġ́álárð? náð ḟṛíṛo lḃgh́
lámḃoláḋa ṁ́ṫí? cíoṛoḋuṛ nḃ leíġ-
íoṛ́ðoh a ḋ́néaḋ? nách ḟṛl bṛṛ́cð
ṡoeṛṛ́lámṫí ṛola ḃ ṛ́lámṛ̇ġḋ́ḃoíṛ

ṛ́ð

ra afginr? nác é Críoft féin an
bprionfa a príindiaig? ní fág-
nbiomao do leagnbh eile dár
foonaoh an ffámaibh anwa? dár
fágnbh fopa pocbéfe arce lán
oo congairib; foo ceinimñ uair-
li iongantacá .i. na facnámnñ-
te tá ccoirñó ó galanb an coiñ-
fafa, ftá leigiof ór lofnb? cion
ouf tá aclinfo nfe a támaore
lán olfámte, uabhair, fainte,
opnñfi, cfaanf, feifgi, leifge, 7
énnt?

7 Tigio na hnfe 7 na hfñ-
laintñá fa nénma go prininfo-
palta tagnñ af oá énfp .i. olf-
bnfoh oeiglffh noiaóa oo énfñ-
fñó ceinine caoine lé cnfónbh af
ecoinfafa; 7 tfér an nofoctogá
oo

ɒo ními͘ a nuᵹ ɒo ᵹeiɓʒion iaɒ,
aᵹ oul ɒionᵹoiᵹío na lurnacan,
rna noiʒfe nainɓrorac; ⁊ aᵹ cun
na noiʒfo nɓolach nɒiaɒa ⁊ neiṁ-
ní, oᵹᵹla ᵹo ʒioɓraɒoir leiᵹior
éiᵹin ͘oᵹan ɒo ᵹoinʒɓochaɒh an
ʒolan ᴄᵹᵹach, nó ᵹo ʒioʒfaʒh
ɒioᵹɓáil éiᵹin raᵹálʒa ɒh͘an
ʒren mbeiʒ na ccomhluaɒan, nɵ
ʒre na ʒaʒnᵹe onͬn.

8 fá n͘on a ʒáiɒ an ɒa chr͘r
aᵹ ᵹeinɓmh͘n iomaɒ ᵹrlainʒɓh
anmann nᵹ ʒir͘e ᵹo rper͘álʒa.
ór a ʒa ɒibeinʒ ⁊ lᵹᵹrbh, ⁊ an
ʒɒairiɓ ɓolaʒa anmaṅ air ɒe ⁊ an
bᵹᵹan a ʒa a nor ͘íobh ro innʒe,
maille ᵹuaᵹar͘ɓ ⁊ ré peir͘io-
laiɓ móra, ní món an r͘ɒ͘ ᴄr͘a-
i͘ na hoʒᵹ oᵹa r͘in ɒᵹ niaᵹ͘i͘,

⁊

⁊ ní hé a mháin aſ an uġiḃ ní háil
lĕo a baireṅ oſgla dioġbála ſ᷈aġ
alta do éſ᷈ dóiḃh aſ; aſ glac-
aṛd an luṛnáéán aſ luaite chaca
dáleiġioſ, ⁊ anuġ ſ᷈aslid amḃeiṫ
ſlán, áéiṛzid na nſ᷈lainte, nó
ceid a ccnċoha a ccainſ᷈i oṁa, ⁊
lſ᷈záp an luṛnacháp ſan leiṁh-
liaiġ ſéin a nſ᷈láinte a noéġ.

9 A tá an diſiṛſi idiṛ liaiġ an
anma, ⁊ liaiġ an ċṛṗ ġaḃ éioṛ
leiſ an liaiġ ccoṛpoṛda ḋṗoiċ-
leiġioſ do ṫaḃġt uaiḋ do noéṛap
ſgaṅ é ſéin dá ġlacaḋ; aſ éioiṛ
leiſ ſóṛ an zoéap do ṁhġbhaoḃ
ſgan dioġḃáil ċṛṗ do ḋṁaṁ dó
ſéin. ſgċ᷈ĕ ní héioiṛ lé liaiġ a
nanma diġ niṁe do ṫaḃġt do noéṛ
ſgan é ſéin dá hiḃhe aṛ cúſ, ſṁ
héioṛap

héidir leis a anam do ṁ gḃaḋ, nó
do ṡilerȝiar gan an ní cionta do
ḃéaṡi g a anam féin.

Katiſ

10 Tȝ ṁ rȝ ḋóḃ ſo an ní a ḃ ḋ
ṡc an ſlánaiȝ ẽ̃eir ſir na Pha-
rſéiḃ, daill ſad 7 ȝiollaḋa daill
a nuȝ bhíor daill a ccionn daill,
ṫ ṫ ṫ d a non ſa laȝ. Dá ḃ ṫ ṫ-
eḋ daill na ȝiolla daill, aȝ ḋ all
do chun ſliȝ ḃ h ccoile ccṁ uȝhi
ma mberoir iomad do laȝaiḃ,
daiḃiḃ, do ṫa ſ uiḃ, ſ do chán-
ȝiḃ, ȝan ḃ ḃluiȝi aca ach ſ ṫ
ſéin, a oṁ ṫá mailɫé deiȝ ḋéill ȝo
ttuirceḃṁ ſ ȝaḋ ccndcer a laȝ
nó a ccú ar ḋṁ ṫȝe, nó a naḃaiṁ
ṫ ſ ṁ aſ ṁ ṫ éirḃeaḋaḋair ḋoiḃéȝ,
7 náḋ bíaḋ ṁiṫ phonn oȝ ſ a taȝ ṁ
ioṁ ṫ a, a nuȝ do ṫ ṁ ṁ ſadṁ ſ do
ṫ uȝ

chum a leiceáde ṡin do ṡliġiḋ an
ḃoluṡ ḋaill.

6 Cṗéo iaṫ an péacaċ téiṫ ḋa
ḟoiṫéin uiṗ anoiṫe naṁbolaċanma, 7 an toiṫe ṡin ḋa náċ ḃóla
ṫoiṫṗaḋ, aṫ an ṫiaṗ aṗ alaḃṗan Cṗíoṫṫ .i. ḋall a ceann ḋaill,
7 ḋa ṗéin ṡin aṫ ġuaiṗ ḋóiḃ Baiġ
Chríoftt ṫṗionuġaḋ oṗṗa; ḋṗ a
táiṫ ġ ṫiuḃal, máṗ ṗion ḋóiḃ
ṗéin, go tiġ nṁhe, 7 ní héiḋiṗ
tġṗ ann ṡin, aṫ aṗ ṗliġṫö ccuṁaiṁġ ċṗoil ċoṁaiġh, 7 tṗé ḋonaṗ
ḋoṗcha ḋopaġála, ṗa ḃoluṗ náċ
ṗaġṫġ aṗ lé bḟġán ḋṫoine, maṗ a
ṫeiṗ ġ ṗláiṗġheḃoiṗ aġ Maṫha. maṗ
a táiṫ iomaḋ cuaṗ taiṁġlö, laġ
lánḋoṁiṗn, 7 aḃan noṗ ḃḟġanaċ
ṗġṁe; 7 ḋa bṗíoġ ṗo ní héiom go
　　　　　ṡṗṁ　　　cciobṫa

tiobra na vaill tolur, ag baail
fio ta anacain éigin, ta cuay nó
ta camuig tpé na naimbpior, téa-
furpir an pligió ccaoil iad; gláe
faio an pligió fcob foiblaip, 7
cafán claon na colla, thpiallup
go vún vhamanta, 7 txtpio ta
óbeiga nabair auabáypg nippiñ,
7 a lag luppep max chpcooap na
Phaippée óalla, 7 an pobal vaill
vo léi iad, ¬ a lébpã Cpiopo ta
áit ná̃ináitce.

7 An an ná̃ébán po a chpíop-
vuiue chpoiue gx̃gim tú a non-
óip fhola Cpíopo, ó a tcoi vaíl
av péeáóng, tan mian léc impi-
ce an glan vo vhénamh apoa, na
gláe vaíl eile ag téláé. Na hén-
ig gupan noice naint pioyác ppoip
   ivne.

ione, aÉ iġi 7 ṗáʒ oiḋe ʒlic ʒṅ-
ṁáḋaṁeaċ ḋá ḋaoine choiṡíoṁaṁ
ánʒ oul ʒo ṗoiḋe é, nó a ṫáṁ-
ḟnʒ oṅc ṁ a ḃṗ̇ṁʒle, ón bíoḋ a
ḃḟiḃ aʒaṁ ṁá ṁṁéiʒi ṫú an ṫḃṡl-
aċh 7 an ṫaṁḃolaṫ ṁo ʒaḃáil ṁo
ṗoʒain, ʒo ṫn̄ʒṗioʜe a ṗion a
laʒ noopḃanoaṁaiṫa nṗṁ̄. ṁá
ṁaḃṁa ṫú na ṗiáḋna ʒaḃanċha
7 na ċṅ̄ʒail ṫṁuaċḣʒaṫa a ṫá aʒ
an noiaḃal onṫ ṫṅéo ṗ̇ḃaḋṁḃh,
ṁá ʒ̄ṁoilḃ̄h ṁo ḋallṗaʒaṗṫ, aṗ
ḋeṁáṁ ʒo ccṁṗṗ̇ṗe ṗṁáḋna 7 cḃ̄-
ʒalṫa nṁaiḋḃ̄ eṫ, anáiṫ ṁo ʒ̄ṁoil
ṫe ó na ṗṁ̄ṗṁáḋṁṁṫ̄ḃ, 7 ṗṁáḋṁ-
ṗaṁṫ̄ é ṗéṁ ṁṗ con ṗioṫ, a ṅʒaiṫ-
ṁi an ṁiaḃail.

8. A nuaṁ ṫṫʒaḣaṗ ṁ̄ a nʒaiṫ-
ṁe, ʒ̄ṗḃ̄oṁʒ̄ aʒ ṁaṁṁṫ̄ a ʒ̄ṁoil-
Ᵹ m 7   ṫa

ꝺe ⁊ a ċompánaıb; cıgıꝺ na hḟıꝛ
anḟpıoꝛaca ꝺá ꝼuncaꝼ, ⁊ mꝗ nꝗ
ꝼ aœꝛꝶꞇloan a ꝺgaıꝛꝺóꝛꝶꝺc,
oꞃꝛꝛꝺ nuaıꞇḟıꝶal aꝛ a nủ mboꝺꝺ
eıla. ⁊ ꞇꝶꝺꝛꝺ ꝼeın ıꝼ na ꝺulaıbh
maꝛꝺn ꝛıꝛ. Mꝗ ꝛo ꞇꝶmhuꝛ ꝺoꝺ
ꝼꝺꝺaꞇ móꞇꝶꞇ é ꝼeın a nꝺulꝛbh
an ꝺıabꝛl, ꝼủꞇ ꝶaıꝛꞁꝼꝶ aꝛ oıꝺꝺ
ꞇꝛıonꝺa ꞇméulca ꝺá ꞁꝶoıƚꝺh, aꝼ
ꝼoꝛꝶbaꝛꝛoꝛ é ꝼeın ꝼá láꞇꞁꝶꝶ lꝛꝛ
ꝛꝺaćáın ꝶan ꞇóluꝛ a nꝶlaꝺꝛꝶ leı
ꝶıꝛ na nanmann, oꞃꝛꝛꝺ ꝶaıꝛꝺóꝛꝛ
ıꝼꝼꝛınn nuaꝺal ꝗ, ⁊ ꝶaꝺꝛꝶꝺh aꝺ
ꝺꝛꝛno aınꞁꝺlaċ ꞇuꝶ ꝺꝛoıꞇıaꝛꝛꝶ
ꝺá ꞁꝶoıƚꝺ maꝛꝺn ꝛıꝛ na ꝶaıꝛꝺꝺ.

¶ Mꝺ ꞇꝛủaıꝺꝺ an ꝺaılle ꝺıaḃalꝺa a cá aꝛ mopán ꝺꝗ ꞇủꝛ ꝼeın
ꝼán bpoꝛꝶꝺꝼa; an neımꝼꝛıoꞇnaủ
⁊ an neımꝺıcḣꝺ ɪoll ꝺo nıꝺ ꝼꝛoıꝺꝺ

ꝼoꝶ

foglamta, bolach, drúca, deig-
eirion plgaċ tranró dá nanman-
ṅb. A Dhé glónṁra ar cruadh
an dallroaro a bpuilro! ar iong-
antaċ an ditchioll do níd a nuṡ
béailr tintír, ą a ccorpuib, ra
lṡgrúb ġnuroe ónṁbġica rrągál
chuea. Ní foġnann lṡa na tire
a bpuilro dóib; rada gabhuro ó
na lurrachánuib, má tá an galą
gutrarác, cuirro a nimchian rr
orą ąroiṡuib ġnuroe, 7 ą docctṡa
ib dṡganna, rdo beirro ċaca ica,
dá dcine corṅaro dóib: grċbah
do lerrror a nanmann ó ṡṗlámtib
ąġbżáca ar cuma lṡ cra an rąą
ąc ċeirġċṁar orra, bioḋ bolach
nó anbrioracch, crioṅna nó éig-
rioṅna, drúca nó droichersam-

Mm 3   plare

plairbh. Nach truaġ an vaille,
an cúramra a tá aca fán ccorp
ṫiar a mḃaċ ag biaṫaġ cnumh,
⁊ a nṁċúram fán nanam mḣaċr
go fíorḃuiḋe an ġlóir nó a bpéin.

1 0 Ní hé a mháin gurab mó a
ccúram fá ḟláinte a ccorp ná
fá fláinte a nanmann, aċ ir mó
an víċċioll vo níd fá leiġior eich
nó ġlináṁ, ag iarraiḋ mḣargáil
ṁóinḃoluir ṫóiḃ, ná ag iarruiḋ
aċý mhaiṫ ċoiṫone vá nanam_a.
nuair ḃhíor crẏ ran cċrḃnt aca,
toġaro an tavuocáro ar tionnta
aḃḃga, ⁊ ar ar cúroe coṁráḋ, ⁊
ar mó ṫolur ran oliġioḃ, ⁊ má tá
a ncoroṁ ċrḃċe an anccrḃr, ir
faoa véiġċh oiaṁuiḃ aċuocáio
ṁrvuirc, ⁊ iomṁa leḃap léiġṫa

T

7 ar iomda eᵹt ᴄuaᴄᴛuiᵹᴛ ᴛhi oᵹ-
la an foroin ᴅo ᴄhaillmhuin. 7 a
ᴄaᴏᴏᴏᴛᵹᴇᴘ fionᴅᴜᴅhe a nanma,
7 ᴏᴜᴄaiᵹ flaiᴄhinuiᘈ uaᴄa an an
ᵬᴘᴏiᴘᴏm ᴅo ᴅᴇnaᴍ ᵹo maiᴄ, 7 ᴄaᴛ
a ᴄᴏm ᴘn ᵬᴘiᴘᴜanᴅ aᘈ an paᵹᴛᴄ aᴘ
luaiᴄhiᴄhuᴄa, ni fiaᴘᴘuiᵹhᴛᴏ an
ᵬᴘuil ᴄolaᴄh a noliᵹᴇᴄ Dᴇ, nᴏ an
maiᴄ an ᴄaᴅᴜᴏᴄaiᴅ ᴇ aᴄᴏᴘᘈ anam
ᴅa.

11 Aᘈo ᴏuᴅn, mo nuan, ᴅailᴄe
na nᴄᴏinᴄᴏ iᵹᴜᴘ an luaiᵹ aᴘ flᴘa
ᴅa ᴄᴄᴏnp, an mᴄᴘaᵹᵹᴄal aᴘ flᴘaᴅᴄ
nᵹlᴘᴘan, ᵹᴇ ᵹo mblᴇᴄᴄ mᵹᴇᴄᴄ, mᴘi-
ᴄhliᴘᴅe, 7 an ᴄaᴅᴜᴏᴄaᴄᴏ aᴘ ᵹlᴘᴘ
ᴅon ᴄᴘᘈ ᵬᴘᴏᴘ blᵹluaiᵹ. 7 naᴄ iᵹᴘ-
ᴘann ᴅo nᴅnaᴍ ᴅo ᴄᴏmuiᵹhlᴄh lᴇ
ᴅiaᴅᴘul Chᴘioᴘᴅ. aᴛᴏ an ᴄᴏᴘᴄᴏ
ᴘᴏᴘᵹᴏneaᴘ ᴘᴏᴘᵹᴘ ᴅᴏᴄᵹ, ᴘᴘihaiᴛ-

ruġi ſianōčč do níō ſo, aſ brēg-
aičﬁighi, dá choﬁ a eeéill ʒona
daoimbh go bſáilʒd diadha, 7 na
eeaʒoﬃeibh maiʒi, ʒo bﬁigh go
ʒʒéiġid do chum na ſɔﬁﬁome aﬁ
ʒoﬁ éigm: ní bﬁ̄eaﬁ a hainﬂ dóﬁ
baiﬁighin; aﬁ lóﬁ eﬁﬁ 7 eoﬁa ʒo
béiʒ ﬀ an ﬁaġﬀʒ, 7 lámh do chuﬁ
óﬁ eﬁﬃ na maiﬁnʒeiﬁeﬃ do chum
a ﬁáda go ndﬁiadaﬁ a bſɔﬁﬁa-
m, ﬁgo bﬁuil eġla Dé, 7 gﬁádh
a eeﬁeﬁoiﬃ aea; mﬁllaio eáeh go
móﬁﬁ maﬁ ﬁn mﬁll aio níaﬃ mó iaa
ﬁéin, acho ní héoiﬁ lﬃ Dia do
ﬁﬁﬁllaoh, é ﬁéiﬁ ﬁgﬁádaí ġﬁ̄ɔ̄ﬁﬁ
na eeﬁoiﬃlﬁh.

I 2   Aﬃ coﬁﬁal ião ﬁo lé Mí-
ehaﬃ ﬀ a labhﬁaﬁﬂ an ﬁgﬁioﬁʒﬁﬁ
ﬁɔﬁh. Dﬁe bﬁéiﬁi do aōﬁað aﬂ
ﬁﬁﬁﬃa,

ṗṫ̇ra, 7 do b́áoġ iomad iodáal na
ṫiġ aiġ e dá nteintċh adṗraoh, 7
do bṙioġ go rabe ṙaġġt nó dc̈öé
an to ṫ̇reib luoá na ṫiġ, oἀ lṫe
do chṙṙ clóća ἀ a ćṫṙṙġ leiṙ ṙin,
ἀ Dhé aṙ iomdha dia bṅéiġi aġ
móṙán oἀ ṫiṙ od naohṙaoh na
tteġib, óṙ do nid oṙṅṫ̇i, oiomaṙ,
cἀlga, l clampaṙ, meiṙġi, michṫ̇ie
7 móṙṙn pṙ̇ċ̇ṅ eile, 7 uóṅ̇ṙ iaġ
maἀ dée, 7 ṙ̇ṙlnġhio do dách a
voṅaṅh, 7 cumaṙ aca ἀ a ttoiṙ-
moṙ̇ġ; 7 má tá ṙaġġt na tteġ, nó
aġá ṫ̇aṫṙġe náἀ eṙṅ̇ṅn tonṙoe-
ali a naġ̇ṅó na noleṙa, aṙ bhioṙ
na ṫoṙ̇ mἀ ṅáoṙaġ talb náἀ veiṅ
taṙan anaġ̇ṅó na bṙ̇ċ̇ad, ġoṙo-
iṙ na ġṅáṙa ó nanam, oἀ lb́ ṙéiṅ
va- ṫ̇ṙ̇ṙ̇tṙ̇ clóća aṙ a nveiṅo
volcṙġ,

ꝺoleṅḃ; ⁊ ḃíaıꝺ mꝼ cáꜩoıꝉıcꝺꝺ
⁊ cꞃíoꞃꜩꝺꜱbꝺ maıꞇ oꞃꞃa.

14 Cꞃáḃaꝺ cꝣꝉꝣaċ ꝺo ní aꞃ
ꝺꞃoꝼꝺnꝣꞃa; ꞃoıꝉꞃo ꝣo mꝣꝉꝉꝯꞃo cáꞇ,
⁊ ꞇꞃꝯꜩꝺ an ꝉꝉuaın oꞃꞃa ꝼꝯın; aꝣaꞃ
ꜩꞃꝯꝣꜩꝺ a ꝉꝺ an ċuꞃoꞇꞃꞃ ꝣuꞃaḃ
mꝺꞃ a nꝼꝼ ḃaꞃꝺ céıꝉꝉe ꜩuꝣ oꞃꞃa ꝣaꝺ
ꝺꝯꝣoıꞇꝯ anꞃa ꝺꞃaꞃꞃꝯꝺ, ꞃoıꝺıꝯ-
ꝺꞃoꝉꝉ ꝺo ḃꝼꞃamh ꝼá na ꞃꞃıcoın mꝺıꞃꝣ
ꜩꝺaꝉꝼꞃꝺꝯꝯ; ⁊ a noıꝺꞃꝣꝼ nꝼꞃhꝺhꝺ
ꝺo ꜩoꞃ a neꞃꞃꝼní, ꝼꝉáıꞇı a ꜩꜩoꞃꞃa
ꝺo ꞃꝯꜩꞃaꝣaꝺ ꝣꝺ ꝼꞃıoċꝺaꞃꞃꝺċ,
⁊ ꝼꝺꞃ ꝼꝉáınꞇꝯ a ꞃꝼꝣꞃıꞃꝺın, ⁊ ḃꝯıꞇ
ꝣꝺ ꞃuꝣꞃaċ ꝼá ꝼꝉáınꞇꝯ an ꝼꞃıoꞃꝷ-
ꝺꞃa.

15 ꝺo chıꝼꝺ ꝼꝺꞃ ꝺ ꜩuꝣaꝺꝯa
ıaꝺ ꝼꝯın ꝺo ꝣaꝉꝉaꝺ ꝺá ḃꞃoꝉꝉaꞃꞃ-
uꝣaꝺ, ꞃ ꝺá ꝼꞃuꞃꞃaꝺ, ꝣꝺ nꝣıaꝺꞃꞃ
ꝣꝯꝺ ꞃıꝯ ꝣaꞃ an aꝺaıꝉꝺı ꞃꝷoꞃꝺꞃꝣı,

a̋ꝺa

a bail a bfuil luigheal a littcib lap-
paca, 7 fioṅóca oṁabpiaca ap
plámuigicḃna .i. ia nuḋ ghlacas
ḃall, ḃall eile man ghiolla go
ṁṫpġbo a ncoin a laġṅḃ.

16 Ap an náḋḃgro a ćṅioro-
ġḃeċroiḃe goḋim ċ́ii a pip a huf
lopa, má ṫacai maiṅġṅaċ pá leig-
ior ċanna go ṫpápḋa, iġi anoip
ḃaiġ ḃelaċ chpġe ó nglacpæ an
aḃpolóiḋ; 7 ná ṫacb cṅf na pioṅ-
ḃṅġfa pé poṫċéulaċ, 7 cṅero uaia
ġab i ḣ bṅ̇ô na nḋeiġléaġ 7 neiḃ
ḃṫċ̇ioll ḃá niaṁṅoh (ṫo péip
piaġṁṅ an pápche, ḃo ghlacup
aġ ṫopach an coṁṅaiḋġ) apcṅf
piṁṅopálṫa ṫḣ lámṫib ap nan-
aṁaḃ.

17 Má héipiġ ḃáḃṅigh po ṫo
cḣaṁ

cum oide ainbpiopuig ñchó cpé
pipiogánar. ráárn cóp (aprán
cár cóona) an coioe opoighein-
iompláinbé; ap ní pigh alſ oec-
cñpa oli5ñó, ná oiocáncá oiamnñó
map oioe canma, ná opne coñ-
pogláméa niſ, gé go maoh pñn
iao po opagáil; ap amáin bíooh
coiñſo agao leicléirioñ go háin-
ioe oo berc go coioe; 7 oo ñol-
pñnn pñ an leicléirinn gá mbiañ
bécha glan oiaoa, cpomoha, oo
gabáil oo togain, 7 pñ lánléir-
iñ gá mbiañ bécha nñcpomcha,
ne ñóiaoa.

18 7 oo cun cpice 7 an ccoñ-
páñpaoñc, coñniñ 7 luoar, go
paibe gñé aicñéoair 7 pán cigh-
ſua oo coñbenc, 7 póp go ncñi-

ane

na atmáil l'beil to raggtrybh a
nuain a tubýc nú, to pǵrǵlr
ag coimbat foía an finém. giǒ- Mat 27
ǂǒ ní fuý maitǵñur, 7 ní hiong-
naǒ rom; tionnroigrǒ ragga na
fnǵgcigi oo cuaiǒ, náč tng cong
naǩ ná exoioǵaǒ ǒó. oo chum a
flánǩǵte;ǒi to ǒáta féin anlr-
lamte, 7 a nǧináio.

19 fuý mónán eile oon ǧ ǧ-
tiǵ čng fáir to Cñic ǂ fǵcún,
ón čagaca aǵaiǒ g oitǒǵb ǒǒ
aǒa, finǧta, to bí ag lǵmhra
luirg Chnicǂ 7 na nabǂal. Oǒ
tuigǒ luter cuca to temǵga-
taoir é ǧ gach conǒoir, g ǒeigh-
fǧgiǒ: ná lǵir a long latáir, aǂ
na mǵ ǂceirern eile;iga na hort-
ǩa finéunta, ǧ laǒa ǒǩ, oatoa,
Nn roo

sdo ghéubhthe pardún ao pheacadhaibh,
gnása a nos 7 gléir san chrich
deigionaigh.

Don riachdanus a tá
air an ndeighchlér, 7 gabh i a ndu-
lighthibh, ar ceann na tuaichléire, ar
chinn dá bhfreaghl dolcaibh nár
tair, 7 do neithibh eile
bhenus riú so.

C. 6.

DO bhfrada labhadh ann ro mar budh cubhaidh ar an dara cinn a tubhladh tré áiomaonghéshi li lántbóa a nanma .i. uirthi bhrath na ndaoine bhreghlamhla neimhda do leighisfath na pheacaighe ó na lochtaibh, fuáce léigsidh dona ríneachaibh tuitim ioschta.

Ma

mo chruaide, mo chruaide dóbról
oruibh baró na lígh spioradálta ara
g an tinne, tré persecution, 7
mghnenn na neipucćó, ar é ro śgiáz
ra ar géine do léig Dia ćugaiñ
.i. puláng do tabýct luñ soiért-
ća g náamañ do óibirt uaiñ.

2 So an śgiáñra do bágǎ Dia
ag eraiar, a lará, a feingi, an
ćloiñ niornael, 7 luvá. Toig-
ćbáo uaió (g ré) an breitiñ, as
fáróh, 7 an rñóin, roo bñí lenbáin
ambsprorácá mq uafgánnbh
óóib, 7 béro orome robanamhla
ra bó g bfollaćñugáó; 7 a ñír ag
an fáróh ććona. foilbchao oñra
na fáróe 7 na prionnrada do chi
na nñ́ooiomhara. og lte ñí faoim
Dia bagan baoh géine, ná rlát
                NN 2   buó

buð airṁirḋi, iná a nẛuaiṙg áná Ꝃ
a nẛoirtḃór do toẛḃáil uata, Ꝃ
lẛabán ḃanaṁla to ċaḃ ẛc bóiḃ,
.i. uaẛ ẛáin ainḃpiopaca collaiói,
leir náċ áil ẛán ṁón nó Mainẛ-
péẛ do ḃeit ċoióċe lé na Ꝃꝛaḃ.

3 Den ꝛaḃ eile a nuẛ bá ṁián
Mierez
lé Dia an dá pobal roim, iꝭndel
Ꝃ luda do pilleó ċꝛẛi, oꝯ léc ní
fuẛ aiẛioh ná ciobláċaḃ do buð
éiꝬeẛiꝛẛe ċꝛẛe ꝭin, iná a ꝛáḃ
do ḃén ꝓḃ aꝯḃẛtóa to néin mo
ċnoiḃe ꝓéin, biẛepaꝭ ꝭḃ lé ꝓoẛ-
lꝯꝫ, iꝭ lé haiċne mo ꝓẛꝰꝛa.

4 Dá ꝓéin ro aꝭ ṁón an Ꝭꝛẛ
a ꝛá aẛ Dia ꝓéin ꝛinne, óꝛ to
ꝓulaing aꝯḃẛtóa Ꝭꝫnuiḃe ꝯ nan-
maṁ, Ꝃ doccꝭꝛe an oliẛió ḃiaḃa
do ꝭẛoꝛ aiꝛde, Ꝃ lﬔáin ḃanaṁla
to ċeaꝭ na

na náic .1. eimcʒrbuʒ uaibnēla
ʒmáicēēla, ⁊ minipoin mēagacha
miccorɼepaca; náē eēm pcxʒɉi
oiōce aɼ ⁊ iʒēnɉb banca, biup
lán co ēɉ onɉb collaiōe.

5 ⁊p i an mēalʒcɼ (mɉ ⁊ cub-
ʒc) aɼ eáē cɉɼlámcɉō ɉ nanmañ;
aiɼce ēiʒ an pláiʒh pēacɉh ⁊ cá
nán cēiɉ. uaiɉi ɼiliop ʒach ole
anna ɖá ɉeɉl ⁊onɉʒ,ñ. aɼ i chuʒ
anm concɼ̃ʒɖa cɉ̃ nioʒohaɼ, co
piɼe áɼaɼ eiɼiecō ɖoiɉɉi na nacñ,
co piɼe pcoicoiɼ cona ccoɼcaiɖ,
co niɼe pēaɉʒe ⁊ona piɼɉɉbh,
ēuʒ ⁊i ɼʒnieptɼ̃ ɉ an cɼcoibh-
ēéill, co chuɼ cubaiice a náic na
ɼuɖáiicēō, co chɉɉi cuaiēchléiɼ
⁊ náic na ɼccñēliaɉ.

6 ⁊p i an mēalʒcɼ co ēlccēlaɼ
ɼ ɉ ʒ   ɉ

ą ngloin a mitir, ą nonoir a tti-
cyrne, ą ngnard a moġnaryd,
ą monðizle a mbuizyb, ą nðelar
a nġinaíd, ą ncomcar a nonibiyð
zr, ą numicar a nuaðą, ą mħiun-
ðir a meizi, ą ngcmmyðzr ran
nðzar a nonħr, an ceanicħ a
cczizyb, ą ccamcħ a cclaamyb,
ą ri npliðzr a rcoðcallrbħ, an
loinznionħ a loħrb, ą ccraðað
a raðailcr; ⁊ ða nað ohħracal,
cħ i liðaið na deizhchlein, ⁊ na
ħimð icyðcð ⁊ czr na cleini rcll
ra ninart, do ðiliir zach maich
uann, ⁊ cuz zach ole na monað
cazam.

⁊ Ni hiongnach na hmicro ⁊
mórán izc a miizðioð do czr cħ
biyz na cleine, na rħmoncizðcð

7

⁊ comhfeso na namhan, óir ní luiġa
nofuair na veiṫéleise ⁊ an bpod
al vá ccoiṁió an an ncaibal, ⁊ ó
ṗéacóriḃ, na mírfanan na nġaóſ
⁊ na neomhfeo ⁊ na eeonérṫóh vá
ccoſnaṁ ⁊ na peolóoriġ, ⁊ iom-
aṁġl vo níe na peolcom coſſ ⁊ an
an enéue vo ġeiḃro ġan eoehſe,
ġan ġaóġ, an mí ṅa vo níe peol-
com iṗṗaiṁ án ⁊ na haamṁriġḃ
a aiṁ chailleo a eeliár, ⁊ a ṗſi-
morvenᵣóe, baamaóa copaaea na
bᵣeiḋoⁱ ſ pionaóㄇ㯏e.

8 Triġzᵣṅ vᵣ mᵣéᵣváⁱna eeroo
al vo beir an Seioporeᵣṅ aġan na
ncoṁ eᵣeue von chléin nách éigⁱon
vᵣn enᵣᵣ o beir ṗléa bᵣġáᵣ am-
ṗne ṗáin ġan a ceonġ naᵣṅ, m iſⁱ
naᵣ paóa ᵣṅᵣṅⁱuo na eeoⁱⁱġ ġan
           eopaaóᵣ

cọṟnaṁ na nꝏ́ġ̇tꝏ a naġṟ̇óh na
bḟṟolḗon.

an ;

9 bṟáiġτ na hḟġuiḷṡ ġainⲥhιon
ḋιοḃ, ᴅo ḃṟíġ ġaḃ ⲥṟιοτa ⲥhḗιᴅ
na bιaḋa ṡṗιoṟaᴅaίτa ⲥo ⲥhum a
nanma, aṡ éιⲥιn bḗul ᴅᴇ́ ᴅo ġ̇ṁ
ᴅιοḃ, ᴅo ḃṟ̇iġh ġ̇ ιḃ ιaᴅ aṡ ṡιn-
kier 15
ⲥḃ̇iġ̇τa ᴅḟꝏ́ ṡuṛ an bṗoḃal. ᴅo
Tid c 9
ḃeiṟ Ṗól ᴅaṁ oṟa ṡá ṁṡ ιom-
ⲥ̇ṛuιᴅ ⲥṛomuaᴅaⲥ̇ an ⲥⲥ́ú ιⳡ ġoṛ-
2 cor 5
ιꝏ́ ṗóṛ an ṡṡιⳡⲥ̇óⳡa amḃaṟaτóṟⲥ
ᴅιⲥḃ ᴅo ᴅ́ṁ̇aṁ ṡιⲥτ́ιaⲥa ṛoιⳡ ᴅιa
7 ᴅuιⳡe. ιaṡⲥ̇ġⲥ́óa ġġ̇ιoṛ ιⲥⳡⲥⳡ:
c 16
ᴅιⲥḃ; 7 a ⲥaḃⲥ̇ⲥ q ṛⲥ́áⳡġⲥⲥⲥ̇óιⳡ
ṡιⲥṡ na haḃṡṟoaⳗuιⲥ̇ō ġo ⳡᴅιoⳡġⳡⲥꝏ́
Mat 4
ιⲥṡġⲥ́ġⲥ́óa aⳡⲥaṁ ᴅιⲥḃ. ġⲥⳡⲥⲥ̇ṡι
ṗóṡ ⲥιoⲥ̇a na hḟġuιⳐⲥ̇ ᴅιⲥḃh, óⳡ
cant 8
ⲥⲥ ιⲥᴅ ᴅo ḃeιⳡ ḃaⲙⲥ̄ⲥ na ḃⲥ̇ⲥhⲥⲥh
ⳡⲥ̄ꝏ́a ᴅⲥ̄ⳡⳡ̄. ⲥoιⳗιġh ⲥu τⲥⳡⳡ τo
ḃeιⳡ

a P cuir pait

féin Gregóin orra tré mhónár cs
dá ngmó 7 go rpenálta to brig
gúb é ar oirrig tóib, feith ag
morglad cáid a ruan a bpteath.
ar amm rór dhóid, luf raine na
riomhna, do ùnig gabrad chor-
nar cneirem, 7 tóud na híigrin is
gúid híen: an páid, gach diob.
7 gúid eraiar gach baid don s6
troicheléin. bí iocrláince na
tomgró agan gadg, 7 do ní tar-
rann g luf tínta ric dá chréfina,
na, rou nilacgam lá g ch ric e
tá télach; 7 to ùnig gúb cóir
do na raggcrd; 7 dona rémon-
crrtid tangaidh mhilir to bheit
aca ag toimómc an troirgéil,
7 tarrem aitbárach to tínamh
g naimid Dé, 7 gnúir rríbhin
do

do tabḃaoh va luḟ iṁaṁra, aǵ
oḟlir an camm graḃg vo taḃainc
opṁa. aḃḃy eile róy, vo ḃ ṁġ g͘
aḃoṁa a tá coiṁḟeṁ. cḣṁéoro an
ci ġ̇ṁ̇iṁ̇, ar oḟlir an caimṁ ḃṁ́iḃ.
7 a vem a ṗlanaiẑṫḃoin Cṁṁoṡḟ
ẑach onóin, nó hronṁoṁn vo níṫṁ
ḃṁ́iḃ, g͘ vá ṗhyr̄yn rám vo níṫṁ
iao.

10 Ni hiongnaṁ na h̄̄yle a vaḃ
ẑc, 7 móran volcṁḃ eile vo ṫẑṁ
cnṁ ṁḃainc na mṁ́ṁcine vá ẑ ḃ
g͘ an ṁ̇ṁiopc ṁ̇ṁ ncoṁ́ na cioṁail
7 na hannanna ṁinoiḣṁca ra. 7 a
Cṁṁioro ḃṁ́iḃ ar mẑ̄ṁ pobal cẑ ṡẑ̄ẑ
cẑ iao, ón ní ḃioñ rlán ḃe, acḣ̄a
ryẑioñ pracal na ḃṗeolṁon, 7 a
Dhé ṁil ar maing vo pugaoh ra
cṁ̄r ar a ḃ̇ṁ̇ẑ̇ḣio va noiḃainc. mo
                              ṫṗaauḃa

τρυαιδε na τιρε bοϝa, nač ϝγ̇ι-
ngτʃι a nglacaδ gan ̇guaιϝ anma
nó maoine το beιτ ꝗ an τé ġlac-
ϝaϝ ιaδ. Mo ̇ϝιle τρυαιδe, οιδι
ꝑa naṁ Gιre, gan cumaϝ το čoṁ-
ġbaιδ na naṁčleιρe a τaġall, aʃ
aꞃ τnéčơꞃtoh ġá ̇τabϝ̇τ οꞃꞃa.

11—ιaꞃ bꞃaġaιl baιϝ το ϟláiꞃ 2 Regi
ꞃi Amón a δeιꞃ an ġꞃιoꞃτeꞃꞃ ġ
čꞃꞃ Daδιδ ꞃi τġδa ⁊ lʃġáιδe
τιοιꞃϝꞃġιδ a ̇ṁe τġ baiꞃꞃ Ha-
δon, το čaꞃ ϝólaιϝ ġ τġ éiꞃ baiϝ
a aτaꞃ, ⁊ δο δaιngꞃoġaδ a τġ-
aτaꞃꞃ ꞃiꞃ. Tháꞃgaδꞃ coṁġliġ
a noιġmoġ čꞃꞃgι, το čꞃꞃꞃδe a
τċéιll δó náδ ꞃοιbι ιοꞃꞃτa ꞃꞃ aʃ
lꞃʃ bꞃaċa: eꞃeꞃτʃꞃ ꞃꞃ leꞃꞃ an-
δꞃ̇ġιġ, ⁊ το διτꞃ̇ġ mꞃꞃꞃa ⁊ mꞃoꞃ
οδ το ̇τabϝ̇τ δꞃδꞃ .ι. lʃċh a nϝꞃ̇-
ꞃġ

ꞃꞁʒ ꞇo ʒꞁꞃɑꝺ nɑ ꞇꞁmꞱꞃꞁoll, ⁊ lⱢꞇh
ɑ bꝑꞁꝉóʒ ꞇo bꞁꝺꞁnɑꝺꞁ; ⁊ ꞇo lⱢꞃʒ
ꞇɑꞃ ɑ nɑoꞃ mꞃ ꞃꞁ ꞁꞇ ɑ bꝑꞃꞁoʒꞁꞁn
ómꞁꞃꞁꞇ fó, ɑꞃ ɑmɑꞇ ɑn ꞇꞁoꞃꞁ oꞁʒꞁꝺ
Ɗɑꞃꞁ꞉ch, ꞇo ꞃꞁne Ɗɑꝺꞃꞁꝺ món-
ꝉlɑɑꝺ, ⁊ ꞇꞁꞇ ʒ ꞃ món ꞃʒ Ꞓꞁoꞁꞃ Ꞁm-
ón, ꞃꞇo bꞁꞁʒꞃ Ꞓoꞃómɑ ꞃꞁoʒbꞇꞃ
Ꞓꞁob ɑ nʒhꞁꞁꞃ ꞃꞁꞃlɑ ɑ lⱢꞇhꞁꞃꞁ fó.

12 Cꞃɑllꞁꞃʒꞁꝺ Ɗɑꝺꞃꞁꝺ Cꞃꞁoꞃꞇ
ɑꞃ ꝉꞃlꞁꞁnʒ꞉ꞇꞁoꞁꞃ, ⁊ ɑꞃ ꞃꞁoʒꞃ ꝑꞁne
ꝺó 'é, ɑn ꞇɑn ꞇo ꞃʒꞁbh ɑn ꞇɑꞇɑch
ꝑꞁlꞁꞃꞇꞁmꞁ, ꝗɑn ꝺɑꞃm ɑꞁʒꞑ ɑchꞇ
cꞃ꞉ʒ clochɑ, ⁊ mɑꞁꝺe . Ɗo ꝑꞁoʒ-
ꞃɑꞁʒ ʒo ꞇꞇlꞁoꞁꞇfó Cꞃꞁoꞃꞇ ɑꞇɑch
ꞃꝑꞃꞁꞁꞁ lé cꞃ꞉ʒ cꞃʒꞃꞁꞁ, ⁊ lé cꞃɑꞁꞁ
nɑ cꞃoꞁcꞁe . ꞇo ꝑꞃꞁoʒꞃɑꞁꝺh é ꝑóꞃ
ꞃɑn nʒꞁoꞁꞁꞃꞃɑ ꞇo ꞃꞁne ꞃꞑ ꝑꞁꞁoꞃ Ꞁ-
món .

13 Pꞃꞃ ꞁ uɑꞃꞃ ʒɑꞁꞁ ɑn ꞇɑꞃꞁɑꞁꞁ ꞁꞁꞁꞁe
bꞁꞁꞃ

bás spioradálta an tan to éist
atám a bsgntup. a táto a spiop
ó poim pá typsi 7 pá tobpón, 7 ní
gan pát. Cnpiò Dia tegpa 7 lgg-
áite ċuca to ċabgt pólaip bóib
to ċnġal ċáinoip pin, agap bá
tpbonuġaò go pgnċup nimòa, ó
to ċaillioòp pgnċup talmnoe.
Ap iao na lggáiten an cliġ, còò-
ġġòòa na nanman, 7 na psimóntp
be. Glacta iao po go gnáòach
páiltc ip gaċ áit a bpsil cnero-
si pininteċh Dé; girtbò a mhsg
einiebò, pianta, ppiopsn, bnoiò,
ap báp bhiop pá na ccomne.

14 Do ġain Iopa mópán táp
ttinne to chum na hoippigen pa
naimpip pém, 7 to támpng iom-
eo biob na nógeoip nimupcóiroig

O o ꝏ

ꝺo ċum cꞃꟗnᵹe ċꞃáḃꞃꝺ a ccꞃíoꞇ⸗
ꞃꝺ coiṁhiꝺꝺċha, ⁊ cꞃꝺ eile ᵹo
ꞃꝺaꞇo ꞃaᵹaꞃꞇaꞃa, ⁊ ꝺiᵹhiꞇe óꞃ
aꞇꞃꞃ ꞃꞃ ⁊ anuꝺ ꝺo ᵹeḃ aiḃꞇe ioṁ
ꞃꞃꞇꝺ̇ᵹe ꞃꞃ, ᵹluaꞃiꝺ ⁊ ꞃꞃioꞃaꝺ,
⁊ ċꞃꞃꞃᵹꞃꝺ ꝺꞃꞃ ꞇulꞇꞃ nꞇuꞇaiᵹ,
ꞃ ꞃᵹáꞇe uaꝺ ꝼeꞃꞃ ꝺo ꝺḣꞃiaṁh
ꞃ ꞃꞇꞇáꞃa ꞇon é ꝼeꞃ ⁊ ꞃꞃoꞃ Ɒꞃ⸗
óꞃ, na ꞃꝺꞃꞃᵹ,

x 5 1 ꞃ nꝺul aꞃ ꞃꞃ euꞇꞃ oꞃꞃꞃ
ᵹ ball ꝉ luꞃ ḃꞃaꞇa ꞃꞃꞃ, baꞃꞃo⸗
ꞇꞃꞃaiꞇ ꞇꞃéuꞇꞃꞃꞃꝺ ⁊ ꞇꞃꞃꞃᵹ an
ꞇiᵹhḃꞃna. baᵹꞃꞃꞇhꞃ a nꞃꞃle olc
ꝺꞃꞃꞃ, ⁊ ⁊ an ꞃꞃꞃꞃꞇꞃꞃ ᵹaḃuꞃ ꞃꞃꞃ.
ni ꞃꞃꞃl maꞃla ná ꞃiꞃoꞃoꝺ náꞇ biꞃꞃ
ccoiꞃne. ni ᵹaḃꞇꞃ na lꞇꞇꞃꞃꞃꞃ óᵹa
ꞃꞃ ꞃꞃꞃ uaꞃꞃꞃ, ⁊ ó ꞃꞃꞃᵹꞃꝺ na heꞃꞇ
ꞃꞃꝺe olc ꞃꞃꞃꞃa Ɒꞃóꞃ, ꝺo bhꞃꞃ⸗
ꞃꞃoꞃ ó ċꞃoꞃꝺe ṁaꞇ aꞃ bꞃꞃóᵹa
ꞃꞃle

 níl gan roinn dóib; ní hé a mháin
dá ngrodeir an ngruaig, aʃ eng
na corsáin do bṁuoiʃ péidh; ní
trordeámuoiʃ fán cceoróin féin;
aʃ a ngeull a chec comṁáid riʃ an
bpobal, do ʃgnmóin an coiʃgbail
dóib. do baḋ toil liñ a ngruag
ʃan befróga do buain diñ, agaʃ
engleḃ marla dfagáil.

16 Níon ʃmuain a neinicliʃ ʃo
do gaḃáil uaiñ gan pianta agaʃ
priorán do táḋge ḋrñin, nó báʃ
oiminc oirñn; aʃ dá bfraga orṁe
diñ do ġrñḃ dibinc iʃ na ḋcair-
cṁṁaḋ, do cor a péḃ a bẽchaoh.
go noʃgla Dia ríʃle na ʃcoibh-
cleiʃeʃ, 7 na mṁṁcipe linar iao,
dfacṁn a noic, 7 diaṁṁṁḃ maic-
fiñʃ, ʃʃl do ġṁáʃ Dabioh .i.

íora ┐ a ┌g┐a marlngro, ┌luaroh
nimhnc namgiol na nagaro, lé ┌g-
┐a ┐ao lé ┌íogbaí nirhe, gá noam
nugaí go ┌ranc┐b ┌íonbrohe.

17 Cabh maircmnu┐ bam alég-
chóín; ni ┌igh a lg┐ an ┌íor-
cúí┐a┐a ┌o cum an neic g a ┌┐áí
┐m; a┐ mg ┌o bhn ┌o bam an lán
cneroe mo cléíb, níor ┌íour gan
mgaoíne; ┌íon bhaca┐ ┌on phum
mo ┌oílgí┐ ┌íhígín.

18 Man conclnro g mo comh-
┐áb, g┐bím; cú a catoílíe c┐oíbí,
c┐eroío┐ uaím an ┌íacbanu┐ mó┐
a cá ag┐ñ ┌í┐ an ccléí┐ ccnáíb-
cíb, ┐ ní┐na h┐oc┐gcò┐b bélcha;
┐ na h┐íle mí óna c┐g ┌á n┐ní┐-
b┐ñb bñ, ┐ ┌o cí gac læ an cuñ
c┐ c┐┐ío o┐a ┌ém an bgán acá
a noí┐

a nois an̄ ḋíoḃ, ag teagᷓ lé teagᷓ ꝗ-
gᷓ an tiġ̃na do leiġios ṫanma,
gan ḟulᷓ do ġuais ná do ġáḃ-
aḋ dá ḃḟuil na ccḃin: smuain ꝗ a
ttioḋlacaḋ ndiadhaṡa do bheir
Dia ḋuit, do ṡlánuġaḋ ṫanma; ⁊
creid gurab do ṫḟuꝛtaċt do ṫigꝛng
sé iomad tꝗ nógánuiḃ go tíṡibh
imċiana ⁊ do ċuꝛna cctoiḋiḃ cꝛng
ċoṁaiḋ do ġlacaḋ ⁊ ḟoġluim ḋiaḋa
do ḋéanaṁ, ionnus go bḟilldís ċug
ad do leiġios do loc, ⁊ do tsaoṫ
aḋ ó ṡeanmontuiḋiḃ na hSpáinte,
ṡna heiriceaċa, ⁊ altuiġ an troim-
ṫioḋlacaḋsa léd ṫiġearna.

19 Glac fós na teagasga go ctreid
ṁeaċ caiṫṫeanach, ⁊ ná tréig iad,
gé go ttiocfaḋ dioġḃáil ṡaoġ-
alta ḋuit as. Cuiṁniġ go ntub-

Críoſcc, a nonóir, nó a nſronéir
do niẟir ḋóiḃ ⁊ dá ṗhírín féin
do niẟiriao, ⁊ óſ do cuir ḋeiſín
léo cnſóíṅ tiᵹio, ná léiᵹ faill-
iᵹi ionca dá ḋaoine coiſḃonuſ ſé
ḋſc; bioḋ oṅne éiᵹin ḋhioḃ ᵹao
cacíᵹe, ó nᵹlacſa cú anaḃro-
lóio, ná ham féin, ſiá caoḃ i niſ
an roiḋéálach, maſ éiriu an cóil-
ach oſaᵹáil.

gen 45   20 léiᵹhmío ſan ſᵹuioptúſa
noiaḋa ᵹaḃ é ioſeph do cuaiḋ
don eiᵹhipte ᵹo boſ, do fun-
caiᵹ an pacuiᵹea a acᵹ ṁaoḃ, ⁊
a claṅ, ⁊ a ṁáᵹṅchi, ⁊ cuᵹ ḃícha
ḋóiḃ a naiṁſin na ᵹonca móin do
ḃí ai rᵹᵹ ṁḃliaḋna ᵹan cuin, ᵹan
enᵹḃaḋ. 17 a dein ioſeph féin ᵹ
aḃ é cia do ſᵹól é féin do ṁiᵹ-

ipce, ʒé ʒ nacaoq a ᵭʒiobáiᵼpı
é, ιοnᵭuʃ ʒo bfurtuiʒᵬé ꝗ a ᵭcoin
1ᵬ ʒcoıl a nam na ʒoꝛta ſın.

21 Aʃ follaʃ ʒab é Oıa ᵼaıꝛ
nʒıoʃ ıomao nóʒán nᵬᵻhoꝛᵭóıoᵬᵬ
aʃ ꝗ ᵼiꝛ ʒo cꝛıoᵭuıᵬı cıana coꝳ
uıᵬᵬéa ma ᵼabaıꝛᵼᵻꝛ ꝛuaʃ ıao a
léıʒıoꝳ 7 a ccꝛábao, ıonnouʃ ʒo
ᵼuʒᵭoouʃ mꝗ ſoꝛeph, cꝛamʒᵭoa
ᵭꝛeꝛoıᵼᵻ 7 ncomᵻᵻᵭꝛꝉa ꝛıꝳ uꝛꝛpaꝛ-
ᵼaꝑ a ᵼᵼꝛe, ꝑa na mꝑꝛʒ a bꝛuılıo
lán ou ʒoꝛta ʒꝛꝑꝑ, ʒán euꝑ na
cꝛꝗbao ꝛoıʃʒᵬeıl na ꝛᵻmᵻꝛa oa
ꝑaꝑao.

22 Oábꝛꝛıʒ ꝛo a nuᵻᵼo ᵭıꝑe
aʒ ᵼꝗ ı ao ſꝳuam ʒ̃ab é an euꝑ.
am a ᵼá aʒ Oıa cꝛꝳꝛoll ᵼhanꝳa
oo ᵭuꝛꝛ ſuʒao ı ao. ᵼaᵬꝛeın mᵻle
uᵬıao ᵭᵭ, 7 bꝛ luᵼʒ̃ᵭᵹ̃ ꝛomꝛa-
ꝛ̃ꝛ

ꞃan, ⁊ bioꝺ lé a ṁaoiꝺeṁ ⁊ 'Dhia
aꝃaꝺ ꝝo builꞇonꝝæ peꞃꞃecuꞁion
⁊ buaiꝺiꞃꞇ ⁊ a ꞃon. muna ꝺhḟuna
ꞇú ꞃo, cuiꞃim a ḟiaꝝnuiꞁ oꞃꞇ, naᵹ
ꝝéuḃꞇha ꝺo leiꞁꝝéul a ló an ᵹun-
ꝺuiꞃ, aꞃ ꝝo ꞃṁꞃuiꝺꝝ mꞃ óꝝꞁlaᵹ
ꞃꝺé an ꞇé nꝝ ꞇaoḃ lé ꞇꝝꞃuiḃ 'Dé,
óꞃ ꝺo ꝝꞁll Cꞃíoꞃꞇ ꝝo ꞃṁꞃaṽh a
a ḃꞃaꝝnuiꞁ a aꞇꝝ an ꞇé naᵹ aꞃꝺ
ꝡꞃmaꝺ é a ḃꞃaꝝnuiꞁ noaoinꞇꝝ.

Mat 10

Nꝃ caiſ iꞃaꞃ coiꞃ ꝺcn
aiꞇꞃuiꝝhæ a nabꞃolóꝺ
ꝺaiꞇiaꞃꞃꝺ
C.7.

ꞇá ꝺꞃiaᵹꞃꝺ ⁊ an aꞇ-
ꞃiꝝᵹæ a nabꞃolóꝺ ꝺaiᵹ
iꝃꞃaꝺ ꝝaᵹ ꞃle nꝝ ꞇꞃꝝ
ꝃꞁꞃ nách ꞃoibi bail ⁊ an abꞃolóꝺ
ꞃuᵹ,

fuig, tré loſ éigin dá noſina féin
ſán ſaoiġdin, nó ſán ndoilġioſ,
nó tré loſ, nó tré óit cuṁaſ an
tragáit. aſ uṁaſa a aicline aſa
noubramg go roice ro cia hí an
abſolóid bíuſ gan cġbá, ⁊ an do
caob an aicſiġiġ, nó an oide tig
ſin di. taſ a céin ſin a téſ na cáiſ
aṁ ro go haicéiġṁ ing cóiſ a nab
ſolóid diaṁað an oġa huġ.

1 Ain céo cáſ a nuġ nác oſinaiſ
ġnúðað ná ulláṁuġað oſt féin
ſiſ an bſaoiġdin. An oġa cáſ an
uġ nách ſoibi doilġioſ oſt, ná
ſún agad na ſġeadá do ſßchna,
do ṁiniġ ſ iad ro ſan céoſaṁ don
lebhſaſa. An tſiſ cáſ, má do
léiġiſ ſġeað mₐbía an bioc toſt
go bſioſ óſt féin gan a choſ a
bſaoiġdin.

bpaoisten. An eithromad cás, od
cengcéd nác poibi mntinn agan
cragac do sgoiled od pácadrié,
nó ng bol dó, nó ng péo poinm na
habpolóide do pád. An eisgtch
cás, má do bí gan ugdarohás.
exrpid doine oile an peised cás,
.i. a nud bíos an toide painsone
lán dainbéih .ap doubgc dá cioib
po pan tnh caibioil, an ní to con
cap órñ, a dubgc pós neite eile
pá gach cás dhiob po na náicibh
péin.

Ißad q an oide éliona iapra an
Vид de con-
feilione fac-
ta Prauo cou
fellario
palud.d 17
q s
Naui9 n 10
abpolóid a nácud ní pige a líñ a
cpioiroin do déñamh, ap ap lón
an loñ a ñáin do pád do commiiß
tqba na habpolóidi, ap mad an
oide eile iapra í, ní polám q da-
miiñp do   páe-

pheacohuibh marbhtha don chlé
oide do ráoh ris go
hiomlán.

TRACHDAR ANN
SO An loghadh Nal
byccadh ap gnác lén nacomháccaim
an bgin̄p cáitoilic do
cábgc amác.

Siard leip na neicib an
q tracppam ran lebh-
pánpá .1. caitne cod-
éd paenámnjíerna haccnpgi, ní
éigin do náð q loġadh na byéc-
adh ap gnác lé bioeġe Chpiofac
an Pápa, do cábgc uaid q áó-
banndji olipoionáí, con mrjnncin
do ri an nobrin cpdcge ónondiji
pé ro cum an loġaid pn ıpagáil,
ón ní pnp ran naccnpgi ap bocain
Dráirde do bron̄g Cpiofac 7 do
pápgpbh q lámh na bpgpjn, oán

Pp   Scoibj

ꝼȝꙍlℓʒ́o ɼn bꝼʒℓꙍꝺꝛȝb, ꙍꝺꝼɼ ɼoɼꝼ
⁊ ɼ́áꙟ, chꙍꙟꞇa ⁊ ꝼéꙟ; ⁊ ɼꝛ leꝼꝼ
aꙟ ꙟabꝛoℓóꝛo ꙗeꝼꝼuoꝼ aꙟ coꙟꝼʒ-
óꝼꙟ uaꙟꝺ maꙟlle ꞇꝛꝷꞃꙟ, ⁊ ℓé ꝼꙍꝼꝼ-
ꝛoꙟ aꙟaꙟꞇaꝷꙟꝷ, ꞇóʒaꙗꞇʒ mꙍꙟꙟꝼ
⁊ coꝼꝼ ꙟabꝼʒℓꙍꝺ, ⁊ leꝼꝼ aꙟ ℓóꙟ-
ʒꙟꙍmꙍ aꙟ cʒ́ꞇꝼꙟmaꙗ ꞇꙟ, ꞇóʒaꙗ-
ꞇʒꝼꙟ aꙟ ꞇáꙟ ⁊ aꙟ ꝼꙍꙟ aꙟmꝼꙍꙟꞇa,
aꙟaꝼ ꞇʒéꙍꝼ ꙟa ꝼéꙟꙍ ꝼꙍomꙗꝷꙟꞇe ꝺo
maꞇꙟꙍ a ꙟꙍoꙟꝼʒ́ leꝼꝼ aꙟ ʒcoꙍꙟ;
⁊ ꝺo ꙗꝼꙍʒ́ ꙟáchꙍ ꝺꙍoℓꞇa aꙟ ꝼꙍaꙟꝼa
aꝼꝼ ℓé móꝼꝼꙍꝺꞇaꝼ ⁊ ℓé mó ꙟꝺuaꙗ,
ꝺo ꝼáʒꙟꙍʒ́ aꙟ ꝼláꙟꙟʒꙟéꙗꙍꝼꙟ ℓoꝼa
Cꝼꙍoꝼꞇ ꞇꝛé ꙟa ꞇꙟócʒꝼe ꙟeꙟmꙟꙍꝼꙍoꙗ
ꙟaꝷʒꞇꙍ, cꙟmaꝼ ʒá ꙗꝼoeʒꝼe ꝼ ꞇaℓ-
amꙟ, ꝼ áꞇꙗaꙟꙍʒ́ ꞇleꝼꝼꙍoꙟácha,
ℓóꙟꝼꝷꙟꙍomꙟ ꝺo ꞇaꙗʒ́ꞇ ꝺꙟꙟꙍ aꝼ óꙟ-
ꞇꙍꝼꝺꙍ ꙟa hꝼʒꝷꝼꙟꙍ ℓé ꙟꝺꙍoℓꝼámꙍꝼ
ʒo haꝼꙍꝼa; ʒꙟꞇ ꝼꙍaꙟ ꝺá mꙗꞇch
oꝼꝷꙟ,

orrṁ, maille roib⁊án rocáir,
a⁊ déinaṁ a ṁáin na hupnr⁊⁊i nó
na hoibre eile τróc⁊e, óror⁊-
τ⁊ óṙṅ do chum an lo⁊aid dra⁊-
áil .1. dul ⁊o τurar nó ⁊o τṁ-
pall árde, τéιτc do ṫab⁊τ uaṁ,
coroin ṁ⁊ne do ráoh, nó der⁊-
ṁoṁ éι⁊ιn eili, c⁊ṅτ⁊ṅ m⁊ óm-
⁊ιoll 7 m⁊ ualaċ, do ċum an lo⁊-
aid dra⁊áil; 7 do ḃrι⁊h ⁊aḃ é
ar cr⁊och don lo⁊ad ⁊aċ rui⁊-
ιoll rιaċ dá ḃṙ⁊l orτ dod r⁊an-
τ⁊,ó, τ⁊éιr ιn aιτ⁊ṅ⁊r do ṗ⁊ad
dra⁊áil, do τó⁊ḃáil dh⁊oτ; ar
ιoṁⁿⁿⁿⁿⁿⁿⁿⁿ ní éι⁊ιn do ráċh ⁊ τ⁊
éιr ιaḃⁿτa óṙṅ ⁊ ċeⁿτ⁊ι coτċaιd
na haιτ⁊ι⁊ι. An an ráτⁿⁿⁿro, m⁊
τumaειn leιr an l⁊ḃrán, a τér bⁿ⁊
án a⁊ mⁿιιo⁊ad crⁿⁿ é an ní é, an

Pp 2   lo⁊ad

loġaꝺ ꝼém, 7 ꝣa ꝋṁbaꝺ ꝣo ḃꝼꞃꝼ
cuṁhꝼ ꞃa nꝣglaiꞃ ó Chꞃíoꞅꞇ ꝛ
ꞇaḃꝣꞇ a mꝛꝛ, ꞁonꝺuꞃ ꝣo nꝺémꝛ
míꞃ ꝼꞃꞁoꝛnaṁh 7 ꝺꞁꝋꝛꞁoll ꝼáꝛꝛ
ꝼaꝣáil 7 ꝼá ꝺhul ꝺá ꞁaꞃꝛuꞁꝺh ꞃa
náꞇꞇ a ꞇꝛoluꝛꞃꝯṁ a ḃeꞇꞇ, aꝣaꞃ ꝣo
mḃꞇꞇh mꞃꞃ móꞃ aꝣuꞁꞁ ꝣ, ꞃꝧ ꞇꞇꝣ-
aꞅꝣuꞃ ncoṁꞇoṁꝣlꞁ Tꞃꞁonꞇ, ꞇo ḃꝣ
ꝣ congnaṁ láꞁꝺꞁꞃ é ꞇꝣ luꝛꞇuꝣ-
aꝺ ꝣo nꞃꝧṁh, 7 ꞇꝣ ꞃꝛꞃꞃaꝺ ó ꞁꞁaꞁꞁ-
cuꞁbh puꞃꝣaꞇóꞃa. Cuꞁꞃꝯꞇo ꞃꞁoꞃ
ꝼóꞃ ꝣo ꞃꞁeꞃꝛlꞇa cuꞁꝺ ꝺena loꝣ-
ꞇaꞁḃ ꞇuꝣaꝺaꞃ na Pápaꞇha ꞇoꝛ
ꞅuꞁꞃꞇꞁꞃ ꝣlacaꞃ bꞃꝛꞇhꞁoꞃ uꞁꞃꝺ ꝣ
ncoṁꝛꞇꝣ S. Pꞃoꞁꞁꞅꞁaꞃ; aꞃ auꞇuꞁꝺ
ꝋꝼꞁꞃꞁ ꝣꞃꝛꝺ 7 ꝺeꝛꝺꞁꝣon ꝣ náꞃꝣoꝛ
ꝺꝣ ncoṁꝛꞇꝣ 7 ꝺá óꞃꞁꝺ; 7 ꝛ nꞇóꞁꝣ
aꞃ ꝛ conꝣnaṁ a ꞃꞁꞁꝣꞃꝺ ꞃlánuꞁꝣ-
ꞇe ꝛ nꝛꞁꞃuꝛnn, 7 ꝣꝧ ꞃoꞁoṁꝋꝛ ꝺꞁꝋꝣ
ꝣlacaꞃ

Trid. ſſ. 25.
Princiq.

ζλαες α όναιέριος υιιιο, 7 αρ οξ
βριαέρ,ϱ ρεράιτα ζας ζηάρα
7 ζαό ρριΰιιέιο αιιια οά ΰϱερλ
αοα οά ειοῖρο, οο έτζυξ τϱόιΰ,
οο όυιιι ζλόιρε Όέ, 7 ιΐ α αιιαιι-
ιιαῖι. Οριρῖιι αῖι ρο οιρο οοιια ζ-
ιιζόῖι 7 ιέιζρῖιι οιρο ειιε όιιΰ οοι
αιιια, ξ άοΰζιιζ άιριοει ζο ϱαϗ
ειιε.

Míniġtheap cpeuo an
ní an loġaó do beipio na Páp-
aóa 7 na hsrboiġ cátoilice a tá ẛ
long na nabpoal uáta,
7 cpéo oá nġoiptiop
óipéipoi na
hEġplsi ·

C. r.

1.Io:2 Den an tabpoal éóin,
go ttug Cníoro ẛ rián
aiġtóin é péin mẛ óiol-
naóẛr 7 map ḣínc uaió an ron ap
bpécaóne, 7 ní ẛ ron ẛ bpécaó-
ne a ṁáin, acho ap ron pécaó an
tpaoġail uile. Do ḃí aẛ píoróá-
aṁ oẛoibpiẛéó ó nam pẛ cpút-
nẛéó a anam glópṁap na chopp
a mbpoinn na pionóiġhe uaipe
Mhuipe (ẛ náp luigh sṁal péúẛ
gníoṁa

gníoṁa nó ruirġiða riaṁ) go ham
a báiſ, 7 ſá ðeiriö vo faulaing
an báſ aſ maſlaṁla, 7 an ṗáiſ aſ
géiſe niṁuiġi vo béivin lé hino-
cleſ noðña vo ſmuainöð, vo ċṙil
lim glóiſe vhṙme a ṁáin, 7 vo
ðiol na bṗiach a tá oſṙ̃ne, tṙṡi
cciontṙġ; óſ níon ċṙll glóiṅ aſ
biot vá anam féin, óſ vo bhi lán
vo glóiſ ran bponge nġ criú̃tṙġ-
öð é, 7 níon ðiol fiača ġ biot vo
bi oh an féin, óſ níon éivin leiſ
ṗáuð ġ biot vo ðñaṁ, vo bṙiġ
ġ ab é uan Oé (maſ a veiſ Eóm) Io.ı
togbhaſ ṗäoba an tſaoghail;
gonaðġe ŋṙ̃ an tñna vo ðġoið-
uiö 7 ġ fuulaing vo piantṙġ, guı
oṙñe a ṁáin ñách vá anamſan
téiv a ttaſbá, vſagáil ġhlóiſe
ðṙ̃ñ,

ᴅṁ̄, 7 ᴅo ᴅíol na bᴘian ᴅliᵹh-
ᴄṡiᴅṁ̄. 7 ᴅo bṗíᵹ ᵹo bᴘoiᵹṡen-
aᴅ con bᴘaon a ṁám ᴅo ᴅiaᴅ́ᴘᵹl
loᴘa, ᴅo ᴅíol ṗiaᴅ b́ṡi nᴄoṁh-
ᴘṅ ṅle, aᴘ ṁíle ṁó an ᴅíolaiᴅ́ᵹ́
7 an lóiᴘᵹṅíoṁh ᴄaᵹ uaiᴅh iná a
noliᵹ́ᴄṡi ᴅṁ̄e ᴅo ᴘianᴄᴘ́ᴃ, ᴅo b́ᵹ
ᵹo ᴘoibi ᴘé na ᴅᴘ́ne 7 na ᴅhia a
néinᴘᵹ́, 7 ᵹo nuaiᴘúᵹh́ᴄ́ṡi 7 ᵹo
ṁoṅᵹᴄṁ̄ an lóiᴘᵹṅíoṁh 7 ᵹaᴅ́ᴄ́ᵹ
ob́ᵹ eile ᴄᴘé uaᴘli 7 ᴄᴘé ᴘoiᴘᴘᵹ́
a nuᵹᴄᵹó ᴄiᵹᴅ, 7 ᴅ́ᴘéin ᴘo
ḿ ᴅo bi úᵹᴄaᴘ na nᵹᴘ́ᴘ́ loᴘa ᴅ
ᴘláṁᵹᴄᴃᴘ, ᵹo bᴘoiᴘᴘᵹ́ 7 ᵹo
nuaiᴘle neṁ́ᴘoᴄṁ̄ᵹᴄe, a ᴄó an
lóiᴘᵹṅíoṁ 7 an ᴅíolᴘᵹ́ ᴅo ᴘíne
ᵹ ṁoᴅ́ áiᴘᴅe neṁ́ᴘoᴄṁ̄ᵹᴄe,
ionᴄuᴘ ᵹo bᴘoiᵹṡénaᴄh ᴅo ᴅhíol
ᴘiaᴅ ṁ̄le ᴘoᵹaᴅl eile ᴄá ṁbeᴘᴄín

aᴃ

aū.

2 Uime ro naĉ foil a lóiṅġníṫ-
oṁ Chríoſt aſ tobar fíorṁġṫ-
nġnóṁṫaĉ éicin το τiopṁuġaĉ 7
mṙṡ ṫóṙ naĉ éicin το cnáġaoh,
7 lĉġlóġṁaṙ τá náĉ éicin luach
τeaġáil. 7 ioṁaṁṙl náĉ laġoṙġ
éṙṡ maiṫ Oé τṙé a τcuġann το
τ-oòlaiciṫ, τuaiſl 7 τſoiṙſ
τona cṙéacṫṙaiṫ ṙle, ṙ laġṙṫ-
éṙṡ mĉ an ecſona an τiolṙohĉ 7
an lóiṅġaioṁ cuġ Cṙíoſt το ṫiá
áṫ, τá ṁiĉ τá ntiaιcġ ṙia oaſ
bṙenṅbne, το bṙúġ ġáb lé fṙ-
ſan ntiaòĉ το fṙṙ τao, 7 maṙ
aſ náɛṙṙ το Oṙṙ náĉ luġaιcτ
τá ſaiṙṙor a mṫṙonṅaṁ το éĉ,
aṙé aſ náɛṙṙ τon lóiṅġhṙoṁṙ
ṫiaòá, ġan a cṙáġaĉ τá ṁéτο

τá

vá noíolṁuiȝﬤn ɼiɼ tⱥ́ bɼiaⱦnȝ-
ne. Mⱼ ɼo tⱥ̇ȝⱼⱼȝⱼo na viaⱦⱥ̀-
ﬤóa ȝo coⱦﬤáṁ ﬤán bɼonȝe ɼo,
7 vo ſnáꞃmcⱦṁﬤoh é leiɼ a nⱦȝlⱥⱼ.

3 Aⱼ é an víolⱥⱼⱥ́ȝⱼ 7 an lóⱼ-
ȝníoṁ ɼa Chꞃíoﬤ aⱼ óⱼnchⱼⱼoⱼ
uaɼal ⱼonȝanﬤac tⱥ́ na ṁṁáⱦⱥ́ a
nⱦȝlaⱼ, 7 aⱼ é aⱼ ɼⱦíoⱥ́ȝⱼo 7 ɼɼe-
mⱼⱼⱼéⱼ óⱼ a ċⱼoⱦ vá ɼoⱼṁ ⱥ ⱦloⱼṁ
Chꞃíoﬤ, na caⱦoⱼlce, an Pápa
coṁⱥba ṗⱦⱦoⱥ́, bⱼoⱦⱥⱼe Chꞃíoﬤ
7 ɼſⱼ ⱼonaⱼo Vé ⱥ́ ⱦalṁⱥⱼⱼⱼa.

4 Vⱦⱦⱦo ɼⱥ́ⱼ nⱼ a nóⱼⱼⱦⱼoⱼⱼ
a noⱦⱼⱼⱼa Mⱼⱼne ⱥ́ mⱦaⱼⱼⱦⱼⱦⱼⱼna,
vo vⱥ̇ȝⱼⱼbⱼⱼb 7 vo lóⱼⱼȝníoṁ, aⱼ
ﬤⱼȝlⱼnȝ ⱦo vⱥ̇aⱥ̇ 7 vo vochaⱼ vo
ⱦⱼⱥ̇ȝ 7 vo vóⱼⱼⱼne ɼⱼaⱼṁ an ṁⱥ̇ⱼo
ȝo ɼaⱼbⱼ bⱼⱥ̇ȝ vⱼoluⱼⱦhⱥ́ɼa ɼⱼan
ⱼonⱦⱼ, vo bⱼⱥ̇ȝ náⱦ ⱼoⱼbⱼ ɼⱼaⱼa ⱥ́
                                        bⱼoⱦ

bioth rẏme féin ré na ntiol man
nác δḟina péacaδ riaṁ. A tá man
an cctona iomaδ do lóirġníoṁaiδ
na naoṁ áṅ, .i. an ṁéid δíob an
nác raibi férδṁ aca féin do δíol
a bfiaċ; do ċnáiċloġ mórán naoṁ
a ccurpa lé cruas crábaiδ, man
a tubġt ran cċchriaṁaδ ran don
leġbrán; agar ní raibhi aṅ bḟġán
fiaċ orṁa féin ré ná ntiol, mꞇ nác
δḟinaoan aṅ bḟġán péacaδ, 7 dá
bríġ rin do ċuaiδ an fꞇnar baṁ a
néinċirδi na hḟġuilṡ do δhiol aṅ
ron ċiontaδ na ccoṁġran; to réir
mꞇ do roiṁféδ ṡδíobġδ Chríoſꞇ
orṁa é.

D, thom. 4
d 10 q 1. a
& comu-
nis

5 Ni δḟina ċéin bruiṁe pꞇ aδ
mꞇġċta riaṁ 7 mꞇṡaiδ mórán pér
nác δḟina péacaδ roloġċa féin.

Iuc. 1. Atha.
ser 4 con-
Air a.
Greg. 3.
moi.).

mꞇ

galat. 7 de
arcan. c. 9

ag an ccéona do ḋaingniġéaḋ ná
habrdeil a nġnáṫuiḃ cġé, ſ cġſa
an ſſroṗaio naoimh ionta iontaſ
nác oḟinaoġ pḃéaċ mġöra ṅiomh
na ḋiaio ſn. do breiſ naoimh eile
ſóſ aimſon ſoſaoa gan pḃéaċh
mġöra, ġé go nééinoiſ pḃéaoha
ſologġéa .i. Páonuig, Ḃ̇riġio,
Columcille, S. Pſoinnġeſ, S.
Domnic 7 iliomao eile; 7 oá ḃġ
ſo, a nééinoiſ do cnoſġáo, do
ſhmöin, oúſnuiġc, ooilicne, 7
ooibniḃ eile na cnócġe, 7 a ḃſul
nġioiſ do ḃaoḃaib, 7 a ccuaġ-
uoiſ do cnáo ná ccoſſuiḃh lé
cuaoſ an cnáḃaio, ġé go ꞇceiġ-
oiſ a ꞇġbha ḃöiſ ſém an mhéra
go noiḃi bráiġ cuilléṁ ġlöini ion-
ca, ꞡ̇boö an mhéro go naiḃi bráiġ
oiola

ċ iola piaċ ionta, ag bior a nḃ-
oibṙibh na nuile beiméin, ní móṙ
an tṡuba a tteiġtis ḋóiḃṡon, aṡ
an tan naċ téinóis iaḋ go rpe-
ṡaltaċ ron ḋaoine áiṙiḋe, teiġ
tís a nóinċiṙoi na h-eġṙlis.

6 beanταp aṡ a meubṙamaṙ
ġeḃ anḃt oṙaċh na h-eṙicroḃe
ṡiopṙaiġlis go ḋána ḃáṙaṡach,
cáit a bṡeᚘl óinċiṙti na h-eġṙlis.
aṡ rṡii ċeoi an chiall a miṡp ġ-
aḃ óinċiṙoi coppopḃa an ní an a
labhṙamaoiḋ; ní l ṡah aṡ meoin 7
maitios repuoḋáita, 7 tá liniġ
ṡn ní iᚘnaṁ éit ċoᚘpopḃa .i.tos
nó caṙṡái ḋainġṡi ina ccomḃ-
taoi é. aṡ aṡ i áit ina ḃṡeᚘl leḃ-
na ḃṡiḃiḋ, .i. tṙ-ġa 7 maᚘbaiṙ a
eaḋáṙ ṡiopṙḃ-ḋe, ḃal a bhṡṙl

4 ṙ   tġ-

τɼġoiḃɼiġṫe fıɲ nᴄoṁḣıɲ ġō
τᴄaḃġᴄaɲ ḋóiḃ an ᴄuġaɼᴅal ᴅo
ṫɼ,lḋ5oᴅ. fıafɼ,ġım ᴅon ᴄé ᴅo ní
an fıafɼ,ġhıf̃, ᴄáiᴄ a ḃ́ fɼ,l a
nᴄḣna féin ɼıaṁh ᴅo ṫ̃ġoiḃɼıḃ,
ɲá ᴅo ɼíne ᴄonᴄ̃ġᴅ ᴅíoḃ, 7 ᴄaiᴄ-
fıᴅ ɼ̃ a ɲáᴅ mɼ a ᴅeɼ,ım̃ (nó
ġo nᴄ̃ḋaᴅġ an neıṁhní) .ı. ġo
ḃ́ɼ,lıᴅ a ᴄᴄoṁḣıne 7 a m̃ḃ́ a na-
ᴄ̃ ɼıonᴅuiᴅe ġo τᴄaḃ̃ɼa a luaiᴅ
ɡ̃ ᴅóiḃh. fıafɼ,ġım ᴅe maɼ an
ᴄᴄ̃ona ᴄáiᴄ a ḃ́fɼ,l a nᴄ̃ḣnaᴅaɼ̃
ᴅɼoıne eılᴢ ᴅo ɼeıɲḃhíɼ ᴅ̃ó féin;
7 ní héɼᴅın ᴅ̃ó af a ɲáᴅ ġo ḃfuıl
ɼo na meaḃ̃ ġo τᴄaḃɼa ᴅá ᴄᴄıoɲ̃
an luaıᴅġ̃ ᴅlıġ̃ṫ̃ ᴅóıḃ, nó τ̃ġ-
lᴀ an τḣımuıᴅ ġo ḃfuılıᴅ ɡ̃ɼıᴄḃ̃-
ᴄ̃a aıġı, nó mᴀ τᴀ na naıṁhfıoɼ
aɼ é,ġın ᴅ̃ó a aτṁáıl ġo ḃfuılıᴅ
a ᴄᴄoṁḣ

Α ϲϲοιṁɴι ɴό Α ṡɴίƀιṁ ϲοṁṁοhιṡ
⁊ Α ɴυΑιɲ ϲο ṡ̇εƀhυɲ Α ƀhɲιοɲ ṡο
ϲϲιόƀɴΑ ΙυΑϲ̇ ϼΑ ϲϲιοɴɴ.

⁊ Αꞃ ꞃιɴ ꞃιɴ Α ϲειɲιṁ ṡο ƀɲυιΙꞃ
Α ɴοꞃ̇ΑɴΑ ϲɲιοϲϲ, Α ɴϲϲ̇Αϲ̇ꞃ ṁιΙιꞃ
⁊ ɴΑ ɴϲϲιṁ υιΙι ϲο Ιόιɲṡɴιοṁ ⁊ ϲο
ṡ̇ꞗ̇οιƀꞃιϼ Α ΙꞓƀΑ ϼ ꞓέ Αϲ̇Α, ⁊ ϲο
ƀɲιṡ ɴΑϲ̇ έɲϲιꞃ Ιειꞃ ƀειϲ Αιɴƀꞃιοꞃ
Αꞇ̇ ɴΑ ϼ ϲιοϲ ϲοιṁhɴε, ɴι ꞗΑιΙ ϲο
ΙꞓƀΑɴ Αιṡι Αꞃ Α ϲΑιṡɴ ⁊ Α ṁꞗ̇ƀΑɴ.
Ιόιɲṡɴιοṁ ϲhɲιοϲϲ ⁊ Α ṁΑϲ̇hΑɲ
υιΙι, ⁊ Αɴ ṁ̇έιϼ ϲο Ιόιɲṡɴιοṁ ɴΑ
ɴϲϲιṁ, ɴΑϲ̇ ɲοιϼυ ϲꞃΑɲϲΑṁ οɲꞃΑ ꞗέιɴ
ϲο ϼιοΙ Α ƀɲΑϲϲh, ϲειϼ Α ṁhΑιɴ Α
ϲϲΑꞃƀΑ ϲο ϲhΑϲh, ϲο ƀɲιṡ ṡυɲ
ƀοιΙΙ ϲοɴϲ̇υιꞃꞃ ṁιɲϼιϲϲε ɴΑ ϲΑϲοιΙ
ιϲε υιΙε, ꞃΑ ϲ̇ιɴ Αꞃ έ ϲɲιοꞃϼ, ⁊
Αꞃ ϼοɴΑ Ιόιɲṡɴιοṁυιꞗṡ ϲο ɴιϲ̇ṡι
όιɲϲιꞃοι ɴΑ hέꞗυιΙꞃ ꞃΑ ꞃοιṁ ⁊ ꞃΑ

ꞃ ꞃ 2   ṁιοɴ-

ꝼ̃ion cʀopᴀlᴀꝼ ᴅo ꝼ̃ᴀᵹuiƀ Cʀíoꞅꞇ
ᵹ́lᴀiṁ ᴀ ƀiocᴀiᴅ ᴀn ᴄᴀlṁuin.

8 ᴀꞅ unᴀꞃᴀ ᴀnoiꞃ ᴀ ċᴀiꞃƀ́ᴀɴ
cʀéᴀᴅ ᴀꞃ loᵹᴀċ ᴀ̃. ᴀn uᴀiꞃ ᴀ
ꞃeiꞃꞇion ᵹo ƀ́ꞃ̃l loᵹᴀɴ nᴀ nṁꞍ
pꞍƀᴀɴ ᴀᵹ ᴀn ᴄé ᴅo ní ꞅo nó ꞃ́ᴜᴅ
nꞇꞍé ᴀ ᴄiᴀll ꞅo, ᵹo ꞇoᵹꞃƀ́ᴄꞍꞋ
pꞍꝼᴄᴀᴅ mᵹ̃ḃꞇ́ᴀ nó ꝼᴀloᵹꞅċᴀ ᴅon
ᴄéꞃ̃n, óꞃ ní ꝼ́ꞃꞏ ᴀn ᴄ́ᴜṁꞍᴀꞅ nᴀ
ḣᵹ̃ꞃꞍꞋ pꞍ́ᴄᴀɴ mᵹ̃ḃꞇ́ᴀ ᴅo ċꞍoᵹ-
ḃ́ᴀꞏl ᴀcꞇ mᴀꞏlli ꞃꞏé ᴀɓꞃolóiᴅ ᴅo
ꞇꞍƀ́ꝼꞏꞇ ᴅo nᴀꞏꞇꞍꞃꞍᵹꞏꞋ́ ᴅo ní ꝼꞃoꞏꞅꞏ-
ᴅꞏn, ᴀꝼ́ ᴀꞃ é ᴀ ᴄꞏᴀll ᵹo mᴀꞏꞇ́éꞋꞍ ᴅon
ᴄéꞃ̃n nᴀ pꞏᴀnᴀ ᴀꞏmꞃꞏonᴅᴋᴀ ᴀꞇ́ᴀ Ɥ
ᴀꞃ nᴀ pꞍꞏᴄᴅoꞋ́nᵹƀ ᴅó ꞇoᵹḃ́ᴀɴ ᴅe
ċꞍᴍ́ᴀ mᴀꞏlle ꞃꞏꞃ ᴀ nᴀꞏꞇꞍꞃꞏᵹꞏꞋ.

ꝼꞏᴅe cᴀpuꞇ
quoꞆ ᴀuꞃè,
ᴅe pᴀꞃꞇ. &
ꞃeꞏmꞏꞃꞏ & c.
ꞃnᴅulᵹ .co-
ᴅem 6.

9 ᴀꞅ é ᴀꞃ loᵹḃᴀɴ ᴀ̃ ᴅᴀ ꞃéꞏꞃ
ꞅo, ꝼ́ocꞍoꞋꝼ́ᴄꞏ ꞇꞃƀᴄᴀ Cʀíoꞅᴅ, 7 ᴀ
ƀꞏocᴀꞏꞃe ᵹ ᴄᴀlmꞍꞃꞏꞏꞃꞏ .ꞏ. ᴀn Pᴀpᴀ
nó ᴀꞃ

nó an té ꝺá bhⱷⱭꝲ úꞡⱷꝺⱭꝲ uaⱷꝺ
ꝺó chab⅄ꝭ maⱭꝼⱱ⅄óⱭⱲ⅄ꝲ ꝲꝼéꞡaⱪcꝺ
ꝺⱷꝝ⅄ Ɑꝲ na ꝲⱭⱭⱲⱷꝝ⅄b acꝺ ꝺⱲꝲⱷ ꝼⱲⱷꝲꝲ
na ꝝꝸꝺⱭⱩ⅄ꞡbh ꝺo maⱭꝼⱱ⅄oh ꝺꝲ⅄ꝺ,
aꞡ ꝺⱷoⱪ ꝼⱲⱭⱭꝺ aꝲ óⱭⱲⱦⱭꝲꝺⱭ na hⱦꞡ⅄-
ꝲⱪⱭꝲ (má bꝼⱷⱭⱪ ⱪóⱭⱲꞡⱲⱭómⱭa ChꝲⱭ-
oꝝꝺ ⅄ na Ⱳaoⱱ) ꝺuꞡ ꝺⱭa ꝼá na ⱪá-
ⱲⱱⱭꞡꝺ ꝺá ꝲoⱱ ⅄ ꝺá ⱱⱭoⱲaꝝoⱲá-
ⱪaꝲꞡ aⱲ Ⱳⱷꝲ꞉ꝺⱭꝲ ꝺo ⱲⱭ a ⱲⱭⱭꝺⱲꝺꞁ-
ꞡⱦ, aⱲ ꝺaⱲ ꝺo ⱦⱭꝼhꝲⱦó ꞡo Ⱳbⱷꝼꝼh
ꝲⱭ ⱭoⱲⱪⱷbaⱭꝺh ꝲⱷ a ꝼⱱⱲaⱱ chuⱲ
ꞡⱪóⱭꝲⱷ Ɽꝺⱦ ⅄ ⱪ꞉ⱱ a na ⱲⱭⱲⱦaⱲ.

1 o ꝲⱭ⅄ꝺ꞉ ꞡo coⱭꝺⱦⱱⱲ obꝷ éⱭꞡⱭⱲ
ꝺⱭⱭⱱⱱꝺ ꝺo ꝺⱦⱲꝺⱱ .Ɑ. ꝺéⱭꝲⱷ, ꝺꝲⱭoꝲ-
ꞡⱭꝺh, nó úꝲⱲⱭꞡꝼhⱷ, ⅋c. ⱱuⱲ aⱲ
ⱪoꞡⱭaꝺh ꝺꝲ꞉ꞡáⱭⱪ, ⅄ nⱭꝲ ꞡⱲácⱱ a
ꝺⱭbꝷꝭ aⱲⱱⱦ ꞡaⱲ nⱭ éⱭꞡⱭⱲ ꝺo ⱦoⱲ
Ⱳꝷ choⱲꞡꝲⱭoⱪ, ⅄ ⱲⱲaⱲ uaⱪach ꝺo
chuⱲ a ꝼáꞡálⱷ, ⅄ aꝲ ⱲⱭⱲⱭⱦ ꝼoꞡ-

ⱲⱭꝲ⅄

nar ní roibhfg chrgs, .i. IESVS
MARIA an gctgal báir; gioh có
ar éroin lé biocáine Chriofc a
tabáct uaid gan ualac q biot to
cun q an té tá ttagáñ é, to bíg
g̃ fágrbh Chriofc an tóirchir-
di fána thifcnéro le a nom, 7
nác tug órdúgad rpéfalta gan
a noiñ, ar mailli hualach to cur
q an té tá ttiobrad cr̃o te,
ar ar ní nbnhgnác a tab
qc a mach gan tei-
gniomh éigin to
chor
na thiardh my chom-
ghioll to chun
a fag-
áld.

fend

seunuit oa phriomh
ḋoccṫin na heiricegḟoa
an loġaḋ, ⁊ tiġṫiṡi ⱥ
a mbﬞethaiḋh.

C. 2.

Ⱥꞃ aꞃ gnáṫ ḋona hei-
ꞃicib beiṫ aġ ꞃoꞃꞅmu-
ⱥintﬞ cionour ḋo ġﬞ-
ḋoiꞃ caṫugⱥ́ḋh a naġꞃỿ na hﬞ-
ꞃⱦ, níoꞃ léigﬞoo ḋhiobh gan a
ꞃoiṫꞇióll ḋo ḋﬞamh a naghꞃỿḋh
gnáꞃ bﬞoꞃꞡꞇeꞃ an loġaiḋh ḋo
beiꞃ ꞃí ḋá cloiꞃ mⱥ congnaﬞ ﬞꞇ
chim ꞃláinꞇi a nanmann. Ꝼáꞃ
bponⱬeꞃa ꝼéin ꞇⱥ́la ꞇoꞃaṫ eiꞃic-
eꞃa luꞇheꞃ ﬞꞁc luciꝑeiꞃ. An ꞃeꞃ
ﬞⱥ́ḋ bliaḋain ḋﬞⱬ ⱥ ċꞃⱦꞡ cꞃⱦiⱦ ⱥ
ﬞile ḋoiꞃ an ꞇiⱬﬞiꞃa, ꞇuⱬ an pá-
pa leo ⁊ o. loġaḋ na nⱥꞁi ꝼﬞcaḋ

ḋⱥ

dá ṡaċ tyne to bḟyaḋh a ċonġ-
namh do chum an ċoṡaḋ a naṡ-
aiḋ na ttuncaċ. do iṁyi ṫpiaiṫ ḃ
ṡ áiṁċ ḃoḃ Moṡanṡa an loṡaḋ
ṡu ṫṗoillṡoṡaḋ ṗtó na ṡḟṁnaini.
tuṡ an táṁċ ḃoṡ a aṡoṡoḃáṗ
ṗéin do ḃṗáċ áiṁiḋhe dopd S.
Domṁiċ, táṗ ċoṁainin Ioannep
Teċṗelluṗ, do ċuṁán loṡhaiṫ
óiṗḋeiṗeṡa do ṗṁṁóin 7 ṫṗoill-
ṡoṡaḋ. do ḃaoi an tuṡoṡḃáṗ ṡu
ṗo onopaċ, 7 tṡ lṡt do ḃí nṫéiṡ-
in tṡḃa añ. do ṡlac ioṁċnuċ lu-
ċeiṗ do ḃind ḃṗáċhain dopd S.
Aiḃiṗoin ṗán mḃṗáċṡ ḃṗṗeiṗoiuṫ

Genbra. in
cron. ad an
num 141.
p.Sur.in hi
do ad chde
do ċoṗ ṗan noinċiṗṗin 7 tṡṁaod
to ċúiṫdṁ de ṗéin. tainiṡ dtċiaṗ
a ntiaḃ ṗ tṗío, 7 mṡ nṡ ṗṗṡlainṡ
luciṗep Dia ṗéin do bheiċ óṗ a
    ċioñ.

ccaóṁ ⁊ féin, níor éroiri lé na m⁻ac
ṁalluġaó lucern an bráⁱⱳ preiṡ
oiun ṫpulang oo ċon óṫ a chroṁ
péin ⁊ calaṁ. Aⁱⱳ i coṁġli oo cⁿ
ḃa leiṡ ó cuṡaó úġoⱳⱳtáṫ an pá-
pa oon ḃráⱳⱳ ⱳⁿ preiroiun oo ṡⁱⱳ-
móin an loⱳⱳaio óiⁱⱳóeiⱳⱳe ⱳⁿ; úⱳⱳ-
oⱳⱳóáṫ an péca ⱳⱳpaⱳⱳál óó péin
ó lucipen óam ⱳⁿⱳⱳmóⱳⱳa oo óⱳⁿaⱳ
a naⱳⱳaió an loⱳⱳaio; ⁊ oo bⱳⱳuail
⁊ an ccoṁġli ⱳⱳoiraⱳⱳ‿oⱳⱳe ⱳⁿ oo
chona ⱳⱳⱳⱳⁿⱳⱳoⱳⱳ, ⁊ aⱳⱳ man ⱳⱳa oo
caⱳⱳⱳⱳⱳ a neⱳⱳoⱳⱳⱳⱳ ṁalluⱳⱳⱳⱳe oo
mⱳⱳll ⁊ oo baⱳⱳoⱳⱳⱳⱳ móⱳⱳán oen
ⱳⱳoⱳⱳpe, ⁊ ⱳⁿ ⱳⱳoⱳⱳ aⱳⱳ oi cámⱳⱳ
mⱳⱳⱳⱳ Shaⱳⱳan, eiⱳⱳⁿ ⁊ Alban,
a ccⱳⱳⱳⱳ éⱳⱳeⱳⱳoⱳⱳⱳⱳ, ⁊ aⱳⱳ i ⱳⱳonⱳⱳⱳⱳaⱳⱳ
ⱳⱳⱳⱳe ⁊ móⱳⱳán oⱳⱳ ⱳⱳóⱳⱳⱳⱳ a néⱳⱳion-
aⱳⱳ coⱳⱳⱳⱳⱳⱳⱳⱳa ⁊ oibiⱳⱳⱳⱳ óⱳⱳ ⱳⱳⱳⱳ.

annum Slaſ
danus Lut-
eri diſcipus
lib 13. fol.
177. præ.
lud. in
Lutherum,

ar. 18. â
Leone con
demnato.

M

2 Ní huine a ṁáin goirim lu-
ceir mac lucifér ꝺe, ꝺo ḃríġ
go roiḃi corṁuil lé lucifér a
nuaḃar, ra noleaiḃ, aꞃ ror gur
é an ꝺiaḃal bá oiꝺe foġlamża ꝺó
ag con a naġaiꝺ na hﬅuiﬅ, 7 go
rpeﬅáłża ꝺo ṁṙn ꝺó an żairṗ-

grioñ ꝺo chor ꞃ cúl, mꞃ aoṁhar
fém a mżoṁaꝺ ꝺáiciḃ ma leḃruiꝺ.

a ꝺeir ꞃaḃ é ꝺo ṁṙn ꝺó ꞃ chuir
ré a naġaiꝺ a naiррñ, ꝺꞃꞃa-
muiñżiḃh, 7 cuiṙuo ꞃor ꞃé lﬅh ꞃ
ﬅġuﬅ an ꝺiaḃal ꝺꞃꞃꞃnﬅcaḃr
ꝺó. Agar a ꝺeir a náic eile gur
ṁionca an ꝺiaḃal aigi, 7 ꞃ ꞃoiﬅñ
ꝺó ꝺo ċoꝺlaḃ ré ṁá a Cairriona
fém .i. an ċáilléċ ꝺuḃ ꝺiaḃluiꝺhi
lér ꞃór ré. 7 a ꝺeir iomaꝺ ꝺá leiż
éroiḃ ro a mórán ꝺáiciḃh eili ꝺá
ꞃoiꞃ. Aṅ-

lis de abro-
ganda milla
priuata to 2

to 7 v vitt-
embr anno
1588 lib de
milla priua

in colloq
Monſall:
ger.fol 28 c

Epiſtol .ad
alect.Saxo.
vide Serar-
ium de fam
iliar. Luthe
cum diab

3 Aóbur eile ꝼá ngoirim mac
luciꝼer ꝑo lúicéir, ꝺo bríoᵹ ᵹo
nabrꝛẏꝺ uᵹꝺair áiriꝺe nách é a
mháin ᵹo raibi an ꝺiabal naoiꝺi
aiᵹi mꝛ aꝺhmar ꝼéin, aꞃ ꝼóꞃ ᵹo   *Fontan. in*
raibi aᵹ imꞇẻꝺ ꝗ a máꞇꝗ, 7 maꞃ   *hiſtoria ſac*
ꞅꞇn ᵹab é aꞃ aꞇꝗ ꝺo, nó ꝺo ꞃiñe   *de ſtat.reli.*
an ᵹꞃiaṁ léꞃ ᵹeinioꝺ é. Do ꞃiñe   *Delrio i 2.*
ūᵹꝺꝗ ꝼiꝺ na ꞃoiñ ꞇꝼoillᵹoᵹaꝺh   *diſquis. ma-*
an ꝺá ꞃleꞃ luꞇeꞃe.   *go. q 15*
   Laᵹnæus
   in vita Lu-
   Cocłæ in
   acł: Luth.

1 *Quando? quis? vnde tuł.t Fidei tibi*
   ſacra Luthere?
   Nocte Sathan erebo, detulis illa mihi.   *Serarius de*
2 *In tenebris lucem; Cælum orci: Dæ-*   *familiarita.*
   mone Chriſtum,   *Luth. cum*
   Quæris? & id proprio non pudet ore loqui.   *diabolo.*
   Hoc mirum; huic tali quemquam ſe cre-
   dere monſtro.
   Es ſobols Sathanæ: & diſcipulo Sathanæ

Cia an nꞃ̃? ᵹá ꞇráꞇ? cáiꞇ ó ꞇꞇuᵹ̧

   cꞃeiꞇm̃ a lúiꞇéꞃ chuᵹaꝺ?

   an ꝺiabal ꝺañ ꝼa noiꝺche:

   ꞇuᵹ ó lꝼoñ. ꝺubꝺorche.

                     Nách

2 Mác nᵹ lℵ hacmála ᵳém,
roillℓ an ɗopɗaᵳ a líɩɩéin;
Cpíoᵲɗ ó ℰihản, nḃ a nảℓℓ:
ɗiaiḃ a haɩɩōnᵹö loᵲᵲonn.

3 Ionᵹᵲaɗō ℬℬón, ᵳáᵳ noḃóᵲn lℵn,
con ɗo ℰáℰ ḃᵲℐɩ ᵹo cepnitℓie;
aᵳ an ɩé ℰpℯiɗioᵲ ɩó ᵳin:
an ɗiảḃal ℰoiɗe, aᵳ ℰáℰᵹ.

Aᵳ ɗeihḃin ᵹo nᵹlacann an ɗiả-
ḃal ᵹo minic ᵹné chuipp ℬℰona na
ɩimℰhioℓℓ, ℸ ᵹo lᵹᵹionn ᵲé mnảiḃ
a cepuℰ ᵳin, ℸ ᵲé ᵲℓᵲᵹ a cepuℰ
mnả, ℸ aᵲ ḃiob ᵲo ᵹoiɩɩen na lℰnn-
am Síɩe: ℸ ᵹeiℓℰoᵲ clℰ ℰᵲé na
leiℰéiɗ ᵲo ɗo chóᵳihᵲiaᵳᵲᵲn, mᵲp

DTho quo.
℥ ℓᵲ.℥. iɗ ó,
v le Au.15
c nt. 23.
Delriofup.
citat vari-
rᵹoḃaᵲ ℯɩɗ ɗona Naℰihᵲℰᵲℓℬ, ℸ
móᵲℰᵹöᵳ eile. ℸ aᵲ ᵳℰᵳeɗoℰi ℯɗ
a lᵹɩein, ℸ aᵲ ℰℬᵹ a ℰon an aiℰ-
ᵲℓᵲaᵳ ℬn ɗiảḃal, óᵲ aᵳ ᵲo aiℰne-
mhail

shaił an mac é. Do buaiδiρ luci-
pṡi a nᵹ̃ ⁊ aρ nṁaicebδe do ċrut-
aiδ Dia ᵹ nṁ, δó ρine Lucein an
ní cḃona aρ an nᵹ̃ aρ aiebδe do
ċroṁⁱᵹ Dia ᵹ talaṁ, do ċuiρ an
raⱦ ⁊ coᵹaδ ⁊ caⱦaᵹaδ iⱦiρ na
hainᵹlⁱδ ᵹ nṁ, do ρine an mac
an ní cḃona iⱦiρ na δaoiṁ ᵹ tal-
aṁ. Do ⱦaṁⱦⁱⱥⱦ Lucipṡi aρ nṁⁱh
iomaδ do na naoi nóⁱⱦⱦⁱⱥ ⁊ ainᵹiol
a ⱦⁿéucⱦuⱦaⱥⱥ a naᵹaiδ Dé; do
ⱦainρṁⁱᵹ Lucéin ᵹ tałaṁ iomaδ
do nuile ⱥóⱦⱦ δⱥoine na δiaioh
ⱥéⁱn do ċoⱦ ċoᵹaiδ ᵹ Dhia, ⁊ do
δ̃ṁⱥⱦ ⱦⱦéucⱦuⱦaⱥⱥa na aᵹⁿⱥδ ⱥéⁱⱥ
⁊ a naᵹⁿⱦoh a ᵹⱦⱥⱦⱥⱥ, ⁊ ⱥa δ̃ċaioh
mⱥ do ⱥan lucⁱⱥⱥⁱ ⱥa noiⱦ do ċⱦⱥ
ⱦorṁe a naᵹaiδ Dé ⁊ an ṁéiⱦ do
łⱥn é ᵹan ⱥillⱦoh aⱦ an maⱦh do

R ρ   ⱥáᵹ-

ꝼáʒbáoʒ nó ʒ ceilʒioch ó nɣṁ
ʒo hiof a iꝼꝛ ṁ iao. to ꝼan ꝼóꝛ
lucéiꞃ ⁊ iomao oeiʒiobal to len
é, ꝼan nole ⁊ ꝛan uꝛ áo to cꞃꞃ
ꞃoiṁe a naʒaɗ Dé ⁊ na hᵼʒꞃꞃꝼi,
ʒan cꞃócꝗe oiappꞃꞃʒh, nó ʒan
oamnꞃ ʒ ló é, ʒo ꞃiomóꞃꞃe ʒo
hiꞃꞃꞃionn bail a bꝼꞃꞃ a oꞃce ⁊ a
oᵹ ꝗ lucipꞃ; ⁊ beio a ꝛan aꞃ ꝛꞃ
maille ꞃꞃ an mꞃꞃntiꞃ léꝑoꞃ a
lonʒ, ʒá bꝑianaɗ an ꝑᵹóh bhioꞃ
Oia aʒ caicꞃ na ʒlóiꞃe ꞃióṁ-
ᵹꞃóhe, maille ꞃꞃ na haunʒlibh
cuʒ uṁla óó ꝗ nᵹṁ, ⁊ ꞃꞃ na oaꞃ
mió cuʒ ⁊ bꞖꞃꞃ uṁla óʒ péin ⁊ oá
ᵹꞃ ꞃꞃ ꝗ calaṁ.

4 Aʒ ꞃo a cácoilee cꞃoꞃohe
pꞃioṁohoccꞃꞃn na nesꞃꞃcóh ꞃan
ʒaimꞃꞃ oeiʒionuiʒhꞃ, ⁊ an ʒé ó
bꝑaoiꞃꞃꝼo

bpeagrto a bpeҡ oalenᵹ 7 chҡi-
áιoιo aea, 7 ní ҡoιbhe aιgι ꝛé a
éᵹꝛᵹ oóιó ó oo págaιb ᵹꝺꝛꝛ
cemofta (colamhꝛn ohaιnᵹhion
oóιbꝛꝛoι na ꝗꝛunoe mꝛn a oeιꝛ
pál) aꝛ ҷmáιo 7 amúꝛιoꝛ ιꝛꝛon **1, Tim13.**
ꝛa oo ꝛҡa an oιaҕál achaιꝛ na
mbꝛꝛᵹ oó ꝛéιn. 7 a Ohé ҕꝛl aꝛ
cꝛҡᵹᵹ cꝛꝛaᵹ a ḃꝛaꝛ oeoιne aꝛ na
meꝰιꝛaoh 7 ιan na ꝛꝛoaιꝛoó ḃeιꝛ an
ꝛꝛoeeeꝛꝛꝛ ꝛcꝛꝛꝛꝛᵹꝛeᵹ co cꝛoꝛa-
ᵹꝛꝛꝛn a eιꝛιeᵹꝛ cꝛé ꝛaбꝛaꝛ ꝛeꝛꝛ
ιꝛměnꝛꝛ oo ᵹꝛꝛee an oιáḃal ꝛéιn
ꝛꝛa oιoι měꝛꝛce ꝛꝛ.ᵹι, oo ꝛéιꝛ
acꝛҕála a bꝛꝛιl ꝛéιn. oo ᵹeιꝛꝛꝛꝛ
ꝛé caꝛꝛꝛꝛaꝛaꝛ coꝛꝛᵹꝰbáιcce ḃꝰҡ
aꝛoa (ꝛaꝛ ᵹꝛꝛιoꝛꝛo cᵹҡιoᵹ) ι oo
oamꝛꝛ;ᵹꝰ ꝛá cꝰꝛaιᵹ ᵹo cꝛꝛꝛꝺ ꝛꝛoꝛꝛ
ҕꝛꝛꝰe ιꝛꝛꝛꝛꝛ, ḃaιl a mbeιo a ḃꝛꝛꝛ

R ꝛ 2   ιꝛꝛ-

lenamna na emáio, ƒna uien̄,b̄, ₅á
bpianaᵭ a ƒₒₒ₅ál na ƒₒₒ₅al.

5 ña bioᵭ iongnaᵭ oₜₜ a ᵭáₜₒₐₖ
ce a ƒiₙ lenamna Chₑioₛo, ꞇꞌꞁꞁₙᵷ
ioƒ ᵭá ₅ₗꞁ,ƒ, ƒá a nꞇꞃáⁱo na
heiₚₑₓce ꞇⁱⁿᵷₚeim Ꞹ ꞇo perƒeᵭá-
ꞁꞁcn oₚₜ ꞇo ꞇᵭⁱⁱb ꞇo Ꞓꞇ̄oⁱⁿe Ꞹ ꞇⱺ
ƒꞁⁱꞃⱥn; aꞡ ꞟꞓꞇꞗⱥm ⱥ₅ⱥⱶ ƒéⁱⁿ ꞡ̄
mꞙ bïoƒ an cꞹ̄ₙ bïᵭ ꞁꞇ̄a boⁱll ꞗ ꞡo
mbi an ꞇⱥlꞇa mꞙ bïoƒ an ꞇoⁱꞇe
(mꞙ a ꞗeⁱꞇ an ꞟꞡꞇꞃⱥꞇ̄) Ꞹ ꞡ̄ ꞇⱥl-
ꞇⱥꞗⱥ ₚoꞡꞁⱥꞟⱥ ꞇo ⁱꞁₓꞇéⁱꞃ, na
heⁱꞟⁱꞃeꞟ ⱥ ꞇⱥ ꞡⱥꞇⁱꞃꞡꞃeⁱꞟ Ꞹ ꞡ̄
ꞗⱥⁱꞇꞡ ꞇon Ꞟⁱⱥꞗ̄ⱥl eⁱꞟoꞟ, mꞙ ⱥⱻ-
ꞟⱥꞟ ƒéⁱⁿ; Ꞹ ꞡo bꞗꞃⁱꞁe ƒéⁱⁿ ⱥꞇ ꞗⱥl
ꞇⱥ ₚoꞡꞁⱥꞟⱥ ⱥ₅ⱥⁿ ⁱꞇꞡꞁⁱꞃꞟ naⱥⁱꞟ̄
ₚᵒꞟ̄ⱥⁱⁿₓꞡ̄ ꞇo Ꞓⁱⁿꞓ ₚáꞟₚⁱⁿꞡ ƒꞁⁱ-
eⱥꞓ ƒⁱⁱⁿꞇꞓ̄ ꞇoꞗ Ꞓꞡ̄ⱥꞡ ƒan ꞓⁱeⁱꞇⱥ
Ꞓ̄ⁱⁱ, ꞃꞡ̄ ᵒ na hⱥbꞃoⱥlⁱꞃ,b̄ ꞇo ⁱꞇꞡ-
ⱥⁱꞃ₅ⱥꞓ̄

uᵹᵹαᵹ lé béal Chríoꝼꞇ ꝼéin, ꝛuᵹ
ꝼſ ᵹαᵹ ní ꞇꝼ m ꞇꝛꞇᵹ ꝺꝛᵹꞇ: ⁊ mꝼ
ꝺá ꝼém ꝛo nαᵹ ꞇonᵹnαᵹ ꞇ ⹀cάinꞇꞇ
ꝺé ſꝛꞇ hꝼᵹꝛíꝼ beꞇꞇ ᵹo ꞇꞇᵹꝛeꞇm
⁊ αᵹ con ⹀αꞇꞇᵹꞇꞇᵹ onꞇ, αn ꝛꞇoh
bꝛαſ cꝼ ꝺo bαlí ꝺꞇᵹꝛꞇꝛ αᵹαꝛ ꝺo
ꞇꝛeꞇꞇꝼ Chríoꝼꞇ, ⁊ bꝛoᵹ lαꞇᵹᵹ
oꝛꞇ α nꞇᵹ ꝺo ᵹᵹꝺꞇ mαꝛlα ⁊ mꝛoꝼ
oᵹ nαꞇα ꝼá beꞇꞇ mᵹ α ꞇꞇoꝛ, mαꝛ
ꝺo ꝺꝛoᵹ ᵹ nα hαꝺꝛꝺαlꝛᵹ αn ꞇαn
ꝺo mαꝛlꝛᵹꞇꝛ ꝛαꝺ ꝼá chꝛꝛeꞇꞇꝼꝼh Acꞇꝛᵹ
Chríoꝼꞇ; ⁊ conꞇꞇꞇᵹ ᵹo nαbαꝛ
Cꝛíoꝼꞇ ᵹᵒ bꝺꞇꝛᵹᵹꞇꝛ αn ꝼꝛᵹꝼꞇhꝛ
ꝼꝛꝛꝼlαᵹꝛoꝛ mᵹꝛeꞇm ᵹ ꝛon nꝼ cóꝛꝼᵹ
cꝛꝛꞇ ꝼᵹꝼ ⁊ bꝛoᵹ ꝺꞇꞇꞇꝛꝛ ꝺαꝛᵹᵹꝼ
αᵹαꝺ ᵹo ꝼꝼꝛꝛ conꞇꞇ ᵹlꝼꝛꞇne ꝺꝼ
cꝼꝛꝛᵹαᵹ ꝼꝛꝺ ꞇoꝼꞇ ꝼα ᵹꞇ ꞇᵹꞇꝼꞇꝼ
ꞇꝛꝼ ⁊ ᵹ. ꞇh αꝼαolꝛᵹ ꝼoh ꝺꝼ αꝛꝼꝛꞇꝛꞇ
ꞇꝼꝛ onꞇ ᵹ ꝛon ꝺo ꞇꝛꝛeꞇꞇꝼꝼ, ⁊ ꝺꝛꝺᵹ

R ꝛ ᵹ

na bríathra úd a ten Críoft gan
roisgél .i. a mígbair do fíon doo
damgariugad gan chreidm dair-
óbom gach ingníma; gibé ar óm-
ar mé a bfiaghnuis na ndaoine ain
óomaoira eigon a bfiaghnuis ma-
tá a tá g nm, 7 gibé ráipar mé
a bfiaghnuis na ndaoine, ráipar-
ra eigon a bfiaghnuis matá a tá
g nm. ór é fin lé a nád, ní géubh
leir m óglach do tabgt glóire
dó g nm, óng gab lem mg tighir-
na, 7 ny aorm mo chreidm 7 nár
fan a miglir g talam, ar imdéd
go tig na bpian, go tgglad lui-
cirm, ór é do lm ré an an rog-
al ag trégad mo chreidm.

6 Af níon folám tnoimigbar
do chánam dá ccuir mir romam
tr

tar éis a bhfaghála daingighthe, tul-
cuibh 7 deagmhaidibh Luitéir a nagh-
aidh Dé sna bhfuil. Do ghlacas
fós an bhfanso do labhairt air, do
bhrígh gur fán logadh air a bhfuilim ag
sgríobhadh do ghlacsan fócain do
chum a céidfheinicfeasa tré uabhar
7 tré iomarcuide, mar do cuirfeadh an
bráthair pháriseaim roimhe do sear-
móin an logaidh.

7 Atá a neamháid chéadna a
naghaidh an logaidh ag Caluin col 3. inst: ca 5.
ach an dara príomhaighistir a
ndiaidh Luitéir do mhúin gach olc.
Dá madh áit so chuige, do bhéarsa a
dhearbhadh iomad dolcuibh, do falchan
7 do diabhluidheachd an fir sin;
ar go gcuirfeadh gráin ar dhaoinibh
ibh a neisdeacht. Sgríobhaidh doctúir

oirdeirc

oirdeirc eirice ⁊ go bfag bás
14 dcol a ndóċċar dó ag mallug

Scluffelbu. super inté. Raccbur in Theol :Cal li 2. fo .7 3
ió do Dhia ⁊ ag ráð blaſper-
með, ⁊ ag gám ⁊ an nuiabal ⁊ ag
coibint a anma dó.

8 Gibé do léigeð a ḃċharoh
do cneirpeð go húrara gaḃ i pin
an ċrioc do paðað ⁊, to bí coſ-
raláð ⁊ coſſonſſúaul ⁊ pin gaḃ
i pian puibligi ⁊ur⁊ cré pſaoh
rodomba .1. cré coiſpicſun ré
buáċuilliḃ, a ðnuim to loſgach
lé hi⁊añ ndhig, mar rgriobar ion
do ñ⁊o⁊ caroilcð ⁊ eiricið. do

hier. Bo'so in vir Cal. c. 5 Iulius Brig pag. 59 Ioan. Log- næus, in vita eius. & alii
bár rgoláin do luireṁ é ſa nule
achd ní ſaod go ntẛina cẛin ſſó-
na ðe ſéin ⁊ ꝃ ꝛ́ꝗ⁊ a oice a
nulcuiḃ ⁊ a nẛiꝛároið mallu⁊ẛi,
ar ẛuẛáila máro ẛiꝛáice luireṁ.

Do

Do lén atfuil teincib añ anoir
an cá maigifteir mi gblacara ag
con aachgró na logad to ben an
Pápa tona catoileib: Or gé ga
bfuiptólán to togad, to contti-
fib 7 to clhairgib frgna péin a
ttaob a gcreitiñ, iomur nác mar
lé crine diobh aga mbi ta facal
leirgiñ gan cēñ creitiñ to chñañ
de péin, tan a cliño foin tigro fó
chéile fá teit anágró ng ceat-
oileō. Ar thge poac a mbit fué
chánta cf añ ro amam, ní i oñg
nañ fin, óñ ní tigro na tgñ aon fañ
fen bíf a mbit fé céile a gcoir az
bioc af amáin ag cur a naágró tf
fa tinntinie, nátfñ na muc bíof
aca, bio na muca ag marbad a céi
le frgna péin, af crnro fé chénli
50

go fíoċċánta anaġn̄ó na ean mq
fri tona heimicíb, bia aɡ cofġ̇ṫe
a ċéıli ƒa na ɡeneiṫ́bí fearƿa ƒém
ɪonʊur ɡo bƿƞġ̇éġ ɪomaʊ ʊo fl̇e
taıb exaṁla a naonbaıle anaġn̄ó
a ċéıle, ɡıċ̄ó a ƞoıbhe ʊeıꞃıe-
ıb̄ an ƞıaṁ 7 a bƿꞃıɼl 7 a nbꞃaʊ óı
aꞇ̄ tıɡıo ƞ̄é ċéıle a naonƿaꞃe a-
ṁám .ı. a mbeıꞇ anaġn̄o na ƒ-
ꞃıɼ̄ 7 na ccatoılıċ̄ó ɡan ımƿıꞃ̄-
ane

Snꞃı ʊo lżꞃ ꞃ oꞃ̄ mbıaʊǣna ꞃılıo
ʊeıꞃ aɡ eımıeɼꞃ̄ Lꞃ tǣm ʊo ɡaı-
l̄ꞃ oꞃ̄ neımıcl̄ꞇa ƥ ƥıcıo aꞇ ċéꞇꞃo
aaċa, 7 ɡan con ꞃeıcc ʊíoꞇꞃo aɡ
teaꞃ na ċéıle, aꞃ̄ ɡach ʊꞃoꞃɡ
ʊꞃ̄b aɡ mallaɡaʊ tcꞃ ʊꞃoꞃꞃ̄ eꞃ
le, 7 aɡ ʊꞃ̄bʊaʊ ƒa ċꞇꞃ nǣch ꞃoꞃ
bhe aꞃꞃ bıaꞃ aꞃ̄ ıaʊ ƒém aṁám,
ꞃ̄ꞇ°

ȝo roibe na reicte eili n̄le ꞃ ꝛ̄
ꞃáꞏ ꞇ ꝺamanꞇa, mꞃ ṡȝꞃioباꞃ cꞃꝺ
ꝺioḃ ꝼéiꞏ: ꞇ ꝺo ꞇḣiḃaꝺ ꞇꞃꞝꞏꝉꝺ aȝ hoꞃ̃ioꞇenꞇa
aꞃ ꞇá ḃꞏaꝺꞃꞀ ꝺeuȝ uaꞏꝺ ȝo Ꞁa ꞏꞇ ⁿ ćꞏᷓ ꞃeꞏꞇꞃ apuꝺꞬereḃ
in ᴄḣ ō; aꝺ
ḃaꝺꞃ ꝺeꞏꝺ ꞃeꞏcꞇe ꞃ ꞇꞃꞏ ꞃiᴄḣꞏꞅ aꞃ áꞀꞳ 1545
ꝺá ᴄḣꞏꝺ aꞃ ꞃꞏuꞃꞏ ꞏꞃꞇꝯꞏꞀ aꞃꞰáꞏꞀ,
ꞇ ȝaᴄḣ ꞃeꞏꞇꞇ ꝺioḃ aȝ ꝺamꞀaȝaꝺ vide Stan
ꞇáꞏꝺ eꞏꝉe n̄le ȝo hiȝꞃꞏoꞀꝺ aꞃ ꞃaꞇ ResᴄꞏꞀ in
cᷓꞇ. Euáȝ.
ꝼéꞏꞀ aꞰꞀáꞏꞀ.

ꞇ ꝺo ꞃꞰꞏꞃȝꞝꝉꝺ aꞀ Ꞁꞃꞏꞃꞏꞃᷢꞏ ꝺ Ꞁa
a ꞏꞅꞇꞃ ȝo Ʞ̃óꞃ ꞇ ꝺo ᴄꞏ̃ꞏꝺ ꞃaꞀ ᴄꞏꞃ
ꞃe aꞀoiꞃ ꝺo ꞏáꞇꞃ ꝼéꞏꞀ ♦ hoꞏaꞀꝺ a
SѣꞏaꞀꝺ ꞇ ḃꞃꞏoꞃꞏaꞀꝺ ꞝ̃ éiꞃꞏȝ ꝺa
ꞃeꞏꞇꞇ ꞏáꞏꝺiꞃ aꞀᴄꞃꞏ̃ꞃꞏꝺ a ᴄéꞏꞏe aꞇa
aȝ ᴄoꞃ Ꞁa ꞃꞏuꞃꞇaꞰ̃ aꞃ ꞏaꞃaꞏꞀ ᴄo
ȝaꝺ̄ ꞇ ᴄoꞰ̃ᴄꞏꞀe ᴄꞃeꞏꝺꞏꞀ: ȝꞏoꞏ ꞏꝺ̄
aꞇá ᴄoꞀꞃuꞀᴄ aꞰ̃áꞏꞀ a Ʞḃꞏꝺ ꞃꞏoꞇ̃ȝ
áꞀꞇa .ꞏ. ḃeꞏꞇ aȝ ᴄoꞃ aꞀaȝꞀꞃꝺ̄ Ꞁa
ᴄᴄaꞇoꞏꞏᴄꝺ̄ ȝa ꞃꞏȝꞃeꞏꞃ ȝáꞀꞇiḃ
eiꞃꞇ

eirr, gé go bhfuiligid annle
rheicc gnnáitcidh gconna, 7 go
mbí cáilti ag an énidh uadidhe
7 ag na Tuncaérgi péin na mgig.
Ar lón libi dádbg suacá g ní a
beit a móininig ag na catoiliob,
7 do briigh go bhfaicio mir nór
acia g an logdó, do nío a noic-
cioll na agaid mg gad ní.

foill:

foillpighthean   nach
léañ mórdáp an píog an nabaip
lutéip nó Caluin ag maplagaoh
na nabpoal, na moñáty pna pyn-
coñṁglcc ngemopalca; 7 cpptḡa
píop na neite a deip 7 aoṁáp ap
a ndṫibean an logaó, 7 gac
pongc eiṁ cpeioiṁ a tá
a cconcpoueipp go-
    pṁ. C. 3.

é náé poil ap pí uapal
óipdeipe na ṁac ag an
ngḃrẏ daconlce ag do
baóg a pḃa 7 a pṁṁe, ap gap
lyn pá ppop cpeicéñ na mapṗceip
lép hcilcó é na óigi (mẏg co bep
a ṁac do bpoóoroiḃ) .i. clann
Chaluin 7 lutéip ('Oia glópṁat
vá pilleó) tap a chṁñ po, níop

     S p   lyn

len loɲᵹ aɲ ᴅá mᴀiᵹiꞃᴅiꞃ ṁᴀiliꞃ-
ḃꞃᴀ a ɲuaḃ⁊ ⁊ a ɲainᴛioᵹmaꞃ. ᴅo
ḃeiꞃiᴅᵹon ᴛaiꞃꞃꞃꞃni ⁊ ɲeoṁaiᴛ-
ꞃiḃ na hᶠᵹꞃꞃꞃꞃ, ᴄꞃꞃiᴅ na nᴀoṁh-
ᴛoṁᵹ̇lḃ̇a ᵹeiꞃioꞃᴀlᴛa a nṁ̇ꞃꞃꞃ,

Luth᛬l᛬ de
miniſt ecc
fo᛬682.Cal
in præfa᛬in
inſtit᛬& de
vera eccle᛬
refor᛬p. 48
vocat patr᛬
Nicæni ph
anaticos
Luth᛬in 1
ad Gal᛬Cal
4.inſtit.8 §
4᛬ſi Apoſt-
oli ſunt ne
garrient.
præfatio᛬in
Iacob
Libro de
capt᛬ Babil
e᛬ᴅe extre᛬
vnḋ
in 1 ᛬ad Gal
19 ᛬ fo 290

neꞃṁni lḃȯ⁊ ᵹnḋ ní ᴅ⁊ ḋᵹꞃꞃᵹ̇ꞃᴛ̇o,
laḃꞃꞃᴅ ᵹo ꞃoṁaꞃꞃlaṁhuil aꞃ na
haḃꞃᴛalꞃꞃ ꞃḗṁ ⁊ ⱹ ꞃᴄꞃiḃꞃḃꞃꞃꞃꞃ
eile ḃꞃéiᴛhꞃe ᴅé, ᴄꞃꞃiᴅ eṁáᴅo
⁊ aṁḃꞃioꞃ na lᴄᴄh ꞃo ꞃꞃli, ᵹaᴄh
áiᴛ a naḃꞃꞃᴅ neiᴛi náᴄ̇ ᴛaiᴛnioṅ
ꞃꞃꞃ᛬ a ᴅeꞃ luᴄḗꞃ náᴄ̇ ꞃolái̇ꞃ leiꞃ
ꞃḗiꞃ ḃeiᴛ na ḃꞃeiᴄ̇ṁ óꞃ na haiꞃᵹ
liḃ, ꞃ̇ᵹoⱹ na heiḃiꞃᴛili ᴛꞃꞃᵹ̇e ᵹ̇ⱹ
ioꞃ ᴛon aꞃꞃᴅeal S. Séṁ, a ᴅeiꞃ
ꞃóꞃ náⱹ ᴄ̇óiꞃ ᴅo ꞃaᴄꞃaṁꞃꞃnᴛ na
holaᴅ ᴅeiᵹionꞃꞃᵹi ᴛóꞃᴛuᵹhaᴅh
ᵹan uᵹ̇oⱹᴅáꞃ ó ᴅhia, ⁊ ᵹo ꞃoiḃi
lᴄᴄha ⁊ ᴛꞃꞃᵹꞃꞃᵹ ꞃhᴄᴄo⁊ a nᴄ̇ᵹṁꞃꞃ
ḃꞃeiᴄḗꞃꞃ

bpeitin Dé, 7 a níp pan leaban a
nangnõ piog Saxan. a dein nách
poil cáp aigi a mili Aibipóin, a
mili Cipmanur, a mile Egnp.
7 a náit eili a dein nác pul pocal
cpeioim pipinoig a leabaiþ Hie-
ponimár, gu pul cpeioim pállpa
Teptulianur, gu oyne mallurgtt
Opigmep, nác piu éinni Cpipop-
eomur, nác poil ap manaõ a Þþba
piliur, gup an biachaipe Cipm-
anur, 7 gá beirbõ gu pul Apo-
logia .i. leþt oo gaiub a Þolþi
pém Melanecon ináro na nomait
pé ple, 7 S. Aibipctm oo chup
puú. 7 a náit eile a dein nác cn-
ta cáp oughoanoháp na naith-
pigoh. máp Aproail iao (g Calvin
coippe) ná biuo lúnglónach ag

S p 2 pág

4 inſtit 8 §
4 vide noſ
trum Feuat
dienſem
in Theoma
to i:i ::: c
13 vbi po-
nit contu-
melias ſec-
tariorum -
in Apoſ: &
Euang. lſta �s

ꝼáꞇ ꞡach neiꞇ ꞇiꞡ chꝺm ꝺ mbꝼꝫꝪl
ꝺcho ꝺbꞃꝺo ꞡo ꝼꝭꝭnꞇbꝪh ꝺiꞇh-
ꞇꝺ ꝺ ꞇꝭꞡꞁꝺnꝺ. ꞁi ꞇꝺbꝭ ꝼꝺim ꝺꝭ
ꝺiꞇꝭbꞷ nꝺ hꝫꞡꝺiꞁꝭ ꞇo beꞇ nꝺ ꝺꞡ-
ꝺꞃoh, ꝺcho ꝺ ꞇeꝭꝭ ꞡo bꝼꝺꝭlꞇꝼꞃon
ꝺile ꝭ ꝼꝫꝭꝭꝭn. So ꝺ nonoꝭn ꝺꞇꝺ
ꝺcꝺ ꝼꝺ choꝭꝼe nꝺ nꝺbꝼꝪꝺl ꝼꝭꝺ nꞃoꝫ
ꝺꞇꝭ, mꝭ ꝺo ꞡeꝭbꞃo ꞃꝺꝫ ꝺ nꝺꞤꝺꞃꝫ
ꝺ ꞁolꝫ ꞇ ꝺ nꞡꝫꝛꝺꞃꞇꝫ : ni bꝭ ꝭꝼ mꝭꝼ
ꝺmꝺ꞊ꝺn ꝺcꝺ ꝺ ꞃꞃomꝺꞷ ꞷꝭꞇꝭꞷ ꝺꝭ
nꝺ nꞃoꝫꝺꝭꞇꝭꞃꞷ ꝼꝺn nꝪꞷbꝭ cꞇꞷonꝺ.
ꞷo bꝪꞁꞃꞷoiꝼꝺ ꝺ mbꝭꝭꝭꝭꞇꝭꞃꝺ ꝼꝫꞃ ꞷꝭ
ꝫꞡꝭbꝭꞷ ꝼo 7 ꝭomꝺꞷ ꝫile ꝺ nꝺꞁꝭꝼ,
ꝭꝼ nꝪꞷ ꝺꝭꞇ ꞷꞷ ꝼo   ꞷo ꞡꝫꝛꞇꝺn ꝫ
ꝺꝺꝭn eꝭꞃ. ꞷo ꞷꝪꝫn   ꞷꝫ ꝺ nꝪꝭꞇ ꝺ
mbꝭꝺ ꝼꝺꝭꝭꝼꝭꞡꝫ ꝺꞡ ꝺn bꝼꝫꝭꝰ, nꝭ
ꝼꝺꝭl nꝭ ꝭꝼ mꝭꝼꝺ 7 ꝺꝼ mꝺllꝺꝭꞡꞇꝫ ꝭnꝫ
ꝺn ꞇꝺnꞇꝺꝭne ꝺꝭꝭꝭꝛꝭol ꝺ nꝺꝺꞁ ꞇꝫꝭꞷ
ꝺ nꝪꝭꝼꞇꝫ.

                                    Ꝙꝼ

2 AꞔꞍo níoꞃ lᵹuᵹ Ꞃi uꝺ-
pꝺꞁ (cíꝺ móꞃ ꝺꝺ ṗ ꞁꞇᵬ ᵹ ꞃꞋꞃꞇnꝺ)
nꝺ bꝺꞇꞁꝺíᵹh bꞃꞃoꝺꝺꞔꝺ ꞃ nꝺ blꝺꞃ-
peꞃꞃꞃꞬ bꞬbꝺꞃꞃoꝺꞃ꞊ꝺ, ꝺ ꞇeꞃꞃꞃꞃꞃ ꝺ
nꝺᵹꝺꞃꝺꞍ nꝺ ꞂꝺꞃꞃfihoꞃꞃᵹᵬꞋꞍ, nꝺ
nꝺoꝺꝺꞇꝺꞍ꞊ꞃ ꞃ nꝺ nꝺoꝺꝺꞃꞃpꞃoꝺꞁ; ᵹꝺ
ᵹ mꞻꞁꝺꝺ ꝺ ꞃꞃꞃꝺꞃ; ꞇꝺ hoꞃꞃꞃꞃꞃ ꞃꞃ oꞃ
ꞅᵹoꞃꞁ ꞃꞃꝺhꞃꝺꞃꞃꝺꞃꞃꞬ, nꝺ ꞃꝺ ᵹꞃꞅꞇꞍꞬꞬꝺ
ꞃꞃꞃbꞁꞃꝺꞔh, ꞃꞃꞃꞃꞃꞃꝺbꝺꞃꞃeꞁꞇꞃꞃꞃ, ꞃꞃ ᵹnꞃꞃꞃꝺꞔh-
ꝺꞔh, ꝺꞃꞃ ꝺ ꞁꝺꞥbꞃꞃ꞊ꞃ. Ꞃꞃꞃꞃ ꞇꞃꞃꝺbꝺꞃꞔh
ꞁꞃ nꝺꞃꝺꞃꞃꝺꞃꞃꞁꞃ, ꞃꞃ ꞁꞃꞃ nꝺ ꝺꞇꞔꞬꞃꞃꞃoꞋꝺꞃ,
ꝺnꞃꝺbꞍ꞊ꞃ nꝺ nꝺnꞇꞃꞃꞃꞃꞃꞃꞃꞃꞃ nꞃꞃꞃꞃꞃꞃꞃꞃoꞁ ꞃꝺ
ꞁꞅꞃꞃꞃꞃꝺꞃꞃ ꞃꝺꞃꞃ ꞃꞃbꞬbꞬnꝺꝺ꞊ꞃ ꞃꞃꞃꞔꞃꞃꞃꞃo-
ꞃoꞃꞃꝺꞣꞃꞃ: ꝺꞡꞃ꞊ꝺ ꞇeꞃꞃꞃ ꞃꝺn ꞁꞬbꞬꞃꝺ ꞇꝺ

p:ꞃꞬ8:in 1:
edit c: An-
g'icana

ꞃꞃ꞊eꞇꞬ (ꞃꝺꞬꝺb ꝺꞃnꞃ Præfatio moni-
toria &c.) ꞅo nᵹlꝺꞔꞬnꞃꞃ ꞔhꞃꞃᵹe
mꝺꞃꞁꞁe honꞏꞃꞃꞃ, ꞃꞃꞁꞃ peꞇꞏeꞃꞏenꞃꞃ, ꝺ̃
Sᵹꞃꝺbhoꞃꞁ ꝺn ꞔhꞃꞃꞏeꞃꞃoꞃꞃ꞊ .ꞃ. ꞏꞃꞃꞃ꞊ nꝺ
nꝺꞃ꞊bꞬꞇꞇꝺꞁ, ꝺꞃꞃ ᵹnꝺ̃ꞇ ꝺ nꞃꞬbꞬ꞊ᵹꞬᵹꝺꞔh

S ꞃ 3   ꞔꞃꞃoꞃꞃ

eprosonoe. cré chomhairle na
féin, nách mór nách ionann 7 gom-
boil comhgli Chonrtantinopla cán
tq ra naiton; 7 cré an ncomáeq
Atanagur, a deirtior a ttráe.
ηb an dohnng: glacaib maille
rir an nonón getona ceitre ced-
chomhoála choitcheana na hEglhri
.i. na ceitre ced chomhglhéa géi-
sionálta, comhgle Niréin, comhgle
Chonrtantinopla, comhgle Chai-
redom; 7 comhgle Epheir: 7 a
dein do réir oligio na Saxan is
cóir gach ní og tigairsioh riu
do glacab, 7 do coimhéad mq fi-
rinne catoilice. A dein rór go
nglacba, nó nách oiomolca con ní
rán tigraigaichre na hEgria
gan haonta, rioh é ris cd mhli-
                                    ao ta.

ádan tapéir Chpíoro, gé nác'n
lábpam pa monda péín áice, ar
na tebhpaibh glacair don rgop-
tħr, acmħroh go nglacañ i ai pa
onóroigi. maíd ro; 7 a deir péin
a náic ầr̃de, (7 crĩud ɓn voilgi-
or ɓ) nách paca i piañ ig na cur
a mɓħla mar ar cóir. A bhr̃ōi

in the same
of the confe:
&c p:47

ré Dia, ní hionañ lábnar an p̃l
ór̃pdheirc, ɓ phundameincibh an
ħreidh,7 an ɓa mar̃giroin m̃al-
lafach, m̃ionáóm̃ca, miongɓ̃a,
lacéir lobcha, 7 Calɓín coirpe
enrpoicie, úgoɓ gac r̃ħpáin
creidim ɓa bɓr̃l anoir a bɓor-
gluna heorpa: pean diobh na
bnác ɓ dub diablr̃de ian ttpéi-
gɓ̃ a chr̃ngi ħnábard, 7 a céille
maroon pía. fir eile, Calɓhin na

ragɓ̃

ráġṫ ríoġalta ḟantaċ, ḃríġ-
ḃíṅ, ḋíomṗaċ; níor ċuḃaiḋ
ḋá ṁórḋáṡ ríoġḋa, na ḋoctṁre
ḋ̇ṁanḋaṙa ṫollṁṁṅ ná leiṫéiḋ
ro ḋo ḃ̇ḃaṁḋáṫ, ⁊ ḋo ḃlaṡṗeir-
miḃ a naġaroh na Naproal, na
naoṁáṫ̇ḋ, ⁊ na naoṁċoṁġliḃ̇, aṙ
uaiṫṅḃóḋ, ⁊ aṙ colaṁna ḋeaġlíṁ̇
Chríoṗo ⁊ talaṁ.

3 Aṙ̇ ġé ġaṅ bṙṫ̇eaċ riṅ ṙaṅ
ṫáirṗi, ḋon ríġ ṁonċuṁár, áṫ̇;
aṫá ġeṅáṅ ṫliṙoionaċ aġṅṁ
chrṫ̇ġi ṗá ġaṅ da chrṫ̇ṗeili ḋona
coṁġleaċṅ̇ḃ ġeṁionalta; ⁊ ḋoṅ̇a
naoṁáṫ̇ṙubh ḋo ġhlacaoh. ḃṙ aṙ
ionaṁ aġ̇oġ̇ḃáṙ ḋoṅa ceiṫṙe céo
ṫoṁġliḃ̇ ġeṁiaralta, ⁊ ḋoṅa ceiṫ-
ṙe comhġli ḋéġ ḋo comhḃálaiḃ̇
ġeṁioráltta táṁiġ na ṅoiaṙḃ̇ ġuṙ
aṅamṙa

anamṗa. Aꞃ é an ṗápa τꞃé na
léuᵹáꞃoiḃ do ḃí na pꞃeiꞃḋenꞃ óꞃ
na ceiτꞃe cᵹ.ḋcoṁᵹliḃ 7 do ḋainᵹ
aiḃ ᵹaċ ní dꞃ ꞃnaiḋmċinᵹ.ḋ inτa,
7 do ḃí ꞃ an moḋ ceᵹτna do ṫꞃoḃh
na ccoṁᵹleᵹ τáimᵹ na noiaiᵹ. ho
ꞃiaꞃ lυτuꞃ υincenτiuꞃ, do ḃí óꞃ
eᵹṅ na cᵹꞃċoṁᵹli a namm 7 a náτ
Silυeꞃτeꞃ ṗápa aꞃ an hiaꞃaḋ
dainᵹnioᵹaḋ ᵹaċ neiτ dꞃ ciꞃḃḋ
inτe. doḃionaṅ an ḋꞃa coṁꞃᵹle 7 a
coṁᵹli lꞃṁánaḋ doḃí a naonaimꞃꞃ
ꞃia na τaiḃꞃ Dámaꞃuꞃ ṗápa na
pꞃeꞃḋenꞃ 7 do ḋainᵹniᵹ ᵹꞃċh ní
ꞃ ꞃ ciꞃḃḋ inτi. Cᵹꞃillaꞃ do ḃí na
pꞃeꞃḋenꞃ ꞃan τꞃeꞃ coṁᵹli a náτ
Celeꞃτinuꞃ ṗápa do ṫꞃꞃn Aꞃcoṁ-
ṗáτꞃꞃᵹ ċuᵹꞃnne τꞃoillꞃoᵹaḋ
aꞃ τoiꞃᵹḃeal ḋhꞃᵹꞃ, 7 aꞃ a nainiṁ

an fin chóa do dáingnigtó gač
ní y a ttáinig an čomgli. leó pá
pá dochni a lizáioi parcáiuf,
lucenfuf, 7 bonipáciuf óf cion na
čchtomáö comgli;7 do dáingnitó
a noġinaö inte, 7 do finboan na
pápáöa táinig na noiaigh an ní
čcnaif na comglib do enriigtó
fé na lín, mg af pollaf af na foġ
ib, 7 af anála naib lfgrtn, 7 af
na comglib péin, 7 oá péin fo af
cóin con blé, 7 oá ġač enfaf-
oföe nnlö á ġoġáöaif oo tulġfe
oon nle comgle ġemioráca. 7
af cnag lim mg oo nine a mcóaf
oacn,o oioö, af a nglacaö nli.

4 Cuillfö eile, oo ġem y ncom
mátg a nglaf iomao oo ncom-
aönib 7 oo tocunib oia öa tg-
éif

éir críg ccó bliaḋan ḋoir an tíg
ḣina ro ḋul copt, 7 ar tnúaḋ an
ẛéul má ṁẛraṅ monḋaf an ríoǵ
náċ luẛ ḟininte ro ráḋ iao, 7 oḋ
lẛt a tá na ċuntabḋṫ ro, an tan
náċ glacann aẛ naoṁhaiṫpe na
ccríg ccó mbliaḋan tǵéir ḋoẛt
ꞃa ḋiaiṫ ꞃo tángaoꞃ Ꞡreǵóin
beóil éir, Ꞡreǵóin Túꞃẛ, Da-
maꞃcenuẛ, bonipaciuẛ Moꞡon-
tinuẛ, beḋa, euꞃebiuẛ, Emiꞃꞃe-
nuẛ, Anꞃeimuẛ, euaꞡꞃiuẛ, luꞃ-
tinianuẛ, beꞃnaꞃtuẛ, bonauen-
tuꞃa, Thomaẛ, 7 iomaḋ eile ꞃo
naoṁaiṫꞃiḃ 7 ꞃo naċḃoccṫꞃiḃ,
tḋ taiꞃbéin Dia a ꞃúnꞃiaṁꞃa, 7
tꞃé a nḋḟina iliomaḋ miꞃnbhal,
léꞃ tḋꞃꞃꞡló iomaḋ ꞃíoꞡḋaċꞃ 7
ꞃéꞡión ó páꞡántaẛ ꞡo cꞃeitṁ
                              Chꞃioꞃꞃ

Chríofc; 7 a Dhé óil enɓ í dɑ
ɓiall a ɱ́ly 50 mɓ̇5ɀ an ɱ́uiñɓip
pɑ̇5 na mópɡnáɼɑɼɑ ó Dhia, ́5á
poíɓi ɓéɓha nɑoṁɓa ɑin5ıoıoɑ,
poo len 50 oíɑʊ́h lon5 Chpíopo
7 léı5romn nɑoṁ́aɀɑ na copɡ ccɓ̀
mɓliaɓan oéıp ɓpíofc, 5an comɼ́
oo ɓpeıɓṁium oo ɓiaɓ conɓɾ́ɓɓɑ
ɓóıbh, 50 mɓ̇5ɑoıp an pɓhpán
cpeıoíṁ, 7 oá péıp po, 50 ɓpɑ5-
aoɀ ɓáp ɓɑmɑnɓɑ? ní hınṁ́ıpoɑ
́5ɑb í ɑp ınɓıñ́ oon pí5 po oo páɓ
5é̇ (oɑ líɓ) 50 mɓɓıñ́ɀɑ ɑp ɑ ɓáɓ-
pɑıɓ é, ıɱʌ nɑɀ 5lacɑñ́ áɼ ɑıɓpe
na copɡ naımpop a nóıaı5 chpı-
ofc.

Ɑ́ɼ 5ɑɓṁɑıo ɓu5ɑıñ́ ɑ ɀɀɑ5ɑıɑ
ıṁóɓɓɑɼ an pío5 ó́pñ .ı. 50 nɑo-
ṁ́uñ́, 5ɑɓ ní ɑ oeıp an pɡ̇ɑopɓɼ́ıp
            ɑɑ ɓpí

na tri ᵹomboil, na ceithre cɫo
comᵹlɩ, ⁊ aitne na ccuᵹ naim⁊
on a noiaiᵹ Chriioɽo . ⁊ bſinoiɽ
aᵹ ᵹrᵹe Dé a croiðe vo cɫað⁊
lo ⁊ ᵹrára vo ċaḃᵹ ꝺo an ċɽᵹ
eili vavṁáil, ⁊ na neiċe aomhaɽ
vo ċrᵹꝼin mᵹ aꞃ vúal;⁊ ᵹo roiċ⁊
ꝼn aꞃ uꞃaꞃa vona catoilciḃ ꝼoᵹ
lomċa a bꝼꞃla economʈiñ eioɽc iao
ꝼém ⁊ na heiꞃiei vo ðhꞃbað aꞃ
na ceitre neitiḃ ꝛṁhꞃáite, vo
beiꞃ an ꝼi uaið, ní haiċɽð ᵹaꞇ
ꝼonᵹe vᵹ ccoiⁿtmⁿið aꞃ luᵹa a
tá ᵹo ꝼolluꞃ aᵹꞃñ innɽið inᵹ a
ni ᵹ a bꝼꞃlⁿ aᵹ tᵹꞃ .ɩ. an loᵹⁿ
að, ᵹɩoḃð vo ḃꞃaꞃ vᵹnð aiꞃ aꞃ
ꝺa neiɽið aoṁaꞃ an ꝼi, ꝼoꞃᵹꞓ
aꞃ vo ᵹꞓiniḃ ꝛách iꞃꞃann ꝼaoⁿ
ᵹⁿꞃ ꝛaꞓ ꝼaᵹañ áiꞇ a miꞃiᵹḃaⁿ

            Tc   Deaꞃ

peacuntai as an sgriob

túir go bfuil cumhas agan Egluis
loghadh do thabhairt uairi
ran ceill na mhirighli

féuar c. 1.

C. 4.

D o gell Criosd a slán
uighthor (san reirfo ca
brail p. ag Mata) do
phiadur go mrobrad buchracha
ríoghdhasa nimhe dó 7 gach ní da
ceangolad ria a talam go mbiad
oisigailti a nimh, 7 gac ní to sgaoil
fad a talam go mbiad sgaoilti a
nimh; 7 níor bríg a sgalad d, as
tug dó ait buckracha an tan do
rine coch go pernoralta dhe ór
cioñ a Eglise, ag Eóin ran daib-
sioil baishiorargh, 7 ata nrta
cumhas

cumhas ris ag gać Pápa tig go
tírdionać na áit. Ar an náobh,
ro gibé sgaoilęs an Pápa g tal
am ó na piantaib a tá g tręs na
pecaõib do maitęb dhó, biaidh
sgaoilte uata g nimh, 7 dá réir
ro a tá cumhas ra ngloir logadh
do tabhgt a mać.

2 Dghbym g maić linar ro, do
brigh gab g sgoilęs ó pecaõibh
labrur Chríoro (gé go labaim ar
foenaćrib pollabóngib na hsgal
n) ag trgięr nćmaitie na cuirg
naimpon tapéir Chríoro nać ob
an móroac an ríog (Hiláriur,
Hieronimur, Aibir: Chrgr: Am
brors: 7 a dtáinig uatha a nuar
gur a nampa daiénib, 7 do comh
gib) 7 nír cuimr lor o na báena

go ffe-

Canan 184
in Maté

n: 18° Mars
& ep. 150

tri: 12: &
45 in lo &
10 ciuity:
& ep: 36

l: 3 de sa-
ceri: 14
& hom 6r:
in matheũ

l: 11 de ſæ
7: vide Bell
l: 3 de pœ,
per tollum.

ppepáleא cum pʃċaɓ áיɼiɓe, nŏ
čum coɼɼe a ṁáin, aʃ a ouɓ ʃc ʒo
ʒemიopáleא anɼɼle ní oo ʃʒaıl-
ʃɕŏ pɓoaɼ (aɼ pɓoaɼ ʒaʄ pá-
pa) ʒo mɓiaɓ aṁlɼʒ ɹ nṁ, ɹ aɼ
náɓɓaɼɼoɩ euʒ cuṁaʃ oo ɼʒ-
lɼɼ an ɼle ʒɼé pɓcaɓh oo eŏʒ-
ɓál oo naıeɼɩʒɓɓ ıoıɼ ɕoɼ aʒaɼ
ʃéıɼ, oo ʃéıɼ maɼ oo ċıʃɕŏ ʒo
ɼaċaɓ a ɼʒlóıɼ oo Ohıa, ɹ alɼ
ea ɼaɼmaṁ.

3 Aʃ áıeɼıɩ ɓaṁh ʒo ʃéɼɼɹ
eɼɓ ɓona heɼɼɼoıɓh náċ ɼoıɓhı
pɓoaɼ ɼa ċɩɩ óɼ an ɼʒlɼɼ, ɹ náɕ
ʃuɹ an ccuṁaʃ ɼoıɼ ó Chɼıoɼɓ, ɹ
ʒo ɼaɓɼɼ eɼɓ eɼle ɓıɹɓh máʃuɹ
náċ oıɓɼe ɹ an pápa ɼan ċáıl
ɼɩ. aʃ ɓhıɓɼɼɓ ɼá ɓıaɓhɹɓoha a
ʄoɼeɼaɼoha ɼo ʒo laıoıɼ, aɼ ɼa
ceıeɼe

beitte neitibh comhar móñóacḋa
an Ríoġ. 7 ar lon lín anoir an ní
a deirmid fán loġadh do beith
comṫḃchaḋé cuṁas Phetoġ ór
an sglur, 7 lé hoirḋneṡ Phecoin
don Phápa, 7 ní háit ro do trácc
ḡ ní fia. Af ór don mhaiṅtin acá
fá ṫóiṅḋaf an Ríoġ réobiṁ ró a
deiṫ an pocal ro dá noánuġáḋ fan
bfiriṅe .i. ḡo bfuyl ḡo folluf if
na coṁairlibh ġlacaf an tí, 7 ḡo
hairiḋe fan ci fechriomaḋ coṁġle
ḡabé an Pápa chin na hEġlurre
ór a deiṅro aiṅne na coṁġlif if
tiġhaḋ litriḃé an Phápa leo tóiṅ
freromio maṅ fn do labḋ ffoa-
fan Phápa leo. 7 ḡoiṅro de ḡo
minic paiṅtcha ḡeiṅioṅálta 7 ḡo
fifbaġ ḡeiṅioṅáltaị ḡ̱fiṅ fóf a

calce:aḋị a
ita cred ṁin-
us, petrus
per Leoré
loḡutus eſt
ačị

ṫ t ʒ   cclin

gclm de, 7 admhuid go bhfuil na mballuibh fíoi, gan neibhfoil féabhuid chugi dontoil. a deirid fós go follar gab g do chur g slánuigthoin coimhéd na fincind .i. na hEgluís, 7 a lltnéngbh na comhaíle do geibtion anm an pápa g tús, 7 comp na comáirli na dhiag, 7 do iam an chomháli go humal g gach ní g a ttángadd do dáingniogad, 7 do ríneadd na tá comhairle eili an ní ceadna reis na pápadhb do bí an lé na lin .i. Siluerter, Damarur, Celertinur, 7 ar iad a legáidi ro do bhí na bpreastaitr̃b ór a gcion.

4 Nior feud an chomfíle dap limra a rád mar foilléne go roibi peod na chenn, r̃na uafanan ór a ngluis

a nᵹḃⁱⁿ, 7 ᵹunab é an pápa aⁱ
oiḋⁱe ⱃ ná mⱃ a ꝺubⱐⱦ iⱃ na ḃⱥⱦ
ⱃⱦóⱃⱥ, 7 ó ⱦuᵹ cⱥioⱃꝺ cumⱥⱃ ꝺóiḃ
ⱃ na hⱥⱥu pⱥcaꝺⱥ ꝺo ᵹⱥaileꝺ
ᵹan cⱥⱥ mⱥⱥ, ᵹan cuⱦⱥuᵹaꝺ aⱃ
ꝺeiṁhⁱn ᵹ eⱃꝺⁱn leo a ⱦóᵹbháil
ⱃoⁱⱃ ⱦoⱃ 7 ⱦáⁱⱃ, ⱦⁱoⱃ 7 ⱃéim, 7 aⱃ
ⁱonaⱥ ⱃo 7 ᵹo ḃⱃⱥⱦoⁱꝺ loᵹaꝺ ꝺo
ⱦaḃⱐⱦ amach.

Dá ḃᵹ ⱃo ó aⱦⱥaⱃ an ⱥⁱ ⱥail
le honóⁱⱃ ᵹaⱦ ⱥⁱ ꝺá ⱥaḃⱥ an ⱦoⱦⱥⱥ
leⱃ aⱃ a ⱥḃⱐⱦⱦaⱃ cumⱥaⱃ an loᵹ-
aꝺ, 7 náⱦ ꝺⁱomolaⱥ ⱥⁱ ꝺá naḃaⁱⱃ
aiⱦⁱⱃ na ceⱥⱥ ⱥ naⁱⱥⱃⱐⁱ, aⱃ a ⱥḃⱐⱥ
maⁱⱃꝺ an ⱥⁱ clⱥⱥa, ná cⁱeiꝺⱥⁱ ꝺo
ⱥⁱⱥⱥⱦⁱⱥ ⱥⁱⱦⱃeⱃoⱥⱦ, ná ꝺo ⱦⱥⱥⁱ
aⱥḃⱃⁱoⱃaⱦ eiⱥⁱ a ꝺⱦaꝺ ᵹo ⱥⱥⱃaꝺ
an loᵹaꝺ anaᵹⱥⱥ an ⱃⁱᵹ
ⱥó a chⱃeⁱꝺⁱⱥh.

Ɒeⱥⱃⱥ

do loghadh
deaṙbhṫaṙ an ioġh-
aḋ aṙ ṙiombal na nabṙḋal ⁊
aṙ comġlib na hEġṙlṡi.

C. 5.

ṙ oḋ́tioġaḃ aṙ ᵹ ᵹcṙea
ḃiṁ, maṙ atá a ᵹcṙé na
nabṙḋal cumaṅ ⁊ coṁ-
páiṙt na nᵹoṁ do ċ̇ṙeiḃṁiṙn, aṙ
é ṡin ṙé a ṙáḋ, a nᵈéinᵈ boill na
hEġṙlṡi do ġṙḋe ⁊ do ḃeiṙġṁoṁ-
ᵹaṙḃ ᵹo ᵫeiᵹiᵈ a ᵫqḃa, ní hé
aṁáin ḋóiḃ ṙém, aṙ ṙóṙ do ḃall
aṙḃ eile na hEġṙlṡi, óṙ aṙ cumaṙn
ṙallṙa náċ ᵫoṁṙḃ ṙé haoṙ cumaṁ
na neiċi do ḃiaḋ do aṙaċᵈanaṙ
oṙṙa ⁊ iaᵈ ᵹá luṙ cumaṁ, ⁊ ní ca
maṁ ṙallṙa do óṙoṙ́ᵹ Cṙíoṡᵫ na
ᵹ̇lṙṙ aṙ cumaṁ ṙiṙiṁᵫ̇, aᵹuṙ ᵈá
ṙéṙṙ ṡṙ ó tá ṙiaṙ́ḋnaṙ aᵹ ṙan do
ᵫonᵹnaṁ

ċongnaṁ a chéile, teiġio a nġⁿ
ḋe 7 a nveaġoibne a lⁱǵ vá ċéi-
le, 7 vo ḃnioġ ǵ ciaṅ von ġlⁿⁱ
ġⁿ ⁿ̣li aca an a cuṁaⁱⁿ̣b a mbia
tiomⱦeⁿ̣ḃ lóinⱦⁿ́oṁa aġ na ⁿⱥ
ⱥⁿ̣b vo ⁿⁱni aiⱦniḃe ionⱦancaċ
7 cnáḃaḋ ⁿóċⁿuaⁱḋ ⁿvo bⁱ a bⱦⱥ
ân ⁿⱥcaḋ, 7 ⁿóⁿ lóinⱦⁿ́oṁ Mhⁿ̣
ⁿe ⁿ̣le, a naċ noiḃe ⁿⱥcaḋ a bioⱦ
ⁿé a ḃiol, 7 lóinⱦⁿ́oṁ a ⁿlánuⁱⱦ
ⁿⱦⁿⁱa aⁿ ⁿⁱṅ vona balluⱥbⱦⁿ, vo
ⁿoⁿ̃ oⁿ̃a, 7 aⁿ é ⁿⁱn vo ⁿⁱ an can
vo beⁱn loⱦaḋ amaⱦ.

2 Coⁿⁿ miⁿticⱦe a nⱦⱥleⁿ̣ ⁿá-
tolice, cⱥ ⁿⁿⁱn Cⁿⁿort, 7 cⱥ boⁱll
na ⁿoⱦaⁱbe ⁿ̣le mⱥ a veⁿn ⁿól,
7 aⁿ̃ail mⱥ ⁿeⁱo ⱦⁿⁿoṁa ⱦaċ boⁱll
von ⁿoⁿp náⱦⁿⁿá a cⱦbá vona
ballⁿ̣b eili ⁿ̣li mⱥ an ⱦⱥcoⁿa ⱦⁿo
ⱦⱥ

ʒach ʒníomh do ní ʒach fírén atá
ʔa ball do chorp thíroice na hE-
ʒꞃꝭꝭ, a atʒꝋa dona ballꝃꝋ eile
ꞃꝉe ʒ mhodh éiʒin. Ní dóibh féin
amháin do círo na ꞃꝃꝉe, nó ʒlac-
aᴅ na lámha, ꞃiꝋblꝃʒo na corꝼꝗ
nó loʒnaꞃ an béul, nó bheꞃꝃcíoꞃ
an ʒaile an biadh, aʒ do ní ʒach
ball diob ꞃo, a ꞃꝗcꞃ cum a cʒꝋ-
ꝋa féin, ꞇ cna cyꝋaball an cꞃꞃꝭꝭ
ꞃꝉꝭꝭꝃ, aʒ ꝫr ʒac ꞃoꝇꝗ doꞃʒníomh ꞇ
ꞃꝟʒoꝋꝃꝭꝋ do ní ʒac ball ꞃꝗ ꝉꝋch
do chorpꞃa 1 ʒ ꝃꝃ má chéro a
cʒꝋa do féin, ꞃacaꝭ a atʒbha
ᴅo na ballꝃꝋ eile atá domacorp
ꞃꝃꞃ, ꞇ aꞃ é ꞃo cꝭallꝃʒíoꞃ cumain
ꝙaꝼoꝶ chreᴅomꞃo a Sʒꝭboil na
ꞃꝃbꞃoal.

    ʒ Aꞇ an ccumꝣ ꞇ ꝙ an ccomh-
                chemꝃʒaꞃꝗ

chengalsa atá idir ballaibh na
heglaise labhras Eóin absdal an Ioh.
can a deir a táimoid a ccompán-
tas 7 a ccumann ré chéile. 7 Pól, ad phil.
las páirtí ribh dom luathgháire do
ghlacadh. 7 a náit eile, póirfidh bhar 2:Cor.
bfhulangasa riaghanus cháich ion
das go bfóirfidh a bfhulangassan
a rís bhar nanmgsa. 7 a deir a
náit eili. Ar sibhsi corp Chriost 1:Cor 12
7 boill dá ball. dá chor a ccéill
go bfuilid na mballaibh tá ntéin-
tar corp misdicte na hegluise,
7 gach tré bhrígh comhbhoill .i. Chriost
ar ccinn tig sin bhrin. 7 a deir an
psalmcheadlach go bfuil cuid 7 pá psal. 118
irt aige dá gach duine sin a bfuil
eagla Dé 7 choimhéadus a aitheanta;
ionann sin 7 go ttéigid maithghníomh-

aꞃⁱᵗᴀ ᴀ nⁱⁱle ꝼꞃéin ᴀ ꜩᴀꞃbᴀ ᴄoꞃ

fer.8 in pſ us chim ꝺo ḃᴀlluiḃ nᴀ hḟꞃꞁꞁ ꞃⁱle,

ꝺo ꞃéⁱꞃ mꝗ ꝥⁱꞃⁱꝶⁱꞃ Amꝺꞃoꞃ nᴀoꝶ
é.

4 Tꝗꞃⁱꝗꞃⁱꝺ pꞃⁱoꝟꝺoᴄᴛꞃⁱ nᴀ

tr.22 in Io & l. 2 con Maximin 9 hḟꞃꞁꞁ ᴀnꝺⁱᴀⁱꝡ nᴀ nᴀḃꞃᵹᴀl ᴀⁱḃⁱꞃ ꝺⁱn cumᴀꝸ nᴀ nᴀoꝶ ꞃᴀn ccéⁱll ᴀ ꝺᴀ

ḃꞃᴀmꝗ, 7 ᴀ ꝺeⁱꞃ ꝗ ᴄꞃéꞃ ᴀn ccumᴀꝸ

7 ᴄꞃéꞃ ᴀn ccoꝟꝓꝗ ꞇⁱ ᴄéꞃꝺ ꝗ nꞇⁱⁱꞃⁱꝹ

ꝡᴄⁱ 7 ꝗ nꝺꞇꝡoⁱḃⁱ ᴀ ꜩꝗbᴀ ꝺᴀnmᴀꝸ

Ench c 59 109 & 20 ciuit none ꞃⁱḃ púꞃᵹᴀꝺóꞃᴀ ꝺo ḃꝡ ᵹo ḃꝼꞃⁱꝶⁱꝺ ꞃém 7 ⁱᴀꝺꞃᴀn nᴀꞃ mḃᴀlꝶꝡ ꝺᴀon ᴄoꞃp ꝡꞃꞁꞁ Chꞃⁱoꞃꝺ. ᴀ ꝺéⁱꞃꝺ nᴀ ꝺoᴄᴛꞃⁱꞃⁱe nᴀoꝶⁱᴄᴀ eⁱle ᴄáⁱnⁱᵹ nᴀ ꝡⁱᴀⁱꝡ, ᴀn ní ᴄꝺonᴀ.

5 Aoꝟꞃⁱꝡ ꝟóꞃḃáⁱl ᴀn ꞃⁱoᵹh ᵹᴀch ní ᴀ ꝺeⁱꞃ ꝼⁱomboⁱl nó ᴄꞃé eᴀ nᴀḃꞃᵹᴀl, 7 ní ꝡⁱoꞃꝺlᴀꝸ ní ꝺᴀ ᵹᴀḃꞃuⁱꝺ ᴀⁱᴄ́ꞃ́ꞃⁱenᴀ ᴄⁱꞃꞃⁱꝡ cᴄꞃꞃ

ꝺbⁱᴀꝡᴀꞃ

mbliaḋhan caréir Chríoro, 7 ir
o í roiġniḃ ro Ambror 7 Aibir-
ḋín; Ar a náoban ro ó ḋeirio ro
(mʃ ḋo ḟoillrġṁ) ġo ḃfril ca-
maṅ 7 compáint roir ḃallrḃ na
hEġlʃi trércéiḋ a loirġ̇íomḣa
7 a noṡġoiḃ a tġḃa ḋá ̇céili, 7 ḃ
aḃ aṅ ra ccompántʒ a tá ġuan-
ḋa 7 runḋamr̃nt an loġaioh, ar
ṁara ḋo ḟirṅcir an ríoġ a ráṁ
ġo ḋára ní hẃamháin ġo ḃfril
ḃríġ ṁór ran loġaḋ, ar rór ḃ
bṅġaḋ an ṁirṅcir a ṫṅaḋh ġo
ṅoiomoirʃaoh an ní é. 7 ar éicir
ḋóiḃ rór a ráḋ rir na mimrḃriʃ
rṁar an ccompántʒ, ḃ iṁ iḋr-
rʒḋ réin (mʃ ḋo níḋ) ʒ ḋʒoiṁ
ʒrḃe ʒ an ríʒ, nó ʒ ḋhʒne eile.

6 Trʒllẃ eile, ḋo ʒeiḃhṁiḋ ḋ

U u   cc--

ccomhghlinirem (an chéochomhghli

vide Calce
act:5 c:16:
cani:1,

geimopálta glacup an ní maille

honóip) go bfuil cumhacho ag na

hfi bogrb an bpeit naichpigi 7 an

lóingiñom do laghoughaó agap do

gioppughaó don mñgitip taipbá-

ap ido féin fpiochamhach fá na

ccomhlionaó. Do geibmio ar ní

cúona a miomao to fúcomhghlibh

Cartag: 40
7 5. in Neo
cesar c:5
Agalá c:60
Laodiceno
can: 1 & 2.
Ancyrā: c:
2: paunéci
cā:9.

eile. do báod na comhghlip uli añ

rul to coimhlionaó an origéó cló

bliaóain tq éip Chríoro, 7 ó do

mhap an ní ráite aichfó na haim-

gpeapa ní obfa a nabhpud na comh-

ghlip, do bpígh nác poil ran ccomh-

ghli féin, ap coimhcionol aichfoh

na hégrpip iq na ccpi ñoghaó go

dleipdionaó do chum gac neit do

grgeó iomuubaó chum na hégrpipi

ursll-

τpollaṁuġaḋ,τḋéptuġaḋ 7 vo
ṡiáṙṁ:iṅéƀ vroncoṅτa.

7 Do ġeiḃmiv níaṗ ṗoillṗ 1 iná
ṗo an loġaḋ iṗ na coṁ{ġl1ƀ τáin1ġ
a nτíaiġh na ccṙ{ġ nvaimṗion, 7
vamanτ{ a conτṙ{ǫτha ṗo ṁ{ hi
τáiv a ccoṁ{ġ ι Conṗτanτ: 7 aτeiṙ
coṁ{ġlι Tṙíonτa ġo τταġ Cṙíoṗτ
cuṁ{ṗ an loġaḋ vo τaḃ{τ a ṁáƀ
von ƨ{lṗṗ, 7 g̃ no ṙ{n an ġnáṗ a
τaḃáṗτ a maċh ṗa nƨ{lṗṗ. a τá
an ní cṗona a ṁƀulla an Ṗáṗa
leo, a naġṙ{ƀ lṙτeiṗ 7 a ṁƀulla
Sixτaṗ 4. a naġaṙ aḋ Ṗheτṗuṗ
Oxonιeiṗṗ. 7 a mvnav váṙτíḃh
ṗa nvliġ{τ ċáṅ{ṅa.

8 Ni ṗíaṙ{v na heιιce ġo ḃṗ{ṅl
a nƨ{lṗṗ a nġnáṗ an loġṙ{ḋh vo
τaḃ{τ a maċh lé ṗvov, aṗ a τeṙ-

in Vierion
Clem: vn:
de reliꞇ: &
veꞃeꞃ:ſaᵭ:
extra: aᵹ̃ :
vnigenitus
de ¡ œn: &
rem
in Lateṙã 4
c 62
Cõïíãꝛᵭꞇꞟ:8
15:41:
ſꞇ:25 de in-
dalgentiis

cã:de ꝓœn:
& remiꞇꞇin
in antiquis
& in texro

ro nách labpinɲɔ aicne ná coṁɉ̃
lṫáa na coṁ̃z ccṫo mbliaóan ɉ reṅ
ceill ɉ ṫimiʒḃnar ē. 7 mɉ ɲn nách
poil aṅ, ní miaf ɔo bpiʒ Ꝥab é a
ɓeiɲiɔ na ṙḃaiċɲe ɲn coṁ̃ɉli ni-
ɲeṁ, 7 na ṙḃ̃comhɉleṫh eili, ʒaɲa
ēiɔiɲ leiṙ na hḟṙboʒɲɉ an bpeiṫ
naiṫɲiʒi ɔo cɲɲṫoh ó nɉʒlnṙ aɲa
ɓṫomib ɔo ṁaiṫḃī ɔō ib, ʒɩɔhḃoh
ní abɲnɔ ʒun ēiɔiɲ leó an phian
ɔliʒiɔ ɔo ɓna ɔɲéṙ na pṙ̃caɔɲɉ,
ɔo ṁaiṫḃ̃ , 7 aṙ ɔo ṁaiṫ̃ṁh na
ɲemeṙ cɲɉcioɲ an loʒaɔ.

9 Ní maɲ ɲo acá, labhɲnɔ na
ṙḃaiṫɲi, ní hé aṁáin aɲa an lōiɲ-
ʒnioṁi, ɲɉ an mbɲeiṫ naiṫɲighi
ɔo cɲɲṫi ɉ ɲon pṙ̃caɔ bpɲɉbliɔe
ɲá ʒcɲɲnioṁ an eʒluṙ pian ɲollaṙ
ɉꝥ ɲóɲ ɉ an bpeim ɔo cɲɲchi aɲa

fon pheacaþ bfolnigte, mg atáio
vroch smuainte, 7 a veirio go
maitti í so, 7 ní cryntior an son
sa bpheaþro, af pian oa thabge
viola vo Dhia, vo bhriogh nach
véirio pheacaþ folnigteca viog-
báil von eglns, óir ní gluaison
olc réicréovch cách cum nile; §
an naoþgro ní hé amáin labhnno
sa rencomgli ar péin na hegnlrn
ag maill nr gn a veirio go bfngl
cumns ag na herbogribh an pian
vligthsi vo Dhia vo maitheamh
legtha rinaithre na gengg naim-
hor, 7 vo gebg aca an ní a tei-
rim.

10 Oghbaoh eili ar reimremgea
an logaþ, náe ragtg cia vo cug
an ctologhach a maeh san eglns

Baſil. cap,
84 & 88
Greg Niſei
can 62 63.
Cypriep 52
& 14.
Tertu. l. de
pudici c 22

U r   óri a

l. 4 de Bap,
crp. 4

ón a ⲇeiⲛ S. Aⲓⲃⲓⲣⲧⲓⲛ ᵹ beulⲡⲣⲟ
ⲧⲝⲡⲧⲁ Aⲃⲣⲟⲁlⲇⲁ ᵹⲁⲉ ⲛⲓ ⲇⲟ ᵹeⲓⲃ
ⲧⲓⲟⲛ aⲛ ᵹⲛⲁⲣ aᵹⲁⲛ ᵹᵹⲓⲩⲣ, ⲣⲛⲁⲉ
ⲣⲁᵹⲧⲏ ⲥⲃⲟⲩᵹⲧⲁ ⲃⲟ ⲟ ⲛⲁ Ⳇⲟⲃⲣ
ⲟⲁlⲛⲃ a ⲛⲩⲁⲣ; ⲇⲁ ⲣeⲓⲣ ⲣⲟ ⲟ ⲛⲁⲉⳆ
ⲣⲁᵹⲧⲁ ⲉⲓⲁ ⲇⲟ ⲧⲓⲟⲛᵹⲁⲛ aⲛ loᵹ
ⲁⲃ ⲟ ⲛⲁ Ⳇⲁⲃⲣⲟⲁlⲛⲃ a lⲧⳆ, aⲣ ⲩⲁ
ⲧⲁ ⲣeⲓⲙ ⲇⲟⲧⲓⲟⲛᵹⲁⲓⲛ a ⲧⲩⲣ aⲛ ᵹⲛⲁⲣ
7 ⲁⲣ e Cⲣⲓⲟⲣⲇ ⲧⲩᵹ ⲥⲩⲙⳆⲁⲣ ⲃⲟⲓⲃⳆ
ⲥⳆⲩⲓᵹⲓ.

2 Cor, 2

1 2 Aſ ⲇⲁⲓⲛᵹⲛⲓⲟᵹⲁⲃ ⲩⲣ ⲣⲟ ᵹⲟ
ⲧⲧⲩᵹ ⲡⲟl ⲣeⲓⲛ mⲁⲓⲧⳆ ⲣᵹⲁⲣ ⲣeⲓⲛe
ⲇⲟⲛ ⲣⲓⲟⲣ ⲇⲟ ⲣⲓⲛ ⲣⲃⲁⲃ ᵹⲓⲁⲛⲁ ⲥⲁⲓl
aᵹⲥⲁⲓⲧⲛⲓⲟⳆ CⳆⲟⲣⲓⲛⲧ, 7 ⲧⲩᵹⲓⲇ ⲛⲁ
ⲇⲓⲁⲃᵹe ⲩⲗe ᵹⲁⲃ i ⲣⲓⲁⲛ ⲇⲟ mⳆⲁⲓⲧ
ⲃⲟ, aⲛ ⲣⲓⲁⲛ ⲇⲟ ⲃligⳆ Ⲇⲓⲁ ⲃe ⲣⲁⲛ
ⲃⲣᵹⲃⲁⲃ ᵹⲛⲁⲛⲛⲁ ⲇⲟ ⲣⲓⲛe, 7 aⲣ ⲓⲟ
ⲛⲁⲛ ⲣⲟ, 7 aⲛ loᵹⲁⲃ ᵹ a lⲁⲃⲩⲣⲓⲛ a
ⲛⲟⲓⲣ. Mᵹ ſⲓⲛ ⲣⲉⲣ ⲧⲩⲓᵹⲓⲇ ⲛⲁ ⲛⲁⲟⲙ
ⲁⲓⲧⲣe

aithne pól ran náithn. Cpíropt
Ambnoӷ. hienom. Theoð. Te-
oph. lína S. Tomáj, 7 ch.bҏҙðh
Meðína ӷo painɳɳ aɲða ɾo 7 aҏ
móҏán eilı, ӷo bƿuil ӷnáҏ an loӷ
aıð aⁿ ó aımӷҏ na nabҏðal. ðo ní
Conzaba an ní cíonð, 7 henҏíc.
7 ıomað ðıaɬ ӷҙð eılı. 7 aҏ aⁿ-
luıð ɬuıӷıoҏ Anrelmur ncomh an
cıonðҏoım phóıl, ӷo labɞ q an
bҏém ðliɞchɞ ðo Ohıa tҏéҏ an
bƿeað, 7 ӷɞb ı ɾn ðo ṁaıɬ pól
ðan Choҏmıҏ ɞch cholach anaınm
Chҏıoɾð, 7 aҏ pollaҏ ӷⁿ man ɾn
ɬuıӷıð é Ambnoҏ. l. ı te pen. 6
Epíph. ҟaeneҏ. 59. ón ðһ.buıð
aҏ a mıoðaoҏ ı a nɞһuıch Noua
tıauҏ ӷo bƿuil cuṁacho ɞ ⁊ oılcı
ҏɞað ɾa Nⁿɞluıҏ, 7 ó naҏ ɞ ⁊ oıl
     pól

q 25 art i
de indul. d
4 c. 12 13 d
5 c, 15

de indul. q,
7,
1 7 de ind-
ulg, c, 3 kıf,
Valencıa:de
indulg, c, 3

pól an Coiníte ó coir, ní ná fsi
oir laisj gan beic do lácaj má nác
roibi, as eigin do réin na naic-
ríohro (cona crsj haimgnib mó-
rán díob) gó ó féin an fíccaid do
oligéd do Dhia, do sgaoilcoh é.

13 Ní beg an tsheingicího go
ccug Gregóir naim mile bliadan
uaid, logad fcid nEglés na No-
síd amac, má sgriobas S. Tomas
S á. 2 et 4 o 2 o ¶ 1 3 Aici 4.
rum tr. 6 c. 9 Geneb: cron. p.
2 5 9 7 iomad ugdj e0, 7 adeirid
égdj e0 go roibi an logad sin añ
ré nGregóir, 7 nác osinaran as
órtúgad nua do cor ¶. Onuprius
tr. de ícation. do geibcior fós
sgriobca ¶ Shiluertei pápa do
bi añ tri c. x. bliadan uaid go
                            ccug

ttuᵹ loᵹaḋ amaċ.

14 Tuᵹ leo ȝ oḟ ᵹcᵭo bliaḋᵭᵭ
uaiḋ, loᵹaḋ do ĉṁpall Mhuiṙe
ran ceaṫraiᵹ ḋᵹaḃ aiṁ Aquiṙ-
ᵹran ran ĉiṙḃ a ḃḟuiṙṁiḋ, 7 do
ṁṙṫṙ do ᵹṁaḋ ṙeṙ da Saṫḃeṙt-   Suri: in vi-
uṙ naoṁ, Tuᵹ Seṙᵹuṙ ṙᵭo ᵹcᵭo   eius ex epi-
bliaḋanloᵹṙ,ḋ uaiḋ do ĉṁpall ṁᵹ   ſtola ſt: Lu
tan ran ṫoṁ ṁᵹ ata ṙᵹoḃṫa a ṁᵹ   dgeri
mon a naltoṙ ṁoṙ an ĉṁpuillṙoṙ
7aṙ lionṁᵹ do ᵹeiḃṫṙoṙ an loᵹaḋ
ṙᵹ na ṫaḃᵹt amaċ ona papaḋuiḃ
7 ona conᵹliḃ tainᵹ ó naṁṙṙᵹ
a nuaṙ.

Ni ḃᵭᵹ an ṫhᵭ aṙ an loᵹaḋ,ᵹ
aḃ é an naoṁaṫaiṙ ḃṙṁᵹo do ḟṙ   li:ȝ:eȝᵭ
moiṙ dona poiḃlᵭahṙᵹ an loᵹaḋ   uitæ & I ȝ
tuᵹ Euᵹeniuṙ papa con ṁṙᵹṫeiṙ   de cócid: &
do ḃṙṁᵹ a ᵹconᵹṙaṁ ĉum an tal   de ꝼœnite:

aṙah

aṁ naoiṁ do buain dona hamċoṡ
ḋġóiḃ, 7 gur ab é ár naoṁáċair
ꞅ froiṁꞅar do ṡuiṁóir dona ꞅluai
ḋċiḃ an loġaḋ ċug béal dé ꞅéin ꞅ
impiḋe a ṁáċar dá gaċ duine do
ġnaḋ cuairt maille réuoꞅon aꞅ
reipéal Mhuᵹre na naingiol, (cꞃo
ṁamiꞅċir a nꞃꞁao ṁionúir) 7 mꞷ
do órduiᵹ dia ḋó dul dioṁṁꞁᵹ-
ḋe an pápa diaꞃuiḋ a ċola ċum
an loġaiḋꞃn do ċur óꞃ áꞃo 7 do
ꞅṁmóir, 7 do choṁꞃe ꞅéin an mai
te aꞃ a ꞃoiḃe an naoṁ na ꞅꞅamh
aꞅ ruṁóir an loġꞃo 7 atá aniod
a mamiꞅċir Mhuiꞃi na naingiol a
ꞅcaċaꞃaiḋ áiꞃiꞅ.

Or ꞅolluꞅ aꞅ a nouḃꞃaman do
réiꞃ cré na naḃꞃoal 7 ꞁꞃeoṁꞯꞇꞯ na
hḟꞁꞃꞁꞅ 7 ꞁluaiꞅ na caṁáꞇꞡ 7 na
noiaḋ-

noiadgeō, 7 ríongnáir na hEg-
uilṡ, go bfuil cumachd ó Dia gá
biocḟi fá logaḋ do tabḟt amaċ.
creid dá briogro a cortaidi go
daingion, go bfuil bríġ mór ann
do díol na bpian atá ort, 7 déin
dícchioll ar gaċ logaḋ fḟoṗar
tū dfaġáil, 7 mḃ ġ mór an ṁiṗi
7 an mháiría cur na aguiḋ, ór a
der S Aib: ġ miṡi mór dul anag

Episto 118

uiḋ gnáir ċoitchiñ na hEgulṡ. 7
ná creid do ṁinistrib ṁioċṅáib
téca a dḟaḋ go mbiaḋ anaguiḋ
an ríoġ an logaḋ oigṅṙḋ 7 don-
oṙuġaḋ, ór do ċṙibar duit é ar
an gcné ṙar na comḟlib ghlacar
móṙḋáil an ríoġ do ṙéin ġluaire
ṁóṙáin taitṙibh ná gcṙḃ naim-
ṗoṙ, ṡa leiṙionn nach diomolānn
an ṙi

an rí, mq atá aguinn sgobtha ⁊d ⁊á láiṁ.

Deaṛbadh eili aɼ an log ⁊ð aɼ ɼáicɪ̃b na ɴáiṫɼeð naoṁ do ḃí an ɼé lín na cⲟⲛ̃g ccⲟ̃ mbliⲁ̃ an ⲇáiⲧlɪ Chɼioɼ d ⁊ ɼóghnⲁ̃ⲅ̃ⲟ̃ an ⲟ̃ɼiḃað ɼo ⲇá gⲁⲧ̃ uɪlɪ ní eili a ⲧⲁ́ ⲁ ngnⲁ́ɼ agⲁⲛ ⲅⲍⲗⲁⲓɼ ⲅⲟ̃ⲙⲁ̃ⲛ- ⲁⲓⲅ̃ gon a ngⲁⳝⲁ̃ uⲁ

C. 6.

ɼ ní follaɼ ɼan ⲅⲅⲛ̃ⲓⲟⲡ- ⲧⲍⲛ̃ nⲁ́ⲥⲑ éⳇⲓⲛ leⲓɼ an ⲛⳝⲗⲁⲓɼ chatolⲓⲥ lⳝⲡⲁ̃ⳇⲇ do ṁúnⲁð ná ⲧⲟ ⳝlⲁⲥⲁⳉ; óⲛ a

‡:Time:₃: deⲓⲍ Pól ⳝⲥⲟⲗⲁṁⲁⲛ ⲅⲧⲩⲁⲛ̃ ⳝⲁⲓⲛ ghⲓⲟⲛ ɼan fⳝⲓⲛⳇⲉ í, ⁊ do ghⲉⲗⲗ

Ian 14 Cⲛⲓⲟⲣⳇ mq a deⲓⲍ Éⳟ ɼan ɼⲟⲓɼ- ⳝéⲩl go ccⲁⲩⲣⲥⲑⲟⲏ an ɼⲓⲟⲛⲁⳇ nⲁⲟ̃ṁ ⲥⳇⲓⲥⲉ, ⳝo bⲫⲁⲓⲣⲃⲧⲑⲁⳇ aⲥⲉ

ⳇⲟ

do ċoṁnaḋ gaċ fírinde ḋí. 7 do
gráḋ an son Ṗheadair fá gan a
ċreideaṁ do ċailleaṁuin go bráṫ,
7 tug dó (mar sgríobhar leacar) Luc: 28
cuṁaċ-caċ do ḋaingnioġaḋ na
ceineadoṁ; 7 ní do.ṗsirain Ṗheada
a ṁáin tug sin, aċ dá gaċ con do
ṫiocfaḋ go dlíṫsionaċ na áit, óir
ní hfglar le nó a dó do rine, aċ
sglar ḋaingion ḋeiṫirte ḋoġ-
luairti do ṁaṗcaḋ go deirḋ an   Chr·y:de sa
doṁain mar a tá agan fáiḋ sras.   cerdote 2:
part
59 · 7 dá réir so, ionan Ṗheadar   Cyprian de
7 gaċ Pápa 7 ar mar sin ṫeigit   vnit: ecl: &
na neomhaithne é, 7 bhítar é ar   ep: 27 & 55
Leo: ser: de
Ḃriáṫṗḋ Chríost (Mat: 16.)   â nuer asū:
an tan a dubṗt go ttóirḃḋaḋ   suæ.
Aug ts: l: de
a sglṗs 7 ċaṁris ḟleoġ, siaċ bhṗ   vt l: 1 cred:
aḋ doirsi naḋṗeaċ iffṗñ buaiṫḋ   16
Hier: 1: in
Ioun: opt
2 con: parm

oyŕe go bŕáż; óŕ muna żabŕaš
an żuṁaŕ aŕ to phŕeoq a ṁháın,
ṣan oıóŕe do beıż ſ aŕ anżŕa
ıombuaın an żoŕáḃ ŕuſ ſ q żóṣ
eŕḃ a ṣḃlŕŕ, ⁊ nı bıaḋ daınġıoṅ
aḋ buaıne ſ bıoż ṁeı, ſıı żoıṁ-
ŕolaḋ Cŕıoſże a ṣṁllaḋ ṣo mſ-
ŕeó ṣan żŕżıa ṣo deıŕŕeó doṁ-
ġn.

2 Oıſ nı ſollaſ ŕéŕ ıoıż naoṁ-
aıżŕıḃ na ceŕṣ ceżó ṁilıaoḣan
eq éıŕ Chŕıoŕo ṣab ıonaṅ a neṣ-
laſ éażoılc ⁊ a neṣlaſ ŕoṁánaż.
Cŕŕŕeżo aṅ ŕo ŕáıże choda dıoḃ
ġŕŕḃaſ ṣab ıonaṅ ıao, ⁊ ŕáıże
żoda eılı ġŕḃaſ ṅach éıoṁ leŕ
an neṣlŕŕ ŕoṁáıŕṣh ṣṁáıo do
ṣlacaḋ, aſ żŕḃóżaż aŕ żıŕ aŕ
Pól é. A żeŕ eṣ ṣŕŕıoḃaḋ żuṁ

ar románač (c. 1.) do bh̃eirim
dh̃glčeir rom Dhia féin (ᵹ ré)
go bfuil bᵹ cenerolm̃ toitch. ᵹn
rčo an doñrᵹa; ionaṁ ro ⁊ abeir
catolic. ⁊ a riʃ (c. 16.) a tᵹ
bᵹ nublaᵹ (ᵹ ré) idn na poillᵹ-
ogᵹdh ra nᵹle árt. do ʃinmóin
Pᵹog an cᵹeirth̃ dona románᵹ
nᵹb rᵹl do ʃᵹriob Pól a neitiʃ-
ᵹile ⁊ do bᵢ ᵹr ʃñᵢ̃ rᵢo̅ ᵹd cᵹxᵹ
he, ⁊ ᵹᵹ tioñ̃ʃgnaṁ beit catoil-
ce .i. coitčiḷn dᵢ̃γᵢ̃γᵢ̃d domhrᵢ̃a
nᵢli rᵹ namᵹa féin, ⁊ ᵹr nᵢ̃ze ro
a deir Pól go roibi a cᵹeirtᵢ̃
⁊ a namᵢ̃ado lᵹn ᵹlacadan é ᵹᵹ
bᵹoillᵹogᵹdᵹra nᵢ̃le árt. ᵹré ᵹn
ré a ᵹᵹdᵹ go ᵹabᵹdoᵹ na hᵹᵢ̃réin
čᵹdᵹa ᵹᵹ ᵹlᵹcadᵹ an cᵹeirtᵢ̃ čᵢ̃o
ᵹa, na ᵹdᵢ̃aiᵹ do réiᵹ ᵹᵹtᵢ̃zᵹte
X x 2   Dé

Dé 7 mꝛ ſin do ṗinꝼ̃ɔ cneirb̃ṁ ea
colic b̃e, 7 aſ ionann b̃eiꞃ nomꞃ̃eān
ꞇa b̃ó 7 b̃eiꞇ caꞇoilic; aꞃ a ven
na nɑꞇ̃maiꞇne niaꞃ ꞃoilleine é.

3 Aṁbꞃoꞃ (de obiꞇu Saꞇgꞃi)
do ꝼiaꝼꞃuiʒb̃ó b̃e (ꝗ ꞃé) an noibi
compáinꞇ 7 cumana aiʒi niꞃ na
ꝗꝺ bogꞃ̃bh caꞇoilci .i∕ niꞃ an
nꞇʒlꞃ̃ꞃ nomꞃ̃andiʒ, 7 a ꞃíꞃ (l. 1
. . .
epꞇ. 7.) a vein ʒao e an napa
ꞃꝺi coimhb̃oa ꞇꞃꞃꞇa Chꞃíoꞃd aꞃ
cual do cꞇoꞃcꞃ̃ꞃ ꞇoꞃo ꞇéiꞃꞇꞃꞃ.
7 a níꞃ (in 1.aꝺ Ꞇim:3.) ꞇꞃꞃh
Dé a nꞇʒlꞃ̃ꞃ ꞇꞃ ʒoibinнеón Da
maꞃuꞃ Pápa. 7 a vein ep. 181
go cconʒaimh a nꞇʒlꞃ̃ꞃ nomꞃ̃nac̃
niaʒail cneroiṁ na nabꝼoal ʒꞃ̃
aoꞃ̃ió.

vide cum
lern :47 de
ſide Peri:

4 Aibhiꞃꞇin (conꞇꞃa eplꞃ̃
ꝼunoꝺ-

anvamen: c. 4.) conʒáinʒoh mā
ra nʒlinr an tanma catolic atá
nime ri ʒan áthbhan, ón ʒé ʒo
rantnʒio na huile eiritic, ca-
toilce vo ʒáʒm ōiob féin, tan a
ēín ʒn a nuʒ riarrnʒhthi cáit
abénl a nʒlar catoilic, ní fnʒi
eiritic án féin a ráv ʒab ia ʒ
lar féin i. ʒoinioh Alibiroin aa
nʒinr catolic to nʒlinr ina roi
be féin, 7 ar rollar ʒ ra nʒinr
rováinʒ ʒ vo bi. 7 a nir, maoh
olc mait leó é (ʒ ré) ní ʒhoinio
ton catolic aʒv catolic, ón ní
tnʒʒiʒe iat an moth eili. 7 ra
náit éʒona, ní héitin leir an nʒ-
lir rováinʒ (an ré) vroine vo
iʒluʒ. 7 a nir, to roillnʒth
an trelinʒr catoilc (ón ré ʒnō

XX 3   lica

de vera rel
cap: 17

& l. 2: de gr
ati Chriſt. 8

L: 2; contra
duas ep. c 4

liapáigh an Phápa Mocentiup
onópaé. A nír ep. 165. a veip
ʒ riiʒe lonʒáʒoa 7 paʒála na
hḟʒrin catoiler pḃʒrn ʒ néṁ na
nḟ boʒ vidiʒ anoidiʒ a ecátoir
Pheoʒ, 7 áṁṁiō vá ḃríʒ ʒn na
papavaó pheoʒ ʒo hanarca
ʒur Pápa. A nír aʒ labḟc nir

In psalicōt: na heipicib Donacircea, áṁiah
parté don ōṅan, ʒ ṙé, bḟ nḟboʒa vidiʒ a
nrciuʒ ó chacoir pheoʒ, ir i an
eanaʒ nách claoin voin uaḃ-
ṙḟá nṙnṁ.

5. hienon: l. 1. concra nunff:
éa vá nʒoinion ʒ ṙé, a chnercḃ
péin? náp von chneiróḃ ṙoṁán-
ach, ar cacoilce rinn. 7 a nír,
l. 3. con: liʒʒibiō a ṙior áʒaa
ʒṙéʒ nách ʒábḟan an cneroṁ

poſ̃ánach do ṁolaḋ lé bél an
abroail a leiċeiṙ ſ̃n do ṁ̃gllćón
ſ̃: ḋá ṫaigḃ̃ aiṅgiol ṫpoillſi-
oḃaḋ neiċḃ̃ do ḃiaḋ conṫrḃ̃a
ṫon ṫiġnſg̃ puḃ, ní ḃ̃éilleḃ̃ ḋhó.
⁊ a náiṫ eili aġ ſ̃ríḃaḋ ġaṙ an
an Ṗápá Daṁaſuſ ep:̃ 57 . a
ṫ̃ aṙ ſé, a ccompáiṅṫ néṗ ncṁ̃—
aſ̃ . 1. né caṫon ſ̃loḋ: ṫuṙa oiṙ̃—
ṙe a niaṙġ̃e, a ṫai do ṙ̃ġhe
ṙan ceaṫoiṁ chṫ̃ona . ⁊ chuṁ an
ſ̃n ċṫona, ibiḋeṁ, aṙ diṫniḃ̃ ḃaṁ̃
ġ̃ ṫóġḃaḋ a nṫġlaſ aṙ an ccaṙa—
ṅ̃gſ̃, ġ̃ḃé iṫioſ aḋa don ṫaoiḃh
a maiġ don ṫiġ̃n, ⁊ uime ġan ċṫeṙo
ḃ̃ é. ionaṅ̃ ſ̃n ⁊ ġiḃé ġlácaſ cṙei
ṫḃ̃ eili ſ̃é an cciṫeoḃ̃ poſ̃ánaḃ̃
ġo bpuil aṙ ſ̃éṗán.

6 Aġ ſo ráiṫi ċ̃ bpṙſ̃iaṁḋoccaṙṫ
na

na hEgluis iarone fán cccíssi ag
oshbaḋ náċ foil oifin ioin a nEg
lar ċatolic 7 a nEglar románaċ
as gab ionam iao, do bríg gibé
gábfuil an cneirtm̄ romanach,
go bhfuil na chatolic, 7 gibé ó
ts ouigion náċ foil na ċatolic.
Ní cuinim síor náiti Ghregoin
an cċhramaḋ neomhḋoctrin na
hEguiss, do bríg náċ dona cfíg
ċso do bliaxuib oaitle Chríosd é

6 Sreneur l 3 c 3 ag con fun-
oamnn̄ci na hEgrss (ą ré) tona
habroaluib tugaḋ ḡ boḋoitċho
na hEguiss tfuill amnugaḋ to li-
nur. As follar ḡ na pápa to ti
linur, 7 ma sin do réin an naoimh
ionam̄ ċiallnḋir an Eglar ċatoilic
7 an Eglar Rómánaċ. ḡmḋ an sin
féin

féin na pápada ó pí cog go he-
leuceniur, 7 a veip gurab eigion
tona Catolicú ŋle a ccűngal ré
hEglur na Róűa, mg coimżoaoh
piuű (q ré) bglphnocgpca, nó
cgußß beoil na Nab fcial go hiom
lán.

7 Tepculianur te prercnip.
c. 36 ată an Róiű agat (q ré)
. . . .
ó żpŋi agogear to iacq ogŋŋ
rona a hEglur í vá ccugaoari na
habroail a bhprŋl 7 a bpoglŋ̃
ŋle.

8 Cgonianur ep. 45 goinich
fnéiű, 7 mácŋ na hEglŋŋ Catoi-
lce von Eglŋŋ Rómánŋgh, 7 rań
áic clóna ag ßníobaoh go Con-
neliur Pápa, co damgnŋ̃ có ílŋ
bogoioßffa to ófgŋno, 7 céiŋi-
ace

ate le dhíbhadh ró follas gur ré ion-
ar go nglacadaois a ccompáinte-
ghli go taingion do chuman 7 do
chompáinteas, as é sin ré a rádh,
comaoin na heglaisi catoilice, ion-
ann agan neoch a nEglais catoilic, 7
an Pápa. A deir a ris l. 1 ep.
3 go molaoh cneidimh na Rómhánach
léis an Nabsdal, snách éidir le mí
chreidemh dul na ccoimhtecht. 7 a náit eile.
ep. 52 do toghadh an pápa Cor-
nelius gur ré a nuair do bhionadh Fá-
bianus .i. cathoir Pheoir polainh.

Ignatius an 2 na h.easpog do bhí
a Nantiochia andiaigh Pheoir, a deir
ep: 15 gur ab í an Róimh cenn na heg
laisi san reigion Rómhánach. 7 tai
nig an tespog Policarpus naomh
comhaois do Ignatius dionnsoighidh

an papa dliceetup tpuasglad an
chpuair do bí ḃ pan gcáiṡ, map
ṡgriobaṡ hiepon: de rcpip: ece
in policg p: et ipen l z c z tuig
ṫhicá téiupo ap an úipp do bí an
pé lm na nabpoal, ẛab ì an Zóriṡ
ecm na catoilicẛa.

Acanaḋup an noṁáṫẛ onḋe ne
ep co Ṡapcum papam, goiui oḃ
ácaip na hẛẛriṡ catoilce don pá
pa 7 máiẛ na nẛle ẛẛlap tẛlaip
na Zóṁa. 7 apip aẛ lcḃẛt pip an
bpapa, do chip via pibpi ḃ pé 7
bap ḡṅḡia abpralca a bẛpontoiltur
na huaḋẛanaẛa, 7 tuẛ áicm ríb
cṁpam na nẛle ẛẛlap do beit or-
ẛḃ.

Epiad Feli-
cé a habet:
inter ac
ta F el ro:iṡ
conciá

uincen: lipes: c. 9. ẛlaepao
ainepiompláit ap pé 7 ro ón ṫaṫ
ẛaip ab-

Abɔáíτα; ιοιουⁱ ʒo libʃaιcʃō a
nuilιöⁱʒnιan ɔaⁱnʒⁱn ⁊ an ɔíττιoll
lẻⁱτ ċoⁱñċò ⁱʃħ choⁱpaⁱn coⁱñⁱaⁱbaʃ
bħⁱoⁱⁱʒċe na nabⁱpⁱaⁱl ιomláⁱnι an
Éⁱⁱeⁱⁱⁱⁱñ ɔo ʒlⁱacaɔ pⁱⁱa. ⁊ cⁱⁱⁱⁱⁱⁱ
ʃⁱoⁱ mⁱⁱ ɔo chⁱoⁱⁱⁱⁱⁱʒ Stepha: ɔo
bí a nuaⁱⁱⁱⁱⁱ pⁱan chⁱⁱⁱⁱoⁱⁱ abⁱo-
ⁱⁱⁱⁱⁱ, an ʃⁱⁱⁱⁱɔe ⁱⁱⁱⁱⁱⁱʒⁱⁱⁱ ɔⁱⁱ uⁱⁱⁱⁱ
ⁱⁱoⁱⁱ ɔo bí aʒ eⁱⁱⁱʒe pⁱa Nⁱⁱⁱⁱⁱ
ʃⁱⁱⁱ: ⁱⁱ pⁱʒⁱⁱb: aɔeⁱⁱ nⁱⁱ τⁱoⁱⁱⁱ-
ⁱⁱⁱⁱ ⁱⁱⁱⁱⁱⁱɔ ⁱⁱ eⁱⁱⁱⁱⁱ pⁱⁱⁱⁱ pⁱⁱⁱ ⁱⁱ
ⁱⁱⁱⁱ pⁱⁱⁱⁱⁱⁱⁱⁱʒ. ɦⁱⁱⁱ Nⁱⁱⁱⁱⁱ: ɔo
beⁱⁱⁱ pⁱⁱⁱⁱⁱⁱⁱⁱ ⁱ ⁱoⁱⁱⁱⁱⁱⁱ an eⁱⁱ
lⁱⁱⁱ pⁱⁱⁱⁱⁱⁱⁱ cⁱⁱⁱⁱⁱⁱ na nabⁱpⁱⁱⁱⁱ
Pⁱⁱoⁱⁱ: ɔⁱⁱⁱʒⁱⁱⁱⁱⁱ S Aⁱⁱⁱⁱ:coⁱⁱ
collⁱⁱ. c ⁱ o ⁱ ⁱ ⁱⁱ pⁱoⁱ, ⁱⁱ ⁱ ⁱ ⁱ ⁱ ɔo
chⁱⁱⁱⁱⁱ cⁱⁱⁱⁱⁱⁱ nⁱⁱⁱⁱⁱⁱ ⁱ ⁱ pⁱⁱⁱ-
pⁱⁱⁱ, láⁱⁱⁱⁱ pⁱⁱ an ʒⁱⁱⁱⁱⁱ ⁱⁱⁱ
ⁱⁱⁱ bẻⁱⁱ ɦⁱⁱⁱⁱ: pápa ní ɔo pẻⁱⁱ

*cat: de vita
sua*

tarncoiṁ, naċ éirir do eṡgṁáil.

Optatur Mileuit: il 2 contra
parmen: ní hérom lít ⁊ ré a ráṁ-
a Ɡo ttaꞬað an chatoin do péo
⁊ ran roiṁ, Ꞃur ṫ⁊Ꞃ clim na nað
ſtal ṁte, iondar Ꞃo Ꞃcoṁocai
tondaſ ó na huꞃlð ran acneacaap
ꞃn, Ꞃo mbiað an té do tóiꞬéoð-
að catoin eile na haꞬꞃð na ꞃiꞃ
airtic ſña pꞇcaeh.

Epipan: heꞃ 27 iaꞃ náireaṁ
an bꞃápað Ꞃo péoꞬ ðó, ná bioð
ionꞬnað ⁊ nách ⁊ ré Ꞃo náꞃmhia
ráð ró leit, ói ar mꞃ ro do Ꞇnác
chiꞬ an ꞙiꞃinen ċum rolair. vd
ċoe a Ꞇcéill Ꞇ⁊að óñ té atá anꞃic
pꞇeoin tiꞬ Ꞇach ꞙiriṁ chatoili
ce. ⁊ a náit eile aꞬ labꞃꞃt aꞃ in Ancoṁ-
pꞇeoꞬ ran pꞙi a áite, ró an ċꞬi-   to princip

Ꞃs   ⁊Ꞇ a

ag an ré ag a tógbadh an tsglae, ⁊
inibeirtih buadh lé doirigh ifrno
.i. na heiricegraa ⁊ na heirianrgea
na hagugh: ór ruair an creidbh
a naile gilir daingion a bfeoat do
glac lochraca nihe sgoailir an ca
lam ⁊ ēnglar ar nēm.

Dpagáil bona ⁊ fioncobuir na
hfgrhi rirvndige ó rilioñ an cat
pilicgr rgó an domain ⁊ do chlaoi
na neiruciod a rí rirge do glaca-
van na naoimhi borg Ipex. aibir:
Opcatur ⁊ Epipani: cicaci réim
na bpapad do chor rior diaigh a
mordigh ó peoar gurun bpápa do
bi añ re liñ gac drne díob, od
thar a gcéill go ttug Criorb mo
do geall, don chatcoir ēgr grin ga
ra chum na gcatoilcéo do damg
riogad

ꝛoġaḃ ſa nſinmoe, aſ ċuꝛ ʒas
hꝛáꝟe ꝟo ſėċhꝛa. Ꝟo bꝛaꝟaó
ꜱéili 7 ón ꝓóiſi na hḟḃoiʒṡ ꝟiḃ:
7 Opcac: ſa nanꝛic; ꞁꞃan: aꝉeꞇ
ꜱꞃon na Fꝛaince, 7 Epiꝓhaꞃ: a
ꞇiꝛꞁuꝛ, ʒióꞇó a ſí ꝛo ſlᵹe ꝛaċn
ꞇoaꝛ ꝟo loꞃʒꝟeſ na ſꞁrме 7 ꝟo
ꞃꝛ́ꞃ cꞃꞃcꞃꞁ: ᵹ : conꞇꝛa Mᵹeꞃonꞇ
e: uꞁc: 7 Euꞃeb:caꝛʒi hḃoᵹ óﬅ
ﬅaꝉeꝛcꞃꞃa, an ſꞃċaꝛ cꞃona ó ꝓꞃ̃
ᵹuꝛ an ꝟꝛáꝛa ꝟo ḃí an ꞃꞃ̃ aꝉꞁꞃ̃.

9 Aᵹ ſo ꞃáꞇi 7 ꝛꞃaġhaꝛꝛꞃ
ꝛꞃcoꞃꞁ ꝟoccꞃꞃ 7 nꞃꞃꞃꞁꞇꝛaḃoh nꝛ
ceꝛᵹᵹ ecꞇó mbliaꝟan ꝟꞃꞁꞇꞁ ꞇoꝛa
aᵹ ꝟoꞃꞃꞃ́l ᵹꞃ̃aḃ ꞃ̃ a nᵹꝉaꝛ noꞃꞃ̃ꝟꞃ̃-
ꝟꞃ̃, a nᵹꝉuꝛ ċacoꝉic; 7 nꞃ́ꞃ́ éꞃꞇꞃꝛ
ꞇė ꞁꞃꝛꞃ́ꝛꞟ ꝟo ꞁꞃꞃꝟꞃ̃ nꞃ̃ ꝟo ᵹꝉꞃꞃꞃ-
ꝟꞃ̃. Ꝟꞃ̃ ꝛéꞃꞃ ſo aſ coꞃꞃꝓocaꝛꝉ a
a ſᵹꝉaꝛ ċacoꝉic 7 a nᵹꝉuꝛ noꞃꞃ̃ꝟꞃ̃-

nach; ór as é as catoilicecht;
creidemh coitcheann Chriost a tá
ag sileadh chugainn, ó Pheadar aird-
bhiocaire Chriost (tá ndéanta ca-
rraig ndaingin, ndoghluaiste na
firinne) tré na comharbaibh gus
an bpápa a tá do láthair againn,
mar silthear an tuisge tré fheadánaibh
ón fhiortobar, do ghlacadh go
hiomlán ⁊ do coimhéad go daing-
ion do mhúchtaighthe: gonadh de sin
ar dhaoinibh a nuile dhaoine ⁊ a nuile eag-
lais agá bhfuil an creidemh som-
ait, go bhfuil na mballaibh do neag-
luis chatoilic; ⁊ a nuile dhuine chail
lios an creideimh sa, na eirice, ⁊
na géint cheana, ⁊ na glinnadh: do
chion chuma na catoilicecht sa.

1.a. Do chreidiomh na páirtisi na

naomh

aomaienẽ ṅor go hioṡṡaic còṁ
ġrollaẽ, pocal aṅ pocal maṅ aṅ
ṗṡin ⁊ ḟéacaṡ gaoiṫiolg oṡ
ton onṅa gán ní oo chon ṅiú ṅẽ
oo buain oíoṡ, ná oromloṡ ion-
tá oo ẽlaẽloṡaoh a ccéill, maṅ
ḃṫṡ pollar ṗoon tẽ léiġṙ-ṗṡ ṅẽ
ṁonaio ⁊ a noémim aillèrtèèh.
Oo ġ́ġḃṟṅ tṙilleo oá ṙáitiṡ aṅ
⁊ lóṅ a houḃġt oá ṫṅḃaoh go
pollar ġab ronaṅ a neġlar noṁ́-
ánta ⁊ aṅ eġlar ẽatolie, ⁊ nách
éioin lé cġṫ⁊ oíoṡ ḃeit a nṡṅ-
aio. Oo léiġior toṅaṁ ṙáiti ṅẽ
aoṁ ṅá noottṅ oo ḃhi aṁ lẽ
hoon éo x.ḃliaoan, oġ go ṙoṅ
léin ṅé cheilṡ ṙaṅ ṗangeṅo, ṙġ
la aṅ lġḃṙán to ḃeiṅ lioṅoo, ⁊ to
ḃṙiġ nách glacaṅ móṙṅ àil aṅ

§§ 3.

ríoġ sa ṁarġnṫion; do bhadh mian
lin do ċoiṁeasg ar aithne na cceiṫre
naimsior.

11 Os follas nách eidir leis an Eg-
lais Ċatoilici beiṫ an aghaidh mar
do ḋeiṁbhiḋas ar an sgrioptuir, 7 as
follas ar aitnib no cceiṫre naim-
sior daitli ċriosd gab ionann an
Eglas ċatoilic 7 a nEglas Románn-
aċ, nó nách éidir lé so mar an cceu-
na dul a naghaidh, 7 nách diomolann
mórṁoráil an Ríoġ con ní dá naberṫo
aithne na gceiṫre naimsior dionnon
ta. Aṁ an nách bharso a Chatoilc
ċroiḋe adeir go dána taingion go
nionnṫa ngimhshinaidheach a nagh ní
ċeagurtar 7 gnáṫaiġṫir ann comh-
Eglais Rómánach, 7 ó do ċí go tEgla
Eglann, 7 go tabhair amaċ an loġaḋ

creid

speio g ní ríriñ⁊ é ina bfuil bíg
ṁóp cum lif a tanma, 7 oá mba-
ġō minipoin miſoinġapaſ an ligh
opt, epp a gſeill oo náſ tpʒʒioñ
pē an lig, óp ní pppʒġann a ṁóp-
ōáil leiʒioñ npoṁaitpēō na cepʒʒ
sampop, 7 oo ōhpbamṡni ġabē
po ap leiʒioñ oóiḃ.

Ní fán logaō a ṁáin ooʒaḃap
poc⁊, pá nʒbpʒṁintip af ionoup
ʒo noinʒūitá an nʒgumeint ſēō
na ʒo coitſḃn oo ōhpḃaō an nʒli
ʒnáip pugaṁ ó nʒlpp ʒo bfpl
ʒo m. pē olippionaſ, ṁāſ poil a
naʒnō an piioʒ, aʒ páō aʒ po.
Ní héiopp lep an nʒlpp chatoi-
lic hpoáio oo ōṁaṁ, 7 a oeipio
npoṁaitpe na cepʒʒ sampop oáiḃ
ḃ Cpíopo pa léiʒioñ nach oiom
                              olán

olann an ꞃi ᵹab ionann a nᵹꞬꞇꝏ
ꞇacoilic ⁊ a nᵹꞬaꞃ ꞃoᵐanꞇa, ᵐꞗ
aꞃ ꝓollaꞃ aꞃ a ᵐꞗaꞇiꞃᵹ ꝼein ɗo
ꞇnᵹꞇmᵹ ꞃioꞃ an ꞃo꞉ ꝗ a naɗꞃᵹꞃo
(abꞃꞇꞃ) aꞃ neiꞇi ꝼiꞃⁱnɗꞇa neiᵗꝼiꞃ
ꞃaꞃɗꞃꞇa an cuꞃaꞃ ⁊ an ꞇⁿꞃᵹe coꞃ
ꞃⁱocꞇa, an cꞃoꝼᵹaɗ, an caiꞃꝼoⁿ,
an ꝼaⁱꞃⁱ oⁱn, an ola ꞗeꞃᵹionach,
an ꞇⁿꞃⁿᵹ cnaꞗaⁱɗ, onoⁱꞃ na ꞃꞁoᵐ
aⁱᵹꞃꞃ, na ccꞃoꞃ, na ccꞃꞃaɗh, ⁊
ꞇaⁱꞃᵹꞃ na nꞏꞏꞏᵐꞏ, ꞇⁱꞃⁿⁿᵹᵹꞇe chuⁱⁿ
na nꞏꞏꞏᵐꞏ, ꞃaɗ na bꝓaⁱꞃoⁱn, can-
aᵐaⁱn na pꞃaⁱm a laⁱɗⁱn, ᵹꞁⁿⁿ-
ꞃⁿᵹᵹꝼ na ꞃaᵹꞃc, ᵹuⁱꞃe ꝗ na ᵐꞃ
ꞗaⁱꞃ ⁊c. ⁊ ni ceⁱꞃ ɗo ᵐⁱnⁱꞃ oⁱn ꞗ
ꞗioꞇ ꝼa cuᵐᵃꞃ an ꞃⁿoᵹ ⁱaꞃ ꞃo ɗꞗ
ꞇoⁱꞃꞃⁱoꝼᵹ, na ɗo ꞗⁱoᵐalaɗ, oꞃ
ꝓollaꞃ ᵹo ꞗꞃuⁱꞃⁱo ɗo ꞇeⁱꞃ na nꞏaⁱꞇ
ꞃᵹꞃ naⁱ oⁱoᵐolaⁿ an ꞃi, aꝼ ꝗ a
                                    laꞃⁱ

Laḃ go honóraċ, ⁊ oá ttabdra
uireto creroiṁ ⁊ to ḃeir na leṡa-
diceeṁ a oeip péin.

p: 18 praſ
moniroriſ,

Leanται αρ an ni cceaoᵈ
ra ar ḋ ḃaṡ g̊ ab é an creiꝺeṁ
το ꝼunoin paopaiꝣ ó ḟon atá a
fioꝼ aꝣuṁ, ⁊ oá péin ꝼa aḋ é ꝣ
in ar nbeiṫ arꝓṁáio.

C. 7.

1 hi móroháil an ꝓoꝼ
aṫáin aoṁar nać oi o
molta tᵹuᵹ aiṫló nᵃ
verᵹ naimꝛon vaitli Chꝛioꝛo,
aꝛ aoeiro póꝛꝝla a bꝛuil amuiꝣ
ón ᵹlaiꝛ éatolic, ꝣo ꝛoiḃe an
creiꝺiṁ ꝼꝛunteḃ aꝣa neaᵹlaiꝛ
ꝛoṁḣanuiꝣ ꝼeó na harmᵹꝛeꝛin, ⁊
coṁuio nóꝛán oioḃ ꝣo ꝛoiḃe aᵹ
luiᵹ

Luth 10. 7
li, con papa
rum & 1 1 de
capt. babil

Cal. in pro
phe: : mine
& ep. ad Sa
doletum &
4. inftit c. 2
§. 3.

De hoc.
Apol. pro-
teft. tr. 1 fec
1. & fec. 8.
fub. 1: citâs
multos,

In the fum
of the con-
ference be
fore the
kings ma 2
p. 75.

tard a bfear na ōráig gn. ᴅoṁrb
lúthi go roibe an ȼglar go marċ
fēō rē ċēo mbliaōan: ᴅoṁurō carl
bín an ní ċēona a náit nó a ᴅhō, 7
an áit eile, aᴅeir go roibhe ge
marċ aᴅaimgr S ᴅibi: 7 Optaeer,
ᴅo bí aṅ ran erȓgēō ċēo bliaᴅhan
ᴅaḃle ᴅoro. lḃṁ ᴅ iomaᴅ ᴅo ᴅoe
ċȓḃ hrráᴅe na rajan an ᴅá hē
ne hancara ran cháilg. 7 aᴅein
mōr ᴅáil an rȳ fēin náċh mol aṅ
an ȼglar rōṁánta ᴅo ȼré gṅ af
an ṁērᴅ g̃ ȼrērg rī fēin i fēin.

Ar né lṅ na haimgrir ma roiḃi
a nȝglar rōṁánach glan ō gaċ
hrráᴅ ᴅo réir aᴅ ṁála a hḃf eȝao
ᴅo chuir rī páᴅrarg ȼhrcach rie
blaċ chugainne ᴅȝ ᴅ carrrȝng ē
ᴅorᴅar na pāȝ antara go roiḃir

an croiſġċoil béġan .ꝛ 400 bliaꝺ-
ꝺa ꝺaitle Chꝛioſꝺ.

Aꞃ a náꝺꝺꝛ ſo ꝺo bꞃeit ġꞃeaꝺꝛ
na hÉġuilſ ꞃoṁánaiġi, ṁá ċoṁ-
ṁaꝛġir ꝛ an ní a iċubꝛaꝺꝛ aꞃ cóiꞃ
ꝺꞃġꝺ ġach eꝺeꝛꝺṁh .7 ġach ċb-
aꝺ oġ ṁꞃṁ a nuꝺſꞃꝺ ꝺo ċoꞃ
ṁꝺꝺo a ncꝺiꞃ .Óꞃ aꞃ ꝺeṁṁ né ċéġ-
mꞃſ Páꝺꞃaiġ ꝺúṁ aꞃ eꝺeꝛꝺṁh
na ꞃoṁa ꝺo chuꞃꞃ chuġuṁ é, óꞃ
ní ċꞃobꞃaꝺ amꝺꝺſ na olc. ꝛ ſa-
ꝛaꞃꝺ ꝺo ċꝺġuſġ ꝺúꞃꞃn .7 ꝺo baꝺh
ṁallaiꝺċꝺ an ṁaꞃſ ſꞃ ꝺo luaꝺh
ꞃꞃſ an ṁaġiſꝺꝺꞃ ṁioꞃbuiléꞃ ṁóꞃ
ġꞃaꞃꝺaċ. ꝛ a laṁꞃaꞃ na heꞃꞃ-
ce ꝼéin ġo honoꞃach ioꞃġanꝺaꝺ
.7 Éꞃ é an eꝺeꝛꝺṁh ꝺaġ Páꝺꞃaiġ
ꝺúꞃꞃn a nuꝺſꞃ a ꝺa a ꞃꞃoġ aġuṁ
a ꝺáꞃꝺ a naġaꝺꝺ ꝺé .7 ꞃa naġaꝺꝺ
ꝼéꞃꞃ

Camd. crꝺ
deꞌcrꞌip. fꞃá
p. 684. &
ſeq.

féin ar muinntir a tá ga oiberr
uainn, 7 ga ningrem fa na confi-
ló aguinn. na armuid my donto
g̃ creidm glan do broi fan roir̃
an tan do chuir Padruig dhug
uinn, cró fa beógruro dúiñ gan
leigióñ phatruig do liomhun acó
a chur g̃ cúl mar creidm fallfa.
Nár biot nge don mhrntir a ro-
ráy g̃ cuirtó riñ g̃ Chrecliñ tóir,
go bfuilto ga arurng tg̃ nochi-
óbtin g̃ Chreogm donemóá? nác̃ g̃
lug̃a an mhion̄ge a ráo g̃ creiclm
cleon do múintc ó túr oriñ; feg̃-
do rmi ro acáir oa oibeir uaiñ
aṡ oá nabrao ro bero concioha
óóib féin 7 búo héigion oóibh a
romául go bfuilto fir Shaxan g̃
óic creioiñ na aauicriorteróó
g̃

go ttáinig lucéir loẏḟa mac la-
eiḟeir, 7 Caluin coirpe. óir már
ereroḃi claen do ṫuir an zóiḟi lé
páoḃraḋ ṫugṟṅe iṟ gcaillṫṁṅa
aḣ ereroḃi eḣóiṅ ḋi féin, air erer
ṫṁi nóchlaon do chṟir go Saxan
lé haiḃiṟóiṅ to chṟir Ḃregóir
móir ṫuea, do ṟimóir an troir-
ġḃoil ṫóiḃ, dá chéd bliaḋan beṫ
naḋ tḟéiṟ Phdoṟṅg dáir ṫeṫṟ-
ṟṟḟne.

a ṅi ḟṟ ḋaṁ eréud do ḟreiḃ-
ḃraḋ eiṟiee dá ḟṟorḟṫhe do ṟoṟ-
ṟan beiṫ go ḟollar a naṫṟaiḋ ċéil
le, ḟ ṁoḋ go ttṟṟreḋ ṟaḋ tṟṟir
aḟ ṅáḋ biaḋ ciaḋ chapaiḋ, a ṁi
chiaḋ, air éirgion dóiḃ a ṟáoh ḟ
ereroḃi eili táṁig a ḟaḃ́ oṟṟṟ
ḟ atá lán reṁá d.ḃ, 7 do ṟṟper-

$\mathcal{S}\,\mathcal{S}$ rṫḟṟoṟ

rᵼiᵹᵵon, aᵼáiᵭ ᵭo ᵭíbeiᵳᵼ uainn,
ᵹnáċ é an cᵳeiᵭeṁ enᵹᵭa ᵭo ṁᵳ̃ᵹn
Páᵭᵳᵌᵹ ingᵳeimiᵭ.

3 Ni áibéoᵳᵳa ᵹ bᵳéᵹa ᵭubᵭ
iaᵭ ᵳo, acho ᵭéᵳa ᵭᵳᵼne eile ᵹo
bᵹᵳᵌliᵭ ᵹan ᵭub ᵹan ᵭaᵼh: ᵹ ᵼúᵳ
ᵭo ᵭᵹṁbaᵳ ċᵱa ᵱáċ éᵳoiᵳ leiᵳ an
nᵱᵹlaᵳ ᵳoṁánaiᵹ ᵹmáiᵳ ᵹ bioᵼh
ᵭo ᵹlacaᵭ, ⁊ aᵳ ᵳollaᵳ ᵹo ᵳoibi
ᵹ ᵼiᵳne ᵳiaṁ na ball ᵭon ᵼᵹiᵳᵹ
a ᵹcumaᵱ, ⁊ a ᵹcoṁᵱáiᵳᵼ chᵳei
ᵭiṁ ᵳia: óᵳ aᵳ i aᵳ ᵼᵹlaᵳ ᵱiᵳiṁé
aᵱ, coiṁᵼionól na ᵹcᵳeiᵭᵼṁéc ᵱá
ᵱollaṁᵱaᵳ ᵳpioᵳáᵭálᵼa bioc ᵭ̃e
Chᵳioᵼᵭ ᵼoṁᵱba ᵱᵱ ᵼc ᵹ, ⁊ aᵳ ion
ann ᵳo ᵹ a nᵱᵹlaᵳ ᵳoṁánᵼa, ⁊ ᵼá
ᵼᵹṁaᵭ ᵭᵳᵹe ċlaᵭló ᵱn ᵼᵳeᵼᵱi
ᵼaᵹ Páᵭᵳᵌᵹ ᵼᵳᵹn, ᵭo ᵹoiᵼ ᵱᵭ
ᵹ máᵼ ᵹ ⁊ ᵹ ᵿbanṁaiᵹiᵳᵭᵼ an ᵳóiṁ
ċᵱa

cū́m na hegꞃꞁꞁ catoilce ꞁ̄ mꞁ
ꞁ̄́ꞁꞃ̣b chꞃ́iona, do chꞃoꞁ̄ na Ca
toilicꞁꞁ̄a, 7 do ꞁ̄hꞁꞁcaoh ꞁ̄ mꞁ
ballꞁꞁb ꞁ̄ꞁba, oꞁ̄la ꞁo ttuaill-
ꞁ̄mꞁiꞁ boill eili chꞃꞁꞁp ꞁ̄iꞁoicte
Cꞃíoꞁt, ꞁ̄́ bꞁoillꞁ̄éoꞁ̄ꞁ́ ꞁ́ꞁ ꞁa
mꞁ́ eꞁꞁcib: mꞁ́ do ꞁiꞁe ꞁé na ttái
niꞁ́ deiꞁicib aꞁ̄ ꞁiaꞁ̄ ó aꞁmꞁꞁ na
ꞁabꞃoal ꞁ̄uꞁ an namꞁa a bhꞁꞁ́ꞁ̄-
ꞁꞁo.

aꞁ̄ ni ꞁꞁ̄ꞁa an ꞁ̄ꞁtoiꞁ abꞃoal-
ta mátaiꞁ na nꞁ́le ꞁ̄ꞁꞁꞁ, ꞁo ꞁé
na hinꞁ̄m ꞁ̄ꞁail ionꞁ̄ꞁꞁ, lé héiꞁꞁ̄
do ꞁ̄onꞁaꞁ̄ ꞁo daimꞁioꞁ̄ léiꞁ̄ioꞁ̄
na ꞁiꞁmoe ꞁuꞁ́ uaci tꞃé ꞁꞁ̄móiꞁ
ꞁ́áoꞁꞁ̄ an pꞃíoꞁ̄ꞁ́áib, 7 do oꞁ́ꞁ
ꞁ̄ꞁꞁꞁ́ꞁ a nꞁ́oꞁꞁ̄́aꞁ̄ ꞁ́ꞁ ꞁíoꞁ̄aꞁ̄ꞁ,b
eile, tꞃé bhꞁuꞁ́ an taimn uaꞁal
ꞁ́iꞁꞁ̄eiꞁic, oilꞁ̄ na ꞁꞁoꞁ̄, do ꞁ̄́ꞁꞁ

ti; ⁊ ní hiongnað náċ ðfına, óir
ðo ṙéir ċeirðı ðaoıni ugðgnóa-
ṙaċ ċon ċṙeıċṁi ċonċṙáða,
ðo ḃámg an ċṙeıċṁi fíṙınðeċh a
ḃfað ðaıċlı Pháðrrg. aðṁrg
Cṙonıcsoıṙ an ríog náċ ṙoıḃt̄
ðaoıni ðo ḃfoglamta ṙðo ba naı-
ṁe ıná ðeıṡgıobaıl Pháðrrg ⁊
na manaıgh ċáinıg ṙa náımṙıṙ na
ḃıaıg. aðṁrg fór ðrṅe ṁór oṅ
óṙaċ ðon nuaıċṙeıðṁh ṙa neıḃ
iṙoıl ṡgríobaṙ ṙe a lgḃa. áṁıðe
ðo ċṙṙ ṙé a ngaoıðlıg ðo nṡıcug
áð an neıṁċṙeıðıṁ go ṙoıḃhe ⁊
ċıṙ lán ðfoghlṙṁ, ðfhíṙınðe
Ċṙeıðıṁ ⁊ ðo naṁṫaċð a ḃfṙṙa
ðaıċle Pháðrrg: ⁊ ðo ḃerr leıṙ
agðṙ ðá ċh̄ḃað g̃aḃ aṁlarð ðo
ḃı ðá ċ̄ð ⁊ ċṙí ċ̄ð blıaðaı ðéıṙ
                        ċ̄ḃ

techda Phádruig .i. ré linn na
naoi nuagsal nóinbenc COLUM-
banus agur fillanus .

Caoiridh an duine maithi ran áis
cloina go truagh trinrbi go bfril
an tin anoir nomhcormhail rir an
amgnan fá comcbo dorcadóir ag
ar dícnerdimh: 7 dá fantacd to
glac roica fan lebanroin do cur
a ngoibilg, do sguor an cbofon
don chperdmh: Minic do cualan
ar, ghinán rrigbar ar éigior. dá
mad úc ro dó do banara drin a
chbadh gab eignon 7 an drim dá
bfril, acá ag témm an donacd-
dair 7 ag damgmogad an tícrer
dim táinig afabh marson rir an
an lebara an mochumain ifn gab
a rocarrdiomcam cgrfe acd
dh-

áḋḃar an ċointe fán doiléaṫaſ
atáſan gon a choṁluaḋaſ ċuoiſa
ṡreiḋṁċ do ṫaṁnzg oiſṙn̄, con
ċṅḃa do ṫreiḋzṁ Paḋṙng ſili
anuſ 7 Columbanuſ, 7 dá ṙoiḃhe
do naoṁṙzḃ ṙoṫṙn̄. óṙṅṅe aſ éi
diſ maille ſiṙinde aſ ngṡiái do
ḋṁaṁh ṙé dia fán doṙchaḋuſ ṙá
hṙzlio dá zcoſ le fóiṙṅhit az
ṡzṙioſ ṙoilṙ an troiſṡḃil úainn,
do ċṫzṙṡ Paḋṙuiz aſ ḃṙatṙún
ṡṙn̄. 7 cṙṙim a ſiazṙṙ a ċoṁ
ṙaſ an dṙiu ṁóiṙṙ zaḃ é a ṫoṙ-
ṫaḋaſ ṙém 7 na dṙomzi dá ḃṙṙl
aſ cioṅzaċh le zaċ díṫ;cieioiṁh
7 cṙáḃṙzḃ dá ḃṙṙl oiṙṙn̄, ṡzuiaḃ
é do ní ṅṅ coṁḋoṙcha 7 ṅn naċ ai
ṫṙṫaſ anoiſ nz ṫiṙ a mḃoṁón láe
ſoiṙ an ṫuata ſan táiṙdzṙboz,

(ṅi

ní labhraim ar ainm an ughdair, a tá onóir aguinn do ras truagh linn uighne dá ṡíol ar ſhnáid.

4 Aſ tabhram treg luſ coimhthinde creidimh, ⁊ tuigſin a gcás, ní nach éidir do theaſ, .i. go madh éidir Eglais do bhiadh an aoinchreideamh riſ an nEglais romhánta mar do bhá ingne, do dhul ar ſhnáid ſgan ſgaradh riſ an gcreidimh romhánta. ó admhuighid go rabhamar ar ḟírinde chreidimh ré linn Padraig ⁊ a bhfear na dhiaigh; ní folair dhóibh a thaiſbhénadh dhuinn cionnas tagla dhuinn malairt creidimh do dhénamh ⁊ dul ar ſechrán: ga haimſir, cáit ⁊ cia lé nochtnadh an drochmhalairt ſi, cia do chuir anagaidh an tſechráin, cia bá rí an uairſin aguinn: ór mar adeir

an ruadoctúir bennuighte Uincent
lainne: c. 34. ní táinig binárd
riam nach fríoth an áit 7 an aimsir
nar tionsgain, 7 an tainm sperr-
alta do ghlac: 7 dá dhearbhadh so,
do sgríob S dub: Optat: 7 naomh
aithre eile anmanna gach eispiscbá
7 ughdara gach smáirde da ttáin-
ig rompa ra nesclair, 7 ar ní má
léig creideamh nach tig a ttairbe pri
bligi, nó a ríoghdháis ar biot, gan
elaodlo 7 combuairdreadh mór, bíor
gollur, ní hé amháin ra náit na
ttesman, acht fós is na ríodhacda-
ibh coimhbheca. 7 ar dhibh ar so a
ttagla do chombuairdirt a néirunn
an uair táinig ó pagantácd go
creideamh cosc, 7 a ndéarna an rí
laoghadha mac Néill 7 a dhraoite dia
bírdhe

Eilizbe ó aibi zꝛbzaꝼ anaʒuió pe
ꝛꝺaiʒ 7 a ncoiṁch, leiꝛee.

5 leʒaó luꝼ an nuaichꝛeoiaḣ,
leʒbꝼ iꝛiꝼ, 7 análaó ꝙ ττine, ꝼgꝛa
ṁaó ʒo moṅ ꝙ ꝼgꝛiob ꝛáichꝛꝺe ꝙ
eꝛoiniceoiꝛe EIꝚIONN, Alban, 7
Shaxan: piaꝼꝛiʒeó ʒnáτcomṁe
na noaine, 7 iꝙ noenaṁ a noiτeill
bioó aꝼlánꝼiaʒnꝛꝛ ꝙ bioτ oꝼaʒ
áil aꝼ a ṁaḋball, 7 a ṁaghapi
pem, ʒo noṡmaó claochló ꝙ bioτ
eꝛeτoiṁ a NEIꝚINN ó aimꝛ Pha
ꝺꝛꝛʒ aꝼ a bꝼꝛꝛl a nꝼiꝛáio anoiꝛ
oo ó́naṁ lé ꝼoiꝛꝛiṅgiτ anaghaiᵭ
cꝛeroiṁ Phaoꝛꝛʒ.

6 Ni τáiniʒ ʒaᵬálτaꝼ τ́mpo
ꝛálτa 7 ni τuʒaó maióṁ ó aim
ꝛꝛ Phaoꝛꝛʒ ná chꝛꝛioᵭaꝛ na
eꝛoiniceoiꝛe ꝙ coiṁ́i anáiτ 7 a

ꝛaimꝛioꝛ

naimhgor a ttágla, 7 an mhrṅcin
lé nohṅad, 7 cia do bhi ag cur
na nagrṅo: ar mór 7 ar fada an
ruan do bhi orra má do rinnsoh
ṡabhaltur rrionadálta orrṅn
7 má tugad maróm a a ccreidṁn
ag labeadoa 7 nġ ṡġriobadoa rocal
dá taoib ro, 7 nát rior óóib cia
lé nohṅad, ná an aimrion, ná a
náit a nohṅad, ná cia do bí ag
eátáġad na agrṅoh. níon imġh
eladtló 7 ní támiġ craoibṡoaitó
a ċintóaérṅb móra a ttíne nách
fril do mġbá a 7 ṡġriobhtha ṡán
ecnomiceóiniṙ, ni hé a ṁam do
Órṅboa mm nátäi ráin a ccoirṁne
don mhrṅcin tíṡ na noráiġ, 7 ní
t aoilim ṡo bfuil tír ran ċriord
anóġṙ ar lia rṁáirohe ó difṙe 7
ó óá

ó ḋáccar má q ʈír, ór ɼe náʈ bɼ
ɼinchuiʈe ó oiɼic ɼña ʈíoptuibh
eili aꝼ aƷ na príoḋꝼaiḃ a ṁám,
vo ba Ʒnáʈ Ʒan coinʈiƷɼ̃na móp
ʈꝼƷuiḃ Eiɼíonn beiʈ Ʒan ɼinchar
ɼe ʈílɼ ráʈchair aiƷe.

7 Dá ḃríƷ ɼo aɼ ní neṁchéill
iḋe a ráḋ Ʒo noɼñnaḃ cloochló
eɼeiviṁ aƷuinn véiɼ 'PháčruiƷ,
7 ná chuiɼ cromceóiɼ q bioʈ, ná
ɼinchuiḋe ɼ̃n a ccoiṁni von ṁuiẽ
ciɼ ʈioepaḃ na nḋíaiƷh, óɼ aɼ ní
ionƷanʈach ꝼꝝcoɼɼ̃uil, Ʒ̃ chuiɼ-
ʈoq na huile neiʈi eile eiɼꝼɼ̃áča
ʈo ḃꝝn ɼiɼ an ʈíɼ na lꝝḃruibh,
7 ná ꝼáƷḃaʈq coƷaḃ ná ccṁ̃Ʒ-
luaɼaꝼ Ʒan ioṁpáḃh: 7 an ná aɼ
mó q bioʈ .i. cloochló eɼeiviṁ
aƷa mbi Ʒo coiʈchioɼ̃ coṁƷluaɼ
achæ

aʃ mór ⁊ combuaiðiʁt na ʃoiʃ
roʃʃ nač laibeóʁavaoiʃ focol ɋ.
naʃ na ccovlavh nó ɋ meiʃʒi vo
ḃaoʒ a poiḃi ʁé ʃinchaʃ a néiuṁ
an tan tǽla malaiʁt cʁeitimh,
vo bphava an covlavh é, óʁ ní
véintiora naon ló ina a móran vo
laitiḃ claocló cʁéitiṁ ʒo hiom-
lán a péiʒion ṁóʁ, ⁊ a ccáʃ ʒo
ʁaḃavɋ na ccorlav nó fa ðʁaoḃ
ʒʃ ʒo nvʃmaṽ an claochló ʃo ʒo
hiomlán, iɋ múʃʒlaṽ vhóiḃh aʃ
ionʒnaṽ nach facavɋ an claocló
úinta .i. cʁeivṁ Pavʁaiʒ iɋ ná
choʃ ɋ ccál, ⁊ nuaichʒeivʒʃ na
vit, aco muna ṁʃaiv na heiʁica
ʒó ʁaḃavɋ bovhai balḃh ⁊ ʒan
cheill ón chovlav ʃin a mach ʒa
ham a mbaiʃ: ʒiʒtó ní cʁeivfe ʃo
aʃ

as daoine gan ċéill gan tsrúin 7 a
ccás go tteigeóṁadh an dit céil-
lis q na sinnsearaib, Ni ḣiongnadh an
pobal féin q an cclaochló, as do
ḃiadh a ccoiṁni aca ag teacht ó na
ḣathar gus an mac, mq a tá na ccoiṁ-
ne gurab é Pádraig tug ó pág-
ántacht iad go creidimh Chriosta
7 mq biaś ċoidhċe gurab iad na her-
rice a tá anois dá ningreim, a
tá ag dibeirt ċreidiṁ Chriosta-
aiḋe.

8 Dá ndéanmois fós fir Eirionn
uile féin q malairt creidiṁ do ḋén-
tadi aca (ní nq éidir do ṫagṁáil)
ni ḣiongnadh na talta eili féin q.
as do ḃiadh sgriobhta a rodairibh
iomad naisión; mq a tá aca gurab
é Pádraig tug ċum creidiṁ sin-

7 a narmṡop a nṫ̃ma, 7 cia an ṅ̃
do bi aṅ a nuġṅn, 7 ̇cia an Pápa
do ċṅn chugṅnn é, 7 fóṅ g̃ab é
an ṅi an tochomhaoh Enṅi tug
coṅaċ an ċṅeiviṁ ċlaoin ċugṅnn
a tá lé ḟóṅṅṅgṅt ag vibeṅt cṅeiv
ṁ Phaoṅṅg uaṅṅ.

9 Aṅ ni veiṁin vḣṅÇÇa do ṅéiṅ
an ̇comṗáiviṅ̃ go bhḟṅl eiṅe na
hóig ḟinglain ṅan ceṅeiṫṁ, ṅg̃
̇comṁo a maiġvionaṅ to cḣṅi ṅo
ó nam ṅg̃ glac a ċṅeiṫṁ tṅé ṅġ̃
móiṅ ṅ Nabṅoail uaṅail iongan-
Çṅg̃, g̃an conta do ċabġ̃c tḣṅ
ṅáiv ná veiṅiceġ̃ ṅiamh, go bḟg̃
nó go móṅ. 7 aṅ ̇i ṅo glóin aṅ
mó aice do ċ̇aiḃ Dé 7 an tṅ̃aġ
ail; óṅ ni ḟṅaiṅ conṅéġion ton
Ṡṅioṅoṅoḃġ̃ an pṅiuileṅoṅi .i.
                        be.ċ

Beit ꝼæꞃ ó nuꝛle eꞃꞃceꞅꞃ, aꞅ eꞃꞃ
a ṁáin, 7 a hingṡ ꞃonṁꞃꞃ Alba
ꞃꞃꞃꞃ a naimꞅꞃꞃ mꞃ ꞃcꞃꞃobꞃꞃo uꝼ‑
oꝼ óꞃꞃoeꞃꞃce náꞃꞃon eꞃlꞃ. Nꞃ ꞃꞃꞃꞃ‑
aꝼ ꞃo nꞇꞃ̃a naomhꞇꞃꞃ a noꞃléꞃn

vide Bosſ
de ſigill:ſi
c.1.

ꞃo móꞃ a ccúl ꞃꞃꞃl ꞇáꞃnꞃꞃ an ꞃu
aꞃꞃꞃꞃꞇꞃꞃꞃꞅa, maꞃ vo ꞇꞃꞃavh ꝼóꞃ
a ꝼoꝼlꞃm óꞃꞃoꞃꞃc a noꞃlꞇꞃ ꝼꞃꞃan‑
cꞃꞃ̃ꞃ 7 ꞃꞃꞃꞃꞃꞃꞃꞃ a nallṅo, maꞃ
ꞅꞃꞃꞃovaꞃ béoa bꞃꞃꞃꞃꞃꞃꞇhꞃ: ꞇꞃé

liꞇ:ꞃ.hiſtꞃ. ꞃ
& 7.

ꞃomao na ccoꞃꞃꞇꞃꞃ 7 na nꞃabál‑
ꞇꞃꞃ, vo viꞃꞃꞅꞃoh na ꞅꞃolꞇa, ꞃna
mꞃꞃꞃnꞇꞃ cꞃꞃávao 7 léꞃꞃhꞃonn, 7 aꞃ
ꞇꞃé ꞃo ꞇáꞃnꞃꞃ ꞃomao aꞃꞃꝼꞃꞃ 7
ꝼꞃꞃao a ꞃoꞃꞃ, mꞃ aoṁaꞃ Camo:
cꞃoꞃnꞃceꞃꞃ an ꞃꞃoꞃꞃ. ꞃꞃohꞃoh nꞃ
ꞇáꞃnꞃꞃ eꞃꞃꞃceꞃꞃ a ꞃoꞃꞃ ꞃꞃaṁ ꞇꞃꞃ‑
ꞃꞃꞃ̃ ꞃo ꞃoꞃꞃꞃ a naꞃꞃꞃꞃoꞃꞃo, Oꞃa
ꞇꞃꞃꞃꞃꞃꞃao uꞃꞃꞃe.

A a a 2   A ꞃ

10 Ar na hadhbharaibh a cClann
chroidhe Phádraig, óid chí sibh féin
go follas nach dhféadhair claochlódh
creidimh ó nam fá ndhéanadh crios-
tuidhe díbh, as gabh é as creideamh
a nois díbh, an creideamh do shea-
móir Pádraig ar bpáctuin bhfordaighthi
thi, 7 do dhaingnigh lé hiomad fheart
7 míorbhal a nuaghsin díbh, congmhaighidh
go daingion dogluaisdi é, agas
fulaingidh persecusion 7 ingreim,
braighd 7 bás fuil do thréigfios
sibh é, óir as ar a tá bhar slánughadh.
cuiridh contrárdha ar an aisle chreid
imh a tá contrárdha dhó, 7 gé go
ccuirfidhe fá bhraighd Babiloin sibh
dá bhar ccladhnadh ón chreideamh chóir.
mar do rinneadh lé cloinn Israel, ná
tréigidh an fírinne fughabhair ó

pha-

phⱥⱦꜱⱥ᷉ⱅ ⱥ᷉ vⱥⱽꝑⱤᷓⱿⱽ ꝶⱦ ꝑéⱿ
vⱥⱿ᷉ⱎⱯoⱿ vⱯ⟆ꝑ vo OḣⱯⱥ, coⱯⱿᷓⱯ
oⱪⱥᷓ cꝑⱯⱥⱥᷓꜱⱯⱿꝑⱪⱽ ⱯⱿ ⱑⱽ ccⱿeⱯⱯv-
ⱗᷓ. ᷓⱶⱼ᷉ ṁⱥⱯⱿꝑⱼ bꝑoⱯv ⱥⱿ ᷓꝑⱿꝑ
⁊ ṁⱥⱼꝑⱯᷓ ⱥⱿ ⱅⱥⱿⱥⱞⱥ ⱿᷓⱪᷓⱿ ꝑⱯoⱿ-
ᷓⱤⱯvⱑ, ⱅꝑⱑ Ɀⱥ ꝑⱤⱥᷓ : ᷓⱶⱼ᷉ ṁⱥⱼ-
ꝑꝑⱤ ⱥⱿ ꝑoⱑⱼ ꝑⱥᷓᷓⱥⱪⱅⱥ ⱅꝑⱑ ⱅⱅⱿⱑⱯᷓ
ⱅⱯꝑⱯ ⱥⱿ cꝑeⱯⱅⱑ᷉, ⁊ ṁⱥⱼꝑⱯᷓ vocⱶⱥꝑ
ꝑⱥⱿ ꝑⱯoⱿᷓⱤⱯvⱑ Ɀⱥ vⱯⱥⱯoⱶ : cóⱯꝑ
ⱑⱦⱪⱥ Ɀⱑꝑ ⱥⱿ ꝑⱯᷓ ⱅⱅⱥⱪṁⱤⱯvⱶe, ⱥ ⱅⱥ
óꝑ cⱯoⱿ᷉ bⱥⱅ ccoꝑꝑ; cóꝑⱥ ᷓo ṁóⱅ
ⱑⱦⱪⱥ ⱅⱑꝑ ⱥⱿ ꝑⱯᷓ ⱿⱑⱞⱤⱯvⱶe ⱥ ⱅⱥ óꝑ
cⱯoⱿ᷉ Ɀⱥ ccoꝑꝑ ꝑⱯⱥ ⱿⱥⱿⱞⱥⱿⱿ.

11 SmⱥⱥⱯⱿⱯᷓ ꝑóꝑ ó ⱥⱅ ṁⱿꝑv pꝑⱯoⱥ᷉
ⱘᷓvⱥⱯⱿ Ɀⱥ ⱶeⱯⱿⱯcⱥ᷉vⱥ, ᷓ ⱥⱑ é ⱥⱿ
cꝑeⱯⱅⱑ᷉ cóⱯꝑ vo ⱑⱯ ꝑⱥ ⱿⱦⱑⱤⱯꝑ Ɐó
ṁⱥ᷉ⱅⱥ ⱥⱿⱅⱥⱿ ⱅⱥⱿⱯᷓ pⱥⱅⱯꝑ ᷓⱥⱼ
Ɀⱑ᷉ ꝑ ᷓ ⱥⱑ é vo ꝑⱶⱯⱞóⱯꝑ Pⱥ́ⱅꝑⱯⱼ
ⱅcⱿꝑⱿ᷉, ꝑⱯⱥⱑ ꝑⱥᷓⱑⱼ ⱥ ᷓcoⱿⱶ᷉ Ɀⱑ ⱥ
      ⱥ ⱅⱥ ꝛ   ᷓꝑⱥoⱿ

❡cnoinice go noṫinamar malairt
riaṁ air a choṅtráḋa ro, ⁊ fell
ġṅa do nío oiriṅ a naġaiḋ dé fia
naġaiḋ féin, ag budin ⁊ gcreitriṁ
ra gcraḃaiḋ ḋiṅ, iṅ ḟláṅ⁊ġtó ⁊
ṡna, ⁊ ar reiṅrera, ⁊ḟ néiġnio
ġaḋ chum cnetoiṁ ḟallra hirái-
diġ oḋaḃ cníoch damauġaḋ ſior
ṁḋuiḋe, Creidiḋ go calṁa a nṅṡle
ḋaċṁġaċ, a ṫuḃġt roiṁe, mar a
tá, an tairffoṅ, an cnoſġaḋ, an
ffoiſſoin, a noláiḋ꞉⁊c. ſ⁊unaḃ é
Páoṅṅ⁊ do ṁṁiṅ ḋaoiḃ iaḋ; ⁊ḟ
tó ar cópa cnetoiṁṅn, ſiách do
chléiṅ chollaiḋi an cnetiṁ ṫon
Ṫnḋa, ⁊ ór dona naoṁġnáṅ⁊ḃ
an ní ⁊ a ḃrṅḷmio aġtiáṅ aṅro
.i. an loġaḋ, tuġ ffoċ⁊ḋṅṁ an
ḃeġáṁṅ do ráḋ ⁊ ſraid ⁊ tiṅe
Ɓ⁊

זo coicchim oo ėcaıŏ chꝛeıoıṁ,
bıoŏ mɼ móꝛ agꝛ̃ɓ ɋ, ꝺ cꝛeıoıŏ ᵹ
ꝛoṁóꝛ a b̃ᵹ oo ŏıol na bꝛıan acá
oıꝛꝺ̃ cꝛéꝛ na pɓaŏꝛ̃ɓ oomaıċŏ
ŏıɓ, oá b̃ɋ ꝛꝏáŏ ó puꝛᵹaoóıꝛ,
ꝛoá ɓɋ luácaᵹaŏ cham ᵹlóıꝛꝭ.

ꝼꝛeaᵹaꝛėha aıėhᵹheã
ꝛa aꝛ ṁṁ̃ɼꝛ oııɓ ꝼán loᵹaŏ.

C. 8.

ᵹn ċio ċɼꝛo, cıa ᵹá bꝼꝛꝭ aˡ
oꝛ̃aɼ an loᵹaŏ oo ėa
b̃ɋc amach? acá aᵹan
ꝼapa ꝛɓoh na cꝛꝛṁe ꝛꝭle, oo b̃ᵹ
ᵹ ab é bıccɋe ċoꝛo, áꝛoṁŏɋe an
cꝛɓoa, ꝺ coṁanba phɓoaꝛ. acá
ꝼóꝛ aᵹ ᵹać lꝭ bog ó na oıꝛıc cuṁ
aꝭ loᵹꝛ̃ŏ blıáŏna oo ėáb̃ɋc am-
oã an uaıꝛ ċoıꝛꝛ̃oᵹaꝛ ẽᵹlꝛ̃ꝛ, aᵹ
aꝭ oá ꝼꝛꝛ̃o lá ᵹać u̇ɋ eıłı ma ŏıo
ꝛꝛɼ ꝛéıṁꝭ: ní ꝼꝛꝭl aᵹ ouıne ɋ bıoċ

c. cum eꝛ
co, & c.
nꝛo. de pꝛ
nı: & ꝛꝛꝏ

eili ó oiꝑic, munᴀ ꝼᴀᵹhᴀ úᵹᴅᴀ-
ᴅᴀꝛ ᵱᴀᵱᴀ, nó ꝼ boiᵹ.

2 Ⱥn iᵹnᴅᴀꝛ obᵹ mᴀit ᴀꝛ bioᴅ ᴄum
ᴀn loᵹᴀiᴅ ᴅꝼᴀᵹᴀil? ᴀꝛ ᵹnᴀt obᵹ
éᵹin ᴄꝛoᴄᴅe .i. ᴅéiꝑc, ᴄꝛoꝰᵹᴀᴅ
úꝛnuiᵹᴅe ꝛc. ᴅo ᴄuꝛ mᴀꝛ ᴄoinᵹioll
ꝼᴀn loᵹᴀᴅ ᴅꝼᴀᵹᴀil. uime ꝛo ᴀꝛ
ᴄóiꝛ ᴀ ꝼiᴀꝼꝛᵹe ciᴀ hi ᴀn ᴅꝼᵹobᵹ
ᴀᴅᴀ ꝛᴀn loᵹᴀᴅ, óꝛ munᴀ ᴅꝼꝛinᴅhᵹ
i ní ꝼᴀᵹᴅᵹ toꝛᴀᴅ ᴀn loᵹᴀiᴅ.

3 Cꝛᴅo é ᴀn ᴅullᴩuᵹᴀᴅ hiᴀmᵹᵹ ᴄum
ᴅoꝛᴀᴅ ᴀn loᵹᴅᵹ ᴅꝼᴀᵹᴀil? hiᵹꝛᵹᵹ
beiᴅ ᴀ nᵹꝛᴀꝛᵹꝯ ᴅé, ᵹᴀn ᵱeᴀᴄᴀᴅ
mᵹbᴅᴀ, óꝛ ní hᵹꝛiᴅe ᵹ ᴩᴀiᴅꝼꝼᴀꝛ
ᴀn ᴅé ᴀᴅᴀ ꝼóꝛ ᴀ nꝛᴄᵹᴅeᴀꝛ ᴅé, 7
nᴀᴄh ᴅéin ᴀiᴅꝛiᴅe. ᴀꝛ lóꝛ beiᴅ ᴀ

vida Cord.
l:5.q.14.
Suar: to: 4
d.32 ſ:2.

nᵹnᴀꝛuiꝰ ᴀn uᵹ ᴄꝛꝛiᴏᴄnuꝛᵹᴅꝛ ᴅeꝛ
ᵹníoᴩ ᴀn loᵹꝛᴅ, .i. ᴅᴀ mbeᴅᴄᴀ
ᴀ ᴅᴅoꝛᴀᴅ ᴀꝛ ᴄꝛoꝰᵹᴀᴅ iᵹꝛᴀꝛ ᴀn ló
ᵹᴀᴅ ᴀ bꝼꝛᵹᴀᴅ ᴩᴀꝛbᴅᴀ, ꝰᵹo ᴅꝼill

ṗeg uaió maillr haitṗiói a noeɼɼ
ɓ an troisgte.

Ala uair a oeir an Papa, oo ben
m an logaóṙa oo nγle óuine oo
ġ̇naɼ a leitéioro oobɼ̇ thṗócɨe
ɼan noṁaṅ aitṗiói γ ṗcrriɼoni, an
raitɼ an ṗroiɼtin oo ċur a ngṅ̇oṁ
oṗaġáil tɑba an logaió? mátá
comṗɼṙóin an ṗaġáil, óáitɼ an
ṗoiɼoin, muna ṗoil aɼ lóɼa náit
ṗióe ṗéin: γ lé ṗaiɼoin oo ó̇ṅaṁ
nó gan a tṅ̇aṁ, na óéin ṗailliġe
ṗán logaó, má troi gan ṗún ṗéc-
aioh; ṁɑḃtá ort ṗéin, γ tá otɼgṅ
aó a ḃṗ̇aó tú, oéin aitói añ, aɼ
gluaiɼ ċum an logaioh.

multi quos c tat Cord q.27. Suar: ſe.3 & alii

An lóɼa choɼ oṗṙaċuib γ ó̇γni
eile an gṅ̇oṁ iɼɼaɼ an logaó oo
ó̇ṅaṁ .i. tṗoɼ̇aó, tupaɼ, nó úɼ
nuiġte

D. Tho 4.
d. 10 q: 2.
5 d 3.

nuiġże? ní lór ḃ concor manꝺ phé
ġżar ṁn ꝗo ꝼollos a mbulla an lo
ġuiꝺ.

6   An éiꝺin lé ꝺrṁe carba an lo
ġuiꝺ ꝺo ċabhairc ꝺá ċḃṁꝺ ḃeó?

D Tho su-
pra & d 45
q 2 3 9 2.

mar a ḃꝼaġży ṁn ꝗo ꝼperṁalca a
mḃáċꝛuiḃ an loġhuiꝺ, ní héiꝺin.

7,   Aḣ eiꝺin liḣ cꝗḃa an loġáiꝺ ꝺo
ċabḃżċ rċꝗ ꝗcꝗoiḃ mꝗḃa? Aꝛ eiꝺis
an nuili uáin ꝼoilṁġhṁ ḃꝛiáżꝛa
an loġáiꝺ é, óꝛ acá ꝼo a nꝗꝛáṁ 7
ó ḃéuꝇprocꝗpc aꝗan nꝼꝗluṁ ꝁoꝺ-
máncá ꝺá náċ eiꝺin ꝺuꝇ ꝗ cꝗꝛaiꝺ
mꝗ ꝺo ċhiḃár ꝛoiṁe c. 6 Aꝛ é ꝺ
peꝛún ꝼo, mꝗ a ꝺubꝗc ꝛoiṁe ꝗ
ḃoiꝇꝇ concuiꝛp ṁr cicċe na cꝛíos
cuiꝺe ꝛꝇe béo, 7 mꝗḃ: 7 ꝗo ḃꝼꝛꝇ
ꝗ ꝗconꝗnaṁ aꝗá chéiꝇe aꝗ cꝗn-
ꝛꝛnꝗ cꝗ nċúżaiꝺ ꝼioꝛṁꝺꝛꝺe ꝗo
ꝼaiċ

Leo in bu
lla cont. Lut
D. Thom.
4. d. 45 q 2
3. quæstiun
1. vide decr
pon: apud
Gab: in can
loc: 57 om
ꝗcs dd.

flaictheanur: 7 an mrynetr do chuaid
chuca g dopuf a rosc, do beirto
a gcongnaṁ oirnne chum tefa na
noidaig. Da briogh fo mf af eidir
liñ gribe g beodib fg ṁgbrb: af
eidir liñ mf an ccbona g logad do
tiochiacad doib (mf ṁrynior an
ngluf trñ) ma foillfgio batta
an logaid, gab i gn toil an pa-
pa: 7 dfagail logaid don ṁgb ni
hicyth oirne do beit a ngyrb.

Cnéo áf ciall do logad na mr
le pecadh, do beirthf amach go
minic? Ni chiallygioñ go mait-
tior coir na bpecaid: oir ni fog
nañ logad chuige fo, af maitid a
mbi oit do péin tréf na pecaduib
do togbad diot rif an naittide
7 gairthior pecad fan rgoptrir

do

8

Cord: q 18
26 Gab lee
57 citans D
Tho: Ric:
& Nau: cō
de indulgē:
not: 22 n
30.

ꝺo péin an pᵹcaiꝺ. 1 pec. 2. ꝛ
machab. 12.

5   Cꞃéuꝺ aꞃ ciall ꝺologaꝺ bliaᵹ
na, cᵹo lá, nó aimꞃiꞃ eile chṁca

Cordᵹleᵹ a
ᵹ1: ꞃoꞇ a ꝺ
21. q 2 2 1.
cóꞃ:
vide Suaꞃ:
4. ꞇoꞃ ꝺ 50
ꞃ ꞃ n 14 ꞃꞃ
20. a cord:
qꞃꞃ

aꞃ gꞃaꞇ ꝺo ꞇabᵹꞇ amach? Aꞃ é
ciall ꞃo, ᵹibé pian puꞃᵹuꝺóꞃa
ꝺo ꝺíoip ꞇa péinleiꞃ an lóiꞃᵹa
oṁ ꝺo ᵹénꞇa, pꞃó na haimꞃꞃe ꞃa
ꞃ an ꞃoᵹal, an loᵹaꝺ ꞇá ꝺíol a
náiꞇ an loiꞃᵹníomha ꞃom .1. ᵹi
bé lóiꞃᵹníoṁ ꝺo chuiꞃꞃꝼioh con-
ꝼeꞃoꞃ ꝺoꞇéiꞃ chꞃioñaꞃa, 7 chiꞃꞇ
oꞃꞇ, ᵹo cꞃꞃa bliaꝺꞃa, ꞇiolaꞃꝺ le
ᵹaoh bliaꝺhna a nuꞃꝺaiꞃꞃin ꝺon
péin ꝺliᵹe a bꞃuꞃᵹaꝺóꞃ.

10   Cꞃꝺ ꝼa bꝼuil an loᵹach anoiꞃ
ní aꞃ mó a nᵹꞃáꞃ, iná a ꞇꞇoꞃach
ꞃa hᵹᵹꞃꞃꞃꞃ? ꝺo bí cuṁaꞃ agan ᵹ
luiꞃ ꞃꞃaṁ a ꞇabᵹꞇ aꞃaꞇ achꝺ aꞃ
mioꞃca

memes a noir do ben a mac é; do
bnígh a teoraic na h-Egailli go roi
bi iomáḋ deignioṁ ag na enſor-
onġaib, 7 began pcaḋ, agar go
ndemoir loingnioṁ trom docraḋ
a nuig eġṁaḋ ḋoibh trgeim ran
bpeaḋ. a noir a ta mórán pcaḋ
agṁṁ 7 began deignioṁ, 7 a ta-
moro roilg g tum an loingnioṁa
7 da bnígh ro do ben anglar leir
an ccuṁar pug ó Chrioſo cong-
naṁ ḋṁṁ ar a boinciroi do biol
g bpiaċ.

11 A nuig do ni orne cug ang
lir airivhe, nó gniomh eili ra
tugteg logaḋ iomlán a mac erſo
ra nrgnaṁ logaḋh eili, go cionn
raḋaimṁne na biaig ſin? ar mait
an logaḋ do rolateg 7 riṁṁ ta

Halen:4. q
83.in 5.
Bona: 4 d.
20:Gab .in
can lec. 57
Cord:l.5.q
7.ad 7

Cord.l. 5 q
17. dif 3.
Gab ſu nau
trade indul
nct. 22 Su2
to.4 d.54.f
3 n 8

ſeince

meinice p̃óp̃ngṫ hí é. ⁊ túṁ ní p̃f
óⁿz an uż p̃úġⁿz é an naⁿaðⁿz
a nzⁿáⁿⁿ z a . an ċⁿſ p̃á zzuz-
aṽ a mac ⁿ lánlozaṽ, do baṫh
éⁿoⁿ zo maṽ lóⁿ lzṫloghaṽ do
żabżz ⁊ a ſon z . ċéⁿo an deiż-
níom̃ oá ṁeⁿnce do níṫhſ é a m̃ŏ-
użaṽ zlóⁿe do Ohia, ⁊ zⁿllⁿṽ
nuazlóⁿ don zé zo ní é 4. p̃áſ-
aⁿṽ an zⁿúbailce ⁿé záżⁿżⁿ na
noeiżníom̃, ⁊ lażⁿżżżⁿ an oub-
aⁿlçe : áⁿ oo níd na oⁿaṽżlóⁿa p̃ao
żⁿáſ oⁿⁿa ſo, ⁊ ní háⁿc ſo ohó
ſⁿ. ⁊ ċⁿzo oona háṽṽⁿżⁿⁿ zé
zo naⁿbŏⁿzaⁿ aⁿⁿſⁿom̃ ⁊ m̃żⁿ aⁿ
altóⁿ pⁿⁿżⁿleⁿoⁿż ſⁿoⁿza anⁿa
ó phunz aⁿóⁿⁿ,ní cóⁿⁿ p̃aⁿlⁿżⁿ
do ṽⁿam̃,aⁿⁿⁿⁿ ⁊ oⁿoⁿe eⁿⁿ zⁿṽ
ezże zo ṽⁿam̃ ⁊ an nanam cⁿⁿⁿa.

An

An té do ní eirꝫ dón veigníomh 1 2

hiamꝫ cum an logaið �; 7 nác vém

an eirꝫ eili.r. lá vona eri laitið   Suar: supra

enoirgce hiameꝫ enꝫe, an bpaꝫ   Cord:1;23
                                   Anton: 1 p
aṁ an ereꝫ eirꝫ dón logaðh? Ni ui:1oc3 §

paꝫaṁ; do bríꝫ ꝫ ꝼá coingioll 4

ꝼa hoibre go hiomlán tugað an

logaðh a mach.

An naicbbeacchꝫi an logaðð vo 1 3

coirmiosꝫað erér an cé vo ꝼine

an gníoṁ do hiꝫ ꝼ ao h ch rꝫi, co

beiz a bpēcað mhꝫbéa, a nuꝫ erꝫ

cam na haicꝼiðe? Aꝣ mꝣerothe   Palud:1 4 d
                                   20 q 4 Syl:
cré cꝼóc ꝗe ꝼoé go nclꝼ eꝫ, aṁ   indul § 7 v
                                   3 Henri:1 7
ꝣl aicbbaicchꝫi ꝫað vꝼ ꝫhobꝫ co   de indul: a
                                   9 n 3
caillō cꝼé crꝫcim ꝼan bpēcað a

nuꝫ cꝫcꝫi cam na haicꝼiðe. 1oꝣ

aṁ an logað vaicbbeaꝫað 7 a co

ꝼað vꝼaꝫál, aṁꝣl mꝫ do biaðh

       b b b z   ꝫaꝣ

ġan coirmiosg. 7 copach.

14 An nḋéin an loġaḋ tġḃia ḋon tṡ
a tá coṁsḃaracte? ní ḋéin do,ꞃg

Suarcto 3 ꞹ
ꞅál á

ġaḃ é aꞃ éiꞃḟeꞃ don coṁsḃaġaḋ
oꞃꞇe do ṡġaḋ ꞃé comṗáꞃꞇaḋa
tioꞃa coiꞇċiṁ na hEgꞃlꞅi; aꞃ aeꞃo
ġé go nḋionġnaḋ an cés. aꞇꞃꞇ
ní héiḋiꞃ leiꞅ loġaḋ. ꞇꞃaġáil go
ḃꞃaġa aḃꞃolóꞃ oḋon coṁsḃaġaḋ.

15   An éiḋiꞃ leiꞅ an neꞇꞃuec loġ-

comunis

ḋo ḋꞃaġaiꞇ? iṁ héroin ꞇá ḃꞃꞇog
náċ éroin le oꞃꞇe ḃeiꞇ a nġiḋ-
ꞇꞃꞇ ġan cneꞃéṁ, 7 náċ cénén
ċhiꞃoe no hEgꞃlꞅi do ꞃóiṁn aꞃaꞃ
a cloṁn ꞃéin, ꞃnáċ ꞇá cloṁn aꞃ
ꞇeiꞃꞇce.

16   An uꞇ do ḃeiꞇioꞃ loġaḋh ḋa
ġach con do ni cuꞇꞇꞇ aġ Eġlꞅi aꞃ
ꞃuḋe maille deuoġon, an niꞇꞃꞇaꞃ
                       ꞃal

dul a roċ' inci chum an loghadh
d'ḟaġáil? Ní hiaircẏ, muna ḟoil b'
áċra eigin eili ran loġaḋ éngmor
ṁ mẏ comġioll.

Emanu to ſ
bte 182 cord
li ſ q 31.
Roſ. v indſ
n 21

Cia ar ṡon do pianca do ḋiol ı⁊
lé hobuib cróċẏe, nó lé loġaḋ?
Ar fṡn a ndiol piũ a pion iairr a
deiuid na páiroċóa. Ar é an loġ
aḋh ar mó ḋiolar don péin, ⁊ ar
é an lóingníorṁ ar mó énllior do
ġlóir, ⁊ ġeinior dona rubailcib,
dá ḃríoġ ro, ní cóir failliġi do
léigḋ a ceġfẏ ḋhiob. acáio pi-
anca purgoóóra conṁġéir, conṁ-
niṁnḋé né piancẏ,b irḟṁn mẏ a da
ḃġc ran cilr iaṁ c. 5. 6. 7. ⁊ ní
fẏr do ḃryne ġá ṁéio ḋiġḋr ḋiub
ġ an náóbġroin ar mẏġ náõ coir
péó de iao anuġ ar éioié ġ ḟcoi
éuṁraḋi.   bḃḃ 3   Aa

18   An fíor an ní a deirid ran tín
fi, go bfuil logað ḡiohe agan té
Cord:q 23 ibíor a ċapán a ndiaig altriḡte?
Ní héroin leir an bpapa logaðh
do ċabḟc amach, aḟ maille háð
bḟ ndleiḟdionach, 7 aḟ ionañ ſin 7
criſ ohiaðha, ſubaiicéé, do beiṫ
aigi ċriḡi. Aſ mċreiðéi go ttu-
gað an logaðroim amach ſán nal
túgaðh do ráðh: giohéó ní ċrei
dim go ttugaðh amaċ é ſán ndúiḡ
diði: 7 níṙ ruzéó a lír, ibhthṙi ṫ
go maiṫ (go hḡiohe ran tín ioſ
guiḡ) g u logað ḟ bioṫ 7 ní roi
fuiñ ḟ pbééð an miṙntin bioſ ag
iði obééañ ḟ a chuile maṙ ḡriñn a
ndiaiḡ altuiḡéi, oḟágáil logaið
óí ní neiċe ioſéu bḡhe cum ſúḡ ḟ
éu, na neiċe ſp oiacáléa.

                   Cd

Cia ar tarbhuighe do dhuine méd 19
áille, cnos nó chrádh loghadh to
beirt aige, nó beit a gcombháic
nios spioradálta na bpaghadh 19
mao loghadh, mar atá bráithnios
ghno mhrne a nórd S Doiminic, 7
bráithnios ghno chrhfra S Fromh-
as? Ar fhin dó go mór beith a
mbráithnios ghno, do bog ór ceadh
an loghuidh go mbí cuid 7 páirt ai
ge do mhaithghníomhbh na ccombhrá
chan ryle, 7 go taig go minic do
chachaige na rachmhnctó 7 chum oib
ndó trócaje tré beit a ccombháic
nios ghno. 7 fór an loghadh do
beirtchi amach do na combháicibh
chnádhughó glacas gné rcaidi rpior
adálta chum reirbhís Dé 7 líghra a
nannara, ar é ar tirle, ar mó
láir-

lóirgníom tʒoibreadh, 7 ar mó
ʒeinior vond rubhailcibh.

20⠀⠀Anuair do ben tʒi loghadh vd
ʒach tume thiocfar do vhñiañ
ϧrnuiʒte ʒo tñpall anide lá féi
le Pádruiʒ nó féile S Froinrair
an bfaʒann an té thiʒ ʒo minic
ʒur an tñpall an lá rin ní ra mó

D Tlio 4 d
20 q 1 a 3
má conloʒadh amáin? ní fáʒañ ar
q 2 Syl: v
indul: n 16
vd ttuʒtcoi an loʒadh rom amach
Cord:q 33
ʒan aimʒor rpeʒalta vainmnio-
ʒadh .i. lá nó octáibh, do ʒʒbʒ-
tcoi é vd ñeince vo tiocradh vrʒii
ʒur an ttñpall, nó ʒo háipridhe
uair ʒat con lá.

2 1⠀⠀Cionvur criocnuʒtʒi nó caill-
tior an loʒadh, ionnur nat éroin
Cord:q 36
Syl: v indul
a ʒnóuʒadh ní ar mó? Cailltior
✱ alii
q tri ñoóriʒb .i. anuair théid an
⠀⠀⠀⠀⠀⠀aimʒor

amgon ainreí do hórongéo cum
a pagata topt, ┐ an uain goin-
tioe y aig é, tgéif an gam tpoill
hogad go hromdubaid, ┐ an uaii
comicion an aif od btagad é.i.
má do loifgéo an teimpull, no an
paroinga poibe an lógad.

Cpto é an logad mói tubilte- 22
us ó ngoieta bliadain an logh-
mgó? an alúo hi tabytcoi an log Cord:q 12
ndea amdé dy ó ció to ció bliad   Nau com:
                                    de iubi noe
ann, moif do beintioi amdé é gac 1.2.3:
tgagéo biadam y pichio, ┐ bi y
imgtum pto na bliadna: dy ioidn é
┐ logad na nyli pheacad, no lán-
logad, dy amain g gnat pan iu-
bileéur, agogohay do thabdine
dona conpfroinib a gcaryb da
phapa, ┐ chum bipfeinraide do
óinanb

oo óṫnaċ a móraiḃ aṁrċ⁊, aʒoṛ
aneiċiḃ eile. Do beiṛċioṛ a maċ
é lġ⁊ amrʒ von Ḃliaḋainṁa ⁊a
ċṁ̇ṡiḃ móṛa na hḟġṛlṛi ʒo coiċ-
ċioṁ, ṁ⁊ ⁊uʒaṁ̇⁊ an mḃliaṁ̇ṁa
⁊ ḃṛaṁḃiṁ⁊

23   Qla ⁊é bioṛ a mḃṛaṫċaoṛ ṁnv S
Ṗṛoinnṡaṡ, a nuḋ̇ léiʒioṛ an ċoṛ
vo coiṛṡṁoʒaṁ̇ lé huaṡṡ̇an éiʒin
vo nóṛv amuʒa naiṛḋ̇an bṛóʒnaṁ̇
cṛioṛ ʒan ċoiṛṡṁoʒaṁ̇ vo ċoṛ na
áiċ, ċum loʒaiṛ̇ an ḃṛaċuṛ ṁṛo

Rodri to ⁊   ṛaʒáil? Ni ḟoʒnaṁ vo ḃ̇ʒ naċ
q.58 a 1   ⁊uʒaṁ̇ loʒaṁ̇ ao ḃṛaiċuṛ ṁṛv,aṛ̇
von ṁṛ̇ċiṛ aʒá mbi cṛioṛ coiṛ-
ṁoʒċa ó uaṡaṛán éiʒin vo nóṛv
⁊ṛṛċa. Dá ṛéiṛ ṛo ṁ⁊ ċailltioṛ
loʒaṁ̇ na mḃċáilli a nuḋ̇ cailltioṛ
Ṡ̇ṛéin ioṛouṛ ṡaċ éiṛoiṛ a ṛaʒáil
aiṡ⁊

síqe máf, ní héinic an bracóp ṫina
cífṁġáil, ⁊ niuṫ caill cíopi an ċóp
ġoíbpiṡġé ċóf. coṁoġéa eili.
Aḟ loṡaò do ḃeino aáfġáin na
nóíia aceápbaró aáéu, an can ġláe
uoidiṗe ġo folbanaca ina ccom
páiṁe, ⁊ do ḃeino ḃṡ ġo fpeṡal
ca ciṡ, ⁊ páinc dá ġaċ cpoṡġaò
dá ġaċ únonġéi, dá ġaċ féiṁóie
⁊ dá ġaeh cnábaoh dá ncéinio a
niofġáin incġalca? níhéò ṗ con
cor, óe af af óncíioi na hṡṡin lii
bíieṫ an loṡaò ⁊ ní ċabġéae é af
do ónne bíoi pá uġoġioáp an cáṁ
do ḃeiv a maċ é, ⁊ ní fṗl uġoṗin-
báp aṡ na huafġáiivġ inaġalca
ṗ an nóínchipoiṗi ná ṗ na dainiṁ
in ġlaenio na ccompáipc.

Af é di do ḃeino dóiḃ, páipc ⁊ 24
                                    comh-

coṁhnaṁ rpeiʒalta vo ċrábaiḋ
7 vo ḋʒoibriḃ na nvoeṁe maʒal
ta bíoṡ ṡa na naṁlaṡṡ vo ḃíol a
bpian, 7 vo ṁċuʒaḋ a maiṫḃ̃,
7 vá ṡopaḋ ʒ olcṙbh cṙṡp 7 an
na, ói ṁʒ aṙ éivu vo oṙʒne maʒal
ta ʒéiṙ a ṡumṙʒċe, 7 a oiḃ ċró-
eʒe vo coṙbiṙc vo ċhṙṙne eile,
ċuṙ na ċchuṙṡ, aṙ éivip vá uaṡʒ-
ḋn an ní cčona vo ḃċṙáṁ ʒo háṡċe
vo ċṙaiḃ cṙábaiṫ ċoitčṁ an ċoṁ-
tionóil nó an cṙro: ṡaṙ mċpervéi

Anſel: &
Iuo   Car.
quos citat
Cord ɪq 42
punc ȝ D.
Th: 4 d 20
q 40 Palud
d 45 q 22
Ric 6 wal.
ȝ to de ſacr
tt 16 vide
Cord ſupra.

ṙóṡ ʒ́ éroiṙ leiṙ vḋʒoiḃiṙ rpeiʒ-
alta na níoṙʒán vo ʒor vraʒháil
luaiḋʒṙa, 7 vo ḃíol ṡiaċ na ʒcó
mháṙṙan, muna vhéapṙaḋ na hi-
ochvaṙan ʒo ṙoṁṙaḋaċ iav to
ḃíol a ḃpiaḋ péin, 7 a piaċvanaṙ
oṙṙa, mṙ avetiṙvnaoiṁ7 tocṙṙiu.

DCN

ꞇon loghadh do ghei-
bhiꝺ an tꞃuntiꝼ glacaꞇ bꞃái-
ꞇꞃioꞃ mꞃꝺ S fꞃoingaꞅ.

1 Aꞃ ꞇꞇūꞃ ꝺo geibhiꝺ logꝼ
na nuile pꞔꞔaꝺ an lá glacꞇꞇꝼ ꝼeaꞇ
nó bꞔn ꝺꞮoꝺ a mbꞃꞔꞇꞃioꞅ nó a ꞃꞷ
ꞇꞃaꞅ mꞃꝺ S fꞃoingaꞅ iꞷ nꝺtꞷ-
aꞷ fꞷoingone 7 iꞷ nglacaꝺ cumaoꞮ
ne: 7 aꞇá an logꝼ cꞇꞷna aca an
uꞷ a nbáiꞅ iꞷ mbeiꞇ ꝺꞮꝺ a ꞅꝺaꞇꝺ
ꞷꞃáiꞅ, acho aꞮm lꞷꞃa ꝺo ꞃꝼꝺ ꞷ
ꞇꞔul nó ꞷ ꞇꞃꞷiꝺi.

2 ꝺo ꞷeibhiꝺ logꞷaꝺ Ɪomláꝺ
gach uꞷ ꞇꞮgꞮꝺ a nꝺꞮꞷꞮꞷ fꞷoingone
7 cumaoine, cum an phꞮoꞅeꞅgon
ꞇꞮoꞃꞷꞷꞷꞃl aꞅ gꞃꞷꞇ aꞷan ꞷꞃꝺ. 7
an ꞇꞔ aꞷ naꞇ bí bꞃaꞇꞔuꞅ ꞷꞃꝺ, ꝺo
ꞷꞔꞮꞷ ꞷꞔuꝺ bliaꝺuꞮn ꝺo logꞷaꝺ ꞃꞷ
ꞇꞷ ꞷuꞅ an phꞮoꞅeꞅgon ꞅoꞮm.

3 Do geibid logad cíd lá gac uẏ
do nío coṁroẏ 4 an ccorp naoṁ
an tan do beirtʒi é chum na ndaoi
ne ttiñ, nó 4 ṁqb dá ṫṁlacaḋ, 7
gac uẏ do beirid déirc do boẏ,
nó do nío ríotcháin roir luẏ nḃ-
conta, nó éirord oirir na hṫgȝiẏẏ
.1. na ttá nó an th bairt.

4 Aẏ éroir ibo na logaidẏ dfa
ẏáil dona mẏbuib fuẏ báy a ̍nȝr
uib.

5 Atá aca gac logad tugadẏ
na Papada dona bráittȝb mion-
úrla nȝ goirboh an air. An papa
Sixtuẏ 5. tag ro uaid 29 aug:
1587.

6 ȝach uẏ do ̍ȝṁad raiȝtin 7
ȝlacrad cumaoin a bfearcaib an
tiȝȝna mẏ atá Nodluiȝ, cáȝȝ,
cṁc

éircigir 7c. nó Mhrghe, luria,
Albertur, Mhrgri magdalén, nó
Phtod 7 Phóil, do geibid log-
ad romlán. Innocen: 8. leo 1 o.
Greg: 1 3. 8 :10: aug: 1 5 7 9. ar
do twid na compáiri atá aca if
gac logad ré na bráicb miontúa
mar tug Sixt: 5 dóib, atá ro
aca 7 na logaidr ríor.

7 gac uair a dhiad conóm lo-
ra .1. 7 paidrecha x q ficid gon
a ndue maria, a gcoimni na háim
siri ro mq ran roghalra, nó co
roin Mhrghe ma mbid 7 haue ma
ria x q tripicid, paidin ré gac
ndeidnbmhq di, 7 cré na diaig, do
géubad logad romlán leo x. Iuir
ur: 2.

8 gac uq a dérad an neomhadh
CCc 2   ralm

pſalm ⁊ exaudiat te vͧr, nó tͧ
parone ⁊ c̄ haue maria a tͧmp-
all nó a répéul na mbͧátͧ mionͧt
maille gͧ̃be do ōͧnͧ̄ ⁊ an bpa-
pa tug ſo amac̄, do géubͧo gac̄
logͧo dá bſagtͧ an láron a nͤg
laſͧb na Romͧ ⁊c. ⁊ an ͧ̃ſͧtͧ lé
gac̄ éioin tͧé tͧnoſͧnó toiͧ̃ioſͧ
noleiſoionͧc̄ eile tͧ̃ go tͧmpoͧ
na mbͧátͧ, ſoigͧbͧoaio dóibh an
ͧ̃ͧſ̃ͧghͧte ſn do ſͧoh ſa nͧ̃t ⁊
mbeio. Clem: 7: 1529.

9 Gach uͧ a deſao nó eiſ-
ͧeͧco aiͧoͧ̄ chonſeſſion Mhͧſſe
l.i. na féili ing gabͧo a mbͧoͧ̃ i,
aſ gͧ̃be do ōͧnͧ̄. aſ ncoͧ̃aſ͂ ͧn
pápa, ⁊ ͧ ſtͧaio na hͧͧgͧlſi, do
gébͧo logͧoh iomlán. leo 1o.

10 Gach ͧle ohͧ̃ne (gͤ nách
biͧͧ̄

biaḋ a mbráiṫrios ṫíro) iⱴ noḋ
naṁ froisoin, ⁊ cumaeni, do ġénár
euǵc chraibṫéé aǵ ṫⱃⱃ ǫ bioṫ
do núⱃo mhionmiⱃ a bféilⱦibh S.
Phroinⱦⱥ, Anⱦoin ⱦe Páoua,
bonauenⱦúna, bhepⱃⱃⱦoⱦnⱦⱃ, nó
Chlaⱃa: ó chⱦó ⱃⱃⱃⱦ na bfeil⸺
ⱦⱦⱥra, ⱦⱦ lⱃⱦⱦ ⱦⱃⱦⱦ⸺ⱦⱦⱥⱦⱦⱦ⸺
ach, ⁊ ⱦⱦⱦⱦⱦⱦⱦ⸺ Dⱦⱦⱦ⸺ⱦⱦ⸺ fá ⱃⱦo
ⱦⱦⱦⱦn na bfⱃⱦonⱃⱃⱦo ⱦⱃⱃⱦoⱦⱃⱦ⸺
oe, ⱦⱦⱃⱦoⱃ na heⱦⱦⱦⱦⱦⱦⱥⱦⱦ, ⁊ ⱦⱦoⱦⱦ⸺
aⱦo na hⱦⱦⱦⱦⱦⱦ ncⱦⱦⱦ⸺ⱦⱦ do ⱦⱦⱦⱦⱦⱦ⸺ⱦⱦ loⱦⱦ⸺
aⱦh na nⱃⱦle ⱦⱦⱦaoh. Sⱦ xⱦⱦⱦⱦⱦ 5.
ⱦⱦ ⱦⱦⱦⱦao eⱦⱦⱦ aⱦⱦ 2oⱦo. ⱦ. 2. ⱦⱦ
87.

Claⱃ

clan ma bphaghthan

to péin ṡṗio na haibroili na
ṁeiti ꝗ a ttnáꝼtꝗ ṡan lꝗ
bhṗáꝺṡa.

A

Aꞃbṗolóꞃo, ꝼoillṗṡṡḟṡ cᷓᵭꞃ. ꝼa
ꝗina 375. Ni lóṗ éꞃꞃce oṗꞃe ꝺo
ḃeiꞇ na ꝼaꝢꝗc, 377. Aꞇáꞃo cáiṗ
ꞃnꝗ lóṗ, 379. Ꝡléꞃ ꝗ ꝗ éꞃoiṗ lᷓ
ꝼaꝢꝗc ꞃimplíꝺe a ꞇaḃꝗc. ꞃanᷓ an
nꝯꝗ naᷓ biaᷓ oꞃꞃni aiꝗi ó ḃṗꞃꝗ́ḟᷓ
ᷓꝯꞇꝗᷓáꞃ, 382. Ni ᷓéin ᷓꞃoiᷓbꝗ
ꞇa an cꞃaꝢꝗc ꝺioꝢbáil ᷓi 386.
Ni ꞇulꞇa éꞃꝗi aꝼ ꞇꞁ bꞃꝯᷓ ᷓꞁꝗꞃa
Ꝣꝗ́c, 391. An bꞁꝼoꝢhnaᷓ aḃꞃo
lóꞃo an cꞃaꝢainꞇ anᷓꞃioꞃaiꝢh?
395. Oall an ṁꞃꞃnꞇin ꞇóꝢhaꞃ é
ꞃbiaᷓ a ṁꝗ́Ꝣ ᷓóiḃ, 409. Cón a
naḃꞃalóꞃo ꞇiꝗꞃꞃᷓ a ꞃíꞃ a ccúꞃꞃꝺ
Ꝣꞃᷓe.ꝼꝯꝓ SaꝢꝗc, ꞃꝼiaᷓ, ꞃꝯꞃoin.
Aᷓᷓ ꝗ

Tuᵹ

Tugadh aitheanta Dé anaca a n‑Áḋáṁ, τ ḋíobh ran chío éilḡ, reḟ ran oḡa c'ḡ, 279, Fiaṙruiġhi ṗá chíoaicni an chíoéilḡ, 280, Fiaṙruiġhe ṗán vá aicni eile, 283, Ṗa aitḟeoriṁ an oḡa eilḡ ro léch, 286, Fiaṙruiġhi ṗá aitḟeoriṁ na hḞġriṁi, 288,

Aié na ġeṟiġ naimprion vaithle Chríoro a veinio go rollar náż eroin leir a lifġluir Rómhánaiġh ṁáiro vo ṁúnavh. 510, Tigio líṁ ṗa nuile coiṁein vá ḃṗuil ĉocṙuiṁ, τ luṗ an nuaicṙeroṁ. 559: Aiéve ar i ĝoéġ Ḋáḃiohe vári ġcoilĉo ón ḃṗaḋaṁ iviṙ coiṙ τ péin. 438.

Aiénioi, ar i aiṟeṗ na ġráṗa vo cailliov iṟéṗ an ḃṗĉcaḋ 22. ṗil‑

líġh

Aiẽriḋẽ, cionour ar cóir óó ê
pẽin oiomẽor aȝ cȝȝȝuṗ an oioi-
feoiṗoini, 7 na neiẽi ar cóir óó do

                                    p̄ã

ꞃáḋ 292. 1aꞃꞃaḋ oꞃꞇ ꝼoглam-
ꞇa mꝺ ꞇꞡꞃaꞃ liaiꞡ ḃolaċ ꞇá ċoꞃp
406.

Ⱥlexanꞇꞃ uaiḃꞃꞡċ cꞃ̃ꞇ ꞇ an ċáꞃꞇ-
ꞇ1 ꞇo ḃeꞃꞃ1oḃ ꞇon ḃaili ꝺ a ccꞃꞡ
ꞇʒ leꞃꞡꞇoꞃ 68.

Ⱥ1ꞃꞃaḋ a nuꝺ ċꞃꞃꞃoꞃ ꞇꝼiaċꞃꞡḃ ꝺ
lꞃꞡꞡ ꞡꞡaiiꞇʒ ó ċꞃ̃an, aꞃ móꞃ an
conꞇaḃꝺꞇ a mḃ1, ꝼꞃ ꞡꞃ ꞇon ꞇʒ ꞇo
n1 a naiꞇꞃꞃoꞃ a ꞃ̃áin a ḃponꞡꞇ an
ḃáꞃꞃ 54.

Ⱥmán pꞃꞃoꞃ̃choꞃ̃ꝺꞡ̃ḃ Ⱥꞃꞃꞃueꞃꞃuꞃ
aꞃ lꝺ a coiḃꞃ1oꞃa ꞇo ḃeꞃꞃꞇ̃ꞃ ċuꞃ
na cꞃoꞃch1 é mai11 na ꞇeꞃchꞃꞃꞃ-
aꞃ mac 80.

Ⱥ1nmaꞃ̃a ꞇꞃꞃ nꞇꞃ̃án, ꞇꞃ̃naḃ ꞃpꝺ
áin, ꞇꞃ̃naḃ ḃꞃ̃oil, ꞇꞃ̃naḃ cꞃoꞃꞇhe
230.

Ⱥ1nmaꞃ̃a puꞃꞡaꞇóꞃa, a niaꞇ na
ꞇꞃ̃ꞃ-

Ɗṁhaṁ phiaraꞃ iaᴅ 718. aᴄⱥ
a ꝼioꞃ aca go ꞃáchaᴅ ꞃá ᴅꞅoiꞡh
go ꝼlaiṫṁinaꞃ 319.

Ⱥiᴄne; ᴄiꞡ maiᴄ ṁóꞃ ᴅon ᴄloiꞡ
ꞡaḃáꞃ a ccoṁaiꞃli 7 ḃioꞃ úṁhal
ᴅóiḃ, 7 ꞃꞡlc ṁóꞃa ᴅon chloṁ ꞡ-
ⱥṁail ᴅóiḃ. 199.

b

balᴄaꞃꞡ aꞡ ᴅṁaṁ ꞯleꞃᴅi ᴅo ḃⱥ
anaiꞃ ᴄuꞡaᴅ bneiᴄ báiꞅ 7 cuⱥ
ꞯind aniᴅꞡáꞃa ꝗ 80.

báꞃ, cóiꞃ oiꞃichill ꞃá na choṁ
72. ᴄiꞡ go hobaṁ, nó a nuꝗ náᴄ
ꞃⱥilᴅ ᴄum na ꞃꞡmꞃ ꞯach 74. Ni
ꝼꞃꞽ ᴅo ᴄinᴄꞡꞃ ꝗ aꞃ go ᴄᴄiocꞃa
a nuꝗ aꞃ luꞡa ꞃⱥiᴄꞽꞃ é 74. ᴄiꞡ
mꝗ ꞡaᴅꞃꞡi ꞃa noiᴅhchi .73. 7 a
nuꝗ ḃioꞃ an pꞯⱥach ꝗ lꞡ a ꞃóláiꞃ
82. ᴅlꞽꞡꞽꞯꞽ beiᴄ ullaṁ ꞃá na ᴄoṁ
m.   ꞃⱥ

oifigiolá Iaiṫeaṅ é a nole ſa nṡgrí
ḃṫ iḃio: eaṅaib na habſooil ⁊ na
haiṫre náoṁṫa a ttyeaṅſne 476.
Cliaṅ an ċreoiṁ naa, aṫá contra-
ḃa ſa naṅle ċáil oo PhaoṅaiɃ, ⁊
oona naoṁaṅb ali, ⁊ ſinṫi ſé céi
le a mbéaṫa 368. má táio aſ an
ceóiaiḃ, aſ meaɫtóiṅe paoi: Co
laimcille ⁊ buiɃio 308. aṫáiaɃa
oámaiṫa, nó oo báoaṅ a tt̃ pa-
tṅ̃i, ⁊ aſ lfi iaɃ a ſbánán cṅei-
oiṁ 373. aṅ iaɃ aſ eaṅ oáḃfṅa
ooleaṅb na ttiṅ 418. cliaṅ éiḃ-
éḃ ſaṫ Ƀaċ tiṅe 416. comhɃṫa
móiſeaiɃe oé a ɃcaillḃiṅɃa 41 ⁊
romba tiooal biṅoeiṅe oo beiṅ
aṅ ſɃṅioptṅíṅ oṅóiḃ 421.

Coṁſle, cóiṅ a hiamaiɃ iſ Ƀaċ
áitéiṅ, Ƀo móiṅmóṅ a Ƀeaṅ ṫaa

an 197. Dlighthir comhaighle an átár ſpioradálta do ghlacadh 200, ⁊ comhghuidh bhíos ag trymoſg na bfgcadh do chor a bfeaghtin 232.

Comhluadg, máſ maith nó olc é, bíaidh ſin dá réir 204, 206. iom ba maith éig aſ tſgcomhluadg 207 ní lía iná olc éig aſ drochomhluadg 208. bíodh ſan ág dia ⁊ an nóinoc omhluadg 210. tréig an uile chomhluadg tángior chum pecaidh úd, dá ſoirgh dá mbeith 212. do ní an drochomhluadg ⁊ ⁊ anmanaib ⁊ uaſion 114.

Congnamh coitchenn chum an uile mhaith diarmuidh ⁊ dia 12. congnamh mór chum na haithuide, an coghuir do chuartughadh 10

Crioſt, lonán é dá gach aintu

DDo 2   lairde

Baiɲoe 13. maʄlṁȝċ́ɲ ḋ́ḃ ʄan⁻
ḃ́ ʄan bpeacaḃ 32. iaɲɲɲⁿȝ̃ aŋ
eunccaʄ a nuaiɲ náċ ʄcoilċ́ɲ 98.
pḃ̃um aiɲ ʄan ccɲonn aʄ cóiȝ vo
ċuɲ añ, aʄ leiȝioʄ vo ncᷓ 100
101. niɲ ċɲŋll ȝlḃiɲ ɋ bɲoċ vá a
naṁ pḃin aʄ cᷓ̃ nᷓᷓ̃ɲȝbai aṁain
443. vo ḃiolʄaḃ ꝯbḣɲᴀn vá
ḃɲl ɲácá ḃ́ɲⁿvoṁain 444. vo
ḃoiȝḃⁿaḃ an ḃioloɲȝ̃ cuȝ uaḃ
vo ɲcᷓaḃ mili ʄᴀȝal cá mbevoiʄ
añ ibio: ni luȝaci a lóiɲȝniᵐ̃ a
nvioltᴀ ɲiʄ 445. aɲ ḃ a lóiɲȝni
oṁ aʄ óiɲċiɲce von ꝼȝluiʄ, 7 aɲḃ
an pápa aʄ ʄoиobȝo ɋ 446. acá
ɲóʄ lóiɲȝnioṁ Mһ̃ɲɲe 7 na naoⁿ̃
ʄa nóiɲċiɲce. ibio:
Cɲeioṁh Pᴄ́vɲⁿȝ aɲḃ a cá a
ҥoȝ aȝɲꝥ̃. 562. bioḃ'ʄlᴄ́ɲ a na
ᴀ⁻

béine r pionaváica arí ar phrí
7a cá ᵹ cuᵹár annᵹli óᵹni 361
Dia, coiᵹi ohᵹc é 7 ar phin vo
ᵬi coibne reicréivᵬia iná cú féin
22. iongnaᵬ náᵬ coirᵹioñ ro cú
óñ pᵬeaᵬ 22. vo uairliᵹ an vᵹai
ór cioñ na nainᵹiol 37. Do ful
ainᵹ bár vo óᵬ lᵹ ron ᵹ bpᵬeaᵬ
37. cuᵹ na cpᵬᵹne eili pá cuᵬ
ar an vᵹni 38. a ᵬiobláicce vou
vᵹne 39. vo ᵬein ᵹráᵹa vá ᵹaᵬ
pᵬeaᵬ lé bpᵬoᵹaoh pilléᵬ ó nole
ar cᵹᵹaᵹioh cᵬli a chᵬócaine óñ
ᵬᵹñcin vo ní pacᵬomhnᵹᵬi ran
pᵬeaᵬ 58. ar éar nélc ó cuaich
vᵹ nanam . 61 . a nuᵬ óᵹᵬᵬ pír
vo ᵬᵬoive pásᵬᵬ ᵹan ᵬuille an
bpᵬeaᵬ 62. vo ᵬᵹi pláᵹa iomᵬa
ᵹ an neiᵬᵹci ᵹ ron a bpᵬeaᵬ 69
Diabal

Diabal, aʃ é ṁṫṙṁioʃ an áiṫṙiḋe
do ṫoʃ g cáiɾde 83. ʃⁱⁿċṁiⁿbáċ
é, ċonǵṁⁱʃ an péacaċ ʃá ʃṁl ʃé
eⁿⁱⁿiⁿioǵaḋ go mbeiⁱⁿi an báʃ go
hobann g 84. biḋ maⁱⁿ lḃoṁⁱⁿhán
aǵ bṁⁱⁿⁱⁿⁱⁿiⁿ 7 aǵ gáḃáⁱⁿl ng ⁱⁿⁱⁿⁱⁿ-
ċⁱⁿoll tǵ ʃluǵaḋ 86. do ní aⁱⁿⁿⁱⁿⁱⁿⁱⁿ
ċⁱⁿoll ng naⁱⁿⁱⁿⁱⁿ a nam an báⁱⁿ aⁱⁿ
ṫⁱⁿi háⁱⁿⁱⁿⁱⁿⁱⁿⁱⁿ 86.87.

Doilⁱⁿⁱⁿ an páⁱⁿⁱⁿ, ʃoⁱⁿⁱⁿⁱⁿⁱⁿ
cⁱⁿⁱⁿ é 1. ní ʃⁱⁿⁱⁿⁱⁿⁱⁿ a lⁱⁿʃ móⁱⁿ do
ḋⁱⁿⁱⁿⁱⁿⁱⁿ gan tⁱⁿⁱⁿⁱⁿⁱⁿ iʃ na péⁱⁿⁱⁿⁱⁿ-
ⁱⁿⁱⁿ a ʃⁱⁿʃ iⁱⁿ. ní iⁱⁿⁱⁿⁱⁿⁱⁿ oⁱⁿⁱⁿ ʃⁱⁿl 2.
aʃ maⁱⁿⁱⁿ ʃⁱⁿn ʃoⁱⁿⁱⁿaʃ do ḃeiⁱⁿⁱⁿ na
ċoⁱⁿⁱⁿⁱⁿoⁱⁿⁱⁿ na páⁱⁿⁱⁿⁱⁿ do ʃⁱⁿⁱⁿa iⁱⁿ.
cⁱⁿonⁱⁿaʃ aʃ cⁱⁿⁱⁿ a ḃeiⁱⁿ óʃ cⁱⁿⁱⁿ
gaċ doilⁱⁿⁱⁿʃ eilⁱⁿ 4. a táⁱⁿd tⁱⁿ
gⁱⁿⁱⁿⁱⁿ doilⁱⁿⁱⁿʃ aⁱⁿ; gⁱⁿⁱⁿ ⁱⁿⁱⁿⁱⁿ ⁱⁿⁱⁿⁱⁿoⁱⁿ
aʃ an péⁱⁿⁱⁿⁱⁿ gan aⁱⁿⁱⁿoⁱⁿⁱⁿⁱⁿ do láⁱⁿ

aⁱⁿⁱⁿ

An clꞇláꞃ.

₵. ₃né eili nác vém 5 . 6 . ꞃi pꞇoꞃ
aꞃ haᴄꞃ ꞃo bíoꞃ aꞃ aᴄꞃᴠ .7. aꞃ éi₃
ꞃon a bheiꞇh ₃eionálꞇa ꞃá ion₃lꞇ
p̄cꞃᴠ ṁꞃbꞇa ᴠá bꞃꞃl oꞃꞇ 8 . ꞃi
héꞃoiꞃ an voilghꞇoꞃꞃa vꞃa₃háil
₃an ₃ꞃáꞃa ꞃpeꞃꞃálꞇa ó ᴠhia 1 ꞇ
aꞃ con₃ꞃaṁh ᴠó lꞃꞃ₃nꞃᴠaᴠh an
choinꞃꞃaꞃa. 20. ₃laᴄaiꞃᴠ chꞃꞃ₃i
na ꞇeiꞇ in₃le ṁóꞃa vo ní an p̄c-
aᴠ vo naᴠaṁ a mói 2 ꞇ . ₃laᴄaiꞃᴠ
ꞇꞃócꞃe ᴠé čꞃꞃ₃i ꞇ 1 . 7 cunvꞇaꞃ
₃laᴄꞇa 7 caiꞇṁe a ꞇíolaiᴄꞇē ꞇ 9
ṁá ꞇá voil₃ioꞃ oꞇꞇ ꞃá ₃an voil-
₃ioꞃ ꞃꞃiṁᴠē vo beiꞇ aꞃᴠ, bꞃⁿᴠ
ꞇóꞃ₃ ṁiꞇ aꞃᴠ aꞃ ꞇaiꞃꞃbe 1 4 8
ꞃi ꞃá₃bꞃñ an voil₃ioꞃ bíoꞃ ꞃoin
ꞃꞇꞃꞃ ꞃian ꞃ bꞃoꞇ ꞇé na víol aꞃ-
aꞃ lóiꞃꞃ₃níoṁ ꞇ0ꞇ . p̄c̄ aiꞇꞃꞃᴠe.
ᴠꞃꞃꞃe, caiꞇiᴠ ꞇíoᴠlaiᴄꞇe ᴠé na
aꞃaᴠ

aʃ cloʃ

gáið féin. 49. aʃ vomhʃ, ði, gí
é ináið na bĕchʃ, ðe bʃ, ʃṫcĩ̃la 52
gan chéill a tá an té chʃ, mor a
naicʃ, ðe ʒ cáʃði ʒo ham an báʃ
64. ní ðioñ ʃacṫ fiñ, mðĩ a nu ġ̃
ʃñ aiʒi ʒ na neicíb vo ʒʃáðʃ, ʒh
ʃé ʒo ʃoicí ʒñ 66. 67. oʃñi vaꝇ
an té náṫ iʒ naɴ̃ oiði ðolach ʃaoiʃ
vini. 409. tiʒ a ṁ ʒ̃ ðó. 410.
Oʃ coie na báibiloini ʃuʒavaʃ ʃ ʒ̃
vũ ṫʃé coṁlu avaʃ. Daniel 207.

e

eaʒla ʃʃ an ʃuʒavoʃa tuʒ ʒ na
ꝼ coṁaiɓ cʃua ðʒ ʃaba ð vo ðña ̃
paʒina 356,

e ʒʃ ipti, móʃ an ʃacṫ táiniʒ ʃ ʃṫe
tʃé chomhluavan loʃeph, 207.

eaʒlaʃ, coincoʃp aṁ áiñ í, ʃ ʒ̃ boꝛ ꝇ
ña catoilice, 7 aʃ ñʒ me ʒñ ṫéʃo a
ñveiʒ̃

F

pheacaið do chor ꞃoꞃ, ⁊ cꞃeðiað,
gá lion díobh ann 248, péach
Saꞃaꞃt, Abꞃolóiꞃ,

Fiaꞃꞃuiꞃi ꞃá aitheantaið Dé, ⁊ na
h-ꞃuilꞃ ꞃá léth, péch Aithne,

Fꞃl IOSA aꞃ í ꞃoðtaiꞃioꞃ cꞃoi
ðe an té ꞃéðaꞃ ꞃo ꞃꞃ uiꞃcé 94,
Aꞃ lóꞃ conbꞃaon di do ðiol pea-
caðh an domhuin uile 97,

Ꞃ

Ꞃꞃaꞃ, ní maitꞃꞃ an pheacað ꞃan ꞃ
ꞃii bi a néintiꞃ ꞃiꞃ paꞃina 381.

I

Ioꞃeph ꞃ mbeit ðó ꞃ dibeꞃt ꞃan
ꞃæꞃipte, do ꞃꞃon a čꞃði a naim
ꞃiꞃ na ꞃeꞃca, mꞃ ꞃn do niد móꞃán
tꞃ ꞃiꞃ ataꞃ a noiꞃ ꞃ dibeiꞃt aꞃ
tꞃaꞃ léiꞃhiꞃ, ⁊ téid leiꞃ dꞃuꞃ-
taꞃ a ccꞃaд ꞃ a bꞃꞃl ꞃoꞃta ꞃꞃio
&c.   ꞃaðا

An clár.

Tigeadh a ngell ̃ ní cóir na ndʒoiʃ
do léigʃ̃ ʒ dʃimid ʒ 1 5 . loʒad,
cionar bhar rir a ndaicriδi 4 3 7
aimʒ̃ʒ̃ cred é ib . 4 5 3 . ní ̃i
ʒioñ aʃ pran an jocaiδ 4 5 2 . iar
rʒδ obʒ éigin trócʒe 4 5 3 . ʃé
rʒδ Caluín é, 7 ar ʒme tʒ̃la cñ
emiceaʃ lutéra 4 5 5 . δʒibtʒ é
ar an ʒruopeñʒ 4 8 6 . 7 ar riom
bal na ñabroal, 7 ar na cõñʒliδ
4 9 2 . ar ʃ̃ a ʒhuaʃ ʃa ñʒlʃʃ,
5 0 4 . δʒibtʒ é go lándir aʃ rʒ̃
tib aitcũ na ccʃʒ naimʃot δait
le Cñriotd, ʃa léigioñ néʒ timo
lañ an ʒi 5 0 8 . minʃ̃da tʒbacha
ʃán loghach paʒina 5 6 1 .

lóñʒñiom roʃluʒʒ̃ crʒdé 3 0 0 . a
ʒipin ó lóʃʒulang, 7 ó aiʃoc 3 0 2
aʃ mʒ̃ an roʒʒ do ní lóiʃʒñiomh

Ee 2   ro

A

Muigidine maiti aitride, Dá-
uió 7 Erechiaf 181.

Mebul, i ar áit buailti do ċabġr
vona pċaóṅb. 149. 1ġ mbeitħ
ðóib ao mġbġ cia hiao na ſmuain
ti ar maḃ̃ta. 154.

Miá, céroġaó ġ ṙliġt.b cuiteġ̃a
 go hiﬁnuoṅ, 7 ar i ṙuġi aﬁ pﬁ̃-
ﬔpálta ðóiḃ̃ ceile chooa oã
bpċaóﬄbħ. 139. aﬁ uaiḃ̃áﬁaŝ
ﬔ pianta bioﬁ o﬎ﬔ ﬌á pċaó ﬔ
o﬎ﬄ﬎i. 240.

N

Naóﬄﬔ na hait﬎̃re 149.

Noi﬍ﬔo aﬁ maiġ﬎﬎e a﬇ḡlaŝ
ﬔ﬎ leiġ ﬔ ﬔ na na﬇maḃ̃ 7 a﬇ lói﬎ﬔ
﬍﬎̃mħa 340. oo ġhlacaoaﬁ a
b﬎ﬔ﬇gaoói﬎ a baﬁ. 343. oo ċa﬇̃

Eea 3   o﬎﬎

P

Pádar ríg, do ṗcinnto a noiɼdeḣe
a ttrí ccoitéṁb. 355.

Pácaḋ, ciṅglr,ó an té ro ní é ṁp̃
an noiabal, ro bein rꝺcṅꝺni ꝺo
ṡia ⁊ cṅꝛnió cṅꝛnṗ ꝼá na ꝺiċċioll
ꝼ an ccꝛṅnr nṁṁóa. 21. ro ní ꝺeiṡ
arꝛle ṁóꝛa ꝺo nanam. 23. na hꝛꝛle
ꝺꝛꝷ rné anaṁꝛn aṅ. 57. coṁꝷċa
Bloṁ Ꝺé ꝷan ꝼꝛꝛnṫé aṅ 90. an
ċní moꝺꝛꝷ ꝺo níċḽi é 175. Cia
hiar na pꝋnꝷó ꝺꝛꝷ hḽḣi ꝺo choꝛ
ꝼan ꝼꝛoꝛꝷoin 217, ꝺꝛꝼꝛꝛ pꝋ nꝺḣ
aꝛꝷṫtá ó pꝋcaó ꝼolochtá, iḃ, aie-
ṫoi an pꝋnꝷó 247, aꝛ é aꝛ pꝋcaó
aṅ, ḃ; ṫó na hairṁ, 269.

Pápa, aꝛ é ꝺo bhí na pꝛeꝛoenr
uáꝛ na cṫoꝛꝷlḃꝛḣ ꝷlacaꝛ an
ꝛí, ⁊ ꝺo ꝺaunꝷnꝛꝷ ꝷaꝛṁ ní ꝺá noṫꝛ
aꝛꝷ

ʌɼ éɪ̃ɡɪn 3 2 1, ɑn iɑonɑ oṁ̃uɼɑ
bíɑɼ ɑɡ cɑbᵹ̃ɡɑ bɼiɑn ɑɑnmɑ̃ɼᵹ̃ɓ puɼɡɑoóɼɑ? 3 1 8,

N

Ni, ni cɑbɑɪɼ pᵹ̃oún oo ɔ̃ɪᵹ̃ɼ̃-
ᵹ̃ᴄ ɑɼ ᵹ̃ ᵹ̃ᵹ̃ ɡɑn páɪɼc nɑ cumɑnn
oo ḃeɪc ɑɪɡe ɼé nɑ nɑɪṁ̃oɪ̃ꝺ: mɑɼ
ɑn cᴄóɔnɑ ni cɑḃᵹ̃ oiɑ pᵹ̃oún oon
pḣᴄ̃ɑᴄ̃ munɑ ꝼɑɪce ɼún ɑɪɡe ɡɑn
páɪɼc, nɑ cumɑnn oo ḃṁ̃ɑɪ̃ lé nɑ
pᴄ̃ɑꝺoɪꝺ, nɑ leɪɼ ɑn noɼoɪnɡ ᴄ̃ᵹ̃
nɡɪoɼ chuᴄɑ é 2 1 5. ɲi nɑ buᴄ-
ɑɪne móɪne, ɡlɑᴄɑɪo ɡo honoɼɑᴄ̃
ᴄ̃ ɲombolɑ ɑn chɲeɪoɪ̃, nɑ ceɪᴄɪɼ
ᴄᴄóm̃ᵹ̃le ᵹ̃eɪnoɼálᴄɑ, 7 ni oɼom
olɑn ɼáici ɑɪᴄ̃ɼꝺ̃ nɑ ɡcɼᵹ̃ nɑɪm-
ɡoɼ oɑɪᴄᴌe ᴄ̃ɼíoɼo 4 7 8. oo bɑᵹ̃
cóɪɼ ꝺ̃ ɑn ᴄ̃ɼo ee oonɑ comᵹ̃lɪꝺ
7 oonɑ hɑɪᴄ̃ɼɪꝺ oo ᵹ̃lɑᴄɑꝺ ɪbɪoem
ᴄ̃ɼuᴄ̃-

ᵱ᷑ᵾ eloᶄ.

Crucuigcion gac poinge creroim꜠
ſḃaſ na henici, aſ va neiṫiḃ ǵla
caſ an ṗi 485. aſ éroin a náoh
go váña ñáeh ꝺiomolpa án li a⁊
loḡaꝺ 497.

Ꞃúḃen, ole ꝺo ċᴂai꜠ ꝺó an ḣꝝo—
ꞃóꞃ ꜩa⁊ ꝺá aⱡⱥ 201

Ꞃún na pᵬᴂaiꝺe ꝺo ꞃⱥña, conⱥⱥá
na haiċaiꝺe ſiꝝinoiꞃi 133. ꝍ᷑⁊
ſo ní ꝺuⱡᴂ ⱥⱥm na ꞃoꞃꞌone 188
an iaⱅⱦᴂꞃ ꝝún ſꞃeiⱥᴂⱥ ann ſ᷑
190. aſ ⱦóꞃ ⱱoⱥ an ꝝⱳuⱥ a na—
ⱥꝝⱶꝺ na ⱱᵬᴂaꝺ 194. ꝺliⱥe ꝝⱥⱱ
ꝺo ⱱeiⱡ aⱥaꝺ conⱥⱡⱥli ꝺo ⱦomſⱨ—
oꞃa ꝺo leanⱶⱨꞃⱥn a ꝺꞇꞃoiⱱ ⱦanⱶa
195. ⁊ ſoꞃꞃⱥ na ⱱᵬᴂaꝺ ꝺo ſᷕⱡ
aⱥ 201.

S

Ꞅaⱥⱥc, ꝝⱥ héꞃⱥꞃ leiſ na pᵬᴂaꝺⱥ
ꝺo

do ḟáictḧ gan a néiroġſ a ḃpcꝋ
ġoin 163. bneitḧ é dá ġꝛoilēꝋ,
164. ní léꝛ ſaġ̇taſ, gan úġoꝗ
dáſ eile chꝛꝝge ſo 171. aſ é an
ſaġ̇ꝷ lꝯaꝺ̇ na nanmaꞔ, ſa ṫ̇ꝝaꝶ̇
ꝺligſ an totꝝ do ġlacaꝺꝋ 195.
ꝛamꝯꝗ ꝓ neꝛꝵe aꞔ chum na habſol
ꝓꝛꝺꝯ do ṫaḃꝗ̇ꝷ uaꝺꝋ go hiomṫub-
ꝯꝺ 385.

ſꞔmóꞔꝷꝛꝺe catoilꝯce, teaſꝯ 7
lꞔ̇áꝯde ꝺé ꝯaꝺ, ġꝯꞔꞔ ꝯaꝛ pꝯanta
7 pꝛꝯoſúꞔ do ġeꝯbꝯo a mꝯꝶ 5 eꝛꞔ-
ꝯcꞔꝋ 426. do ġḧ̇ꞔ dꝯa móꝛáꞔ ꝺꝗ̇
ꝵꝯꝵꝯ ꝯ an aꝯmꝶꝯꞔ, ġéꞔaꝵ bꝯ aſ
ꞔꝶſ tꝛéucꞔꝗꞔꝵoꞔ oꝛꝛa aġan ṫléꝛꝛ
ſallꝛa ġ̇á nꝝabáꞔ ꝛꝯꝯ 428. ꝺlꝝ
ġꝯꝺ na catoilꝯce gan a ꝵꝵéꝛġꝝꞔ,
dá ꝺꝯꝯ toꝛꝛ̇bꞔaſ ꝵꝋꝯꝋ 430. aſ
ꝯaꝺ do beꝛꝛ cꝛꝛꝶꝶꝗꞔꝯa ꝛꝯꝯ do ſꝯꞔſ

ꝯꝺꝯ

an clofẏ

fomplaóa ꝑá ꝟan an lóꝛꝓníoꝋ óo
léꝛꝓn ꝟo punꝟaóóꝛ 3 2 5 . ꝛẛ
ꝛé ꝑaꝛꝛoꝟal óamaꝛ 10ꝛ.ꝛo ꝑꝟ
cꝛꝏ ꝑaꝟꝫna 6 1 .

Soóoꝝa ní ꝟꝫꝛuoꝛꝟꝝꝏí í óa ḃꝑa-
ꝟaó óꝛa x ꝑꝛꝝꝏ ꝝꝛꝏ 207

𝔗

Tẛꝛa 'Oé ꝝa ꝛẛꝝonꝛꝝꝏ 426.
Tꝛoólaꝛcꝛe 'Oé acaꝛꝏ óꝟ ꝝꝟꝛꝝ
chum ꝝa haꝛcꝛꝛóe 3 4 . cꝛꝛcꝛoꝛ
ꝟoꝛ móꝛꝛꝛoólaꝛcꝛe 'Oé ꝝoꝝ ꝝꝛꝟ-
ꝝe 3 5 . 3 6 . acꝫáꝛl ꝛꝛoólaꝛcꝛẛ
'Oé, 30.

Toꝟꝟ ꝛaꝝ ꝟꝛꝛꝝáꝛꝝe, ꝛo ní cloꝛa
ꝝoꝝ cꝛé ꝛꝏoꝝ ꝝꝛꝛlꝟꝟ cꝛꝛlꝟcꝛoꝛ
aꝝꝝ 9 1 . Tꝛécꝛꝛꝝ a ꝝaꝟaꝛꝏ óé aꝝ
ꝑꝟaꝛé ꝛcꝛẛ aꝛ óéꝝca óꝏ ꝏꝛaꝟáꝛl
ꝛꝟoꝛꝛꝝ 1 9 1 . Tꝛócꝛꝛ óé aꝛa aꝟ
ꝛolꝟꝛꝝ ꝛꝟcꝛꝛꝝ oꝛꝛꝟ 30 ꝛꝛ mó ꝝoꝝ
ꝝꝛꝟꝛ í ꝝáꝛo ꝝaꝛꝝꝟꝛol 1 5 5 .

ᴀn cláᴩ.

clᴀᴩ caibidleach cheuᴅ
ᴩann an leabháᴩ.

FF 3

an clár.

ξc

Caibioile na cuigioh co ṽa, ṽon loġaṽ.

Aṁimiġċṙ náoṙṙ an loġaioh ṽo ḃeiṙio na papaoha 7 naḃḟḃoiġ uaċa, C. 1. Séaṙo ṽá pṙiomḃoc tṙṙ na heiniceġ́ṙa an loġaṽ 7 ciġ ċṙ q a mḃġ́aṙṽ C. 2. foillṙġ́ṙ náċ íṁaṙ móṙṽáil an ṙiġ a naḃḟ

luċéiṙ

Lucéṁ ⁊ Calaïn, ag maṛtṅgaḋ nā
ndubṛoal, no nconnacṫa, ṡṅā ṛṡucoṁṗ
lgē ngeṁṁopéilca, ⁊ cṁṁéṫion ṅoṛ
na netṫi áoeṫṫ ⁊ doṁaṛ, aṛ a nṫṅ
bṫṁg aṅ loṁao⁊ ṁac ponṫc ee créṫ
ṫṫṁ acá a ccoṅṫpoueṁṡ ṫṫṗṅṅ
C. 3. Oṫ̇ṁbṫṁa aṛ aṅ ṛṡoṗṫṅṅ
ṁo ḃṗṅ̇ cuṁaṡ ag aṅ ṁṫlaṅ loṁ
dō oo ṫaḃṫṫc aṁaṫ C. 4. Oṫ̇ṁḃ
ṫṁg aṅ loṁaḋ aṛ ṛṁoṁbṅ̇ na naḃṛ
ṡaṫ⁊ aṛ ṛaṫ̇oṁṅ̇ṁuṫ̇ oa hṫṁlṁṅ̇ c. 5
Oṫ̇ṁḃaḋ eṫlṫ ṁ aṅ loṁaḋ aṛ ṅaṫ̇-
ṫō na ṅaṫ̇ṫṛṫō oo ḃṫ aṅ ṅé lṁṅ na
ccṅ̇ṅ̇ ccṫō ṁbṫṁaṅaṅ oaṫṫṫ čoṛo
c, 6, lṁṅcṫ ṁ aṅ ṅṫ ccčond ag ṫṅ
baō ṅ̇ab é aṅ cṅeṫṫṁṅ oo ṡ̇ṁṅōṛ
ṗ̇aoṅṅ̇ ōṅ̇ṅ a ca a ṅoṫṛ agṅṅ̄
⁊ oá ṅéṫṅ̇ ṅṅ ṅáṫ éṫoṫ ṁ ṁbeṫṫṁ ṁ
ṛáṅṗáṅ, c, 7, ṛāṁṁṫa aṫṫ̇ṅṅa
ṁ ṁ̇ṅṫṫṡ̇ḋṅ̇ṅ̄ ṗáṅ loṁaḋ, c, 8

ALLEGATIONES MARGINALES
omiſſæ, ſic reſtituendæ.

Mat: 2 5: pag: 7 5: ex 0 3 8: p 69: l 50:hom:hom:
41. c ſipuis de com: d 9: p: 65. Iſa: 11: p 20: Dan
5. p 79: ex Phil: duæ loc com. v: cordis durit: p
91: Pieri: in Hyerog: l 48 c de clauc: p 93 Pl n. l
37 c 4. Iſid: l 12 c 1. l 16 c 13 ibid: Exod 16. Hæb
9. 1 Pet: 1 p 94 2 Rom, 12 p 95: 1 Cor 10 P 99
Bred l 8 collat ſac: c 4 p 112: 4 dial: c 38 pag 116.
Epiſc. ſab pag 117, Nauc, vol, 3, Gener, 34 pag
118, Aug, in pſal, 36, & in id matt, 25 eſuriui p:
125, in pſal, 50 in id Colos, 3, ibid, 4 q, 1 de pen
pag, 129, decimo confeſ, 28 pag, 135, Soto 4 d,
12 q 1 art, 1, pag, 143, lob 7 pag. 145: 1 ad Tim
2 pag. 153 Iſai, 14. 2 Pet, 2, Apocal, 12 pag, 154
Luc, 15, 1 ad Theſ, 15, pag, 158, Ion, 20 pag,
162. Iſai 6 pag, 17 iv. Scot. iv d. 17 a. 2 pag. 177
2 c. 2 pag. 187. Pruerb. xiv pag. 197. Eccl. 7 pag
200. Leuit. 20 pag. 200. Eccl. 3 & 13. pag. 202.
& 19 pag. 203. 2 Parl. 18 19. pag. 209 Mat. 26
ibid. Gen. 13 & 15 pag. 210. Vormat. c, xx 5. p.
219, D, Thom, q. 9 art, 2 pag, 223, Anton, tom
x c, ii ibid, 6 ſynod, can, 102, Vormat, can xx v
ſcot. iiii d xvii q 1 art 1, Alen, in part, q 77 in 3
cois pag. 257, Beda iii hiſt. angl. Cartuſ, de iudit
part. l, 1 vitæ Ber, 6, x pag, 318, & 319, D. Tho
iiii d xxi q 1 art, 1. & ibi dd, & d 45, Bellar, 2
de purg, 4 ibid, Anſel, Amb, in id hæb, 9 ſtatu-
tum eſt, Chriſos, hom, de diuite, vid, ſuar, t 2 d
52, ſ. ii pag, 319, 1 Cor, 3 pag, 3 xx, Greg, 4 dial
35, pag, 321, ſophron in prato c, xli pag, 328, ib,
capite,

Vidimus & legimus tractatú de pænitentia & indulgen ijs quæ nuper edidit V: pr. fr, HVGO CAVELLVS nostri Collegii S. Theologiæ primarius lector, vulgari idiomate, ad instructionem Cleri & populi afflictæ patriæ, in quo nihil continetur præter salutarem doctrinam Ecclesiæ, & communem Doctorum: imo breui & clara methodo compræhendit omnia tam confessoribus, quam pœnitentibus necessaria ad forú pœnitentiæ. 19. Febr 1618. Ita sentimus.

Fr, ANTONIVS HIQVÆVS eiusdem Collegij Præses.

Fr ROBERTVS CHAMBERLINVS, lector sacræ Theologiæ.

Visa censura & approbatione prædictorú patrú facultatem concedimus venerando admodum P F, HVGONI CAVELLO, tractatum illum de pænitentia imprimendi, obseruatis iis quæ statuta generalia nostri ordinis sacri circa excussionē & impressionem librorum obseruari præcipiunt. Datum in nostro Minorum Bruxel ē: conuentu 23 Februarii, anno 1618.

Fr ANDREAS A SOTO
Commisarius Generalis.